Manfred Rühl

Kommunikationskulturen der Weltgesellschaft

Manfred Rühl

Kommunikations-kulturen der Weltgesellschaft

Theorie der
Kommunikationswissenschaft

VS VERLAG FÜR SOZIALWISSENSCHAFTEN

Bibliografische Information der Deutschen Nationalbibliothek
Die Deutsche Nationalbibliothek verzeichnet diese Publikation in der
Deutschen Nationalbibliografie; detaillierte bibliografische Daten sind im Internet über
<http://dnb.d-nb.de> abrufbar.

1. Auflage 2008

Alle Rechte vorbehalten
© VS Verlag für Sozialwissenschaften | GWV Fachverlage GmbH, Wiesbaden 2008

Lektorat: Barbara Emig-Roller

VS Verlag für Sozialwissenschaften ist Teil der Fachverlagsgruppe
Springer Science+Business Media.
www.vs-verlag.de

Umschlaggestaltung: KünkelLopka Medienentwicklung, Heidelberg
Satz: Jung Medienpartner, Limburg
Druck und buchbinderische Verarbeitung: Krips b.v., Meppel
Gedruckt auf säurefreiem und chlorfrei gebleichtem Papier
Printed in the Netherlands

ISBN 978-3-531-14063-6

Es erklärt sich leicht, dass eine Zeit, die das Neue, das sie selbst ist, nicht begriffen hat, schmerzlich glaubt, etwas verloren zu haben, das früher zum Besitz gehörte.
Robert Musil: Der deutsche Mensch als Symptom. Aus dem Nachlass, 1967: 40.

– Das ist die Welt, in der wir leben: die Kommunikations-Raumzeiten, die Metaphysik der Telekommunikationsgesellschaften [...], das, worin alles badet, das Kommunikationssystem.
– Was das Phantastischste und Abstrakteste zu sein schien, wird das Praktischste und Allerkonkreteste.
Michel Serres: Die Legende der Engel, 1995: 146–147.

Die Erschaffung der Welt hat nicht am Anfang stattgefunden, sie findet alle Tage statt.
Marcel Proust: Auf der Suche nach der verlorenen Zeit, 1973: 3657.

Inhalt

7

Vorwort

Der Titel *Kommunikationskulturen der Weltgesellschaft* markiert den Horizont für eine *Theorie der Kommunikationswissenschaft.* Das Buch soll eine interdisziplinäre Diskussion anregen. Denn das bekannte Kommunikationswissen ist über viele wissenschaftliche Disziplinen verstreut. Seit einem halben Jahrhundert wird das Kommunikationswissen von der universitätsreifen Kommunikationswissenschaft theoretisch organisiert in den Formen Essay, Aufsatz, Problemstudie, Monografie, Biografie, Medien-, Technologie- und Institutionengeschichte.[1] Das Kommunikationswissen ist durch eine theorienübergreifende Gesamtkonzeption zu ordnen und zu konsolidieren, orientiert an menschlichen Kommunikationsproblemen, nicht an Beziehungen zwischen Zellen, Tieren und Maschinen.

Wir wissen viel über die Kommunikation, ohne recht zu wissen, was wir wissen. Es war ummittelbar nach dem Zweiten Weltkrieg, als es der Kommunikationswissenschaft in den USA gelang, sich als Universitätsfach der Forschung, der Lehre und der Beratung mit eigenen Schools und Departments zu institutionalisieren. Die Geschichte wissenschaftlicher Theoriebildung ist freilich wesentlich älter, sie kann – soweit vertextet – vor zweieinhalbtausend Jahren im alten Europa beobachtet werden. Unklar blieb weithin, mit welchen wissenschaftstheoretischen bzw. mit welchen erkenntnistheoretischen und methodentheoretischen Gewissheitshilfen kommunikationswissenschaftliche Normaltheorien gebaut und umgebaut werden. Ein erster theoriegeschichtlicher Überblick macht deutlich, dass die Kommunikationskulturen der Menschheit im Wechselspiel mit ihren Gesellschaften produziert und reproduziert werden.

Kommunikationswissenschaftler sind weder Schöpfer noch Nacherzähler, sondern Rekonstrukteure von Theorien. Kommunikationswissenschaftliche Theorien sind Entwürfe, erstellt und bearbeitet in der Absicht, das theoretisch bewahrte Kommunikationswissen zu erneuern. Heute werden Kommunikationstheorien weltweit von einer Kommunikationskommunität [communications community] bearbeitet, die durch Lesen und Zuhören, Beschreiben, Analysieren, Synthetisieren und Prognostizieren dieses Kommunikationswissen immer wieder überprüft und erneuert. Kommunikationswissen ist nicht unmittelbar zu bearbeiten. Kommunikationswissen wird in den Köpfen jener vollzogen, die Texte der Bücher, Zeitschriften, Dateien und Akten in Bibliotheken, Archiven,

---

[1] Löffelholz/Quandt: Kommunikationswissenschaft, 2003; Kutsch/Pöttker: Kommunikationswissenschaft – autobiographisch 1997; Kittler: Grammophon Film Typewriter, 1986; Stöber: Mediengeschichte, 2 Bde., 2003;. Meyen/Löblich: Fach erfunden, 2007; Rogers: A history of communication study, 1994; Delia: A history, 1987.

Museen und weiteren Sozialgedächtnissen bearbeiten, um die Ergebnisse zur Diskussion in die wissenschaftliche Öffentlichkeit einzubringen.

Nachdem im Ersten Teil des Buches die Theoriegeschichte der Kommunikationswissenschaft eingegrenzt wurde (nicht abgetrennt), wird das *Bescheidwissen* der Laien und das *Erfahrungswissen* der Experten dargestellt und gegenüber dem wissenschaftlichen Kommunikationswissen differenziert. Im Zweiten Teil werden kommunikationswissenschaftliche *Erkenntnisstrukturen* (Begriffe und Definitionen), *Erkenntnisoperationen* (Operationalisierungen und Kalkülisierungen, Metaphern, Modelle, Schematisierungen) und *Erkenntnisverfahren* (Entmetaphysierung, Empirisierung, Positivierung, Utilitarisierung, Pragmatisierung, Hermeneutisierung, Funktionalisierung) debattiert. Im Dritten Teil werden Möglichkeiten und Grenzen vorgestellt, diskutiert und geprüft, die das Handeln und das Verhalten als menschliches Äußerungsvermögen der Kommunikation gegenüberstellt. Der Vierte Teil problematisiert Kommunikationskulturen weltgesellschaftlich. So werden einige Schlüsseltheorien mit universalen Ansprüchen vorgestellt, die bei der Rekonstruktion einer interdisziplinären Kommunikationswissenschaft als Eckpfeiler dienen können.

An den vieljährigen Vorarbeiten für diese Studie waren die Literaturpfleger vieler Universitäten des In- und Auslands beteiligt, namentlich die der Otto-Friedrich-Universität Bamberg. Die Theorieproduktion selbst erhielt zahllose Anregungen und Kritiken von Kollegen und Studierenden. Ihnen allen bin ich sehr dankbar. Ganz herzlich danke ich Antke Rühl für ihre nicht zu quantifizierende Unterstützung und für ihre verständnisvolle Geduld.

Nürnberg, im März 2008   Manfred Rühl

Erster Teil:
Eingrenzen der Kommunikationswissenschaft

Wissenschaft ist nicht Entdeckung, sondern Konstruktion.
Niklas Luhmann: Die Wissenschaft der Gesellschaft, 1992: 714.

Der wissenschaftliche Geist muß sich bilden, indem er sich umbildet.
Gaston Bachelard: Die Bildung des wissenschaftlichen Geistes, 1978: 59.

1 Theoriegeschichte

In der Nachweltkriegszeit beginnt die Kommunikationswissenschaft unter den Titeln *Communications, Communication Science, Study of Communication,* seltener *Communicology,* eine „emergierende Disziplin" zu werden. In einer Festrede zum zehnjährigen Bestehen der *School of Public Relations and Communication* der Boston University (1958) stellt Harold D. Lasswell fest:

> „No change in the academic world has been more characteristic of the age than the discovery of communication as a field of research, teaching, and professional employment. "[2]

Seinerzeit gab es in Amerika bereits zwanzig kommunikationswissenschaftliche Studiengänge und achtzehn einschlägige Forschungseinrichtungen.[3] In Deutschland wird 1964 an der Universität Erlangen-Nürnberg der kommunikationswissenschaftliche Lehr- und Forschungsbetrieb aufgenommen.[4] Bis heute fehlt eine übergreifende theoretische Gesamtkonzeption, mit der die Möglichkeiten und Grenzen der Kommunikationswissenschaft als disziplinäre oder interdisziplinäre Einheit aufzuzeigen wären. Eine solche Gesamtkonzeption ist hochschulpolitisch bedeutsam, da mehrere wissenschaftliche Disziplinen an Problemen menschlicher Kommunikation arbeiten, und die Kommunikationswissenschaft durch ihre theoretisch-methodisch gestützte Journalismus- und Public Relations-Forschung bei der Professionalisierung für Kommunikationsberufe durchaus einen Vorsprung hat, der zu nutzen wäre. Die vorgelegte *Theorie der Kommunikationswissenschaft* bildet eine Einheit in Differenz zur Theorie der polyzentrischen Weltgesellschaft als eine gesamtdisziplinäre Rekonstruktion.

---

[2] Lasswell: Communications as an emerging discipline, 1958.
[3] Ely: Communications programs, 1961; Blum: Communications research, 1964.
[4] Ronneberger: Kommunikationsforschung mit Politik, 1970.

1.1 Sokrates – Platon – Aristoteles

Das Kommunizieren von Angesicht zu Angesicht [face-to-face-communication] meint in der Antike, die Welt erfahren. „Mit Platon fängt die philosophische Wissenschaft als Wissenschaft an" konstatiert Georg F. W. Hegel,[5] und Eric A. Havelock beobachtet, dass Platon (428/427 bis 348/347 v. Chr.) die Welterfahrung auf neue Diskursebenen hebt, „the reflective, the scientific, the technological, the theological, the analytic".[6] Mit dem Höhlengleichnis formuliert Platon eine kommunikationsrelevante Erkenntnistheorie, überraschenderweise in einem Buch über den *Staat [Politeia]*.[7] Platon beschäftigen Reformen der Moral, des Sozialen und des Rechts.[8] Er verteidigt (399 v. Chr.) seinen Freund und Mentor Sokrates, und wird Zeitzeuge des Niedergangs des demokratischen Athens im Peloponnesischen Krieg. *Der Staat* ist Platons Entwurf einer Utopie. Als Berater scheint Platon auf Dionysius II., dem Tyrannen von Syrakus, wenig praktisch-politischen Einfluss ausgeübt zu haben. In Athen betreibt Isokrates bereits eine Schule der Redekunst, als Platon (etwa 385 v. Chr.) eine wissenschaftliche Akademie gründet, an der so renommierte Philosophen und Wissenschaftler wie Aristoteles lehren – dieser immerhin für zwanzig Jahre. Die Akademie, die bis 529 n. Chr. bestand, also 900 Jahre überdauerte, bietet von Anbeginn ein breites Fächerspektrum in den Formen Lehrvortrag und Diskussion an.[9] Begleitet wird die akademische Lehre von Publikationen, aus denen sich wissenschaftliche Leistungen rekonstruieren lassen.

Platon deutet den Sinn von Kommunikation als wesenhafte Welterfahrung, über die durch Dialektik, Rhetorik, Poetik und deren Unterformen methodisch argumentiert werden kann. Ein kollektives soziales Gedächtnis wird als Gegebenheit vorausgesetzt.[10] Sokrates (469/468 bis 399 v. Chr.) erfindet die kommunikative Methode des Dialogs, und Platon schreibt, dass für Sokrates Wege und Ziele des wissenschaftlichen Philosophierens gleichbedeutend sind. Platon vertritt die Auffassung, dass alle Begriffe und Definitionen „aus" [„ex"] etwas abgeleitet werden,[11] und wie Sokrates beharrt Platon auf einer klaren Begriffsbestimmung, zur unvoreingenommenen Begründung praktischen Wissens über individuelles und gesellschaftliches Leben.[12] Die von den Sophisten geübte Streitkunst [Eristik] wird von Sokrates und Platon abgelehnt. Eristik sei

---

[5] Hegel: Geschichte der Philosophie, 1986.
[6] Havelock: Preface to Plato, 1963: 267.
[7] Platon: Der Staat, 1989: 7. Buch; Havelock: Preface to Plato, 1963: Kap. 1.
[8] Platon: Gorgias 1961; Platon: Der Staat, 1989; Platon: Nomoi, Timoi 1-6, 7-12, 1990.
[9] Mittelstraß: Platon, 1981: 39.
[10] Havelock: Preface to Plato, 1963: 42.
[11] Diemer: Wissenschaftsbegriff, 1970: 5.
[12] Mittelstraß: Platon, 1981: 43-44.

eine theoretische Perversion des verständigungs- und begründungsorientierten Dialogs.[13]

Aristoteles (384 bis 322 v. Chr.) erkennt im Menschen das einzige Lebewesen, das denken, sich erinnern, bewusst wollen, sprechen, wissen und urteilen kann. Den Gebrauch menschlicher Hände kombiniert Aristoteles mit Aktivitäten der Vernunft. Er schreibt *Poiesis*, wenn er vom planvoll angelegten (handwerklichen) Fertigstellen eigenständiger Objekte (Produkte) spricht, und er schreibt *Praxis*, wenn faktische Vollzüge zweckgerichteten Handelns gemeint sind: das Denken, Heilen, Wirtschaften, Musizieren oder Schwimmen.[14]

> „Aristoteles ist der bedeutendste Schüler und Kritiker Platons, und Platon ist in der Geschichte der europäischen Philosophie und Wissenschaft der bedeutendste Kontrahent und Kritiker des Aristoteles."[15]

Aristoteles stellt sich die Aufgabe, bewahrtes Wissen zu systematisieren und für künftige Forschungen aufzubereiten. Einmalig blieb bis heute, wie Aristoteles Erfahrung, Begriffsschärfe und spekulatives Denken miteinander verbindet. Er bearbeitet Metaphysik, Logik, Naturphilosophie (einschließlich Physik, Astronomie, Biologie, Psychologie), auch die Rhetorik, die Praktische Philosophie (Ethik und Politik), die Poetik und weitere Verwissenschaftlichungen. Herausragend sind die aristotelischen Reflexionsbegriffe, die als Mittel zur intellektuellen Verarbeitung der Natur- und Sozialerfahrungen dienen. Damit wendet sich Aristoteles gegen die Verdinglichungstendenzen des naiven Realismus, und sein Denken dominiert in Europa bis ins 17. Jahrhundert.[16] Die begrifflich-deduktive Methode des Aristoteles wird von Francis Bacon abgelehnt. Manche der aristotelischen Analysen, Definitionen und Klassifikationssysteme behalten bis heute ihre Geltung.

Mit der aristotelischen *Rhetorik* (Redekunst) und *Poetik* (Dichtkunst) nimmt das Studium der Kommunikation wissenschaftliche Züge an.[17] Aristoteles opponiert die sophistische Praxis, weil sie die Rhetorik nur als eine Technik des Überredens betrachten würde, die unsachlich argumentiert und zynisch an Gefühle appellieren würde, um die Urteilsfähigkeit der Angesprochenen zuzuschütten. Aristoteles sieht in der Redekunst eine eigene, von der wissenschaftlichen Philosophie verschiedene Fähigkeit und Methode, die jeder Bürger lernen könne und die zur Aufgabe hat, das jeweils Mögliche glaubhaft zu erkennen.[18] Er unterscheidet die beratende Rede von der Gerichtsrede, der Lob- und Festrede, und

---

[13] Eine Gegendarstellung: Baumhauer: Sophistische Rhetorik, 1986.
[14] Aristoteles: Nikomachische Ethik, 1979.
[15] Mittelstraß: Platon, 1981: 61.
[16] Höffe: Aristoteles, 1981; Kahn: Aristotle, 1989.
[17] Aristoteles: Rhetorik, 2002; Aristoteles: Poetik, 1982.
[18] Aristoteles: Rhetorik, 2002: I 1, 1355b 10f.

die aristotelische Rhetorik überragt als Einheit von Ethos, Pathos und Logos bei weitem die der Sophisten, die aus Ratschlägen für die Überredung besteht.[19]

Die praktische Philosophie des Aristoteles konstruiert keine abstrakten Normen. Mit Verantwortung und Lust [hedone] wird eine Verbesserung des Handelns gesucht.[20] Was für den Menschen gut ist kann nicht allein aus dem Gegebenen herausgelesen werden. Für Aristoteles sind theoretische und praktische Philosophie auf strenge Sach-, Begriffs- und Prinzipienanalysen angewiesen. Seine Rhetorik fokussiert Beziehungen zwischen Rednern und Zuhörern im sozialen Kontext des Marktes [Agora], der Stadtgesellschaft [Polis], in Wertorientierung an Freiheit, Revolution und öffentlichem Glück. An der von Aristoteles theoretisch konzipierten *bürgerlichen Gesellschaft* [*koinonia politike*] orientieren sich die Theorien der römischen *societas civilis*, der französischen *societé civile* und der englischen *civil society*.[21] Die Herrschaft in der Polis wird von freien (männlichen) Bürgern [polites] ausgeübt,[22] die in Rollenkombination Landbesitzer und Reiterkrieger sind. Gemäß der Polis-Verfassung stehen sie einem Haushalt [Oikos] vor. Sie wirken mit an der Politikausübung dank des aristokratischen Privilegs, und demonstrieren ihren sozialen Vorrang durch mäzenatische Aktivitäten.

System und Struktur sind seit den Vorsokratikern Komplementärbegriffe. Als innengerichtete Ganzes/Teile-Schemata konzipiert, dienen Systeme den antiken Philosophen bei der Beobachtung des Kosmos, den Medizinern bei der Untersuchung des menschlichen Körpers, den Militärs bei der Planung von Schlachten, den Dichtern beim Versebau und Aristoteles beim Entwurf einer Polistheorie.[23] In der Stadtgesellschaft Athen wird der Haushalt als erziehende, konsumierende, subsistenzökonomische und soziräumliche Ordnung beschrieben, geführt und verwaltet vom Haushaltsvorstand. Den Marktplatz [Agora] gibt es real in zweierlei Gestalt: als öffentlichen Marktplatz am Rande der Stadt, der vorrangig dem Sklaven- und Kriegsbeutehandel dient, und als zentral gelegenen freien Markt, zur rechtlich geordneten Kommunikation der freien Bürger. Der freie Markt ist in der Polis der einzige organisierte Zusammenhang oberhalb des Haushalts.[24] Bürger, Frauen, Kinder, Mitbewohner [Metöken],[25] selbst die Sklaven werden nach denselben Gesetzen verwaltet. In der Stadt – und nicht auf

---

[19] Höffe: Aristoteles, 1981: 88.
[20] Aristoteles: Rhetorik, 2002: I 1, 1395a 5-6.
[21] Riedel: Gesellschaft, bürgerliche 1974; Riedel: Gesellschaft, bürgerliche 1979.
[22] Riedel: Bürger, Staatsbürger, Bürgertum, 1972.
[23] Riedel: System, Struktur, 1990; Hager: System, 1998; Stein, von der: Systembegriff, 1968; Ritschl: System und systematische Methode, 1906; Aristoteles: Nikomachische Ethik, 1979: 1168b.
[24] Austin/Vidal-Naquet: Gesellschaft und Wirtschaft, 1984.
[25] Metöken sind in Athen ansässige Fremde ohne Bürgerrechte. Aristoteles, der in Stagira geboren wurde, ist in Athen ein Metöke.

dem Land – entwickeln sich Wissenschaft und Kunst.[26] Die Schlüsselbegriffe der aristotelischen (politischen) Gesellschaftstheorie sind wahre Freiheit, öffentliches Glück, Nationalcharakter und Erziehung zur Gemeinschaft im Haushalt des Stadtstaates als einem selbständigen Gemeinwesen.

Sokrates, Platon und Aristoteles gehören drei Generationen an, bilden jedoch mit ihren Lehrvorträgen, Dialogen und Veröffentlichungen eine, gewiss nur sehr locker organisierte Philosophen- und Wissenschaftskommunität.

1.2 Nikolaus von Kues: Wissende Unwissenheit

Der lateinische Begriffstitel *communicatio* umfasst mit Verbindung, Austausch, Mitteilung, Verkehr, Gewährung, Umgang und Gemeinschaft einen großen Sinnbereich.[27] Der kommunikative Wissensfortschritt kommt im Modus Buch zustande, als Buch der Natur, Buch des Lebens oder als Buch der Geschichte. Noch im 17. Jahrhundert diskutieren Platoniker und Aristoteliker die Ereignishaftigkeit der Welt mit Hilfe des Ganzes/Teile-Schemas im Modus Buch.[28] In der Mitte des 15. Jahrhunderts, als der Buchdruck sozial und wirtschaftlich institutionalisiert wird, profiliert sich die neue Kommunikationsform des *Publizierens*.[29] Drucksachen werden zunächst manufakturell, dann industriell hergestellt und mit einer über Mitteleuropa verbreiteten Logistik vertrieben. Das Lesen (und Vorlesen) des Gedruckten erweitert die Formen der Kommunikation von Angesicht zu Angesicht erheblich, ohne sie ablösen zu können.

Noch vor der Erfindung und Institutionalisierung des Buchdrucks begegnet Nikolaus von Kues (1401 bis 1464) dem klassischen Weltdenken mit kühnen Fragestellungen.[30] Der philosophische Theologe und Kirchenpolitiker opponiert die antike Ganzes/Teile-Weltvorstellung. Für Nikolaus ist es der menschliche Geist, der die Welt als Einheit einer abstrakten Vielheit allgemeiner Begriffe (Kategorien, Universalien) umfasst, ein funktional-unendliches Verweisungssystem im Modus des Immer-Anders-Seins.[31] Der Kusaner macht einen deutlichen Unterschied zwischen den gottgegebenen Naturgesetzen und den menschengemachten Moralgesetzen, und er führt alles was ist und was nicht ist auf

26 Rühl: Publizieren, 1999: Kap. 2.
27 Saner: Kommunikation, 1976.
28 Blumenberg: Lesbarkeit der Welt, 1981.
29 Rühl: Publizieren, 1999.
30 Ebenda: Kap. 4.
31 Bertalanffy: Nikolaus von Kues, 1928.

Unterscheidung zurück (differentia bzw. distinctio).[32] Nur Gott ist das Absolute, das Nicht-zu-Unterscheidende [Non-aliud].[33] Nikolaus schreibt:

> „Da indes jedes Wissen besser und vollkommener sein könnte, so haben wir von keinem Gegenstand ein vollkommenes Wissen."[34]

Das Wissen ist für Nikolaus nicht nur quantitativ und qualitativ steigerungsfähig. Unter der Annahme einer objektiven Wissbarkeit kann das subjektive Wissen von einem Sachverhalt nicht damit übereinstimmen.

René Descartes, Baruch Spinoza, Gottfried Wilhelm Leibniz, der deutsche Idealismus, nicht zuletzt System/Umwelt-Theoretiker des 20. Jahrhunderts (Ludwig von Bertalanffy, Niklas Luhmann) setzen sich mit Nikolaus von Kues auseinander. Anders als der Kusaner bestimmen Nikolaus Kopernikus, Francis Bacon, Tommaso Campanella, Johannes Kepler und Galileo Galilei die Natur als Letztbezug für Wissenschaft, und sie verpflichten sich methodologisch der Empirie. Durch zunehmend exaktes Messen sollen anorganische und organische Erscheinungen von jedermann zu jederzeit experimentell überprüfbar sein, und für die Ergebnisse wird objektive Geltung beansprucht.

1.3 Francis Bacon: Wissenschaftstheorie für Kommunikation

Francis Bacon (1561 bis 1626) konzipiert eine Philosophie als Metatheorie für eine neue Wissenschaft.[35] Bacon ist wahrscheinlich der erste Wissenschaftstheoretiker, der Methoden, Strukturen und Auswirkungen der menschlichen Kommunikation vergleicht, und Beziehungen zwischen Naturkausalität, Handlungsregeln und Kommunikation zu erneuern versucht.[36] Bacons Methodologie ist eine Theorie empirischer, der Natur abgeschauter Verfahren zum Anpeilen abstrakter Erkenntnisziele. An die Stelle von Beziehungen zwischen Wahrnehmung und Begriff setzt Bacon Beziehungen zwischen Handlung und Begriff. Die neue Wissenschaft soll innere Zusammenhänge zwischen Interaktion und Natur erklären.[37] Menschliches Wissen und Können sind Erzeugnisse des Geistes und der Hand, die sich ergänzen. Nicht die wahrnehmbare Beschaffenheit des Bodens, des Klimas oder der menschlichen Rasse, sondern Erfahrungen und Erfindungen mechanischer Dinge bestimmt die Zukunft der Menschen und der Gesellschaft. Im Buchdruck, im Schießpulver und im Kompass erkennt Bacon die Indikatoren eines neuen Zeitalters, weil diese Er-

---

[32] Luhmann: Weisung Gottes, 1990: 86-87.
[33] Nikolaus: De non-aliud, 1966.
[34] Nikolaus: Die Jagd nach Weisheit, 2002: 45-47.
[35] Bacon: Neues Organon, 1990.
[36] Rühl: Publizieren, 1999: Kap. 6.
[37] Krohn: Einleitung, 1990: XVI.

findungen das Schrifttum, das Kriegswesen und die Schiffahrt verändern.[38] Mit seiner Staatsphilosophie propagiert Francis Bacon den Aufbruch aus dem feudal-agrarischen Europa hin zu einer vom Geld gesteuerten industriellen Weltordnung.

Die klassischen Rhetoriktheorien von Aristoteles bis Augustinus und die rhetorischen Stiltheorien der Spätklassik zwischen dem 8. und dem 15. Jahrhundert,[39] verwenden einen Kommunikationsbegriff, der weder Rezeption noch Verstehen zu erklären versucht. Francis Bacon attackiert den tradierten Kommunikationsbegriff und empfiehlt, empirische Aspekte des Vortrags und der Transmission zu beobachten. Die kontinuierliche Konversation [conversancy] zwischen den Gelehrten schätzt Bacon höher ein als deren geistige Fähigkeit [wit],[40] und Wahrheit sucht Bacon nicht im Geist [mind], zumindest nicht vorrangig. Wahrheit wird in der Gesellschaft erwartet, nachdem sie umgebaut wurde.[41] Im Gegensatz zur herkömmlichen, kontemplativen Philosophie favorisiert Francis Bacon, mit Blick auf eine Zukunftsgesellschaft, die analysierende und die synthetisierende Wissenschaft. Mit der Neukonstruktion einer Erfahrungswissenschaft [sciencia] reagiert Bacon auf die erstarrte professorale Buchgelehrsamkeit [professory learning] seiner Zeit.[42] In der Idolenlehre diskutiert Bacon Persuasion und Manipulation als besonders wirkkräftige Formen der Kommunikation. Deren empirische Problemzusammenhänge werden im 19. Jahrhundert von der Ideologiekritik und im 20. Jahrhundert von der Propagandaforschung aufgegriffen.[43]

Francis Bacon, Galileo Galilei und Johannes Kepler begründen die theoretischen Erfahrungswissenschaften. Experimentierende Wissenschaftler sind für sie keine bloßen Aktionisten, sondern Bearbeiter von Theorien. Wird das wissenschaftliche Theoretisieren vernachlässigt, dann kann das für den Erkenntnisprozess Folgen haben. Das belegen Vergleiche zwischen Alchemie und Chemie. Beide gehen vom Chemismus aus, das ist eine physikalische Qualitätsannahme, an die beide je eigene Erkenntnisfragen stellen. Alchemie und Chemie gelten zunächst als empirische Leitwissenschaften.[44] Im 17. Jahrhundert wird die Chemie als Lehre von den Eigenschaften beschrieben. Aufbau und Veränderungen (Reaktionen) der Stoffe ereignen sich, wenn Atome zu Atomverbänden (Molekülen, Kristallen) zusammenfinden. Die Chemiker verneinen die alchemistische Idee von der Existenz des Phlogistons das beim Ver-

38 Bacon: Neues Organon I, 1990: 7, 110, 129.
39 Howell: Logic and rhetoric, 1956; Murphy: Rhetoric in the middle ages, 1974.
40 Cogan: Rhetoric and action, 1981; Wallace: Francis Bacon, 1943; Rühl: Publizieren, 1999: Kap. 6.
41 Krohn: Francis Bacon, 1981: 271-272.
42 Bacon: Neues Organon I, 1990: 84.
43 Bacon: Advancement of learning, 1973; Cogan: Rhetoric and action, 1981; Wallace: Francis Bacon, 1943; Rühl: Publizieren, 1999: Kap. 6.
44 Meinel: Alchemie, 1986; van Dülmen: Buch der Natur, 2004; Nobis: Chemismus, 1971.

brennungsprozess entweichen soll. Antoine de Lavoisier kann die Phlogiston-Hypothese durch den Nachweis beiseiteräumen, dass beim Verbrennungsvorgang etwas hinzutritt, nämlich Sauerstoff. Im Unterschied zu den Chemikern beobachten die Alchemisten direkt, ohne vorgeschaltetes Theorieprogramm. Sie trauen den theoretisch ungeschützten Augen und Ohren. Bald sind Alchemisten auf dem Markt der Wissenschaften nicht mehr wettbewerbsfähig. Die Alchemie degeneriert zu einer geheimen Kunst mit einem mystisch-symbolisch verbrämten Eigenleben.

1.4 Wissenschaftstheorie als praktische Aufklärung

Das Zeitalter der praktischen Aufklärung lassen Historiker im Europa des 18. Jahrhunderts beginnen. Im Mittelpunkt steht das vernunftbegabte, rational handelnde Subjekt, dessen Wissen mehr und mehr dem Gemeinwohl verpflichtet wird. Galt Wissen vordem als sicher, dann ist Wissen nunmehr erst einmal auf den Probierstein der Vernunft zu stellen. Die Wissenschaft soll nicht nur Fakten sammeln, sie selbst soll von moralischem Nutzen sein. Selbstdenken soll die Menschheit aufklären und das Gesamtwohl fördern. Die Suche nach spezifischen Erkenntnissen wird unterschieden durch Zielsetzungen und Methoden. Institutionalisierte Lehr- und Forschungsbereiche sollen für das wissenschaftskritische Reflektieren und für systemrationale Analysen sorgen. Aufklärer suchen in der natürlichen Umwelt theoretische Maßstäbe zur Kritik an den Zuständen von Menschheit und Gesellschaft. Französische und englische Aufklärer sind die Ersten, die ihre Landessprachen verwissenschaftlichen.[45] Am Ende des 17. Jahrhunderts beginnt Christian Thomasius damit, das Lutherdeutsch in eine Wissenschaftssprache um- und auszubauen.

1.4.1 Christian Thomasius: Kommunikation und bürgerliche Klugheit

In der *Einleitung zur SittenLehre* (1692) bildet Christian Thomasius (1655 bis 1728) eine Begriffstrias aus Kommunikation, Mensch und Gesellschaft.[46] Wenige Jahre später (1695) charakterisiert Kaspar Stieler in *Zeitungs Lust und Nutz* das Publizieren als öffentliches Kundmachen. An deutschen Universitäten argumentiert man seinerzeit noch aristotelisch und man sprach lateinisch. Der Privatdozent Christian Thomasius, Sohn des Leipziger Aristotelikers Jakob Thomasius, opponiert den vorherrschenden autoritativ-scholastischen Wissenschaftskanon an seiner Heimatuniversität, dem er ein *Teutsch Programma* gegenüberstellt. Am 31. Oktober 1687, dem Reformationstag, hält Thomasius die

---

[45] Porter: Aufklärung, 1991.
[46] Thomasius: Einleitung zur SittenLehre, 1995: 89.

erste Vorlesung in deutscher Sprache über die Schrift *Hand-Orakel und Kunst der Weltklugheit*, deren Autor der spanische Jesuit Baltasar Gracián war.

Mit seinen Kampf gegen Vorurteil, Intoleranz, Aberglaube, religiöse Verfolgung, Hexenjagd und Anwendung der Folter gerät Christian Thomasius zunehmend in Konflikt mit der protestantischen Orthodoxie in Leipzig.[47] Noch vor Kants Erörterung der Frage: Was ist Aufklärung?[48] fordert Thomasius, dass jeder selbst denken und eigenständig urteilen solle. Deutsch als Vorlesung- und Wissenschaftssprache rechtfertigt Thomasius so: In der Muttersprache sind die gegenwärtige Lebenspraxis und deren moralische Begründung besser zu verstehen, auch die wissenschaftstheoretischen Voraussetzungen zur Erneuerung von Logik, Rhetorik, Historie und Ethik. Jahrzehnte vor Adam Smith denkt Thomasius die Ökonomie gesamthaft in Relation zur Gesellschaft. Sein Wissenschafts- und Philosophieverständnis ist erklärtermaßen die praxisbezogene *Gelehrtheit*, das akademische Lernen, das sich der Logik, der Metaphysik und der Erkenntnistheorie bedient. Gelehrtheit unterscheidet Thomasius von *Gelahrtheit*, vom vernunftbasierten praktischen Lernen für alltägliche Verrichtungen.

Christian Thomasius kritisiert den Zustand der Universitäten seiner Zeit. „Die Philosophie auff Academien hat unnütz Zeug genug / das man weder zu sieden noch zu braten brauchen kan. Hingegen mangelt es ihr an den nöthigsten / so wol in denen Disziplinen, die den Verstand des Menschen / als in denen / die den Willen desselben betreffen.“[49] Thomasius diskutiert mit „der studierenden Jugend zu Leipzig“ über „Nachahmung der Franzosen“ (1687), über „Mängel der aristotelischen Ethik“ (1688), „Mängel der heutigen Akademien“ (1688), und er entwirft ein Lehrprogramm, „wie ein junger Mensch zu informieren sei“ (1689).[50] Schulenbildung lehnt Thomasius ab. Zwischen Januar 1688 und April 1690 ediert er die *Monats-Gespräche* (Kurztitel), die erste gelehrt unterhaltende Wissenschaftszeitschrift in deutscher Sprache. Für Thomasius entsteht Wissen im täglichen Leben, weshalb die literarischen und moralphilosophischen Themen der *Monats-Gespräche* auch Nicht-Gelehrte ansprechen sollen. „[...] auch ein unstudirter Mann / er möge nun ein Soldat / Kauffmann / Hauß-Wirth / ja gar ein Handwerks-Mann oder Bauer / oder eine Weibes-Person seyn / wenn sie nur die „Praejudicia“ von sich legen wollen / noch viel bessere Dinge in Vortragungen der Weißheit werden thun können / als ich oder ein anderer.“[51]

---

[47] Schröder, P.: Christian Thomasius, 1999; Bloch: Christian Thomasius, 1953.
[48] Kant: Was ist Aufklärung?, 1968,
[49] Thomasius: Mängel der heutigen Akademien, 1994: 211-212.
[50] Thomasius: Kleine Teutsche Schriften, 1994.
[51] Thomasius: Ausübung der Vernunftlehre, 1998: Widmung.

Nach dem Tod seines Vaters gerät Christian Thomasius „endgültig auf die schiefe Bahn".[52] Am 10. März 1690 trifft ihn das Vorlesungs- und Schreibverbot der kursächsichen Universität Leipzig. Der brandenburg-preußische Kurfürst Friedrich III. beruft Thomasius nach Halle, wo er die neue Universität mitbegründet. Dem neuen Dienstherrn wird das übliche Lob zuteil als Thomasius den Entwurf über „die neue Erfindung einer wohlgegründeten und für das gemeine Wesen höchstnöthigen Wissenschafft" vorlegt.[53] Das vehemente Eintreten für die später so genannten Grundrechte hindern Thomasius nicht daran, an die eigenständigen Aufgaben zu erinnern, die dem Obrigkeitsstaat zustehen.

Verglichen mit den Texten Immanuel Kants argumentiert Christian Thomasius nicht besonders feinfühlig. Er kämpft um die moralische Erneuerung des persönlichen und gesellschaftlichen Lebens. In der *Einleitung zur SittenLehre* postuliert Thomasius: Erst durch *communiciren* mit anderen in der Gesellschaft wird einer zum Menschen. Er propagiert eine „vernünftige Liebe" zwischen den Menschen, und skizziert eine zirkuläre Kommunikationstheorie: „[...] der Mensch wäre ohne menschliche Gesellschafft nichts. [...] Ein Mensch müsste verderben / wenn sich andere Menschen nicht seiner annähmen [...] Ein Mensch wäre kein Mensch ohne andere menschliche Gesellschafft. Was wären ihm die Gedancken nütze / wenn keine andere Menschen wären? [...] Die Gedanken sind eine innerliche Rede. Wozu brauchte er diese innerliche Rede / wenn niemand wäre, mit dem er seine Gedanken *communiciren* solte?"[54]

Thomasius reflektiert ein Kommunikationsfeld in der Erwartung, dass der Mensch mit der „vernünftigen Liebe" die Verdorbenheit und die Verfälschungen aufklären kann, deren Wurzeln er im bösen Willen vermutet. Der Mensch benötigt über die Vernunft hinaus die Gnade Gottes und die Ethik als Kunst, vernünftig und tugendhaft zu lieben, als Mittel für ein glückliches, galantes und fröhliches Leben. Wie Tommaso Campanella, Johannes Kepler und Galileo Galilei unterscheidet Christian Thomasius noch nicht grundsätzlich zwischen Glauben und Wissen.

1.4.2 Kaspar Stieler: Bürgerliches Weltverstehen durch Zeitungslesen

Kaspar (von) Stieler (1632 bis 1707) wird kein Universitätsprofessor, aber ein Sprachforscher und Literaturwissenschaftler von hohen Graden.[55] Stieler wird für sein Lebenswerk geadelt. Nicht zuletzt wegen des Gelderwerbs schreibt Kaspar Stieler Ratschlagsbücher, die alle, nach heutigem Sprachgebrauch,

---

[52] Schneiders: Vorwort zu Christian Thomasius: Kleine Teutsche Schriften, 1994: V.
[53] Thomasius: Erfindung der Wissenschafften, Widmung, 1994.
[54] Thomasius: Einleitung zur SittenLehre, 1995: 89 (H.i.O.)
[55] Conter: Kaspar Stieler, 1999.

Bestseller werden. *Zeitungs Lust und Nutz* (Kurztitel) ist ein solches Ratschlagsbuch, in dessen Glossar die Begriffe *publicq* mit „offenbar", *Publiciren* mit „kund machen" und *Publication* mit „Eröffnung" verdeutscht werden. Damit nähert sich Stieler dem Wortsinn der englischen und französischen Aufklärer, die „public" als „öffentlich, allgemein zugänglich" deuten, zu einer Zeit, als „publik" im absolutistischen und merkantilistischen Deutschland noch „staatlich" meint.[56] Wie Christian Thomasius in seiner *Klugheitslehre*[57] präferiert Kaspar Stieler die Privatklugheit vor der Staatsklugheit. Er überlegt die Zeitung als persönliches Erleben in Beziehung zur aufstrebenden sozialen Mitwelt der *Stats-Handels- und Bürgerl. Gesellschaft*.[58] Jeder soll ein „Politicus" sein, soll am aktuellen Weltgeschehen teilnehmen, und zwar durch Zeitungslesen.[59] Die 50 bis 60 Zeitungen, die um 1700 in deutscher Sprache erscheinen[60] sind nach Stieler von unterschiedlichem Nutzen „bey der Kaufmannschaft [...] bey grosser Herren Höfen [...] im Krieg [...] bey der Kirche [...] auf hohen Schulen [...] im Frauen-Zimmer [...] im Hause [...] auf der Reise [...] in Unglücksfällen [...] beym Trunke und Zusammenkunften [...] bey der Statskunde Beflissenen insonderheit."[61] Kaspar Stieler formuliert ein lesepolitisches Programm für die Zeitung in der frühbürgerlichen Gesellschaft:

> „Wir ehrliche Leute / die wir itzt in der Welt leben / müssen auch die jetzige Welt erkennen: und hülft uns weder Alexander / Caesar / noch Mahomet nichts / wann wir klug sein wollen. Will aber wer klug seyn und werden / wo er anders in der Stats-Handels- und Bürgerl. Gesellschaft leben will / so muss er die Zeitungen wissen / er muß sie stets lesen / erwägen / merken / und einen Verstand haben / wie er mit denenselben umgehen soll."[62]

Richtschnur aller Klugheit für das bürgerliche Leben sind für Stieler die vielfältigen inneren und äußeren Beziehungen zwischen Zeitung und Gesellschaft. Stieler argumentiert analytisch, wenn er Beziehungen zwischen Zeitung und ständisch-stratifizierter Gesellschaft beschreibt, und er operiert lehr- und lerntheoretisch, wenn er die Zeitung als Mittel der Welt(er)kenntnis beurteilt. Ihm ist bewusst, dass nur ein geringer Teil der Bevölkerung individuell Zeitung lesen kann. Er setzt in erster Linie auf das Vorlesen. Bescheidwissen kann nur durch eine allgemein verstehbare Sprache hergestellt werden, und die Zeitungen müssen Vorkenntnisse und Verstand voraussetzen. Neuigkeiten zur Befriedigung der Neugierde können, nach Stieler, thematisch unbegrenzt angeboten werden – nicht als vertiefende Information. Diese sei der Geschichtsschreibung vorbehalten. Das Zeitungswesen soll in die Staatsbildung

---

[56]   Rühl: Publizieren, 1999: Kap. 8.
[57]   Thomasius: Politische Klugheit, 2002.
[58]   Stieler: Zeitungs Lust und Nutz, 1969:4; 222.
[59]   Ebenda.
[60]   Meyen/Löblich: Klassiker, 2006.
[61]   Stieler: Zeitungs Lust und Nutz, 1969: Kapitelüberschriften.
[62]   Ebenda: 4.

einbezogen werden. Bei aller aufklärerischen Verlagerung auf die Emanzipation eines neuen Bürgertums projiziert Stieler das Publizieren auf Staat und Ökonomie mit „dem Hauswesen" als dem unmittelbaren Bezugssystem. Kaspar Stieler schätzt „der Zeitungen Notwendig- und Nutzbarkeit" sehr hoch ein, mit Skepsis gegenüber deren Wahrheitswert. „Nicht alles / was in Zeitungen stehet / ist bedenkens wehrt."[63] Stieler propagiert ein *bürgerliches Zeitungslesen*, weil die Zeitung die Quelle für alltäglich brauchbares Wissen in der bürgerlichen Gesellschaft ist und dem Volk zu einer besseren Lebensführung verhelfen kann.

1.4.3 August Ludwig Schlözer: Empirische Einzelwissenschaften – rigide Aufklärung – wissenschaftliches Zeitungslesen

August Ludwig (von) Schlözer (1735 bis 1809) ist vierzig Jahre lang Professor für Politik und Geschichte an der Reformuniversität Göttingen. Aus dieser Position heraus wird er Mitbegründer der politisch-empirischen Geschichtswissenschaft, der Geschichtstheorie, der Statistik (verstanden als datenordnende Staatskunst), der Wirtschaftspolitik und des Staatsrechts. Schlözer sucht nach allgemeinen Standards der Erkenntnis und nach Bedingungen, Erkenntnisse methodisch zu prüfen. Er unterteilt die Geschichtswissenschaft in eine didaktisch-propädeutische Geschichtslehre und in eine Erkenntnistheorie des Summierens und Systematisierens historischen Materials. Diese Vorgehensweise erlaubt es, das gesamte historische Erfahrungswissen metatheoretisch unter die Leitbegriffe Aggregat und System zu versammeln.

Anders als Immanuel Kant sieht August Ludwig Schlözer im *Aggregat* einen wissenschaftsfähigen Zusammenhang innerlich verbundener Daten.[64] Mit Kant konzipiert Schlözer das *System* als sozial-pragmatischen Realzustand eines komplexen Zusammenhangs in sich strukturierter, gegenseitig voneinander abhängiger Faktoren.[65] Sein Systembegriff setzt Reflexionen voraus über Auswahlkriterien für Aggregate als notwendige Durchgangsstufen. Durch Kommunikation – Schlözer schreibt vom vernünftigen Erzählen von Ereignissen – kommen historische Aggregate zustande, die mit Hilfe des Systembegriffs als historisches Wissen reflektiert werden. Auf diesen geschichtstheoretischen Wegen liefert Schlözer wichtige Beiträge zu der Teildisziplin Wirtschaftsgeschichte, die er wiederum in Technik-, Handels- und Finanzgeschichte untergliedert. Mit seinem Göttinger Kollegen Johann Beckmann, der eine *Allgemeine Technologie* als Forschungs- und Lehrprogramm organisiert,[66] problematisiert Schlözer grundlegende technologische Entdeckungen und Erfindungen wie das Brotbacken

---

[63] Ebenda: 118.
[64] Schlözer: Universal-Historie 1997: 14-23.
[65] Schlözer: Weltgeschichte 1806: Teil 1, Paragraph 36.
[66] Beckmanns Allgemeine Technologie, 2002.

oder das Schreiben, und er systematisiert die Verbreitung, Nutzung und Herstellung von Tabak, Kaffee, Tee, Kartoffel, Zucker, Silber und Seide.

Die Wissenschaft konzipiert August Ludwig Schlözer sozialdynamisch, als einen diskursiven Prozess, ohne Schöpferfiguren einzuführen und ohne einen Ursprung anzunehmen. *Entwurf* und *Vorstellung* sind die Schlüsselbegriffe Schlözers.[67] Wissenschaftlicher Fortschritt kommt nach seinem Dafürhalten durch Anschlusskommunikation zustande, wenn Vergangenheit und Zukunft einen Traditionszusammenhang bilden. „Sie [die Universalhistorie, M.R.] soll die vergangene Welt an die heutige anschließen, und das Verhältniß beider gegen einander lehren."[68] Nützliches Wissen wird empirisch zu verwirklichen versucht, als dauerhafte Kommunikation über eine methodisch geschulte und systematische Enthüllung.

Der Multidisziplinarist Schlözer macht die Zeitung zum universitären Lehrmittel. Wird Kaspar Stieler zum Propagandisten des *bürgerlichen Zeitungslesens*, dann kann August Ludwig Schlözer der Advokat des *wissenschaftlichen Zeitungslesens* genannt werden.[69] Jeweils im Wintersemester kündigt Schlözer ein Zeitungs-Kollegium an, zu dem er von den teilnehmenden Studenten „die Mühe des Zeitungslesens" voraussetzt. Sie sollen vom Professor weder „geheime Nachrichten vom neuesten Weltlaufe" erwarten, noch „politische Beurteilungen der jetzigen Weltvorfälle, ob sie recht oder unrecht, vernünftig oder unklug, seien [...] oder gar politische Weissagungen".[70]

August Ludwig Schlözer war Berater des russischen Zaren Alexander I.,[71] der Kaiserin Maria Theresia und ihres Sohnes und Nachfolgers Josef II. Er publiziert darüber in der historisch-politischen Zeitschrift *Stats-Anzeigen*. Im Göttinger Zeitungskollegium thematisiert Schlözer „Hauptbegebenheiten": den „Nordamerikanischen Krieg [...], eine Papstwal, oder die Krönung eines Königes", in die er seine „umständliche historische, geographische und politische 'Erläuterungen' ... mit angestrengtem Fleiße, beim Gebrauche einer Bibliothek" einbringt. „Oft felet wichtigen ZeitungsNachrichten die nötige Präcision und Umständlichkeit. Beide werde ich manchmal ergänzen können, wenn es mir nämlich glückt, die Actenstücke selbst früh genug zu erhalten, aus denen jene Nachrichten bloße eilige Extracte waren."[72] Zeitungslesen wolle gelernt sein.

---

67   Schlözer: Universal-Historie 1997: Vorrede; Schlözer: Reise-Collegio 1777.
68   Schlözer: Universal-Historie 1997: 4.
69   Rühl: Publizieren, 1999; Rühl: Zeitunglesen, 2002.
70   Schlözer: Reise-Collegio 1777:21-24. Diese Programmschrift ist auf Seite 21 mit *Entwurf eines Zeitungs-Collegii* überschrieben. Es liegt überdies eine Vorlesungsmitschrift des (dänischen) Studenten Frederik Stoud vor, abgedruckt in Kutter: Reisen, 1996: 333-371.
71   Wegen seiner Verdienste um die Geschichtsschreibung Russlands wird Schlözer vom Zaren 1803 in den Adelsstand erhoben.
72   Schlözer: Reise-Collegio 1777.

Schlözers „Kunst Zeitungen zu lesen" ist theoretisch reflektiert und wird mit Bedacht als Teil der Allgemeinbildung angelegt.

Der „Aufklärer aus dem Bilderbuch",[73] der „hart und trocken ... im Dienste der Vernunft" stehende Erzieher und Vater von Dorothea Schlözer-Rodde,[74] sieht, wie Kaspar Stieler, im Zeitungslesen eine Lehrform zur Vergegenwärtigung der Welt.[75] Dazu muss man „den Mechanismus einer großen ZeitungsFabrik kennen" mit den unterschiedlichen Abhängigkeitsverhältnissen zwischen Verlegern, Redakteuren und Korrespondenten.[76] Schlözer will die Menschen utilitaristisch aus der Unmündigkeit herausführen. Das empirisch wissenschaftliche Wissen soll alltagspublizistisch verallgemeinerbar werden, wie „public understanding of science" in der zweiten Hälfte des 20. Jahrhunderts erneut verlangt.[77] Durch akademische Lehre gelte es den Transfer vom Wissenschaftswissen zum Alltagswissen zu reflektieren. Insofern ist das Wissen aus der Zeitungslektüre für Schlözer eine Stufe zur *Staatskunst*, jener Wissenschaft, der er unter dem Titel *Theorie der Statistik. Nebst Ideen über das Studium der Politik überhaupt* (1804) eine bedeutende Publikation widmet.

1.5 Immanuel Kant: Kritik als Wissenschaftstheorie

Die systematischen Setzungen Immanuel Kants (1724 bis 1804) werden entscheidend für die Wende zu einem wissenschaftstheoretisch begründeten Verständnis von Wissenschaft.[78] Kant lebt, lehrt und forscht in der preußisch-absolutistischen Adelsgesellschaft,[79] und er will mit der Vernunft „über den Erfahrungsgebrauch" hinausgehen, will für den „sicheren Gang einer Wissenschaft" sorgen, um die „verschiedenen Mitarbeiter [...] einhellig zu machen".[80] Kant entwirft eine Theorie der bürgerlichen Gesellschaft und eine Theorie des autonomen Wissenschaftssystems. Dabei erinnert er, dass es David Hume war, der ihn aus metaphysischen Träumereien gerissen hat.

> „Ich gestehe frei: Die Erinnerung des David Hume war eben dasjenige, was mir vor vielen Jahren zuerst den dogmatischen Schlummer unterbrach, und meinen Untersuchungen im Felde der spekulativen Philosophie eine ganz andre Richtung gab."[81]

---

[73] Heuß: Schattenbeschwörung, 1954: 52.
[74] Kern/Kern: Madame Doctorin, 1990. Dorothea Schlözer-Rodde (1770 bis 1825) ist die erste zum Doktor der Philosophie promovierte Frau in Deutschland.
[75] Rühl: Publizieren, 1999: Kap. 12.
[76] Schlözer: Theorie der Statistik 1804: 78.
[77] Kohring: Wissenschaftsjournalismus, 1997: Kap. 4.
[78] Kant: Metaphysische Anfangsgründe, 1968.
[79] Dietzsche: Immanuel Kant, 2003.
[80] Kant: Kritik der reinen Vernunft, 1968: B 825; B VII.
[81] Kant: Prolegomena, 1968: A 13.

Hume habe mit dem Kausalprinzip, der Begriffsverknüpfung von Ursache und Wirkung einen Funken geschlagen „mithin auch dessen Folgebegriffe der Kraft und Handlung etc."[82] Humes Anregung, hypothetische Systeme durch einzelwissenschaftliche Forschung in Erfahrungssysteme zu transformieren, weist Kant als widersprüchlich zurück.[83] Empiristische Erfahrungen könnten nur als Aggregate (Chaos, Gemisch, Haufen, Klumpen) wahrgenommen werden, und würden keine Systeme werden. Mit seiner Systemarchitektonik, in der Teile als Einheit der Erfahrungen aufeinander bezogen werden, konterkariert Kant das Wissenschaftsverständnis Humes und anderer englischer Empiristen.[84] Das theoretische Wissen von Einzelwissenschaften wie der Physik sei metatheoretisch zu reflektieren, im Hinblick auf ein bestimmtes Wissenschaftsverständnis.[85] Wissenschaft ist „jede Lehre, wenn sie ein *System*, d. i. ein nach Prinzipien geordnetes Ganze der Erkenntnis" ist.[86] Die Prinzipien unterscheiden die Verknüpfungen empirischen und rationalen Wissens. Vernunft ist in ihrem Gebrauch ein System bloßer Begriffe, ein Nachforschungssystem, ein Aussagengefüge, eine nach Prinzipien geordnete architektonische Einheit. Das kantische Wissenschaftssystem liegt dem einzelwissenschaftlichen Wissen voraus und es bestimmt für jeden Teil einen Ort und somit ein Verhältnis zu allen übrigen Gegenständen menschlicher Erfahrung. Wissen bildet kein zufälliges Aggregat, sondern ein nach notwendigen Gesetzen zusammenhängendes System.

Christian Wolff setzt in die „vernünftige Architektonik" einer auf „Wohlfahrt" und „Glückseligkeit" ausgerichteten sozialen Ordnung.[87] Immanuel Kant hält dagegen:

> „Ich verstehe unter einer Architektonik die Kunst der Systeme. Weil die systematische Einheit dasjenige ist, was gemeine Erkenntnis allererst zur Wissenschaft, d.i. aus einem bloßen Aggregat derselben ein System macht, so ist Architektonik die Lehre des Szientifischen in unserer Erkenntnis überhaupt, und sie gehört als notwendig zur Methodenlehre."[88]

Kant hat nicht die Absicht, göttliche oder gesellschaftliche Baupläne objektivierend nachzuzeichnen und nachzuvollziehen. Er spricht von systematischen gesellschaftlichen Entwürfen, die Erfahrungen mit menschlichen Fähigkeiten, Schwachheiten und Leidenschaften berücksichtigen. Mit der *Kritik der reinen Vernunft* (1787) stellt Immanuel Kant die Metaphysik als Fundamentalphilosophie bloßer Begriffe und gedanklicher Mittel grundsätzlich in Frage:

---

[82] Ebenda: A 8.
[83] Kant: Prolegomena, 1968: A 94-A 97.
[84] Kant: Kritik der reinen Vernunft, 1968: B 860.
[85] Kant: Gemeinspruch, 1968.
[86] Kant: Metaphysische Anfangsgründe, 1968: A IV.
[87] Pankoke: Soziologie, Gesellschaftswissenschaften, 1984; Pankoke: Sozialwissenschaft, 1995.
[88] Kant: Kritik der reinen Vernunft, 1968: B 860.

„Unser Zeitalter ist das eigentliche Zeitalter der Kritik, der sich alles unterwerfen muss. Religion, durch ihre Heiligkeit, und Gesetzgebung, durch ihre Majestät, wollen sich gemeiniglich derselben entziehen. Aber als denn erregen sie gerechten Verdacht wider sich und können auf unverstellte Achtung nicht Anspruch machen, die die Vernunft nur demjenigen bewilligt, was ihre freie und öffentliche Prüfung hat aushalten können."[89]

Kant vermutet, dass wir mit grundlegenden (begrifflichen) Erwartungen geboren werden, mit deren Hilfe wir die Welt in „unsere Welt" verwandeln. Aber wir müssen immer im Gefängnis unserer Begriffe leben, die nach seiner Auffassung fest vorgegeben sind. Die Erkenntnis der Welt soll uns durch die inneren Ordnungsschemata der Begriffe a priori durch reine Vernunft möglich sein, *vor* jeder Erfahrung, unter den formenden Bedingungen eines unitären „transzendentalen Subjekts". Die Welt, wie sie „an sich" sein soll, bleibt uns für immer verschlossen.[90]

Mit der Vernunftrationalität vergleichgültigt Kant die auf das Wesen der Dinge gerichteten Was-Ist-Fragen. Soll unter Beteiligung sinnlicher Erfahrungen etwas Sachhaltiges über die Welt herausgefunden und als Wissenschaft präsentiert werden, dann ist die Kritik zu wählen, der Probierstein der Wahrheitsprüfung und des Erkenntnisgewinns. Die aufklärerische Kritik setzt konkret bestehende Sachverhalte und Sozialverhältnisse wie Texte, Kunstwerke und Institutionen (Kirche, Staat, Gesellschaft) voraus. Kant führt den in der Antike gebräuchlichen philologischen Kritikbegriff auf einen philosophisch-theoretischen Höhepunkt. *Kritik* wird als Menschenrechtsprinzip generalisiert, ebenso *Publizität*.

„Alle auf das Recht anderer Menschen bezogene Handlungen, deren Maxime sich nicht mit der Publicität verträgt, sind unrecht", und „Alle Maximen, die der Publicität bedürfen (um ihren Zweck nicht zu verfehlen), stimmen mit Recht und Politik vereinigt zusammen."[91]

Publizieren ist für Immanuel Kant „öffentlich kundbar machen" durch den Gebrauch der Vernunft. Es ist ein bürgergesellschaftliches Öffentlichmachen,[92] gerichtet gegen die repräsentative Öffentlichkeit der ‚Oberkeiten'.[93]

„Ich verstehe aber unter dem öffentlichen Gebrauche seiner eigenen Vernunft denjenigen, den jemand als Gelehrter von ihr vor dem ganzen Publicum der Leserwelt macht."[94]

---

[89] Ebenda: A XI, Anm.
[90] Kant: Logik, 1968.
[91] Kant: Zum ewigen Frieden, 1968: B 100, B 111.
[92] Blesenkemper: Public age, 1987.
[93] Habermas: Strukturwandel der Öffentlichkeit, 1990: § 2.
[94] Kant: Was ist Aufklärung, 1968: A 485.

28

Für Kant ist Publizieren in der aufklärenden Buchkommunikation begründet.[95] Dass Staat und Regierung die Freiheit des öffentlich geäußerten Urteils (Meinungsäußerungsfreiheit) willkürlich einschränken können, wird grundsätzlich zurückgewiesen.

> „Volksaufklärung ist die öffentliche Belehrung des Volks von seinen Pflichten und Rechten in Ansehung des Staats, dem es angehört […] So verhindert das Verbot der Publicität den Fortschritt eines Volks zum Besseren, selbst in dem, was das Mindeste seiner Forderung, nämlich bloß sein natürliches Recht, angeht.“[96]

In seiner Schrift *Zum ewigen Frieden* (1796) erhebt Immanuel Kant die Publizität zum Prinzip. Damit verbindet er zwei Kritikgedanken, die für Wissenschaft und Publizistik zentral werden: (1) Die Evidenz der Dinge manifestiert sich in ihrem öffentlichen Erscheinen, und (2) die Entdeckung von Bedingungen vernünftiger Erkenntnis wird durch deren öffentlichen Gebrauch evident.[97] Das Gegenprinzip zur Publizität ist das Arkanum, das Geheimnis. Publizität als elementare Bedingung für die Wahrheitsprüfung und für den Erkenntnisgewinn gibt den Grundgedanken vor, dass ein Volk seine Meinung „frei und öffentlich der Welt zur Prüfung darlegen“ kann.[98]

Kant setzt *Technik* in Interrelation zu Handeln und Kommunikation.[99] Wenn Wissenschaft „ein nach Prinzipien geordnetes Ganzes der Erkenntnis“ ist, dann beobachtet Kant in der Technik ein System der Wörter, Begriffe, Regeln und Vorschriften. Dieser Technikbegriff steht für eine Kunstlehre, die sich sowohl zum rechten Aufbau eines Vortrags als auch zur Organisation der Wissenschaften eignet. Technik ist für Kant ein praktisches Vermögen, ein Können, das die Geschicklichkeit der Menschen steuert und nach zweckmäßigen Vorschriften ins Werk setzt.[100]

Kants Wissenschaftstheorie wird als architektonisches Erkenntnissystem entworfen, mit System, Funktion, Publizität, Mittel und der bürgerlichen Gesellschaft als Eckpfeilern.[101] Gesellschaft wird gleichzeitig als Miteinander *und* Gegeneinander der Menschen, als deren Vereinzelung *und* Vereinigung modelliert, auf der Basis von Trieb *und* Vernunft. Mit Freiheit, Gleichheit und Selbstständigkeit fordert Kant bürgerrechtliche Zustände, um ständisch hierarchisierte Zustände der „Oberherrschaft und Unterwürfigkeit“ zu opponieren. „Ein rechtlich-bürgerlicher (politischer) Zustand ist das Verhältniß der Menschen

---

[95]   Kant: Metaphysik der Sitten, 1968: AB 128.
[96]   Kant: Streit der Facultäten, 1968: A 152–A 154.
[97]   Kant: Zum ewigen Frieden 1968: B 98-107.
[98]   Kant: Was ist Aufklärung, 1968: A 492.
[99]   Rühl: Publizieren, 1999: Kap. 11; Rühl: Technik und ihre publizistische Karriere, 2000.
[100] Kant: Kritik der Urteilskraft, 1968: B 175.
[101] Kant: Metaphysik der Sitten, 1968; Kant.: Kritik der Urteilskraft, 1968; Kant.: Über Pädagogik, 1968.

untereinander."[102] Mit abstrakten, disziplinunabhängigen Begriffen wird Wissenschaft als das Gesamt der Lehrsätze definiert: „Eine jede Lehre, wenn sie ein System, d. i. ein nach Prinzipien geordnetes Ganzes der Erkenntnis sein soll, heißt Wissenschaft."[103] Als architektonische Erkenntniseinheit ist Wissenschaft ein sich selbstordnendes System, das unter dem Auswahlgesichtspunkt einer Funktion steht, und deren Erkenntnisse methodisch zu kontrollieren sind.[104]

Seit Kant ist die Wissenschaftskommunität gewohnt, Lösungsvorschläge einer vielseitigen Wissenschaftskritik zu unterziehen.[105] Vorwissenschaftliches Herumkritisieren reicht nicht hin. Von den Kritikern werden bessere Lösungsversuche gefordert. Mit seiner vernunftrationalen, diskursiv rekonstruierenden Wissenschaftstheorie will Immanuel Kant das Funktionieren von Wissenschaft in der bürgerlichen Gesellschaft transparenter machen. Die Vernunftrationalität kann nach Kants Ansicht Synthesen leisten, wenn eine bestimmte *Funktion* Gedanken, Einsichten und Erkenntnisse systemrational zusammenhält. „Ich verstehe [...] unter Funktion die Einheit der Handlung, verschiedene Vorstellungen unter einer gemeinschaftlichen zu ordnen".[106] Falsch sei die Idee, „alle unsere Erkenntnis müsse sich nach den Gegenständen richten. Vielmehr müssen sich die Gegenstände [...] nach unserer Erkenntnis richten". Erkenntnisse sind keine Additionsergebnisse, weil in der Wissenschaft ständig Erkenntnishindernisse anfallen, deren man sich entledigen müsse.

> „Ehe wahre Weltweißheit aufleben soll, ist es nöthig, daß die alte sich selbst zerstöhre, und, wie die Fäulnis [...] iederzeit vorausgeht, wenn eine neue Erzeugung anfangen soll, so macht mir die *Crisis* der Gelehrsamkeit zu einer solchen Zeit, da es an guten Köpfen gleichwohl nicht fehlt, die beste Hoffnung, daß die so längst gewünschte große *revolution* der Wissenschaften nicht mehr weit entfernt sey."[107]

Mit dem Revolutionsbegriff verweist Kant exemplarisch auf das Hauptwerk seines Landsmannes Nikolaus Kopernikus und auf die wissenschaftstheoretischen Folgen der „kopernikanischen Wende".

1.6 Wissenschaftslogiken und Wissenschaftssoziologie

Viele wissenschaftstheoretische Vorgaben Immanuel Kants werden klassisch,[108] das heißt sie sind noch heute im Gebrauch. Abgewirtschaftet haben die Begriffe

---

[102] Kant: Religion, 1968: B 131; Kant: Gemeinspruch, 1968: A 235.
[103] Kant: Metaphysische Anfangsgründe, 1968: A IV.
[104] Kant: Kritik der reinen Vernunft, 1968: B 92-93.
[105] Hartmann/Dübbers: Kritik, 1984.
[106] Kant: Kritik der reinen Vernunft, 1968: B 92-93.
[107] Immanuel Kant in einem Brief an Johann Heinrich Lambert vom 31. Dezember 1765, zit. n. Dietsch: Immanuel Kant, 2003: 110 (H.i.O.).
[108] Diemer: Wissenschaftscharakter der Wissenschaft, 1968: 24.

Absolutheit, Allgemeinheit, logische Ableitung, Ideal und reine Theorie.[109] Wird die Zeitung gemäß dem „biogenetischen Grundgesetz der positiven Wissenschaften" als unveränderliches Wesen angesehen, das nach Gehalt, Struktur und einer Gesetzlichkeit wesenhafter geistiger Besitz wird,[110] dann bleibt der Zeitungsbegriff inoperativ, das heißt empirisch unzugänglich. Zeitungswissen in subjektiver Gewissheit [certitudo] durch Daten universell zu sichern, durch einfaches Feststellen nackter Tatsachen,[111] lässt eine unüberbrückbare Lücke zwischen Theorie und Empirie entstehen.

Im 19. Jahrhundert beginnen die Naturwissenschaften alles zu messen was sich messen lässt. Aus Absolutheitsidealitäten resultiert die Idee des Messens von Elementen als das Wahrheitsgesamt, aus dem das Postulat der subjektiven Gewissheit abgeleitet wird. An die Stelle von Evidenz tritt rechnerische Gewissheit. Wissenschaft wird als System von Wahrheiten zu einer kategorisch-deduktiven „Wesensallgemeine". Durch Vernunfteinsicht „klar und deutlich" konzipiert, soll sie von allgemeiner Geltung sein. Es ist von logischer Evidenz die Rede, von logischen Strukturen und schließlich von logischer Ordnung als System. Wissenschaftlichkeit soll durch systematische Ableitungen gesichert werden. Wissenschaftlich heißt dann, etwas gründlich, zusammenhängend, wohlgeordnet zu behandeln, zu möglichst klaren, deutlichen und bestimmten Erkenntnissen. Die Postulate Allgemeinheit und die logische Ableitung werden unausgesprochen zu metaphysischen Wissenschaftskriterien, zu Festlegungen, die von den methodischen Strömungen des Empirismus, Positivismus, Utilitarismus, Funktionalismus etc. im operationalen Wissenschaftsbetrieb grundsätzlich in Frage gestellt werden.

Da „Wissen nur als Wissenschaft oder als *System* wirklich ist und dargestellt werden kann",[112] kommen wissenschaftliche Metatheorien ins Gespräch. Sie werden noch undifferenziert und unsystematisch bezeichnet als „Philosophie", „Logik der …", „Methodologie der …" oder „Erkenntnistheorie der …"[113] Bis in das 20. Jahrhundert werden die Begriffe ‚Philosophie' und ‚Theorie' sinngleich verstanden. Mit zunehmender Verwissenschaftlichung der Nationalgesellschaften Europas und Nordamerikas werden die metawissenschaftlichen Kennzeichnungen bestimmten Einzelwissenschaften zugeordnet. Das experimentelle Prüfpostulat wird mit der Annahme verbunden, operierende Wissenschaften seien echte Wissenschaften [sciences], das sind die Naturwissenschaften [natural sciences]. Es sind in erster Linie Philosophen, die von einer *Theorie der*

---

[109] Einige Beispiele ‚reiner Theorien' sind Groth: Unerkannte Kulturmacht, 1960-1972; Kelsen: Reine Rechtslehre, 1985; Jouvenel: Reine Theorie der Politik, 1967; Oppenheimer: Theorie der reinen Ökonomie, 1923.
[110] Groth: Geschichte der Zeitungswissenschaft, 1948: 9; Riepl: Nachrichtenwesen bei den Römern, 1911.
[111] Groth: Die politische Presse, 1915.
[112] Hegel: Phänomenologie des Geistes, 1986: 27 (H.i.O.).
[113] Pulte: Wissenschaftstheorie, Wissenschaftsphilosophie, 2004: 976.

Wissenschaft sprechen und handeln. Im 20. Jahrhundert etablieren sich so entscheidende physikalische Einflussgrößen wie Relativitätstheorie, Quantenmechanik oder Kybernetik im Kontext tradierter Physiktheorien – im Fall der Kybernetik als eine eigene Wissenschaft.[114]

Im Deutschen wird der Begriff *Wissenschaft* im Verlauf des 19. Jahrhunderts dreigeteilt: in die Naturwissenschaften, in die „empirisch leeren" Wissenschaften (Logik, Mathematik) und in die Geisteswissenschaften. Die englischsprachige Wissenschaftspraxis unterscheidet zwischen *Sciences* und *Humanities*. Unter Wissenschaft wird ein systematisches und objektives Studium empirischer Phänomene generalisiert, ein Wissenskorpus, der methodisch vorwiegend quantitativ vermessen werden kann. Im Zusammenhang mit dem Methodenbegriff werden qualifizierende Adjektive (systematisch, objektiv, empirisch, intersubjektiv, operational) als Vorbedingungen von Forschungsmethoden (Befragung, Inhaltsanalyse) diskutiert, während operativ-vergleichende Beziehungen zur Kommunikationstheorie als sinnmachend-informierende Äußerungsmöglichkeiten marginal behandelt werden.[115] In einzelnen Wissenschaften (Physik, Nationalökonomie) wird der Anspruch der alteuropäischen Philosophie, die Wissenschaft formell und inhaltlich metatheoretisch fundieren zu können, schon im 19, Jahrhundert unterlaufen, durch eigene fachliche Metatheorien.[116] Für die Physik wählt man Raum, Zeit, Kausalität und Gesetzlichkeit als allgemeinverbindliche Grundbegriffe. Gleichzeitig wird die Physik von anderen Disziplinen als Leitwissenschaft anerkannt, deren Grundbegriffe übernommen werden.[117] Relativitätstheorie und Quantenmechanik implizieren im 20. Jahrhundert eigene wissenschaftstheoretische Kriterien.[118] Anthropologie, Biologie, Erziehungswissenschaft, Geschichtswissenschaft, Kunstwissenschaft, Medizin, Politikwissenschaft und die Kommunikationswissenschaft verfügen über uneinheitliche Reflexionstheorien.[119]

Probleme der modernen Gesellschaft werden im 18. Jahrhundert zunächst in Frankreich von den Enzyklopädisten Denis Diderot und Jean Le Rond d'Alembert diskutiert, dann von Auguste Comte, und zwar positivistisch und von Émile Durkheim als Tatsachenforschung. In Deutschland tritt die „soziale Frage" ins wissenschaftliche Bewusstsein, ausgelöst von der industriellen Revolution und ihren Folgen. Zunächst behindern Idealismus und Romantik eine frühe sozialwissenschaftliche Selbständigkeit. Sprache, Recht und Sitte, die soziale Schichtung des Volkes und seiner Kultur(en) bilden in diesem Denken ein Ganzes, und jedes seiner Teile muss im „gesunden" Gleichgewicht des

---

[114] Diemer: Wissenschaftscharakter der Wissenschaft, 1968.

[115] Berelson: Content analysis, 1952: 14-18; Merten: Inhaltsanalyse, 1995: 47-59.

[116] Janich/Kambartel/Mittelstraß: Wissenschaftstheorie, 1974.

[117] Mittelstaedt: Probleme der modernen Physik, 1972; Sachsse: Kausalität – Gesetzlichkeit – Wahrscheinlichkeit, 1987.

[118] Heisenberg: Physik und Philosophie, 1973.

[119] Speck: Handbuch, 1980; Anderson: Communication theory, 1996.

Organismus „funktionieren". Robert von Mohl und Wilhelm Heinrich Riehl entdecken die Gesellschaft als Forschungsgegenstand und fordern dafür eine theoretisch-methodologische Einzeldisziplin. Im *Verein für Socialpolitik*, seit 1872 ein Forum für praktische Engagements sozialwissenschaftlicher Forschung, werden methodologische Fragen wie die Verhältnisse zwischen Erklären und Verstehen oder zwischen Theorie und Empirie heftig diskutiert. 1888 erscheint die erste *Methodologie sozialwissenschaftlicher Enquetten.*[120]

Eine Gegenströmung initiiert Wilhelm Dilthey (1833 bis 1911) mit der These, ein subjektorientiertes Verstehen sei der geschichtlich-gesellschaftlichen Wirklichkeit angemessen.[121] Dilthey interessiert das Denken „großer" Gelehrter, und zwar ausschließlich.[122] Die naturalistische Psychophysik und die materialistische Ökonomik werden abgelehnt. Dilthey geht es um das Verstehen der „inneren Kräfte", um den „Strukturzusammenhang des Lebens" und um die Verständigung auf ethischen Prinzipien. Der „mechanistischen" Dominanz naturwissenschaftlicher Erkenntnismuster setzt der Hermeneutiker Dilthey eine „beseelte" Geisteswissenschaft entgegen, mit der „inneren Wahrnehmung" des Geistes in der Geschichte. Eine wissenschaftliche Arbeitsteilung wird zum methodologischen Gegensatz. Diltheys Anstrengungen sind auf eine „Kritik der historischen Vernunft" gerichtet, die ihn zu einer a-historischen Kulturtypologie führen. Der Mensch soll sich in der Geschichte verschieden äußern, als Einheit bleibt er aber gleich.[123] Das Individuum ist zum einen das Element der Wechselwirkungen mit der Gesellschaft, zum anderen Kreuzungspunkt verschiedener wechselwirksamer Systeme in bewusster Willensrichtung und anschauender Intelligenz. Dilthey postuliert eine Ganzheitsqualität sinnhafter Strukturzusammenhänge. Brüche, Diskontinuitäten, Kontingenzen und Verzerrungen interessieren nicht. Die Wissenschaft (Singular) wird nach Natur, Geist und Soziales unterteilt, ohne empirisch prüfbare Selektionsmöglichkeiten und Orientierungsstrukturen. Für die Naturwissenschaften sollen eine stringente Gesetzeserkenntnis und experimentelles Messen gelten, das Dilthey zeitweise auch auf die Geisteswissenschaften anwenden möchte. Der Status der Soziologie als Wissenschaft wird rundweg bestritten.[124]

In Frankreich war die Soziologie durch die Durkheim-Schule eine theoretisch und methodisch eigenständige Tatsachenwissenschaft geworden. Ihre methodologische Ausrichtung wird in den *Regeln der soziologischen Methode* manifest.[125] In Deutschland beansprucht keine einzelne Perspektive soziologische Autonomie. In den Thesen zur Habilitation von Ferdinand Tönnies laufen meh-

---

[120] Schnapper-Arndt: Methodologie, 1888.
[121] Dilthey: Einleitung in die Geisteswissenschaft, 1966.
[122] Kohli: Von uns selber, 1981: 443.
[123] Maus: Geschichte der Soziologie, 1956: 39-40.
[124] Dilthey: Einleitung in die Geisteswissenschaft, 1966.
[125] Durkheim: Regeln, 1961.

rere Entwicklungsstränge zusammen. *Gemeinschaft und Gesellschaft* führt zunächst den Untertitel *Theorem der Cultur-Philosophie* (1881), der mit der zweiten Auflage (1912) durch *Grundbegriffe der reinen Soziologie* ausgetauscht wird.[126] Georg Simmel unterscheidet die Soziologie von anderen „Wissenschaften vom Menschen" durch einen vielgestaltigen gesellschaftlichen Objektbereich und eine spezifische Methodik. Ausgehend von der „Überwindung der individualistischen Anschauungsart" der Psychologie und in Distanzierung zum Strukturdeterminismus der Ökonomie seiner Zeit, formuliert Simmel die Frage nach den Bedingungen und Formen moderner *Vergesellschaftung* als Hauptproblem der Soziologie.

> „Statt der Einzelschicksale, die sonst im Vordergrund des historischen Bildes standen, erhalten wir, als das eigentlich wirksame und entscheidende, sociale Kräfte, Kollektivbewegungen, aus denen der Anteil des Einzelnen selten mit völliger Bestimmtheit herauszulösen ist: die Wissenschaft vom Menschen ist die Wissenschaft von der menschlichen Gesellschaft geworden."[127]

Simmels sozialwissenschaftliches Denken und Forschen prägt die aufstrebenden Sozialwissenschaften der amerikanischen *research universities* im letzten Quartal des 19. Jahrhunderts. Für die *Chicago School* wird Simmel der große Anreger.[128]

Max Weber (1864 bis 1920) kann weder der Soziologie noch der Jurisprudenz, weder der Nationalökonomie noch der Geschichtswissenschaft exklusiv zugeordnet werden. Im Methodenstreit der Sozialwissenschaften richtet sich sein Interesse auf die Frage nach dem Verhältnis zwischen der *Objektivität* sozialwissenschaftlicher Erkenntnis und der *Subjektivität* sinnmachenden sozialen Handelns. Entschieden opponiert Weber jede „Kombination von ethischem Evolutionismus und historischem Relativismus" in den Wissenschaften, insbesondere in der Nationalökonomie. Sie würden von der „unklaren Ansicht" getragen werden, die „Werturteile aus einer spezifischen wirtschaftlichen Weltanschauung" heraus produzieren. Gegen den Anspruch von Nationalökonomen im *Verein für Socialpolitik*, eine „ethische Wissenschaft" zu vertreten, die empirisch begründet sei, setzt Weber (1904) sein Erkenntnisprogramm der „Objektivität sozialwissenschaftlicher und sozialpolitischer Erkenntnis".[129]

Die mit dem „Werturteilsstreit" vollzogene Ablösung des Methodenideals der „Wertfreiheit" und die gesellschaftspolitischen Richtungskämpfe in der Weimarer Republik, eröffnen ein neues Bewusstsein für praktische Wirkung und Verantwortung sozialwissenschaftlicher Forschung. Der Wissenssoziologe Karl

---

[126] Tönnies: Gemeinschaft und Gesellschaft, 1963.
[127] Simmel: Probleme der Sociologie, 1992: 52.
[128] Rogers: A history of communication study, 1994: Kap. 5; Rühl: Publizieren, 1999: Kap. 16; Lindner: Stadtkultur, 1990: Kap. II.
[129] Weber: Die „Objektivität", 1991: 23-24; Weber: Wirtschaft und Gesellschaft, 1985; Radkau: Max Weber, 2005.

Mannheim verweist auf die „Seinsgebundenheit" wissenschaftlicher „Aspekt-strukturen", indem er die Autonomie des Wissens mit „freischwebender Intelligenz" begründet.[130] Hans Freyer entwickelt im Bewusstsein der Wirksam-keit sozialwissenschaftlichen Wissens das Programm einer Soziologie als Wirk-lichkeitswissenschaft, zugespitzt auf die Formulierung: „Nur wer gesell-schaftlich etwas will sieht soziologisch etwas."[131] Die um Max Horkheimer gruppierte „Frankfurter Schule" für Sozialforschung wird das Forum einer me-thodologisch marxistischen Gesellschaftstheorie. Sie will unter der chaotischen Oberfläche der Ereignisse eine, dem Begriff zugängliche Struktur wirkender Mächte erkennen. Geschichte gilt nicht als Erscheinung bloßer Willkür, sondern als von Gesetzen beherrschte Dynamik, deren Erkenntnisse als Wissenschaft ge-deutet werden.

Die *Wissenschaftslogiken*, die in der ersten Hälfte des 20. Jahrhunderts Kon-junktur haben, operieren mit der formal und inhaltlich umgreifenden Vernunft. Sie wenden sich gegen eine Universalisierung von Wissenschaft, beanspruchen allerdings eine allgemeine Verbindlichkeit von Regelungstheorien beim überwiegend naturwissenschaftlichen Exemplifizieren.[132] Der *Wiener Kreis des Logischen Positivismus* verknüpft das Problem intersubjektiver Überprüfbarkeit wissenschaftlicher Aussagen mit dem Problem der Sprache. Unter dem Ideal von Einfachheit, Reinheit und Klarheit sind Wissenschaftler unterschiedlicher Herkunft im gleichberechtigten Austausch um Erkenntnisse bemüht, wobei Sinnkriterien als Verifikationskriterien eingesetzt werden.[133] Für den *Logischen Empirismus* Rudolf Carnaps (1891 bis 1970) ist alles Wissen auf innere, eigen-psychische Erfahrungen des Subjekts zurückzuführen, von wo aus mittels logischer Prinzipien die äußere Erfahrungswelt rekonstruiert werden kann. Neben der Eliminierung metaphysischer Aussagen als kognitiv sinnlos (nicht als falsch), geht es um Klärung der eigenen empiristischen Position, wonach nur wahrheitsfähige Sätze sinnvoll sind, deren Sinn in ihrer Verifikation liegt.[134]

Mit seinem Buch *Tractatus logico-philosophicus* knüpft Ludwig Wittgenstein (1899 bis 1951) am Logischen Empirismus an in der Absicht, eine Erkenntnistheorie in Form einer Abbildtheorie (Isomophietheorie) zu entwerfen, die grundbegrifflich zwischen Syntax und Semantik der Wissenschaftssprache differenziert. Das Buch *Philosophische Untersuchungen* wirkt prägend für die sprachphilosophische *Analytische Philosophie*.[135] Karl R. Poppers (1902 bis 1994) *Kritischer Rationalismus* begegnet diesen „logischen Analysen der Sprache" mit einer „Analyse der wissenschaftlichen Erkenntnis". Seine Theorie

---

[130] Mannheim: Wissenssoziologie, 1931.
[131] Freyer: Soziologie, 1964: 305. Dazu Ronneberger: Technischer Optimismus 1969.
[132] Diemer: Wissenschaftscharakter der Wissenschaft, 1968.
[133] Kraft: Wiener Kreis, 1968.
[134] Carnap: Logische Aufbau der Welt, 1966.
[135] Wittgenstein: Tractatus logico-philosophicus, 1963; Wittgenstein: Philosophische Unter-suchungen, 1971.

für die empirischen Wissenschaften stützt sich auf festgelegte Basissätze als Prämissen für die empirische Falsifikation. Für den Kritischen Rationalismus ist die Erfahrung *Widerlegungsinstanz.* Popper exemplifiziert seine Argumentation naturwissenschaftlich, Hans Albert stellt die Erkenntnisweisen der Wirtschafts- und Sozialwissenschaften kritisch-rational auf den Prüfstand und Helmut F. Spinner verweist unter anderem auf die „Geschäftsbedingungen der Massenmedien".[136] Der Kritische Rationalismus wird nach dem Zweiten Weltkrieg die bevorzugte Begründungstheorie für die deutschsprechenden Sozialwissenschaften.[137]

Im „Deutschen Reich" verhindert der Nationalsozialismus, in der DDR der Sowjetsozialismus die Erneuerung einer international emergierenden sozialwissenschaftlichen Theoriebildung. Die in den 1930er Jahren aufbrechenden wissenschaftstheoretischen Begründungstheorien kommen nicht zum Zuge. Gemeint ist die *Wissenschaft von der Wissenschaft [science of science]* von Maria Ossowska und Stanislaw Ossowski (1936), die mit einer Untergliederung in Wissenschaftsphilosophie, Wissenschaftspsychologie, Organisation und Planung der Wissenschaft (Wissenschaftspolitik), Wissenschaftsgeschichte und Wissenschaftssoziologie operieren.[138] Eine wissenschaftswissenschaftliche Unbekannte blieb auch John Desmond Bernals Buch *The social function of science* (1939). [139] Überraschend, dass die pragmatisch-philosophische *Logik. Theorie der Forschung* von John Dewey (1939), in der eine Forschungsautonomie [autonomy of inquiry] für Einzelwissenschaften vorgestellt wird,[140] im deutschen Sprachraum erst neuerdings mehr Aufmerksamkeit erfährt.

Durchsetzen konnte sich seit den 1930er Jahren die strukturell-funktionale *Wissenschaftssoziologie* Robert K. Mertons (1910 bis 2003), der Wissenschaft nicht als Aussagensystem eines vorliegenden Wissens konzipiert, sondern als Ausweitung gesicherten Wissens durch bestimmte Bedingungen. Als historischen take-off wählt Merton die sozioökonomische Lage im englischen Puritanismus des 17. Jahrhunderts.[141] Schon Mitte der 1930er Jahre erkennt Merton im nationalsozialistischen Dogma von der Überlegenheit der arischen Rasse einen zentralen Angriff auf die wissenschaftliche Autonomie. Er ruft zum „organisierten Skeptizismus" auf und konstituiert mit „scientific ethos" ein wissenschaftskritisches Normensystem.[142] Schüler und Nachfolger Mertons re-

---

[136] Popper: Logik der Forschung, 1994; Popper: Objektive Erkenntnis, 1974; Albert: Wissenschaftslehre, 1962; Albert: Marktsoziologie, 1967; Spinner: Geschäftsbedingungen der Massenmedien, 1992.

[137] Topitsch: Logik der Sozialwissenschaften, 1970.

[138] Ossowska/Ossowski: Wissenschaft von der Wissenschaft, 1966.

[139] Bernal: Social function of science, 1939.

[140] Dewey: Logik, 2002. Dazu Hinweise in Kaplan: Conduct of inquiry, 1964: 3.

[141] Merton: Science and the social order, 1957.

[142] Merton: Wissenschaft und demokratische Sozialstruktur, 1972; Hartmann/Dübbers: Kritik, 1984: Kap. 1.

konstruieren die Wissenschaft als soziales Austauschsystem mit eigenen Werten und Normen, mit eigenen Organisationen und Kontrollen, ausgerichtet auf Genese und Wirkung wissenschaftlicher Reputation.[143]

Angeregt vom Kritischen Rationalismus Karl Poppers (1902 bis 1994) und Imre Lakatos (1922 bis 1974) rekonstruiert Thomas S. Kuhn (1922 bis 1996) die Wissenschaftsgeschichte wissenschaftstheoretisch. Poppers Forderung nach Bewährung bestimmter Theorien gegenüber anderen, und der grundlegende Wandel einzelwissenschaftlicher Theorienbestände provozieren eine historische Theoriegenese, für die Kuhn mit dem Essay *Die Struktur wissenschaftlicher Revolutionen* (1962) eine Wende herbeiführt.[144] Wissenschaftliche Gesetzmäßigkeiten werden mit evolutionistischen Kategorien beschrieben, und es wird eine neue Sichtweise auf das Verhältnis zwischen Wissenschaftswissenschaft und Wissenschaftssoziologie angeregt. Hatte der Kritische Rationalismus die Frage nach Wandel und Fortschritt wissenschaftlichen Erkennens gestellt, dann historisiert Kuhn die wissenschaftliche Entwicklung epistemisch, soziologisiert sie methodisch durch eine Wissenschaftskommunität [scientific community]. Max Horkheimer und Theodor W. Adorno, die Wegbereiter der *Kritischen Theorie*, bezeichnen den *Kritischen Rationalismus* wegen seiner naturwissenschaftlichen Nähe als *Szientismus*, dem mit Möglichkeiten der praktischen Vernunft begegnet werden sollte. In den 1970er Jahren sind es der Kritische Rationalismus und die Kritische Theorie, die aus uneinheitlichen wissenschaftstheoretischen Lagern den *Positivismusstreit in der deutschen Soziologie* austragen.[145]

Eine *Konstruktive Wissenschaftstheorie*, die Paul Lorenzen (1915 bis 1994) initiiert, trägt die Erlanger-Konstanzer Schule als normative Szientismuskritik vor. Diese Richtung sieht ihre Hauptaufgabe in der Rekonstruktion von Bedingungen der Bildung menschlichen Wissens und deren methodischen Begründungen. Dabei stützt sie sich auf methodische Alternativen, auf schrittweise gerechtfertigte Wissenschafts- und Sprachkonstruktionen.[146] Auch diese Richtung wird mit einem weit verzweigten Forschungsfeld – das Logik, Mathematik und Informatik umfasst –als Konstruktivismus bezeichnet.

1.7 Wissenschaftstheorie durch Kommunikationsbeziehungen

Die traditionelle *Wissenschaftstheorie* [*philosophy of science*] liefert die metatheoretischen Erkenntnis- und Verfahrensgrundlagen für die Produktion von

---

[143] Storer: Social system of science, 1966; Weingart: Wissenschaftssoziologie 1+2, 1976.

[144] Kuhn: Die Struktur wissenschaftlicher Revolutionen, 1973.

[145] Adorno u.a.: Positivismusstreit, 1972.

[146] Lorenzen: Methodisches Denken, 1968; Lorenzen/Schwemmer: Konstruktive Logik, 1975; Janich/Kambartel/Mittelstraß: Wissenschaftstheorie, 1974.

wissenschaftlicher Wahrheit. Im Anschluss an die Diskussion von Wissenschaftslogiken und Wissenschaftssoziologie werden, mit Blick auf die Publizistik- und Kommunikationswissenschaft, mehrere wissenschaftstheoretische Vorschläge gemacht.[147] Als der Begriff *Interdisziplinarität* in den Sozialwissenschaften auftritt[148] und „im Fach" nach einer gemeinsamen Reflexionsebene gesucht wird, lag es nahe, die Systemtheorie als interdisziplinäre Erklärungshilfe aufzugreifen.[149] Besonders stimulierend wurde die Habermas/Luhmann-Kontroverse,[150] in der die Beziehungsprobleme zwischen Kommunikation und Gesellschaft grundsätzlich problematisiert werden.

1.7.1 Jürgen Habermas: Konsenstheorie der Wahrheit

Jürgen Habermas (geboren 1929) strebt wissenschaftlich nach einer Konsenstheorie der Wahrheit im herrschaftsfreien Raum. Dazu werden die politischen Verständigungsverhältnisse der Gesellschaft kritisiert. Als transzendentes Wahrheitskriterium setzt Habermas eine ideale Sprechsituation voraus, auf die sich die Beteiligten in wahren Überzeugungen einigen können.[151] Mit diesem Kunstgriff als erkenntnistheoretischen Ausgangspunkt und mit der Kraft der vernunftrationalen Selbstreflexion opponiert Habermas jede Art von Objektivismus in der praktischen Lebenswelt.[152] Bedeutsam wird die Unterscheidung zwischen Arbeit und Interaktion,[153] während die Konfrontation von Macht und Diskurs, Vernunft und Herrschaft im Mittelpunkt der anschließenden Auseinandersetzungen steht. Habermas behauptet: die Herrschaft verfügt, sie argumentiert nicht. Die Herrschaft ringt nicht um Meinung und Gegenmeinung, sie will stattdessen Gedanken kontrollieren. Dagegen steht die Vernunft, die ausschließlich Begründungen für die besten Argumente gelten lässt. Macht wird mit den Mitteln des Zwangs gewaltsam durchgesetzt, während Vernunft überzeugen will im rationalen Gespräch eines universalen Rahmens. Habermas meint, die Menschen würden Gewalt und Willkür meiden solange sie sprachlich rational diskutieren. Wird das Gespräch abgebrochen, dann sind für Gewalt und Willkür Tür und Tor geöffnet. Deshalb findet die Kritische Theorie ihren Ausgang in einer Theorie intersubjektiver Verständigung.

Mit den Schriften *Strukturwandel der Öffentlichkeit* (1962) und *Theorie und Praxis* (1963) stellte sich Jürgen Habermas zunächst in die marxistische Denk-

---

[147] Dröge/Lerg: Kritik der Kommunikationswissenschaft 1965; Maletzke: Publizistikwissenschaft, 1967; Schmidt, R.H.: Thesen zur Wissenschaftstheorie, 1968.

[148] Bahrdt et al.: Wissenschaftliche Arbeit, 1960; Holzhey: Interdisziplinär, 1976.

[149] Rühl: Systemdenken und Kommunikationswissenschaft, 1969.

[150] Habermas/Luhmann: Theorie der Gesellschaft, 1971.

[151] Ebenda: 139, 224.

[152] Habermas: Erkenntnis und Interesse, 1973: 256.

[153] Habermas: Technik und Wissenschaft 1968: 62

tradition der *Kritischen Theorie*. Die Kritik der politischen Ökonomie von Karl Marx wird mit Hilfe von Elementen der Psychoanalyse und der Linguistik umgerüstet. Konstruiert Marx das Soziale durch ökonomische Produktionsverhältnisse, dann produziert Habermas das Soziale durch Kommunikationsverhältnisse. Bezeichnet Marx die Ökonomie als *gesellschaftliche Basis*, Kultur und Ideologie als deren *Überbau*, dann determiniert für Habermas die soziale Interaktion die *Lebenswelt*, auf deren Grundlage die kooperativ geleitete *Arbeit* möglich wird. Jürgen Habermas schreibt *Kommunikation*, wo bei Karl Marx *Wirtschaft* steht. Nicht die wirtschaftlichen Produktionsverhältnisse, sondern die Kommunikationsverhältnisse bestimmen somit die Menschheit. Der Kritik der politischen Ökonomie wird eine Kritik der Verständigung vorangestellt.[154]

Habermas stützt seine Gesellschafts- und Kommunikationstheorie auf die *mikroanalytische Sprechakttheorie* von John R. Searle und dessen Untersuchung illokutionärer Handlungen.[155] Searles Sprechakttheorie wird von Habermas zu einer *Theorie der kommunikativen Kompetenz* ausgeweitet,[156] die Struktur kommunikativer Rationalität wird aus der Logik der *Verständigung* hergeleitet. Vernunft wird kommunikativ verortet. Sie ist für Habermas – im Unterschied zu Kant – kein allgemeines menschliches Vermögen. Auch Habermas setzt Subjekte voraus, die Vernünftigkeit intersubjektiv vollziehen. Doch nicht die Ordnung einer Textur, sondern der argumentative Vollzug, der sich auf der Basis von Begründungen ausdrückt, ist ein selbstreflexives Verfahren zum Prüfen von Theorien und Geltungsfragen. Nach Habermas tragen Menschen mögliche Rationalität direkt sprachlich aus, wenn sie miteinander reden, wenn sie Überzeugungsarbeit leisten oder Argumente zirkulieren lassen. Der *gemeinschaftliche Diskurs* ist für Habermas mithin das eigentliche Instrument der Aufklärung, die als ein „noch unabgeschlossener Bildungsprozess" verstanden wird.[157]

Mit der *Universalpragmatik* rekonstruiert Jürgen Habermas seine *Theorie der kommunikativen Kompetenz*, um eine gesellschaftstheoretische Untersuchung vorzubereiten. Sie wird zunehmend verfeinert und präzisiert. Die Kritik an der verzerrten Kommunikation setzt die Rekonstruktion des Begriffs einer nicht-verzerrten Kommunikation voraus. Aufgabe der Theorie der kommunikativen Kompetenz ist die Nachkonstruktion des Regelsystems,[158] das Paradigma für eine ideale Sprechsituation, sofern es die Bedingungen gelingender Verständigung enthält.

> „Ideal nennen wir [...] eine Sprechsituation, in der die Kommunikation nicht nur nicht durch äußere kontingente Einwirkungen, sondern auch nicht durch Zwänge behindert

---

[154] Ebenda: 32-33.
[155] Searle: Sprechakte, 1969.
[156] Habermas: Kommunikative Kompetenz, 1981.
[157] Habermas: Theorie und Praxis 1971: 45.
[158] Habermas: Vorbereitende Bemerkungen 1971: 102

wird, die aus der Struktur der Kommunikation selbst sich ergeben. Die ideale Sprechsituation schließt systematische Verzerrung der Kommunikation aus".[159]

Im Diskurs wird dieses Ideal als „Vorgriff" wechselseitig unterstellt, wohl wissend, dass kommunizierende Menschen nicht selten beschönigen, lügen, missachten und vernebeln, mit falschen Karten spielen, Versprechen brechen und gutmeinende Absichten zu taktischen Manövern verkehren. Verzerrungen sind eher an der Tagesordnung denn geglückte Auseinandersetzungen. Doch für Habermas formuliert die ideale Sprechsituation keine Fiktion, kein utopisches Konstrukt, sondern eine „konstitutive Bedingung möglicher Rede".[160] Die ideale Sprechsituation ist demnach die Folie der Rekonstruktion von Kommunikation überhaupt.

Habermas arbeitet mit der entscheidenden, keineswegs selbstverständlichen Unterstellung, dass die Sprache den „Zweck der Verständigung" und somit die „Herbeiführung eines Einverständnisses" impliziert.[161] Nach seinem Dafürhalten gelingt Kommunikation, wenn Einverständlichkeit [mutual consent] gelingt. Kommunikatives Handeln wird von vornherein auf die Herstellung konsensueller Einverständnisse zugeschnitten. Trotz „transzendentalen Schein[s]" bildet die ideale Sprechsituation eine teleologisch-integrative Voraussetzung.[162] Der konsensbildenden Leistung der Sprache kommt der Status einer sozialen Synthese zu, weil anders die Einheit des Sozialen nicht vorstellbar wäre. Dergestalt kann Habermas die „Bedingungen der idealen Sprechsituation" mit den „Bedingungen einer idealen Lebensform" identifizieren.[163]

Bedenklich ist an der kommunikativen Konsenstheorie von Jürgen Habermas die Beschränkung der Kommunikationsfunktion auf einen Akt des Sprechens und der Intersubjektivität als sprachlichen Akt, als Konstruktionsbasis jeglicher Kommunikation. Habermas identifiziert Verstehen einer Verständigungshandlung mit dem Verstehen eines Sprechaktes. Außer Betracht bleiben nonverbale und weitere nichtsprachliche Kommunikationsformen, ganz zu schweigen von systemstrukturell spezifischen Eigenformen wie der Organisationskommunikation. Die Topologie der Geltungsansprüche orientiert sich ausschließlich an Sprechaktstrukturen; die Universalpragmatik ist die Theorie von deren Bedingungen. Damit reduziert sich die Analyse „auf Sprechhandlungen, die unter Standardbedingungen ausgeführt werden".[164] Auf diese Weise wird eine sprachliche Norm ausgezeichnet, die Habermas seinem Kommunikationsbegriff zugrundelegt. Er normiert die Sprache und misst die Logik der Verständigungsprozesse an deren Normativität. So gehen in ihre Rekonstruktionen

[159] Ebenda: 137.
[160] Ebenda: 141.
[161] Habermas: Universalpragmatik 1976: 176.
[162] Habermas: Vorbereitende Bemerkungen 1971: 141.
[163] Ebenda: 139.
[164] Habermas: Theorie des kommunikativen Handelns, Bd. 1, 1981: 400.

eine Reihe von Verkürzungen und Fixierungen ein. Insbesondere geraten kommunikative Frakturen, Widersprüche oder Unvereinbarkeiten nur unzureichend oder gar nicht in den analytischen Blick.

Mit *Faktizität und Geltung* versetzt Habermas die Rationalität der Kommunikation in die politische Philosophie, um die Theorie der Gerechtigkeit fruchtbar zu machen.[165] Ziel ist die Neubestimmung der Grundlagen des demokratischen Rechtsstaates innerhalb des Spannungsfeldes von Recht, Moral und Vernunft. Bewusst greift Habermas auf die Terminologie und den politischen Traum der klassischen Aufklärung zurück, die staatliche Verfassung allein nach den Maßstäben von Vernunftrationalität einzurichten. Die Vernunft hebt auf Geltung im Sinne allgemeiner Legitimität ab; dagegen steht die Faktizität des Wirklichen mit ihren gegensätzlichen Interessen und Unzulänglichkeiten. Wie sich die Vernunft auf Dauer durchzusetzen vermag, wie sie sich gegen die Ansprüche der Herrschaft und vor den Angriffen der Macht schützen kann, wird als das eigentliche Problem gesehen.

Das Habermas-Buch *Faktizität und Geltung* ist auf die Verteidigung eines radikaldemokratischen Verfassungsverständnisses gerichtet. Dies sei notwendig, weil das 20. Jahrhundert wie kein anderes die Schrecken existierender Unvernunft erlebt habe. Nationalsozialismus und Kommunismus hätten gleichermaßen die „letzten Reste eines essentialistischen Vernunftvertrauens zerstört [...] Umso mehr bleibt aber die Moderne, die sich ihrer Kontingenzen bewusst geworden ist, auf eine prozedurale, und das heisst auch: auf eine gegen sich selbst prozessierende Vernunft angewiesen."[166] Das bedeutet, dass sich Vernunft durch Prozeduren wechselseitig sichert. Die Vernünftigkeit von Verfassungen durch ihren formalen Rahmen zu garantieren, genügt nicht; sie müssen durch diskursive Reflexion ständig revidierbar bleiben. „Im Zeichen einer vollständig säkularisierten Politik [ist] der Rechtsstaat ohne radikale Demokratie nicht zu haben und nicht zu erhalten [...] Aus dieser Ahnung eine Einsicht zu machen, ist das Ziel der [...] Untersuchung."[167] Rechtsformen müssen „demokratisch" legitimiert sein, müssen gemäß den Forderungen Max Webers vom Zugriff übergreifender Moralen entkoppelt werden. Nicht die inhaltlich-moralische Dimension des Rechts zählt für Habermas, sondern allein ihre diskursive Verankerung in rechtsetzenden Verfahren. Die Bürger müssen sich auf jene Rechtsverfahren, denen sie sich unterstellen, frei verständigt haben.

> „Der entscheidende Gedanke ist, dass sich das Demokratieprinzip der Verschränkung von Diskursprinzip und Rechtsform verdankt. Diese Verschränkung verstehe ich als eine *logische Genese von Rechten,* die sich schrittweise rekonstruieren lässt. Sie beginnt mit der Anwendung des Diskursprinzips auf das – für die Rechtsform als solche konstitutive – Recht auf subjektive Handlungsfreiheiten überhaupt und endet mit der

---

[165] Habermas: Faktizität und Geltung 1992.
[166] Ebenda: 11.
[167] Ebenda: 13.

rechtlichen Institutionalisierung von Bedingungen für eine diskursive Ausübung der politischen Autonomie [...] Daher kann das Demokratieprinzip nur als Kern eines *Systems* von Rechten in Erscheinung treten."[168]

Das Demokratieprinzip der freien Verfahrenswahl muss dem Recht überall und jederzeit vorausgehen. Eine Gesetzgebung, die rein administrativ, unter Umgehung demokratischer Prozeduren vollzogen wird, ist illegitim. Kritisiert wird formale Rechtsstaatlichkeit und der mit ihr verbundene Prozess der Verrechtlichung als Fetisch, der faktisch existierenden Demokratien einen undemokratischen Zug verleiht. Demgegenüber betont Habermas das Prinzip der Selbstverständigung der Bürger, die sich mit ihm ihre Lebensform der Demokratie und ihre rechtsstaatliche Verfassung geben lassen. Es genügt nicht, sich vor der Formel „freiheitlich-demokratische Grundordnung" servil zu verbeugen, statt demokratische Solidarität zu schaffen. Aus purer Verfassungsgläubigkeit verfällt ein demokratisches Gemeinwesen, das sich durch diskursive Willensbildungen erst erzeugt. Das alte Problem der Beziehung zwischen Vernunft und Herrschaft gewinnt einen anderen Sinn und löst sich in den Gegensatz von kommunikativer Macht und administrativer Herrschaft auf. Das diskurstheoretische Verfassungskonzept impliziert den Entwurf einer Radikaldemokratie, die die eigentliche politische Idee von Aufklärung im Gewand kommunikativer Rationalität umzusetzen und zu verwirklichen trachtet.

1.7.2 Niklas Luhmann: Verbesserung der Gesellschaftsbeschreibung

Niklas Luhmann (1927 – 1998) bekennt: „Mein Hauptziel als Wissenschaftler ist die Verbesserung der soziologischen Beschreibung der Gesellschaft und nicht die Verbesserung der Gesellschaft."[169] Luhmanns selbstkritisch-distanzierte Vorgehensweise tragen ihm viele parteiische Etikettierungen ein: ‚kühler Sozialtechnokrat', ‚Avantgarde-Konservativer', ‚westlicher Taoist', ‚Mann ohne Eigenschaften', ‚Mann ohne Fernseher' und „der mit dem Zettelkasten kommuniziert'. Luhmanns Theorieprojekt ist eine Studienverbesserung der Weltgesellschaft, die von außen nach innen beobachtet und anhand der Theorien von Vergangenheits- und Gegenwartsgesellschaften rekonstruiert wird.

Luhmann konzipiert die Weltgesellschaft als Einheit, ausdifferenziert in funktionale Kommunikationssysteme (Familie, Wirtschaft, Politik, Recht, Erziehung, Wissenschaft, Kunst, Massenmedien) mit bestimmbaren Umwelten. Kein Kommunikationssystem vereinnahmt Personen total. Einzelmenschen sind keine Bausteine der Gesellschaft. Von Kommunikationssystemen wird die Menschheit nur partiell in Anspruch genommen. Menschliches Vermögen wird

---

[168] Ebenda: 154-155 (H.i.O.)
[169] Selbstbeobachtung des Systems, 1996: 169.

in Kommunikationssystemen, in Lebenssystemen und in Bewusstseinssystemen organisiert und rekonstruiert. Organische Lebenssysteme und psychische Bewusstseinssysteme wirken mit beim Vollzug der Kommunikationssysteme und zwar von außen, von der Umwelt her. Leben und Bewusstsein können nicht in Kommunikation transformiert werden. Personen partizipieren durch Rollen und Rollenkombinationen an zahlreichen Kommunikationssystemen. Deren Elastizität ermöglicht konfliktfähige Rollenkombinationen wahrzunehmen. Ein Hochschullehrer kann einen Ein-Personen-Haushalt bilden, kann gleichzeitig einer konservativen politischen Partei, einer progressiven Gewerkschaft, einer dogmatisierten Kirche, konfligierenden Verbänden und Vereinen angehören, ohne sein Grundrecht auf Wissenschaftsfreiheit in Frage stellen zu lassen.

Niklas Luhmann distanziert sich formell von parteiischen Verbindungen, wenn er Möglichkeiten und Wirklichkeiten der Weltgesellschaft in den Blick nimmt, um Recht und Unrecht, Gestern und Morgen, progressiv und konservativ zu vergleichen. „Jeder soziale Kontakt wird als System begriffen bis hin zur Gesellschaft als Gesamtheit der Berücksichtigung aller möglichen Kontakte."[170] Jedes System braucht zur Unterscheidung Grenzen, die Luhmann zunächst an Handlungssystemen, dann an Kommunikationssystemen rekonstruiert.[171] Seit den 1970er Jahren wählt Niklas Luhmann Kommunikation (mit Sinn als Grundbegriff) zum entscheidenden Vorgang sozialer Systembildung.[172] Sinn wird durch verbale und nonverbale, orale und literale Ausdrucksweisen semantisch fundiert. Die Sinngrenzen zwischen System und Umwelt trennen nicht, sie vermitteln. Die Herkunft der Sinnstrukturen bleibt mangels begriffs- und theoriehistorischer Forschungen oft unabgeklärt. Es sind aber systemspezifische Sinnstrukturen mit denen Ehekonflikte, organisatorische oder kriegerische Konflikte ausgetragen werden, die ein weltweit vereinheitlichtes Konfliktverständnis unzulänglich, wenn überhaupt erfassen kann.

Die allgemeine Theorie der Kommunikationssysteme erfasst den gesamten sozialen Problembereich als universelle sozialwissenschaftliche Theorie. Alle System/Umwelt-Beziehungen verweisen auf Internes und Externes von Interaktions-, Organisations- und Gesellschaftssystemen. Sie halten beides füreinander zugänglich. Es gibt Entwicklungen, die wissenschaftlich zusammengeführt werden können, und nicht nur für bestimmte Disziplinen hilfreich sind. Das System/Umwelt-Schema kann Erkenntnishilfe sein für jede Lehre und für jede Forschung. *Funktionen* unterscheiden gesellschaftliche Kommunikationssysteme, *Aufgaben* bestimmen Organisationen intern, *Leistungen* (und *Gegenleistungen*) charakterisieren Marktkommunikationen. *Kommunikation* ist für Luhmann diejenige elementare Operationsweise, durch die sich soziale Systeme

---

[170] Luhmann: Soziale Systeme 1984: 33.
[171] Luhmann: Funktionen und Folgen formaler Organisation, 1964; Luhmann: Kommunikation, soziale, 1969; Luhmann: Gesellschaft der Gesellschaft, 1997.
[172] Luhmann: Sinn, 1971.

selbst reproduzieren. Neben nicht-kommunikativen Lebens- und Bewusstseins-systemen wirken beim Zustandekommen von Kommunikation noch andere mit, vor allem bio-chemo-physikalische Systeme, das können sein das Wetter, die Tiere, die Kriege und dergleichen. Kommunikation wird als Kommunikations-kulturen in sozialen Gedächtnissen (Archiven, Bibliotheken, Museen) bewahrt und tradiert. Psychisch-bewusste Gedächtnisse könnten soziale Kommunikati-onskulturen durch Sprache hochgradig erneuern. Luhmanns Kommunikations-theorie differenziert psychische und soziale Gedächtnisse die mitwirken beim sinnmachenden Informieren und beim Anregen zur Weiterkommunikation. Wenn Habermas postuliert, mit Kommunikation sei grundsätzlich Verstän-digung zu erzielen, dann kann man mit Luhmann kontern, dass Kommuni-kationen vor Gericht, in der Werbung oder als absichtsvolles Lügen bestimmt nicht auf Verständigung abzielen.

Mit Sinn kann zwischen Kommunikation und Nicht-Kommunikation unter-schieden werden, ohne die komplexen Ausgangsverhältnisse aufzuheben. Mit symbolisiertem Sinn können neu zu strukturierende, zunächst nicht nachvoll-ziehbare Symbolisierungen kommuniziert werden. Zwei Beispiel: Die Texte des *Steins von Rosetta* (196 v. Chr.)[173] oder die Leistungen des *Bureau d'adresse et de rencontre* des Théophraste Renaudot am Anfang des 17. Jahrhunderts.[174] Luhmann versteht Beobachtungen als Unterscheidungen. Wirklichkeiten können nur in Grenzen bestimmter Beobachtungssysteme wahrgenommen werden, für die es kein dauerhaftes Fundament gibt.

> „Der Beobachter zweiter Ordnung muss an Beobachtungen erster Ordnung anschlie-ßen können. Insofern ist und bleibt er selbst, bei allen Unterschieden der Unterschei-dungen, die er verwendet, und bei allem Interesse an Widerlegung oder Korrektur, an Entlarvung, Aufklärung, Ideologiekritik, Moment desselben Systems rekursiven Beo-bachtens von Beobachtungen. Wer immer beobachtet, nimmt daran teil – oder er beo-bachtet nicht [...] Das Beobachten des Beobachters ist ein rekursiv-geschlossenes System [...] Auf der Ebene der Beobachtung zweiter Ordnung, auf der man Beobachter beobachtet, bezieht man keine hierarchisch höhere Position. Auch im Beobachtungs-schema wahr/unwahr liegt keine Geste der Überlegenheit und kein Anspruch auf Be-

---

[173] Der *Stein von Rosetta* (im British Museum, London) enthält ein Dekret des Rates der ägyptischen Priester in drei Schriften. Die Textpassagen sind nur teilweise erhalten. Zwei davon sind in ägyptischer Sprache verfasst, eine (für die Priester) in Hieroglyphenschrift, die zweite (für die Beamten) in demotischer Schrift. Der dritte Text ist (für die damaligen Herrscher über Ägypten) in altgriechischer Schrift festgehalten. Durch semantische Text-vergleiche ist es gelungen, die Hieroglyphenschrift zu erschließen.

[174] Im Paris des absolutistisch-merkantilistischen Regimes des Kardinal Richelieu initiierte Théophraste Renaudot das *Bureau d'Adresse*, dessen Programm Zeitungsproduktion, me-dizinische Diagnosen und Therapien, Beratung, Warentausch, Geld- und Kreditvermitt-lung enthielt. Mit den Zeitungen wurde – im heutigen Verständnis – journalistisch, werb-lich, propagandistisch teilweise persuadiert, teilweise manipuliert. Siehe Solomon: Public welfare, 1972; Rühl: Publizieren, 1999: Kap. 7.

herrschung und Kontrolle, sondern nur ein spezifisches Interesse an einer spezifischen Unterscheidung."[175]

Jede Reflexion auf die Bedingungen der Beobachtungen schafft ein metatheoretisches Paradox, bestimmend für alle Formen der Erkenntnis. Doch einzig mittels dieser Unterscheidungen ist Erkenntnis möglich.

> „Was sich als Erkenntnis beobachten lässt, ist und bleibt die Erzeugung einer Differenz im Ausgang von einer Differenz. Schon die Operation der Beobachtung ist, wenn man sie beobachtet, in einem Doppelsinn differentiell organisiert: sie vollzieht eine *Differenz*, indem sie eine *Unterscheidung* zugrundelegt, um etwas zu bezeichnen. Und keine Beobachtung der Beobachtung kann für sich selbst reklamieren, etwas anderes zu tun. Jeder Anfang verletzt daher die Welt durch die eine oder die andere Unterscheidung, um dies (und nicht sonst etwas) bezeichnen zu können."[176]

Von Kant bis Habermas wird Rationalität als die *Vernunftrationalität* von Einzelmenschen verstanden. Luhmann operiert mit *Systemrationalität*. Sie setzt keine Weisheitsfrage voraus, sie fragt nicht: Was bin ich? Die Systemrationalität, in Differenz zu einer Umwelt, orientiert sich an dem, was das System selbst erzeugt hat. Die vernunftrationale Identitätsreflexion des Subjekts wird durch die differenzierend reflektierende System/Umwelt-Rationalität ersetzt. Beschreiben Kommunikationswissenschaftler journalistische Arbeitsverhältnisse in Rundfunkanstalten, die selbst als gesellschaftliche Subsysteme zu rekonstruieren sind, dann werden mehrere Verhältnisniveaus zu Forschungsthemen.[177] Das Rundfunksystem kann die Weltgesellschaft nicht in toto persuadieren oder manipulieren. Man kann allerdings fragen, ob, und wenn ja, wie journalistische Arbeitsverhältnisse als rundfunkorganisatorische Probleme vollzogen werden, und man kann fragen, wie – im Vergleich zu anderen Rundfunkanstalten – einfache oder organisatorische Kommunikationssysteme überzeugen oder überzeugt (persuadiert) werden, und/oder überreden oder überredet (manipuliert) werden können, mit (oder ohne) politische, rechtliche, wirtschaftliche oder ethische Mittel.[178]

1.8 Wegweisungen einer interdisziplinären Theoriebildung

„Die sozialwissenschaftlichen Disziplinen sind vereint in der Verpflichtung, unsere gesellschaftliche Realität zu beschreiben, zu erklären, vorherzusagen und

---

[175] Luhmann: Wissenschaft der Gesellschaft, 1992: 86-87.
[176] Ebenda: 547-548 (H.i.O.). Dazu Rühl: Beobachtete Paradoxien, 2008.
[177] Dygutsch-Lorenz: Rundfunkanstalt ‚1971; Dygutsch-Lorenz: Journalisten, 1973: Kap. 1.
[178] Zum Manipulationsbegriff in diesem Sinne: MacKay: Manipulierbarkeit des Menschen, 1968. Zu einer Gegenüberstellung von Manipulation und Persuasion siehe. Rühl: Persuasion und Manipulation, 1999.

beratend zu gestalten."[179] Verbreitet ist die Auffassung, dies könne mit for-schungstechnisch verfeinerten, theoretisch unzusammenhängenden Klein- und Kleinstprojekten gelingen. „It must be acknowledged that minds, preoccupied with perfecting new instruments of inquiry, often allow themselves to become excessively engaged with the here and now."[180] Die kommumikationswissen-schaftliche Theoriegeschichte lehrt, dass nicht die Medialität des Buchdrucks die Weltgesellschaft verändert hat,[181] sondern soziale Prozesse wie Aufklärung, In-dustrialisierung, Literalisierung, Demokratisierung und Elektrifizierung mit ihren Folgen für den Buchdruck. Der Eifer, mit dem eine technische und techno-logische Medialitätsforschung betrieben wird, lässt keine Beiträge erwarten zu einer übergreifenden kommunikationswissenschaftlichen Theoriebildung, die vorauszusetzen ist, sollen Kommunikationsprobleme wie Globalisierung, Digitalisierung oder Professionalisierung konzipiert, bearbeitet und gelöst werden.

Ein erkenntnishinderliches Problem für die deutschsprechende Disziplinkultur ist die erkenntnis- und methodentheoretisch unkritische Annahme, das sozial-wissenschaftlich ‚Empirische' der Kommunikationswissenschaft könne un-mittelbar an das geisteswissenschaftlich Hergebrachte der Zeitungs- und Pu-blizistikwissenschaft ankoppeln. Die wenigen Versuche, zeitungs- und publizis-tikwissenschaftliche Werke ‚zu versozialwissenschaftlichen', sind gescheitert.[182] Die in den USA nach dem Zweiten Weltkrieg schnell emergierende Communi-cations kennt keine historistischen Evolutionsphasen, vergleichbar den deut-schen Besonderheiten Zeitungskunde, Zeitungs- oder Publizistikwissenschaft. Für die englischsprachige Kommunikationswissenschaft soll von Anbeginn gelten: „The study of communications focuses on a process fundamental to the development of humans and human society."[183] Kommunikationsprobleme als Gesellschaftsprobleme zu untersuchen, Familie, Organisation, Markt und Gesellschaft als Sozialitäten im Wandel der Journalismus-, Public Relations-, Werbe- und Propagandaforschung zu problematisieren, waren nie Themen jener selbstordinierten „Nestoren", die für die Zeitungs- und Publizistikwissenschaft stehen. Dagegen stellt Communications von Anbeginn die menschliche Kommunikation [human communication] in das Zentrum ihrer Lehr- und For-schungsinteressen, die von drei analytischen Theorietraditionen auf den Weg gebracht wurden.

Für die erste Richtung waren die Ideen, Methoden, Analysen und Synthesen Harold D. Lasswells (1902 bis 1978) wegweisend. Er selbst begann als Student

---

[179] Timmermann: Sozialwissenschaften, 1978: 8.
[180] Lasswell: Study of communication, 1979: 1.
[181] Eisenstein. Printing revolution, 1983; Giesecke: Buchdruck in der frühen Neuzeit, 1991.
[182] Hagemann: Grundzüge der Publizistik, 1966; Dovifat/Wilke: Zeitungslehre I und II, 1976.
[183] Gerbner/Schramm: Communications, 1989: 358; Dance: Human communication theory, 1967; Dance: Ccommunication, 1970.

der Politikwissenschaft in der Blütezeit der Chicago School die Persuasions- und Manipulationsform Propaganda grundsätzlich zu befragen. Dafür suchte und untersuchte Lasswell so „unpassendes" Material wie „preußische Schulbücher" oder „deutsche Pazifisten in der Kriegszeit", die er mit „maddening methods" analysierte, als Vorstudien für seine originäre Dissertation *Propaganda Technique in the World War*.[184] Herbert A. Simon, Gabriel A. Almond, Morris Janowitz, Daniel Lerner, Ithiel de Sola Pool, Heinz Eulau, Abraham Kaplan und Leo Rosten gehen bei Harold Lasswell ‚in die Schule'. Lasswell, der an der University of Chicago schon eine Dauerstelle innehatte, verließ die Universität nach Konflikten mit dem Präsidenten.[185] Gleichwohl übertrug man Lasswell die Leitung des multidisziplinär besetzten *Rockefeller Communication Seminar* (1939/40). Kurz vor Ausbruch des Zweiten Weltkriegs wurde Lasswell Chief of the Experimental Division for the *Study of War Time Communications*, einem „inter-disciplinary teamwork", dessen Forschungsprojekt an der Library of Congress angesiedelt war. Der Projektleiter formulierte folgende Aufgaben: „To perfect tools of research on mass communication; to recruit and train personnel for service in the agencies of propaganda, information, and intelligence; to advise on matters of strategy, tactics, and organization; to describe and analyze certain phases of the history of the war crises".[186] Lasswells Begriffe, Theorien, Modelle und Methoden, seine problemorientierten Interessen an „symbolic environment", „am Qualitativen und am Quantitativen", sein „configurative approach" für den Bau einer weltweiten Ordnung[187] haben ein sozialwissenschaftliches Werk entstehen lassen, das keiner Einzeldisziplin zuzuordnen ist.[188]

Eine zweite, für die Zukunft der Kommunikationswissenschaft bedeutsame Richtung markierten Jurgen Ruesch und Gregory Bateson (1904 bis 1980), als sie kulturelles, kybernetisches und psychiatrisches Kommunikationswissen zusammenführten.[189] Die dritte Strömung ist hierzulande die Bekannteste, wo sie als „empirische Sozial- und Kommunikationsforschung" firmiert. Sie resultiert aus dem *managerial scholarship* von Paul F. Lazarsfeld (1901 bis 1976) und Robert K. Merton 1910 bis 2003) sowie beider Doktoranden im Bureau of

---

[184]   Lasswell: Prussian schoolbooks, 1925; Lasswell: German pacifists, 1925; Eulau: The maddening methods, 1969; Rühl: Harold D. Lasswell, 1997.

[185]   Marvick: Lasswell on political sociology, 1977: 70; Smith, B. L.: Lasswell, 1969; Rühl: Harold D. Lasswell, 1997.

[186]   Lasswell & Kaplan: Power and Society, 1968:V. Zu Ansätzen der deutschen Kriegskommunikationsforschung siehe Klingemann: Franz Ronneberger, 2006.

[187]   Lasswell: Das Qualitative und das Quantitative; 1970; Janowitz: Harold D. Lasswell, 1968/1969.

[188]   Lasswell/Kaplan: Power and Society, 1950; Rogow: Politics, personality, and social science 1969; Lasswell: Policy Science, 1971; Lasswell u.a.: Propaganda und Communication, 3 Bde., 1979-1980.

[189]   Ruesch/Bateson: Communication, 1951/1968; Krippendorff: Communication and control, 1979.

Applied Social Research der Columbia University.[190] Die methodischen Vorbedingungen sind neben Lazarsfeld vor allem Marie Jahoda und Hans Zeisel zu danken.[191]

Keine nennenswerten Anregungen für eine kommunikationswissenschaftliche Theoriebildung konnte *Journalism* beisteuern, ein amerikaspezifisches College-Lehrfach, das seinerzeit so gut wie keine analytische Forschung betrieb. Journalism wird als „a nonscientific and more vocational approach to journalism education" qualifiziert. Erst Communications führt Journalism aus der „skills area" heraus. „Communication study took over existing journalism schools, gradually shifting the teaching and study of communication in these schools from a professional perspective to a more scientific orientation."[192] Wilbur Schramm (1907 bis 1987) kommt das Verdienst zu, gleich an drei Universitäten (Iowa, Illinois, Stanford) Journalism durch Communications wissenschaftsfähig gemacht zu haben.

Die erste klassische ‚Einführung' in Communications wird für zwei Jahrzehnte David K. Berlos Buch *The process of communication*.[193] Alfred G. Smiths *Communication and culture* war seinerzeit der umfassend orientierte Reader, der multidisziplinär verstreutes Kommunikationswissen in den Modi Wort, Schrift, Druck, Ton, Bild, Sprache, Gestik, Mimik und körperliche Attribute zusammenführte – mit Kultur als „heart and core".[194] Die Transdisziplinarität der Kommunikationswissenschaft konnte 1969/70 an der Annenberg School of Communications – damals eine reine Graduate School der University of Pennsylvania – beobachtet werden. Neunzig M.A.- und Ph.D.-Studenten hatten es mit fünfzehn Professoren und einigen Lecturers zu tun. Das Lehrpersonal war durch Soziologie, Psychologie, Anthropologie, Kybernetik, Literatur, Pädagogik, Theaterwissenschaft und Filmforschung, Wirtschafts- und Politikwissenschaft sozialisiert und qualifiziert worden, um das neue Universitätsfach Kommunikationswissenschaft systematisch zu rekonstruieren.[195]

In den ‚beiden Deutschlands' hatte die Kommunikationswissenschaft in der zweiten Jahrhunderthälfte nur im Westen Entwicklungschancen. In der Sowjetischen Besatzungszone (SBZ), der späteren Deutschen Demokratischen Republik (DDR), waren zunächst Versuche zu beobachten, die geisteswissen-

---

[190] Lazarsfeld: Mit Merton arbeiten, 1981.
[191] Jahoda/Lazarsfeld/Zeisel: Die Arbeitslosen von Marienthal, 1933/1975; Langenbucher: Lazarsfeld, 1990.
[192] Rogers: A history of communication study, 1994: 445; Rogers/Chaffee: Communication and journalism, 1994.
[193] Berlo: Process of communication, 1960. Dazu Rogers: A history of communication study, 1994: 416.
[194] Smith, A.G.: Communication and culture, 1966.
[195] Annenberg School: Bulletin 1969/70; Rühl: Allgemeine Kommunikationswissenschaft, 2004.

schaftliche Publizistikwissenschaft erneut aufzugreifen. Unter der Regie der Sozialistischen Einheitspartei Deutschlands (SED) wird der liberal-demokratische Journalismus, den die Publizistikwissenschaft in der Bundesrepublik Deutschland vertrat, „klassenbedingt" als „bürgerlich" denunziert und abgeschafft.[196] Eine sowjetsozialistisch geprägte Journalistik verpflichtete ‚Journalisten' doktrinär auf die Leninsche Pressetheorie als kollektive Propagandisten, kollektive Agitatoren und kollektive Organisatoren zugunsten der Klassenpolitik der SED.[197] In der Bundesrepublik wird Kommunikationswissenschaft oft unbedacht mit der ‚empirischen Kommunikationsforschung' identifiziert;[198] in der DDR versuchte man gelegentlich, Public Relations (Öffentlichkeitsarbeit) sozialistisch auszudeuten.[199]

An der Universität Mainz verpflichtet sich Elisabeth Noelle-Neumann (geboren 1916) der normativ-präskriptiven Theorie der Publizistik(wissenschaft) Emil Dovifats, als sie begann, den alteuropäischen Begriff *öffentliche Meinung* durch empirisch-deskriptive Umfragen zu bearbeiten.[200] Das daraus resultierende Methodenschisma konnte bis heute nicht aufgelöst werden.[201] Methodisch übernimmt Noelle-Neumann die Techniken der Lazarsfeldschen Umfrageforschung,[202] ohne – anders als Lazarsfeld – auf die strukturell-funktionale Sozialtheorie Robert K. Mertons Bezug zu nehmen.[203] Die empirische Sozialforschung wird epistemisch weithin vom kritisch-rationalistischen Philosophieprogramm Karl R. Poppers bestimmt, das für die Sozialwissenschaften keine wissenschaftstheoretischen Grundlagen bereitstellt.[204] Quantitative und qualitative Forschungsmethoden werden gleichermaßen auf Massenumfragen oder auf Einzelfallstudien (etwa auf Redaktionsforschung) angewandt. Das Selbermachen von Daten steht ganz oben auf den Forschungsagenden, die Reflexion der theoretischen Möglichkeiten und Grenzen in der sozialwissenschaftlichen Theoriegeschichte stehen hintan.

Mit der Berufung Franz Ronnebergers an die Universität Erlangen-Nürnberg (1964) wird der kommunikationswissenschaftliche Forschungs- und Lehrbetrieb im deutschen Sprachraum systematisch angekurbelt, vor einem weitgezogenen sozialwissenschaftlichen Theoriehorizont. Mit kombinatorischen Begriffs- und Theorieentscheidungen wird das Theoriegut mehrerer Sozialwissenschaften

---

[196] Budzislawski: Sozialistische Journalistik, 1966.
[197] Rühl: Journalism and journalism education, 1973; Dusiska: Wörterbuch, 1973: 113-115.
[198] Kritisch dazu: Lerg: Das Gespräch, 1970.
[199] Poerschke, K.: Sozialistische Öffentlichkeitsarbeit, 1972.
[200] Noelle-Neumann: Öffentliche Meinung, 1966.
[201] Zum Begriff öffentliche Meinung im gesellschaftshistorischen Wandel siehe Ronneberger/Rühl: Theorie der Public Relations, 1992: 200-213. Zum Methodenschisma: Rühl: Ordnungspolitische Probleme, 1986: 86-90.
[202] Noelle-Neumann: Fortschritt der Publizistikwissenschaft, 1970.
[203] Lazarsfeld: Mit Merton arbeiten, 1981; Lazarsfeld: Am Puls der Gesellschaft, 1968.
[204] Lazarsfeld: Wissenschaftslogik und Sozialforschung, 1970: 37.

unter kommunikationswissenschaftlichen Gesichtspunkten diskutiert. Reflexionstheoretische Anregungen entlehnt Ronneberger der allgemeinen Systemtheorie (Ludwig von Bertalanffy), der Kybernetik erster Ordnung (W. Ross Ashby), der strukturell-funktionalen Soziologie (Robert K. Merton, Talcott Parsons) und der funktional-strukturellen Theorie sozialer Systeme (Niklas Luhmann). Ronneberger entwickelt eine *Massenkommunikationstheorie und eine Theorie der politischen Kommunikation* namentlich anhand der kybernetisch-systemtheoretischen Kommunikationsstudien der Politikwissenschaftler Karl W. Deutsch, Gabriel A. Almond, David Easton, Sidney Verba und David Truman.[205] *Kommunikationspolitik* wird als Synthese von Anwendungstheorien zu einem disziplinären Komplement der Kommunikationswissenschaft entwickelt.

Eine sozialwissenschaftlich breite Anlage für die Kommunikationswissenschaft leisten Franz Ronneberger (1913 bis 1999) und Niklas Luhmann (1927 bis 1998). Die beiden ‚gelernten Juristen' nehmen Abschied vom normativ-präskriptiven Methodendenken der Jurisprudenz, ohne sich der methodentheoretisch unterentwickelten empirischen Sozialforschung in die Arme zu werfen. Beide operieren funktionalistisch. Ronneberger bevorzugt die strukturell-funktionale Perspektive Robert K. Mertons, Luhmann setzt sich in erster Linie mit dem handlungssystemtheoretischen Werk Talcott Parsons auseinander. Er arbeitet an der funktional-vergleichenden (äquivalenz-funktionalen) Methode. Luhmann hatte sich schon in den 1960er Jahren vorgenommen, eine kommunikationssystemische Weltgesellschaftstheorie zu entwickeln, unter Inanspruchnahme der Formenlogik George Spencer Browns und der Kybernetik zweiter Ordnung Heinz von Foersters und Humberto Maturanas. Ronneberger interessierten politisch-praktische Gegenwartsprobleme, die von der *Policy Science* system- und entscheidungsanalytisch behandelt und reorganisiert werden.[206] Luhmann favorisiert *Theorie als Passion*.[207] Beide Autoren distanzieren sich von der innerjuristischen *Verwaltungslehre*, um an der sozialwissenschaftlichen *Verwaltungswissenschaft* mitzuarbeiten, die Lorenz von Stein auf den Weg gebracht hatte.[208] Sie

---

[205] Ronneberger: Politische Funktionen, 1964; Ronneberger: Ziele und Formen, 1966; Ronneberger: Kommunikationsforschung mit Politik, 1970; Ronneberger: Sozialisation durch Massenkommunikation, 1971; Ronneberger: Kommunikationspolitik, Bde. I-III, 1978-1986. Dazu Rühl: Wegemeister, 1997; Rühl: Ronnebergers kommunikationspolitisches Theorieprogramm, 1983; Tonnemacher: Franz Ronneberger, Kommunikationspolitik, 2002.

[206] Rühl/Walchshöfer: Politik und Kommunikation, 1978; Ronneberger: Wegemeister, 1997; Lasswell: Policy Science, 1971; Hartwich: Policy-Forschung, 1985; Héritier: Policy-Analyse, 1993.

[207] Baecker et al.: Theorie als Passion, 1987.

[208] Ronneberger: Lorenz von Stein, 1965; Ronneberger: Öffentlichkeit bei Lorenz von Stein, 1978; Luhmann: Theorie der Verwaltungswissenschaft, 1966: 18, 112. Dazu Seeling: Organisierte Interessen, 1996.

kooperieren empirisch an der Erforschung von Problemen des Personals im öffentlichen Dienst[209] und engagieren sich in der sozialwissenschaftlichen Organisationsforschung,[210] wo Luhmann neuartige Erkenntnismöglichkeiten offenlegt.[211] Luhmann fragt basistheoretisch, „wie eine Organisation sich selbst von dem unterscheidet, was sie nicht ist und nicht sein will".[212] Seine System/Umwelt-Theorie emergiert als Erkenntnishilfe, während die Systemtheorie für Ronneberger vorwiegend heuristisches Prinzip für handlungstheoretische Sozialformen bleibt.[213]

Franz Ronneberger, der 1944 von der Hochschule für Welthandel in Wien mit der Schrift „Staatswissenschaften, insbesondere die staatswissenschaftlichen Probleme Südosteuropas" habilitiert wird, verliert, wie alle ‚Reichsdeutschen', 1945 seine Venia legendi.[214] Nach der Kriegsgefangenschaft arbeitet er von 1948 bis 1958 als Dokumentarist, Kommentator, Wissenschaftsjournalist und Volontärsausbilder in der Redaktion der *Westdeutschen Allgemeinen Zeitung (WAZ)*. Nebenberuflich lehrt und forscht er soziologisch, politik- und verwaltungswissenschaftlich.[215] Niklas Luhmann absolviert nach der Kriegsgefangenschaft ein Jurastudium, wird Ministerialbeamter (zuletzt Oberregierungsrat), als ein Stipendium der Graduate School of Public Administration der Harvard University „reiche Anregungen aus der amerikanischen Organisationsforschung" bietet, vor allem „Auseinandersetzung mit der Systemtheorie Talcott Parsons".[216] Luhmanns Professorenkarriere beginnt ungewöhnlich. Er wird innerhalb eines Jahres (1966) promoviert und habilitiert. Franz Ronneberger gelingt die Rückkehr an die Universität über eine zweite Habilitation, diesmal (1960) an der Westfälischen Wilhelms-Universität Münster, die ihm die Lehrbefugnis für „Verfassungs- und Verwaltungslehre" verleiht.[217] 1960 wird Ronneberger auf einen Lehrstuhl für Soziologie und Sozialpädagogik an der Pädagogischen Hochschule Bielefeld berufen. 1964 wechselt er auf den neugeschaffenen Lehrstuhl für Politik- und Kommunikationswissenschaft der Universität Erlangen-Nürnberg.[218]

---

[209] Luhmann/Mayntz: Personal im öffentlichen Dienst, 1973; Ronneberger/Rödel: Beamte, 1971.

[210] Luhmann: Funktionen und Folgen, 1964; Luhmann: Theorie der Verwaltungswissenschaft, 1966; Ronneberger: Verwaltung im Ruhrgebiet, 1957; Ronneberger: Empirische Forschung, 1968.

[211] Luhmann: Organisation und Entscheidung, 2000; Ortmann, et al.: Theorien der Organisation, 1997; Dammann et al.: Verwaltung, 1994.

[212] Luhmann: Organisation und Entscheidung, 2000: 8.

[213] Ronneberger: Sozialisation durch Massenkommunikation 1971: 43–54; Ronneberger: Wegemeister, 1997.

[214] Dazu Rühl: Franz Ronneberger – Anmerkungen, 1983: 329.

[215] Ronneberger: Wegemeister, 1997.

[216] Luhmann: Funktionen und Folgen formaler Organisation, 1964: 5.

[217] Rühl: Franz Ronneberger – Anmerkungen, 1983.

[218] Dazu Rühl: Ermunterung zum Theoretisieren, 2007:84

In ihrem Werk argumentieren die beiden Protagonisten ordnungspolitisch. Luhmann stellt – wie vor ihm Thomas Hobbes, Georg Simmel, Max Weber oder Talcott Parsons – die Grundsatzfrage: Wie ist soziale Ordnung möglich?[219] Ronneberger erforscht praktische Ordnungsprobleme politischer Parteien, Verbände und Behörden, landwirtschaftlicher Produktionsgenossenschaften (im vormaligen Jugoslawien), Presse-, Rundfunk- und Public Relations-Organisationen in Wirtschaft und Verwaltung.[220]

Zu Beginn der Lieblingsgegnerschaft zwischen Jürgen Habermas und Niklas Luhmann stellt der Letztgenannte Versuche an, Kommunikation und Massenmedien in gesellschaftstheoretischen Gebrauch zu nehmen.[221] Luhmann unterscheidet Handeln und Kommunikation in der Absicht, die Sozialwissenschaften zu erneuern nicht sie zu revolutionieren.[222] Mit den Schlüsselbegriffen *Sinn* und *Komplexität* bearbeitet Luhmann weltgesellschaftliche Kommunikationsprobleme. Nicht Handelnde (Akteure), sondern weltgesellschaftliche Kommunikationssysteme (Familie, Politik, Wirtschaft, Wissenschaft, Recht, Religion, Kunst, Erziehung, Massenmedien) werden zu sozialtheoretisch vergleichbaren Bezugssystemen. Luhmann operationalisiert alle gesellschaftlichen Funktionssysteme als Kommunikationssysteme, an deren Verwirklichung aus der Umwelt notwendigerweise psychische Bewusstseinssysteme und organische Lebenssysteme mitwirken, beim Umformen von unwahrscheinlicher in wahrscheinliche Kommunikation.[223]

Nachdem Jürgen Habermas *Die Theorie des kommunikativen Handelns* (1981) und Niklas Luhmann *Soziale Systeme* (1984) veröffentlicht hatten, glaubte die interessierte Öffentlichkeit, in Sachen Kommunikation sei nunmehr alles gesagt. Luhmanns *Die Gesellschaft der Gesellschaft* (1997) eröffnet allerdings ‚auf Weltniveau' ein neues Forschungsfeld mit vielen neuartigen Fragestellungen.

Niklas Luhmann denkt und bearbeitet auf den Ebenen der Kybernetik zweiter Ordnung; Franz Ronneberger denkt Kommunikation systemtheoretisch auf den Ebenen symbolischer Grundlagen der Kybernetik erster Ordnung. Für Luhmann sind alle Sozialsysteme funktionale Kommunikationssysteme in Relation zu der sich kontinuierlich ausdifferenzierenden Weltgesellschaft. Für Luhmann sind Massenmedien keine ontischen Gegenstandsarten, sondern Formenprägungen im Unterschied zu anderen Kommunikationsmedien, das sind für ihn Liebe, Wahrheit, Macht, Geld. Ronnebergers Kommunikationstheorien werden als

---

[219] Luhmann: Wie ist soziale Ordnung möglich?, 1981.
[220] Ein thematischer Überblick in Rühl/Walchshöfer: Politik und Kommunikation, 1978.
[221] Luhmann: Kommunikation und Massenmedien, 1975.
[222] Luhmann: Funktionen und Folgen, 1964: 191–206; Luhmann: Kommunikation, soziale, 1969; Luhmann: Soziale Systeme, 1984: 191–241, Luhmann: Die Gesellschaft der Gesellschaft, 1997.
[223] Luhmann: Unwahrscheinlichkeit der Kommunikation, 1981.

Anwendungstheorien konzipiert, namentlich von der empirischen Journalismus- und Public Relations-Forschung.[224]

Niklas Luhmann und Franz Ronneberger veröffentlichen zu unterschiedlichen Zeiten ihrer Karrieren unorthodoxe Lehrbücher. Ende der 1950er Jahre, als es im sozialwissenschaftlichen Deutschland so gut wie keine Lehrbücher gab, publiziert Ronneberger unter dem Pseudonym Stefan Lambrecht *Die Soziologie.*[225] Nach Niklas Luhmanns Tod werden zwei Vorlesungen herausgegeben, die er kurz vor seiner Emeritierung gehalten hatte: *Einführung in die Systemtheorie* und *Einführung in die Theorie der Gesellschaft.*[226]

Seit dem 19. Jahrhundert sind es die Einzelwissenschaften, von denen die deutschen Universitäten geprägt werden. Mitte des 20. Jahrhunderts wird zunehmend einsichtig, dass ‚disciplinary claims' ungeeignet sind, weltgesellschaftliche Probleme zu lösen. Niklas Luhmann und Franz Ronneberger empfehlen Theorien und Methoden für die kybernetisch-systemtheoretische Bearbeitung komplexer kommunikativer Problemfelder. Ronneberger organisiert vor allem neue Wissenschaftsgebiete und Anwendungsmöglichkeiten für die Kommunikationswissenschaft, vor allem die Kommunikationspolitik. In Forschung und Lehre werden neue Zugänge zur Erfassung und Beschreibung sozialer Kommunikationsprobleme aufgetan.

---

[224] Rühl: Theorie des Journalismus, 2004: 130-133; Rühl: Programmatik von Lehrprogrammen, 1995; Ronneberger/Rühl: Theorie der Public Relations, 1992.

[225] Lambrecht (d.i. Ronneberger): Die Soziologie, 1958; Dazu König: Rez. Lambrecht, 1960.

[226] Luhmann: Einführung Systemtheorie, 2002; Luhmann: Einführung Gesellschaft, 2005. Dazu Berghaus: Rez. Luhmann, 2004.

Das gemeine Wissen ist seiner selbst unbewusst.
Édouard Le Roy: Science et Philosophie (1899), zit. v.
Gaston Bachelard: Bildung des wissenschaftlichen Geistes, 1978: 83.

Die Theorie des Alltagsverstandes über das Wissen des Alltagsverstandes
ist in der Tat ein naives Durcheinander.
Karl R. Popper: Objektive Erkenntnis, 1974:.74

2 Kommunikationswissen der Laien und Experten

Niemand kann ohne Theorien argumentieren. Zu fragen ist: Mit welchen? Ob wir es wissen oder nicht, die ‚normalen' Theorien der Kommunikationswissenschaft kommen mithilfe von Erkenntnis- und Methodentheorien zustande. Alle verfügen über eigene Epistemologien und Methodologien. „Der Mann von der Straße" in der Rolle des Laien [laymen] bzw. des Nichtfachmanns [non-expert] operiert mit der Erkenntnistheorie des gesunden Menschenverstandes [common sense theory] und der Methodentheorie Versuch und Irrtum [trial and error theory]; der Fachmann [expert] mit Theorien des Erfahrungswissens [know-how theories] und den beruflich gelernten Arbeitstheorien [working theories].[227] Weder das laienhafte *Bescheidwissen* [*common knowledge*] noch das *Erfahrungswissen* der Experten [know-how] sind homöopathisch herunterdosiertes *Wissenschaftswissen* [scholarly oder scientific knowledge].

Mit Laien, Experten oder Wissenschaftlern bezeichnen wir keine substantiellen Menschenklassen, sondern soziale Rollen und Rollenkombinationen, durch die Personensysteme in spezifische Kommunikationssysteme einbezogen sind. Personen, Subjekte oder Individuen werden keine Bestandteile der Kommunikationssysteme. Wer als Kommunikationswissenschaftler bestimmte Rollen im Wissenschaftssystem ausübt, ist in Laienrollen und Expertenrollen an vielen nichtwissenschaftlichen Sozialsystemen (vor allem an Familie, Haushalt, Verein, Kirche usw.) beteiligt – ohne als Person von einem dieser Kommunikationssysteme vereinnahmt zu werden.

Die unterschiedlichen Terminologien, Epistemologien und Methodologien der Laien, Experten und Wissenschaftler lassen sich so schematisieren.

---

[227] Rühl: Public relations methodology, 2008; Rühl: Für Public Relations? 2004.

	Terminologie	Epistemologie	Methodologie
Nonexperten	Nonexpertenbegriffe	Theorien des gemeinen Menschen- verstandes [common-sense- theories]	Versuch-und- Irrtum-Theorien [trial-and-error- theories]
Experten	Expertenbegriffe	Erfahrungswissens- theorien [knowhow theories]	Arbeitswissens- theorien [working theories]
Wissenschaftler	Wissenschaftler- begriffe	Erkenntnistheorien [knowledge theories]	Verfahrensstheorien [Empirisierung, Positivierung, Funktionalisierung]

Abbildung 1: Schema möglicher kommunikationswissenschaftlicher Systeme und Strukturen

2.1 Theorien der Laienkommunikation [common sense theories]

Konfrontiert man Laien am Telefon oder an der nächsten Straßenecke mit Ja-Nein-Weissnicht-Fragen über Gott und die Welt, dann lassen sich ihre Antworten statistisch leicht verdaten. Die Erkenntnistheorie der Laien, der gemeine bzw. gesunde Menschenverstand, bevorzugt methodologisch Versuch-und-Irrtum-Theorien. Die Begriffs- und Theoriezusammenhänge der Laien werden von Wissenschaftlern reflektiert, rekonstruiert und geordnet. Die Commonsense-Theorie plädiert für direktes sensuelles Beobachten, für das ‚Anfassen der Dinge', für das Wahrnehmen mit ‚eigenen Augen und Ohren'. Was in der Alltagswelt erlebt wird, darüber urteilen Laien nach eigenen Begriffen und mit eigenen Regeln. Laien befragen keine Dinge, keine Mitwelten, ausdifferenziert nach sinnmachenden Informationen und thematisierten Äußerungen zum Verstehen und zur Weiterkommunikation.

Laien unterstellen fünf intakte Sinne, metaphorisch ausgedrückt: „alle Tassen im Schrank haben", sowie die Fähigkeit, unmittelbar beobachten zu können. Fakten bzw. Daten sind für Laien keine wissenschaftlichen Rekonstruktionen,[228] sondern natürliche Fundsachen. Tatsachen können Laien unmittelbar erfahren, merken und anwenden. Wenn Laien mit der Erkenntnistheorie des gemeinen Menschenverstandes [common-sense-theory] und der Methode Versuch und Irrtum [trial and error] operieren, dann mit dem Code *richtig/falsch*. Laien vergleichen ähnliche Bilder, ohne hypothetisch zu formulieren. Sie fragen womöglich nach der sprachlichen Herkunft des Wortes Kommunikation und bewerten es von vornherein als ‚gutes Wort'. Dem Kommunikationsbegriff der Laien werden ungeprüfte Vorstellung beigegeben, etwa die, dass es besser sei, wenn ‚Menschen miteinander reden'. Smalltalk, die lockere, beiläufige Konversation, sei nützlich, weil jeder, ohne besonderen intellektuellen Aufwand mitreden könne. Theorie ist für Laien ein ‚schlechtes Wort', wenn nicht ‚ein rotes Tuch' – übrigens ein metaphorischer Fehlgriff, denn der Stier in der Arena wird nicht durch die rote Farbe aggressiver, allenfalls durch die Bewegung des Tuches.

Laien messen Ahnungen, Ideen, Kenntnisse oder Bescheidwissen am Wahrheits-Code *richtig/falsch*. Allein, niemand kann sich heutzutage über das Wetter äußern, über das Essen in der Kantine oder über das Kinderkriegen, ohne sich mehr oder weniger bewusst auf wissenschaftliche Theorien zu stützen. Wird über „Gammelfleisch" oder „Fastfood" öffentlich diskutiert, dann kann hinter diesen Jargonausdrücken durchaus ein – wenn auch ungeprüfter – Pluralismus wissenschaftlicher Theorien stecken.

Ist von Verwissenschaftlichung des Lebens die Rede, dann ist gemeint, dass an die Stelle einer Natürlichkeit ein Szientismus gerückt ist. Wer als Verbraucher, Verkehrsteilnehmer, Zeitungsleser, Elternteil oder Patient operiert, als geschickter Heimwerker oder als Kommunikationswissenschaftler von Berufs wegen, wird seine Laienhaftigkeit in Kommunikationszusammenhängen mit relevanten Mitwelten ausdrücken. Bescheidwissen hat kein eigenes, zumindest kein besonders hohes Selbstreflexionsniveau, wenn es nicht – wie Karl Popper meint – sowieso ein naives Durcheinander ist.

2.1.1 Magische Kommunikation

Für sich genommen vermitteln manche sozial- und kulturanthropologische Forschungen den Eindruck, jeder könne mit Symbolen kommunizieren, jeder könne sich aus Mythen und Mystik eine in sich stimmige Welt erschaffen, und kosmologische Kommunikationskulturen würden darauf verweisen, es gebe überall Gottheiten, an deren Präsenz alle Menschen teilnehmen würden.

---

[228] Fleck, L.: Wissenschaftliche Tatsache, 1980.

Magische Kommunikation steht nicht für Zustände der Entrücktheit. Wenn magische Kommunikation gelingt, dann *über-sinnlich*. Magier der Kommunikation bedeuten anderen, sie wären in der Lage Vergangenheit, Gegenwart und Zukunft durch Zeichen- und Zahlenkombinationen überbrücken zu können. Sie veranlassen, dass an heilende (oder vernichtende) Kräfte geglaubt wird, dass durch Handauflegen, Techno-Schnickschnack oder durch das Aussprechen bestimmter Wörter das Böse gebannt und das Gute beschworen werden kann. Kommunikationsmagie wird von Zauberformeln begleitet, von Gebärden, die selten rational aufzuschlüsseln sind. Sprache wird auf kostbaren Unterlagen (Gold auf Pergament) verschriftet, und in einfachen Kulturen sind die Schriftkundigen gleichzeitig die Geheimnisträger, die Vertrautes in Unvertrautes übertragen.[229] Kommunikationsmagier begrenzen die Zahl ihrer Nachfolger. Nur wenige werden befähigt und ordiniert.

In ‚primitiven' Kulturen werden Körperausscheidungen, Puppen oder andere Medien zum Übernatürlichen in Referenz gesetzt. Indianische Kulturen tabuisieren den Namen Gottes aber auch Alltagswörter wie Erde oder Fleisch. Exorzisten vermuten reale Dämonen in menschlichen Körpern, die sie auszutreiben versuchen, und zwar durch Appelle oder Befehle in ‚unziemlicher' Sprache. Andere rufen die Namen von Toten oder von Geistern, in der Absicht, sie herbeizuzitieren. Das „Rumpelstilzchen" hält seinen Namen geheim, weil dessen Öffentlichmachen die Macht des Namensträgers zu brechen droht. Für diese und weitere magisch ambitionierte Kommunikationsformen (Märchen, Aberglaube, Rätsel, Redensarten) interessieren sich bisher wenige Kommunikationswissenschaftler.

Vom Tod und über das Sterben wird meist ungenau gesprochen und geschrieben. Die Ausdrücke ‚Verlassen', ‚Entschlafen' oder ‚Hinscheiden' sind üblich, im Jargon heißt das: ‚den Löffel abgeben', ‚Radieschen von unten begucken' oder ‚über den Jordan gehen'. Journalistisch recherchierte Nachrufe [obituaries, journalistisch: obits] sind Gegenstand eines Romans.[230] Für das Genre Nachruf gibt es in den Entscheidungsprogrammen der Redaktionen keine konsentierten Kriterien.[231] Ob die Hinterbliebenen für Nachrufe bezahlen[232] oder ob auf bestimmte Nachrufe nicht verzichtet wird: für sie gilt das Motto: De mortuis nihil nisi bene. Ob man übersetzt, „über die Toten nur Gutes" oder: „über die Toten nichts Schlechtes" oder: „über Tote nur in einer guten Weise berichten",[233] das ist den lesenden Laien journalistischer Nachrufe wahrscheinlich ziemlich egal.

---

[229] Evans-Pritchard: Witchcraft, 1967: Luhmann: Die Gesellschaft der Gesellschaft, 1997: 646.
[230] Heym: Nachruf, 1988.
[231] Brunn: Abschiedsjournalismus, 1999: 113.
[232] Dazu *Death Notices* in: nytimes.com/pages/obituaries/index …
[233] Brunn: Abschiedsjournalismus, 1999: 157.

2.1.2 Schrift und Lesen

Durch die Sprache (Singular) und durch das Weltbuch (verstanden als das Ganze der Erfahrbarkeit) wird die Welt lesbarer.[234] Enzyklopädisch grob geschätzt spricht die Menschheit in 6.500 Sprachen, die etwa zur Hälfte nur lokal verstanden und selten verschriftet werden. Ständig gehen Sprachen mit ihren letzten Sprechern unter.[235] Seit einem Jahrhundert werden Sprachen systematisch klassifiziert, und ‚Kultursprachen' werden gegenüber ‚primitiven Sprachen' hierarchisiert. Primitiv nennt man Sprachen, die über wenige Laute, einen spärlichen Wortschatz und über eine simple Grammatik verfügen. Wer nur eine primitive Sprache spricht, von dem wird beiläufig angenommen, er sei auch analphabet. Dagegen wird Sprechern von Kultursprachen unausgesprochen zugetraut, das Lesen und das Schreiben zu beherrschen – zudem Manieren und Moral zu haben. In den Kolonien entstanden, komplementär zu den herrschaftlichen Kultursprachen Englisch, Französisch, Spanisch, Portugiesisch oder Niederländisch sogenannte Pidgin- und Kreolsprachen als Behelfs- und Befehlssprachen.

Reden Laien von den Anfängen des Sprechens, dann selten über Wirkungen der „Musik in der Gebärmutter",[236] auch nicht unbedingt über die Resonanz der (mütterlich) gesprochenen Sprache im Uterusmilieu. Später rückt das Hören in den Mittelpunkt semantischer Deutungen von Kommunikation. Manche meinen mit Tieren, Pflanzen, Geistern und Göttern kommunizieren zu können. Ist das Sehen im Gespräch, dann wird beispielsweise Fern-Sehen (vulgo ‚die Glotze') dafür verantwortlich gemacht, dass Kinder ‚nicht mehr lesen'.

Das Lesen als die überragende semantische Öffnungskraft menschlicher Kommunikation ist eine der großen Errungenschaften der wissenden Menschheit. Erstaunlich, dass die Leseforschung – verglichen mit der massenhaften Wirkungsforschung – wenig wissenschaftliches Interesse findet.[237] Im englischsprechenden Raum und im Kontext der UNESCO wird seit Jahrzehnten eine vielgestaltige (Il)Literalität [(il)literacy] studiert. Die Literalität nimmt offenkundig um 1700 v. Chr. ihren Anfang, als in der Gegend von Palästina und Syrien für das Nordsemitische 22 Konsonanten als Alphabetschrift entwickelt werden. Im Zeitraum zwischen 1000 und 800 v. Chr. werden weitere phonetische Alphabete strukturiert. Im antiken Griechenland produziert man Texte im Modus *Handschrift (Skriptografie),* teilweise parallel zur Entwicklung der Demonstrationsmethoden Dialektik, Poetik, Forensik und Rhetorik.[238]

---

[234] Blumenberg: Lesbarkeit der Welt, 1981.

[235] Crystal: Enzyklopädie der Sprache 1993: 287-340.

[236] Spitzer: Musik im Kopf, 2003: 152-156.

[237] Filipović: Öffentliche Kommunikation, 2007: 61-90; Bonfadelli/Bucher: Lesen in der Mediengesellschaft, 2002.

[238] Assmann: Lesende und nichtlesende Gesellschaften, 1994.

Bis in die Mitte des 15. Jahrhunderts verfügt die klösterliche Skriptografie über ein Schreibmonopol,[239] als im Zusammenhang mit dem *Buchdruck (Typografie)* eine verlagsorganisations- und marktförmige Produktion, eine Logistik mit organisationsfähiger Rezeption hervortritt. Über die Jahrtausende waren Stein, Ton, Pergament und Papyrus die Schriftträger gewesen. Das Gilgamesch-Epos war auf Tontafeln geschrieben. Danach kamen die Buchrollen und dann das Buch in der klassischen Kodex-Form. Im 14. Jahrhundert wird in Europa Papier auf Lumpenbasis produziert und aus der Bütte geschöpft. Das Beschaffen und Schreiben neuartiger Buch-, Zeitungs- und Zeitschriftentexte, ihr Setzen, Drucken, Vervielfältigen, Kaufen und Verkaufen, Lesen bzw. Vorlesen werden zu eigenen Phasen des typografischen Kommunikationsprozesses. In der Mitte des 19. Jahrhunderts wird Papier auf Holzschliffbasis für ‚massenhafte Drucksachen' eingesetzt.[240] Es folgt die elektrische Fernkommunikation (Telekommunikation) und in der zweiten Hälfte des 20. Jahrhunderts die elektronisch medialisierte Kommunikation, ohne – wie zunächst vermutet – papiergebundene Texte ablösen zu können. Viele Bildschirmtexte werden ‚ausgedruckt', und welche Zukunft Handy-Kombinationen und E-Papier haben werden, ist noch nicht abzusehen.

Bewahrte Texte aus den alten Reichen thematisieren Religion und Verwaltung. Kommunikationsarchäologen untersuchen Götter-, Hof- und Kanzleiberichterstattung.[241] Die drei großen Weltreligionen (Judentum, Christentum, Islam) basieren auf Büchern beziehungsweise Kanonices von Büchern,[242] und das Wissen der vorsokratischen Philosophie ist in Bruchstücken von Büchern überliefert. Der Modus Sprache nimmt in der christlich-theologischen Deutung der Bibel einen hohen Rang ein. Steht im Johannes-Evangelium „[…] das Wort ist Fleisch geworden und hat unter uns gewohnt",[243] dann wird dieser Text bei Laien nicht unmittelbar sinnmachen.

Als im frühen 17. Jahrhundert Zeitungen als neuartige Druckwerke in Reichsstädten und Residenzstädten angeboten werden, finden nicht alle ‚einkommenden' Nachrichten darin Platz; sie werden dazu selektiert, variiert und rekonstruiert. Bevorzugt werden nichtalltägliche Themen und Ereignisse, vor allem Kriege, fürstliche Treffen, nicht unmittelbar einleuchtende Naturvorgänge, menschliche, tierische und andere Monstrositäten. Die Nachrichtenerzählungen werden landessprachlich abgefasst [storytelling], und die Zeitungsleser (auch jene, denen aus der Zeitung vorgelesen wird) wissen über die Zeitung und ihre Herstellung allgemein Bescheid.[244] Es gibt bereits unterscheidbare Zeitungs-

---

[239] Rühl: Das mittelalterliche Kloster, 1993.

[240] Giesecke: Buchdruck in der frühen Neuzeit, 1991; Beckmanns Allgemeine Technologie, 2002; Burke, P.: Papier und Marktgeschrei, 2001; Rühl: Publizieren, 1999.

[241] Eisenstadt: Communication patterns, 1980; Vismann: Akten, 2000.

[242] Rühl: Buch – Bedürfnis – Publikum, 1979.

[243] Johannes 1, 14.

[244] Unter anderem durch Ratschlagbücher wie Stielers Bestseller *Zeitungs Lust und Nutz.*

öffentlichkeiten aus denen immer wieder aktuell Leserpublika gewonnen werden müssen.[245] Das Druckwerk Zeitschrift, das sich seit der Mitte des 17. Jahrhunderts ausbreitet, ist von Anbeginn thematisch spezialisiert.[246]

Die deutschsprachige Gelehrtenzeitschrift *Monats-Gespräche* (Kurztitel) enthält vor allem Texte zur moralischen Erneuerung des persönlichen und gesellschaftlichen Lebens.[247] Die gelehrten Zeitschriften in deutscher Sprache sind nicht nur an Wissenschaftler und Philosophen gerichtet. Anders als die skriptografischen Klosterschriften sind Zeitungen und Zeitschriften von Anbeginn käuflich zu erwerbende Leseangebote. Die Produktionstechnologien ändern sich während der ersten 350 Jahre kaum, und auch die Lesetechniken ändern sich nur geringfügig. Auch die Zensur der Texte durch ,die Obrigkeit' bleibt ziemlich gleichartig. Im 19. Jahrhundert erfasst eine ,Organisationsrevolution' die Buchproduktion.[248] Die Pressepublizistik differenziert sich mehrfach. Neue Organisationsformen (Verlage, Redaktionen, Anstalten, Agenturen) operieren systematisch, wenn auch über unterscheidbare Beschaffungs- und Vertriebsmärkte. Der produzierende Journalismus differenziert redaktionstypische Sachstrukturen in Form von Recherche, Genres, Schlagzeilen, Arbeitsprogramme, Themen- und Grafiktypen. Redaktionszeiten,[249] Produktionszeiten und Vertriebszeiten werden zunehmend knapp. Reale Zeitungen klassifiziert man nach Ausgaben, Stückzahlen und Auflagen. Während Tageszeitungen im 17. Jahrhundert noch vierseitig erscheinen, dann im Abstand von einer Woche, bald mehrmals wöchentlich, und an der Wende zum 20. Jahrhundert gibt es sogar mehrere Ausgaben von einer Zeitung an einem Tage. Auch in den papierknappen und anzeigenschwachen Zeitungsjahren nach dem Zweiten Weltkrieg erscheinen Tageszeitungen im besetzten Deutschland zunächst auf wenigen Seiten. Zur gleichen Zeit bringt die Wochenendausgabe einer US-amerikanischen Tageszeitung mehr als 6 lbs. auf die Waage. Die amerikanische Zeitung wird in der Familie zur Lektüre aufgeteilt: der Sportteil für den Vater, die ,funnies' für die Kinder, ,Home and Garden' für die Mutter. Im deutschen Sprachraum bekommt der intensive Zeitungsleser oft zu hören, ob er denn nichts Besseres zu tun hätte?

2.1.3 Alltagskommunikation

Das Wort *Kommunikation* war im Deutschen der 1960er Jahre noch ungebräuchlich.[250] Im Mittelwesten der USA, wo das Fernsehen bereits 1950 verbreitet war, sprach man von „communication" als „a matter of living". Das Bild

---

[245] Rühl: Publizieren, 1999: Kap. 8.
[246] Vogel/Holtz-Bacha: Zeitschriften, 2002.
[247] Siehe Kapitel 1.
[248] Boulding: Organizational revolution, 1953.
[249] Rühl: Redaktionszeiten, 1992.
[250] Maletzke: Psychologie der Massenkommunikation 1963: 16.

eines Wonneproppen [chubby cherub] schätzten Werbeleute als „a good communicator". Lehrer, Filmstars, Prediger, Verkäuferinnen, Polizisten, Sekretärinnen oder Friseure hießen seinerzeit „professional communicators, making a living communicating".[251] Wilbur Schramm imaginierte einen Steinzeit-Hawaianer, der Himmel und Meereswellen lesen konnte, als „a skillful communicator".[252]

Bald konnte man im Deutschen von „kommunizierenden" Küchenherden, Kühlschränken und Dunstabzugshauben lesen. ‚Herrchen' und ‚Frauchen' erzählten einem, dass sie mit ihren Hunden und Katzen kommunizieren würden, und Menschen „mit einem grünen Finger" sprachen nicht mehr mit ihren Pflanzen, sie kommunizierten nunmehr. Unlängst beteuerte ein Bio-Käser im Fernsehen, seine Roquefort-Produktion steige zusehends, seit er mit den Bakterien kommuniziere. Laien kommunizieren nach ihrer Ansicht als Ganzheiten, mit Haut und Haaren, mit Leib und Seele, am Familientisch, am Stammtisch oder an einem Runden Tisch. Beim Public Viewing anlässlich großer Sportveranstaltungen wird ebenfalls kommuniziert, auch beim Arzt, oder beim Vorlesen von Kinderbüchern im Bett.

Erving Goffman vertritt die These: Jeder stellt sich beim Kommunizieren selbst dar. „Totale Institutionen", gemeint sind Gefängnisse, Kasernen, Internate, Klöster, Schiffe auf hoher See oder psychiatrische Anstalten, würden versuchen, aus Einzelmenschen Kommunikationsbestandteile zu machen.[253] ‚Im Westen', wo Griechisch und Latein als klassische Kultursprachen gelten, wird das Lateinische erst im 20. Jahrhundert als Wissenschaftssprache durch das Englische abgelöst. Im 19. Jahrhundert konstruiert man aus europäischen Hochsprachen künstliche Universalsprachen (Welthilfssprachen), beispielsweise *Volapük* (1880) oder *Esperanto* (1887). Diesen Universalsprachen fehlen die soziokommunikativen Bezüge und somit die Durchsetzungskraft. „Communication and culture are inseparable".[254]

Verwiesen wird auf „Sprachunruhen" in Belgien, Kärnten oder Indien, auf ethnische, nationale und semantisch-historische Unüberbrückbarkeiten. Kindergärten, Schulen und Hochschulen gelten als Zentren der Erziehung und der Sozialisation durch Sprache. Die Leistungskraft unterschiedlicher Sozialordnungen wird mit dem spezifischen Leistungsvermögen von Sprachen in Verbindung gebracht, als Gedächtnisorte und als Erfahrungshorizonte. Menschen kommunizieren von früh bis spät, auch wenn sie Schlagzeilen in der Zeitung überfliegen, wenn Sie Uhren und Kalender lesen, Gebrauchsanweisungen, Beipackzettel oder Straßenschilder. Selbst wer „nicht durchblickt", versteht

---

[251] Smith, A.G.: Communication and culture, 1966: 1.
[252] Schramm: Men, messages, media, 1973: 1.
[253] Goffman: Presentation of self, 1959; Goffman: Asylums, 1961.
[254] Smith, A. G.: Communication and culture, 1966: 1.

zumindest im Sinn von Horatio: „So have I heard and do in part believe it."[255] Sagt einer öfter mal: „Ich verstehe", dann kann gemeint sein, das er der Rede des Anderen bis hierher folgen konnte. Der Ausspruch kann aber auch ein Versuch sein, den Redefluss des Anderen zu unterbrechen. Wer sich über einen plumpen Witz vor Lachen ausschüttet, muss den Witz nicht wirklich verstanden haben. Je nach Kommunikationskontext kann sein Lachen unterschiedliches meinen.

Nach der Gründung des Deutschen Reiches (1871) begann die Politik ein deutsches Recht zu kodifizieren. Parallel dazu kodifizierte der Studienprofessor Konrad Duden die Rechtschreibung der deutschen Sprache, um verbindliche Richtlinien für die Schlichtung von Streitfragen über den „richtigen" Sprachgebrauch verfügbar zu haben. Ungleich dem Reichstag hatte Duden keine öffentliche Legitimation. Dennoch dienten seine Grundregeln ,richtigen' Schreibens dem fehlerfreien Sprachgebrauch im Unterricht und im Alltag. Eine sprachwissenschaftliche Methode, der *alltagssprachliche Präskriptivismus*, sortiert Varianten ,lebender' Sprachen mit festgesetzten Regeln nach dem Praktiker-Code richtig/falsch.[256] Normen des richtigen Schreibens und Lesens werden mittelfristig verändert. Ungleich dem Rechtssystem verfügt das Sprachsystem über keine zeitlich vorab festgesetzten Normen, zum danach richten. Wer das richtige Deutschschreiben durch welche Kompetenz und Autorität künftig festlegen darf, darüber hat uns die letzte Rechtschreibreform nicht aufklären können.

Für Kommunikationssysteme ist nicht nachzuweisen, dass sie menschliche Grundbedürfnisse [basic needs] befriedigen, vergleichbar den Bedürfnissen nach Essen, Trinken und Schlafen. Die wissenschaftliche Textlinguistik stellt sich die Aufgabe, „für Formen und Strukturen der Grammatik eine klare und einfache Theorie zu entwerfen, die für eine bestimmte Sprache [...] adäquat ist".[257] Grammatikregeln sollen nicht vorschreiben, Unterschiede beurteilen und den Sprachwandel anhalten, sondern die Vielfalt sprachlicher Kommunikationen aufzeigen und beschreiben, als eine Wirklichkeit sui generis, die intern autonom operiert, mit sachlich, sozial und zeitlich durchlässigen Grenzen gegenüber dem weltgesellschaftlichen Außen.

Es gibt keine Welteinheitssprache. Die meisten Kommunikationskulturen akzeptieren das Englische als weltweit gängige Alltagssprache. Näher besehen handelt es sich um ein vereinfachtes Englisch mit einem kräftigen Akzent amerikanischer Leitkultur.[258] Werden die Attribute wertvoll, nützlich, unbrauchbar, richtig oder falsch als kommunikationswissenschaftliche Selektionshilfen

---

[255] Shakespeare: Hamlet, I, 1.

[256] Crystal: Cambridge Encyclopädie, 1993.

[257] Weinrich: Textgrammatik, 2005: 17.

[258] Rühl: Publizieren, 1999.

eingesetzt, dann wird offenkundig, dass sie als elementare Strukturen einer global verstehbaren Wissenschaftssprache keineswegs konsentiert sind. Werden kommunikationswissenschaftliche Kommunikationen mit idealen Vorstellungen verbunden, beispielsweise: „Tu[e] Gutes und rede darüber",[259] dann ist ein leerformelhafter Charakter unüberhörbar. Ideale Kommunikationsverläufe sind unproblematisch. Sie haben keine Folgen und ziehen keine empirisch relevanten Folgeprobleme in Betracht. Das Bescheidwissen der Laien kann nicht auf a-semantische Zeichen oder Signale festgelegt werden. Wie jedes Wissen sucht auch das Bescheidwissen der Nonexperten sachliche, soziale und zeitliche Anschlüsse an früheres Kommunikationswissen.

Vorläufig können wir festhalten, dass Laientheorien des gemeinen Menschen-verstands [common sense-theories] individuelle Körperlichkeiten und ein intaktes psychisches Bewusstsein unbefragt voraussetzen. Laien übernehmen gerne Begriffe und Ideen aus dem Alltag die, verglichen mit wissenschaftlichen Begriffen, weder systematisch erarbeitet noch methodisch geprüft und reflexiv begründet werden. Der Alltagsverstand plädiert für Kommunikation als direktes sensuelles Erleben und Beobachten, „mit eigenen Augen und Ohren". Wie in der Alltagswelt erlebt wird, darüber freilich laufen die Urteile der Alltagsvernunft auseinander. Selten wird hypothetisch abgewogen, häufig wird moralisierend verurteilt: „Selber schuld".

Mag wer will den Wert der Theorie leugnen, der Praktiker jedenfalls darf es nicht.
Denn er treibt immer Theorie und seine Anschauungen sind meist nichts anderes
als Theorie von vor 200 Jahren.
Joseph A. Schumpeter, zit.v. L. J. Zimmerman:
Geschichte der theoretischen Volkswirtschaftslehre, 1954: Vorwort.

2.2 Theorien der Expertenkommunikation [expert theories]

Wer von Berufs wegen kommuniziert, theoretisiert kommunikationspraktisch. Anders gewendet: Es gibt keine Kommunikationspraxis ohne theoretische Reflexion. Die Gewohnheit, Theorie und Praxis als Gegensätze zu behaupten, konnte reflexionstheoretisch noch nicht belegt werden. Wenn Aristoteles Praxis bestimmt, dann geht er vorm Subjekt aus und argumentiert handlungstheo-

---

[259] Zedtwitz-Armim: Tu Gutes, 1981.

retisch.[260] Emil Dovifat behauptet journalistisches Praxishandeln als ein dem Künstler ähnliches Hervorbringen.[261] Das aristotelische Praxishandeln strebt „nach einem Guten"; das Dovifatsche verordnet der publizistischen Persönlichkeit Charakter, Willen, Verstand und Gesinnung als Eigenschaften. Ist die Globalisierung der Kommunikation das Problem, dann bleibt unklar, welche Rolle dabei der Subjektbegriff spielen kann.[262]

Gewichtige Überlegungen zum Subjektbegriff werden durch europäische Aufklärer diskutiert. In der ständischen Adelsgesellschaft wird für die Untertanen [subjects] – bis anhin rechtliche Nobodys – Anerkennung, Autonomie und Würde als Bürger gefordert. Der Deutsche Idealismus und der Roman der Romantik konstruieren den Künstler, den Philosophen und den Dandy als idealisierte Persönlichkeiten. Anfangs des 20. Jahrhunderts greift Joseph A. Schumpeter auf den Geniekult des 19. Jahrhunderts zurück, als er das Unternehmer-Subjekt mit idealtypischen Innovationsattributen ausstattet.[263] Die Subjektbegriffe Journalist, Akteur, Kommunikator, Berater, Manager, Sachverständiger, Spin-Doktor oder Insider werden – sozialsystemisch losgelöst – wenn nicht als Ideale, dann als Idealtypen beschrieben. Besonders empiriefrei bleibt ein Realitätsverständnis, das den Idealtypus ‚Journalist' mit dem Idealtypus ‚Homo oeconomicus' umschreibt.[264] Fragen nach Beziehungen zwischen Subjektbegriffen und dem Meadschen Abstraktum *Selbst* [*self*][265] werden in der Kommunikationswissenschaft selten diskutiert.[266] Nach wie vor wird im Lehrbetrieb das Fünf-Fragen-Schema Harold Lasswells eingeübt,[267] das auf einen *communicator* als Person eines *act of communication* abhebt, ohne sozialempirische Bezugnahme, die auch Lasswell nicht überzeugend leisten kann.

Dienen journalistisch Tätige gleichzeitig als Auskunftsschalter für alle Fragen über das Journalismusgesamtsystem, dann wird man wissenschaftstheoretisch keine Selbstbeschreibung erwarten dürfen.[268] Wer Probleme des systemintern dezentral organisierten Journalismus, wer Probleme journalistischer Produktion, Logistik oder der Rezeption untersuchen will, darf von grobschlächtigen Subjektdarstellungen keine Erklärungshilfen erwarten. Nicht zuletzt deshalb gewinnt, im internationalen Vergleich, die kybernetisch-autopoietische Journalismusforschung an Boden.[269] In diesen Fällen werden auf der Produktionsseite Organisationen mit systemstabilisierenden Strukturen gesucht, damit journalis-

---

[260] Aristoteles: Nikomachische Ethik, 1979: 1094a.

[261] Dovifat: Zeitungslehre, 1967: 33.

[262] Reus: Verteidigung des Subjekts, 2006.

[263] Schumpeter: Theorie wirtschaftlicher Entwicklung, 1964.

[264] Fengler/Ruß-Mohl: Journalist als „Homo oeconomicus", 2005.

[265] Mead: Mind, self, and society, 1967; Strauss: Mead's social psychology, 1956.

[266] Gruber: Journalistische Berufsrolle, 1975.

[267] Lasswell: Structure and function, 1948.

[268] Pörksen: Beobachtung des Beobachters, 2006: 25.

[269] Löffelholz/Weaver: Global journalism research, 2008.

tische Strukturen – das sind Mitglieds-, Arbeits- und Berufsrollen, Entscheidungsprogramme, Werte, Normen, Zeitpläne, Kalkulationen, Rechts-, Ethik-, Vertrauens- und Alltagskonventionen – wirken können.[270] Über die Journalismusforschung hinaus nehmen alle Sozialwissenschaften mehr und mehr Abschied vom Substanzdenken.[271] Freilich kann dabei das wesensontologische Denken nicht so recht vergleichgültigt werden.[272] Wer Personalprobleme des Journalismus, aber auch der Public Relations, der Werbung oder der Propaganda in Interrelation zu Arbeit, Beruf und Professionalisierung erforschen will, muss im sozialwissenschaftlichen Theorienpluralismus nach Möglichkeiten des Erklärens suchen, ohne sich von vornherein mit idealisierten und somit inoperativen Subjektbegriffen zufrieden zu geben.

Die Kommunikationswissenschaft kommuniziert funktional spezifisch, symbolisch expressiv und indirekt, und zwar mithilfe von Erkenntnis- und Methodentheorien. Insofern können Journalismus, Massenmedien, Literatur, öffentliche Kommunikation, Unterhaltung oder Werbung nicht als ‚reine' Sprachlichkeiten fungieren. Hier werden sie als funktional spezifizierte Kommunikationssysteme der Weltgesellschaft gegeneinander abgegrenzt.[273] Wer meint, dass Erfahrungswissen [know-how] der Experten grundsätzlich wissenschaftsfähig machen zu können, muss in der Lage sein, Expertenwissen in wissenschaftliches Wissen zu transformieren. Vorfindbare Meinungen und Urteile von Praktikern aus demoskopischen Interviews sind dafür nicht geeignet.

2.2.1 Arbeit und Beruf

Über die Jahrtausende wird *Arbeit* als Handarbeit von Sklaven und Leibeigenen geleistet, ohne nennenswerte Entgelte als Gegenleistung.[274] Den wirtschaftswissenschaftlichen Produktionsfaktor Arbeit nennen viele den Ernst des Lebens. Umgangssprachlich ist Arbeit zum Gegenstück von Spaß, Freizeit, Playing, Gaming, Gambling, Hobby oder Urlaub geworden. Sozialgeschichtlich wird Arbeit als ein zivilisatorisch ausgeformtes menschliches Vermögen beschrieben.[275] So arbeiten in der attischen Polis die Sklaven, während bürgerliche

---

[270] Blöbaum: Organisationen, Programme und Rollen, 2004; Theis-Berglmair: Internet und die Zukunft, 2002; Rühl: Marktpublizistik, 1993; Rühl: Redaktionszeiten, 1992.
[271] Cassirer: Substanzbegriff und Funktionsbegriff, 1990; Mach, A.: Das neue Denken, 1957.
[272] Rühl: Journalismus und Gesellschaft, 1980: 347-352; Rühl: Alltagspublizistik, 2001: 259.
[273] Rühl: Journalismus und Gesellschaft, 1980: Kap. 5; Luhmann: Die Realität der Massenmedien, 1995: Kap. 1; Blöbaum: Literatur und Journalismus, 2003; Ronneberger/Rühl: Theorie der Public Relations, 1992; Kohring: Wissenschaftsjournalismus, 1997; Dernbach: Public Relations als Funktionssystem, 2002; Zurstiege: Werbung als Funktionssystem, 2002.
[274] Conze: Arbeit, 1972.
[275] Ebenda.

Aktivitäten als angemessene Tüchtigkeit gedeutet werden.[276] Der antike Arbeits-begriff war das Am-Werk-Sein in den Formen Handeln [Praxis] und Hervor-bringung [Poiesis], ein Unterschied, den Aristoteles als zielgerichtetes Zweck/Mittel-Handeln formuliert: „Ziel der Heilkunst ist die Gesundheit, der Schiffs-baukunst das Schiff, Ziel der Kriegskunst: Sieg, der Wirtschaftsführung: Wohl-stand."[277] Praxishandeln wird in der staatsgesellschaftlichen Polis vollzogen, beim Streben nach Hervorbringungen.[278] Im 19. Jahrhundert wird Praxis ein Organisationsbegriff, als beispielsweise der Begriff für die Niederlassung von Ärzten und Anwälten herangezogen wird. Poiesis bleibt dann für die Dichter reserviert.[279] Nach der jüdisch-christlichen Bibel arbeitet der Schöpfergott an sechs Tagen, und wenn Gott die Arbeit auf den Menschen überträgt, soll der siebte Wochentag nicht dem Ausruhen, sondern der ungestörten Hinwendung zu Gott gewidmet sein. Die Menschen sollen nicht um des Erwerbs willen arbeiten, sondern „um Gottes willen".[280]

Beruf wird durch Martin Luther zur Zeit der Reformation ein deutsches Wort.[281] In der Mitte des 15. Jahrhunderts, als der Buchdruck in den Produktionsstätten Typographeum, Offizin, Avisenhaus oder Zeitungsbude angewandt wird,[282] manifestiert die Arbeitsteilung neuartige technische Arbeitsrollen (Setzer, Cor-rectoren, Illuminatoren, Posselierer, Componisten, Drucker, Buchbinder).[283] Sie werden in Deutschland bald zu Lehrberufen. Die nichtbuchdrucktechnischen Tä-tigkeiten, der Nachrichtenhandel, das Verlagsgeschäft, frühe Formen der Logis-tik und der Finanzierung, später der Journalismus, sie werden überwiegend in Personalunion ausgeübt. Im manufakturellen Typographeum werden alte Texte (Bibeln) und neue Texte (Erbauungsliteratur, Kalender, Traktate, Flugschriften, Zeitungen, Zeitschriften) produziert, sämtlich lesbare (und vorlesbare) *Druck-werke*, die als *Druckwaren* monetär bepreist und marktförmig gehandelt wer-den.[284]

Mit der Typographie eng verbunden ist die multifunktionale Organisationsform *Bureau d'adresse et de rencontre* des Théophraste Renaudot im frühen 17. Jahr-hundert. Sie wird ausgebaut für die ‚öffentliche Wohlfahrt' des 400.000 Ein-wohner zählenden Paris. Im absolutistisch regierten, von einer merkantilis-tischen Wirtschaftspolitik bestimmten Frankreich initiiert und organisiert der zum königlichen Armenkommissar ernannte Arzt Théophraste Renaudot diese, wie Karl Bücher übersetzt, „Adressen- und Begegnungsstätte", unter dem Pro-

[276] Aristoteles: Politik III, 1991: 1276 b.4..
[277] Aristoteles: Nikomachische Ethik, 1979: 1094a.
[278] Aristoteles: Politik I, 1991: 1252a .
[279] Conze: Arbeit, 1972: 156.
[280] 1. Buch Moses.
[281] Rühl: Zur Professionalisierung, 1972.
[282] Giesecke: Buchdruck in der frühen Neuzeit, 1991.
[283] Neudörfer: Nachrichten, 1875.
[284] Rühl: Publizieren, 1999: Kapitel 5.

tektorat des Kanzlers und Kardinals Richelieu.[285] Die Aktivitäten der Einrichtung werden wirtschaftshistorisch als Intelligenzkomptoir (Fraghaus, Berichtshaus) beschrieben. Die ausgelegten Feuilles du Bureau d'Adresse (Frag- und Anzeigungs-Nachrichten) sind Vorläufer der Anzeigen und stehen im Mittelpunkt des *Intelligenzwesens*.[286] Das Bureau leistet Arbeitsvermittlung, Pressepublizistik, Kranken- und Armenhilfe, es ist Börse für Alltagsinformationen, Warentausch und es werden weitere öffentliche Dienstleistungen erbracht. In seinem Kontext entsteht eine Mischung aus persuadierenden und manipulierenden Publizistikformen, die als frühe Ansätze der heute funktional ausdifferenzierten Kommunikationssysteme Journalismus, Werbung, Propaganda und Public Relations gelten können.[287]

Im 18. Jahrhundert wird die gesellschaftliche Erwerbsarbeit durch erlernte Berufe systematisiert. Die klassische Ökonomik bestimmt Arbeit makroanalytisch, zusammen mit Boden und Kapital, als wirtschaftliche Produktionsfaktoren.[288] Die hierarchisierten Arbeitsstätten strukturieren Stellen bzw. Positionen, die durch verschieden kombinierbare Rollen besetzt werden können. Mit der Industrialisierung Europas entstehen im 19. Jahrhundert in Verlagen und Nachrichtenagenturen eigene journalistische Rollen und Positionen in der Organisationsform Redaktion.[289] Dort wird noch in der zweiten Hälfte des 20. Jahrhunderts ungelernt und angelernt gearbeitet. Eine Professionalisierung des Journalismus steckt im deutschen Sprachraum noch in den Anfängen.

Öffentlich bewusst gemacht werden journalistische Fehlleistungen zunächst in Romanen und Theaterstücken, orientiert am Subjekt.[290] Der „Klassiker" ist die Lustspielrolle des *Schmock* in Gustav Freytags *Die Journalisten* (1854). Von nun an werden Journalisten auf der Bühne und im Roman bevorzugt als soziale Randfiguren dargestellt, mit den Attributen aufdringlich, arrogant, eitel, oberflächlich, unzuverlässig, rechthaberisch, schmuddelig, verlogen und versoffen. Arthur Schnitzler lässt in seiner Komödie *Fink und Fliederbusch* (1917) einen Journalisten als zwei ‚Edelfedern' gegeneinander anschreiben: als Fink in einer liberalen, als Fliederbusch in einer konservativen Zeitung. Der Hollywoodfilm präsentiert sozialrealistische Journalistenfiguren als *Reporter des Satans* [*Ace in the Hole*], Regie: Billy Wilder oder als *Citizen Kane*, Regie: Orson Wells. Komische Journalisten begegnen uns in *His Girl Friday*, Regie: Howard Hawks, investigativ recherchierende Journalisten in *All the President's Men* [*Die*

---

[285] Solomon: Public welfare, 1972.

[286] Bücher: Das Intelligenzwesen, 1981.

[287] Rühl: Publizieren, 1999: Kap. 7; Solomon: Public welfare, 1972. Ein mit dem *Bureau d'ddresse et de rencontre* vergleichbares englisches Projekt heißt *Office of Publicke Addresses* bzw. *Office of Addresse for Communications*. Siehe Rayward: Schemes for restructuring, 1994.

[288] Lange: Marktwirtschaft, 1989.

[289] Rühl: Die Zeitungsredaktion, 1969.

[290] Studnitz: Ist die Wirklichkeit Fiktion, 2003; Schmitt: Beruf und Arbeit, 1952.

Unbestechlichen], Regie: Alan J. Pakula. In deutschen Fernsehserien spielen bevorzugt weibliche Reporter weichgezeichnete journalistische Episodenkonflikte, die bei der Kritik keine bleibenden Eindrücke hinterlassen.

Als Willard G. („Daddy") Bleyer als vormaliger Journalist anfangs des 20. Jahrhunderts für die University of Wisconsin ein journalistisches Curriculum ausarbeitet, setzt er die Presse als „quasi-public institution" in Beziehung zur Demokratie, die bedroht wird von Kommerz, Sensationsgier, Regierungspropaganda, Werbung und Public Relations.[291] Der vielseitige Sozialwissenschaftler Robert E. Park konzipiert in den 1920er Jahren an der University of Chicago eine Großstadtpublizistik im Wechselverhältnis zu einer stadtsoziologischen Problem- und Rechercheforschung.[292]

Im nationalsozialistischen Deutschland,[293] besonders in der DDR, lassen die Einheitsparteien Journalisten agitatorisch und propagandistisch trainieren – in der DDR ausdrücklich im Gegensatz zum ideologisch definierten „bürgerlichen Journalismus".[294] Im Westen Deutschlands entsteht nach dem Zweiten Weltkrieg kein konsensfähiges Journalismus-Curriculum. Die redaktionsgebundene Journalistenausbildung verharrt im Status der Kunstlehre.[295] Intellektuelle beschreiben Journalisten als Intellektuelle,[296] und Wissenschaftler rekonstruieren bevorzugt traditionsreiche Selbstbilder und Selbstverständnisse berühmter Journalisten, auch im Kollektiv.[297] Fort- und Weiterbildung werden in politischen und kirchlichen Akademien praktiziert. Professionalisierungsprozesse werden zögernd konzipiert. Anders in den USA, wo journalistisches Managing und Marketing in Communications eingebaut ist. Im deutschsprechenden Raum wird Journalismus durch die kommunikationswissenschaftliche Journalismusforschung zunehmend als gesellschaftliches Funktionssystem bewusst gemacht,[298] noch unzureichend abgegrenzt gegenüber Public Relations und Werbung.

In den 1970er Jahren wird in der Bundesrepublik Deutschland eine arbeits- und berufsorientierte akademische Journalistenausbildung institutionalisiert – zunächst mit Modellversuchen an der LMU München (1973) und an der Universität Dortmund (1976), im gleichen Jahr als Aufbaustudiengang an der Universität Hohenheim. Ein professionell spezialisiertes Lehrpersonal für die Journalistik

---

[291] Bronstein/Vaughn: Willard G. Bleyer, 1998.
[292] Rühl: Publizieren 1999: 197-213; Lindner: Stadtkultur, 1990.
[293] Müsse: Reichspresseschule, 1995.
[294] Budzislawski: Sozialistische Journalistik, 1966; Rühl: Journalism and journalism education, 1973.
[295] Rühl: Journalistik – eine Kunstlehre?, 1982.
[296] Pross: Söhne der Kassandra, 1972.
[297] Langenbucher: Kommunikation als Beruf 1974/1975; Prott: Bewusstsein von Journalisten, 1976.
[298] Rühl: Journalismus und Gesellschaft, 1980; Blöbaum: Journalismus als soziales System, 1994.

stand seinerzeit nicht zur Verfügung.[299] ‚Professional journalism' umgab auch andernorts noch lange ein hausgemachter Heiligenschein.[300]

2.2.2 Professionen und Professionalisierung

„The professional man, it has been said, does not work in order to be paid; he is paid in order that he may work".[301] Gemeint sind traditionell Ärzte, Juristen, Wissenschaftler, Pädagogen und Kleriker, für die arbeitsorganisatorische Rechts- und Ethiknormen und berufsorganisatorische Moral- und Vertrauensnormen reflektiert werden.[302] Im Journalismus sollen berufsspezifische Normen die persuasive Fernkommunikation (Telekommunikation) gegenüber Manipulationsversuchen aus Politik, Wirtschaft, Krieg und Konsum stabilisieren. Dabei befreit organisatorische *Verantwortung* nicht von persönlicher *Verantwortlichkeit*.[303] Und wenn Werner Heisenberg Fachleute grundsätzlich als jene beschreibt, die „einige der gröbsten Fehler [...] die man in dem betreffenden Fach machen kann" früher als andere erkennen,[304] dann wird die Normativität der Kommunikationsberufe sorgsam ausdifferenziert studiert werden müssen.

„Although there is a mystique associated with the concepts profession, professional, and professionalism, nevertheless, there are some guidelines for determining which occupations merit this distinction."[305] Für die Professionalisierung künftiger Kommunikationsberufe liefert der traditionelle Journalismus keine unmittelbar anwendbaren Leitlinien. Wer kann schon über zurückliegendes Kommunikationswissen befinden, wenn für ihn Kommunikation nie ein ausgesprochenes Reflexionsthema war?

Die Begriffe Beruf und Profession werden in der europäischen Adelsgesellschaft des 17. Jahrhunderts auf die Bereiche Wissenschaft, Handwerk und Kunst angewandt.[306] Bald nach der Erfindung des Buchdrucks (um 1450) entstehen neue, arbeitsteilig aufeinander bezogene Berufe, die in marktorientierten Organisationen wirtschaftliche und soziale Kosten verursachen. Klassische Sozialwissenschaftler (Herbert Spencer, Émile Durkheim, Georg Simmel, Max Weber, Robert E. Park, Werner Sombart, Leopold von Wiese, Sidney and Beatrice

---

[299] Rühl: Journalistische Ausbildung heute, 1972.

[300] Broddason: Sacred side of professional journalism, 1994.

[301] Marshall: Class, 1964: 159.

[302] Dernbach/Meyer: Vertrauen und Glaubwürdigkeit, 2005; Funiok: Medienethik, 2007; Kohring: Vertrauen in Journalismus, 2002; Filipović: Öffentliche Kommunikation, 2007; Bentele: Objektivität und Glaubwürdigkeit, 2008; Avenarius: Ethische Normen der Public Relations, 1998.

[303] Rühl: Verantwortung und Verantwortlichkeit, 1987.

[304] Heisenberg: Der Teil und das Ganze, 1981: 247.

[305] Sherlock/Morris: Becoming a dentist, 1972: 3.

[306] Conze: Beruf, 1972: 499

Webb) beginnen an der Wende zum und im frühen 20. Jahrhundert das Problemfeld Arbeit, Arbeitsteilung, Beruf, Karriere, Ausbildung, Fortbildung, Profession und Professionalisierung zu erforschen.[307] Denn in Verbindung mit Industrialisierung, Elektrifizierung, Urbanisierung, Migration und Immigration, Analphabetismus, Nationalisierung und Demokratisierung verändern sich Arbeit, Beruf und Profession in Europa und Nordamerika oft radikal. Der Begriff *Profession* wird traditionell für Berufe reserviert, die ein wissenschaftliches Wissen voraussetzen und deren Fertigkeiten und Weisungsbefugnisse [authority] aus einer eigenen Berufskultur hergeleitet werden. Professionen sind hochgradig an Selbstverpflichtung, an speziellen Ehrenkodices und an Einrichtungen beruflicher Selbstkontrolle orientiert. Die professionelle Arbeit ist demnach vorrangig gemeinwohlorientiert, an „community interest" und als „common service". Gewiss, Professionelle werden durch Geld gratifiziert. Erwartet werden zudem persönliches Ansehen und ein höheres Sozialprestige.[308] In der 1929 einsetzenden Weltwirtschaftskrise werden Arbeits-, Berufs- und Professionsforschung als flexible Entwicklungsprozesse dynamisiert.[309]

Die bundesweit durchgeführte Untersuchung *Berufliche Sozialisation von Kommunikatoren* im Rahmen des DFG-Sonderforschungsbereichs 22 *Sozialisations- und Kommunikationsforschung* (1970-1974) richtet Professionalisierungsfragen an den journalistischen Nachwuchs (Volontäre). Auszugehen war von einer üppigen psychologischen Literatur über Persönlichkeitsentwicklung und kindliches Rollenlernen. Eine sozialwissenschaftliche Literatur über das berufliche Rollenlernen junger Erwachsener gab es noch nicht.[310] Zu den Tendenzaussagen der Studie gehört, dass das journalistische Volontariat seinerzeit ohne hinreichende Schulung und ohne dafür ausgebildete ,Volontärsväter' vollzogen wurde. Journalistische Normen des Rechts, der Ethik, des Vertrauens, der Sitten, Gebräuche und Konventionen (Takt, Höflichkeit, Freundlichkeit) wurden nicht ausdrücklich gelehrt.[311] Die laienhaften Ansichten der Berufsanfänger wurden während des gesamten Volontariats nur gelegentlich in Frage gestellt. Vorstellungen von einer Selbstprofessionalisierung, wie sie zu dieser Zeit bei angehenden Medizinern in den USA beobachtet wurden, stießen bei den befragten Volontären auf Unverständnis.[312] Die künftigen „journalistischen Rollenneh-

---

[307] Sombart: Beruf, 1959; Rühl: Zur Professionalisierung, 1972; Rühl: Journalismus und Gesellschaft, 1980: Kapitel 2.2.7.

[308] Carr-Saunders/Wilson: Professions, 1933: 456; Parsons: Die akademische Berufung, 1964; Hartmann: Arbeit, Beruf, Profession, 1972.

[309] Hartmann: Arbeit, Beruf, Profession, 1972.

[310] Rühl: Berufliche Sozialisation von Volontären, 1971; Gruber: Berufliche Sozialisation, 1971; Rühl: Zur Professionalisierung, 1972; Gruber/Koller/Rühl: Berufsziel: Journalist, 1974; Gruber: Journalistische Berufsrolle, 1975; Koller: Journalisten und ihr Beruf, 1977; Rühl: Journalismus und Gesellschaft, 1980: 100-115.

[311] Rühl: Journalismus und Gesellschaft, 1980: 100-111.

[312] Sherlock/Morris: Becoming a dentist, 1972 ist eine US-amerikanische Längsschnittuntersuchung über Professionalisierungsprozesse bei Zahnmedizinern. Darin kommt das

mer" – ein Begriff aus der Denktradition George Herbert Meads – waren für Fragen der Professionalisierung sehr wenig sensibilisiert.[313] Ohne Benotung und Graduierung der Ausbildungsleistungen und ohne normative Strukturierung einer Professionalisierung konnten sich die Befragungspersonen keine professionelle Karriere im Journalismus vorstellen. Journalismus bestand in ihren Augen aus dem persönlich gelernten Erfahrungswissen. Beklagt wurde eine fehlende Ausbildung, über die es allerdings keine zusammenhängenden Vorstellungen gab. Macht, Autorität, Autonomie, Führungsqualität und Selbstdarstellung hielten die Probanden für individuelle Potentiale, nicht für soziale Möglichkeiten der Verwirklichung. Dass die Pressefreiheit eine evolutionäre Errungenschaft der Gesellschaft ist,[314] dass Freiheiten in rechts- und sozialstaatlichen Ordnungen rechts-, ethik- und vertrauensnormative Probleme machen,[315] waren den auszubildenden Journalisten „zu hoch", sie hielten Fragen danach für „praxisfern".

Mit dem Forschungsprojekt wurden keine individuellen Eigenschaften erfragt. Auch die Wesensfrage, ob der Journalismus eine Profession sei, wurde nicht erörtert.[316] Subjektive Erlebnisse, Erfahrungen, Ansichten und Meinungen von Befragungspersonen können nicht hilfreich sein bei der Abklärung von Fragen der Professionalisierung eines Berufs.[317] Nach unserer Konzeption können psychische Befindlichkeiten, persönliche Gesinnungen und subjektive Weltsichten die sachlichen, sozialen und zeitlichen Differenzierungsprozesse im Journalismusgesamtsystem nicht erklären. Selbstbezeichnungen der Befragten als „Presse", „Medien", „Journaille" hielten wir als empirische Forscher für unzulänglich, und Äußerungen über „unseren Berufsstand", „unsere Leser" oder über „ein Gewerbe im Verdrängungswettbewerb" konnten wissenschaftlichen Tests nicht standhalten. Professionalisierung soll für eine berufslebenslange Stabilität bei gleichzeitiger Mobilität Sorge tragen. Wer noch für das unstrukturierte Volontariat als den ‚richtigen' Weg zum Journalismus plädiert, sollte sich eine These Heinz von Foersters vergegenwärtigen: „Je tiefer das Problem, das ignoriert wird, desto größer sind die Chancen, Ruhm und Erfolg einzuheimsen"?[318]

Theorien der Fachleute operieren vorwiegend mit Begriffen, Ideen und Vorstellungen aus der unmittelbaren Betroffenheit im Arbeitsalltag. Ihre theoretischen Vereinfachungen bestehen allzu oft aus plausiblen Analogien. Werden

---

Mitwirken der medizinischen Berufsorganisationen bei der Professionalisierung des Nachwuchses deutlich zum Ausdruck.
[313]   Gruber: Journalistische Berufsrolle, 1975.
[314]   Luhmann: Grundrechte, 1965; Wilke: Pressefreiheit, 1987.
[315]   Ronneberger/Rühl: Theorie der Public Relations, 1992: 226-248; Kohring: Vertrauen in Journalismus, 2004; Rühl: Vertrauen, 2005.
[316]   Anders: Kepplinger/Vohl: Professionalisierung, 1976.
[317]   Anders: Schulz, R.: Enscheidungsstrukturen, 1974.
[318]   Foerster: Verantwortung der Experten, 1985: 17.

Kommunikationsorganisationen als „eine große Familie" bezeichnet, dann wird an Strukturen aus einer anderen Sozialität appelliert. Reden Experten mit ‚guten' oder ‚schlechten' Wörtern über Kommunikation, Information, Medien, Journalisten, Werbung oder Propaganda, dann gleichgesetzt mit ‚miteinander reden', und wer auf dem Bildschirm ‚eine gute Figur macht' gilt als ‚großer Kommunikator'. Operieren Expertentheoretiker mit subjektiven Begriffen, die sie gegenüber einer empirischen Forschung immunisieren, dann bringen sie als Lehrbeauftragte Plausibilitätsanmutungen in den wissenschaftlichen Universitätsbetrieb, wo sie auf ernsthafte Verstehensprobleme treffen. Studiert wird Kommunikationswissenschaft überwiegend in der Absicht, anschließend Kommunikationsberufe auszuüben. Dazu braucht es lehrbare Erkenntnisse und Einsichten. Auf urtümliche Genialität, branchenunübliche Sondermoral oder Orientierung an Aussagen von „Nestoren" kann verzichtet werden. Sie wären für eine zu professionalisierende Praxis eher kontraproduktiv. Wie die Professionalisierung für medizinische, juristische oder erzieherische Berufe setzt auch die Professionalisierung für Kommunikationsberufe ein wissenschaftliches Studium voraus, als Grundlage für künftige Arbeitsgewissheiten,[319] zur Qualifikation für Stellen und Rollen an Universitäten und Forschungsinstituten, im Journalismus, Public Relations, Industrie, öffentliche Verwaltung, Politik, Wirtschaft, Kunst, Werbung usw.

---

[319] Rühl: Journalismus und Gesellschaft, 1980: 100-111. Ein scheinbar atypisches Beispiel: Feldweg: Der Konferenzdolmetscher, 1996.

Zweiter Teil: Erneuerbare Theorien

Jedenfalls steht an der Wiege der Kommunikationswissenschaft
keineswegs eine gepflegte Beziehung zwischen Hochschule und Praxis.
Franz Ronneberger: Kommunikationswissenschaft unter Reformdruck, 1981: 244.

3 Theoriebildung

Das Kommunikationswissen der Weltgesellschaft wird seit der Antike theoretisch erneuert.[320] Die Emanzipation wissenschaftlicher Erkenntnisse, verglichen mit Einsichten der Laien und Experten, können durch wissenschaftsfähige Lehre und Forschung gelingen. Probleme werden in allen Fällen erkenntnistheoretisch konzipiert und die Ergebnisse können methodentheoretisch kontrolliert werden. Kommunikationswissenschaftliche Theorien sind Anweisungen für das vergleichende Beobachten wissenschaftsfähiger Probleme [researchable problems]. Ausgegangen wird von sozial bewahrten Theorien [preserved theories],[321] die von den psychischen Gedächtnissen der Kommunikationskommunität bearbeitet werden.

Wissenschaftlich geforscht und gelehrt wird mit bewährten *Erkenntnisstrukturen* (Begriffen, Definitionen) und *Erkenntnisoperationen* (Hypothesen, Metaphern, Modellen, Schematisierungen) sowie methodentheoretischen *Erkenntnisverfahren* (Entmetaphysierung, Empirisierung, Positivierung, Utilitarisierung, Pragmatisierung, Historisierung, Funktionalisierung). Der Fortschritt der Kommunikationswissenschaft resultiert nicht aus Neuklassifikationen gegebener Medien. Erneuerte Theorien sind *gegen* das theoriegeschichtlich bewahrte Wissen zu bilden, denn das inventarisierte Kommunikationswissen ist zunächst von Erkenntnishindernissen [obstacles épistémologiques] zu entlasten.[322]

Erkenntnishindernisse können durch die Kontinuität gleichlautender Begriffs- und Theorietitel verdeckt werden. Eine einfache Kontinuität gleichbleibender Begriffe und Theorien gibt es nicht. Erkannte Erkenntnishindernisse sind

---

[320] Siehe Kapitel 1.
[321] Havelock: Preface to Plato, 1963.
[322] Bachelard: Bildung des wissenschaftlichen Geistes, 1978; Kuhn: Die Struktur wissenschaftlicher Revolutionen, 1973.

theoriegeschichtlich zu bewahren, für potentielle Wiederbeschreibungen [redescriptions] in der Lehre.[323]

Die deutschsprechende Kommunikationskommunität belastet das *autologische*, das ist das auf sich selbst angewandte Theoretisieren, indem sie ihren Forschungsgegenstand durch einen ziemlich beliebigen Gebrauch der Termini Publizistik, Kommunikation, Medien, Journalismus etc. im Unklaren lässt. Gewiss, eine Wissenschaft muss ihren Titel nicht notwendigerweise ändern, wenn sie von einer Gegenstandsdisziplin zur Problemerforschung übergeht. Die Chemie behält ihren Disziplinentitel bei, obwohl sie keine Chemikalienforschung betreibt. Die zahlreichen Medien-Bindestrich-Termini unter dem Dach der Kommunikationswissenschaft erhärten den Verdacht, dass nicht Kommunikationsprobleme erforscht werden, vielmehr eigenwillige Partikularinteressen im Nebenreich der Medien. „Sobald eine Disziplin nicht über Gegenstände (Gegenstandsarten), also nicht über Ausschnitte der realen Welt, sondern über eine Problemstellung konstituiert ist, nimmt sie *universalen* Charakter an."[324] Verdinglichte Medienvorstellungen können veranlassen, historische Materialsammlungen anzulegen,[325] statt wissenschaftlich autonom Probleme zu stellen, zu bearbeiten und zu lösen.

Die klassische (philosophische) Wissenschaftstheorie [philosophy of science] umfasst Wissenschaft, Metaphysik, Logik, Erkenntnistheorie, Transzendentalphilosophie und Ontologie. Diese Disziplinen werden auf unterschiedlichen Sprachebenen hierarchisch geordnet.[326] Immanuel Kant nimmt die Physik als Einzelwissenschaft in den Blick, wenn er Wissenschaftsverständnisse zusammensucht, um eine Wissenschaftstheorie zu bilden.[327] Wissenschaft ist für Kant keine zufällige Anhäufung von Resultaten, sondern eine architektonische Erkenntniseinheit, ein *System*, das durch den eigenen Auswahlgesichtspunkt einer *Funktion* spezifiziert wird. Erkenntnisse werden durch *Methoden* ermittelt.[328] Bereits die sokratisch-platonische Philosophie hatte für die Wissenschaft klare Begriffe gefordert und für die Bildung klarer Systeme als innenbezogenes Ganzes plädiert, das mit der Summe seiner Teile wechselwirksam operieren kann. Kant definiert die Wissenschaft spezifischer als das Gesamt der Lehrsätze: „Eine jede Lehre, wenn sie ein System, d. i. ein nach Prinzipien geordnetes Ganzes der Erkenntnis sein soll, heißt Wissenschaft",[329] und nach Kant vollzieht das vernunftrational privilegierte Erkenntnissubjekt die Wissenschaft als Prozess.

[323] Hesse, M.: Explanatory function, 1966.

[324] Luhmann: Wie ist soziale Ordnung möglich? 1981: 195-196 (H.i.O.)

[325] Faulstich/Rückert: Mediengeschichte, 1993.

[326] Flach: Wissenschaftstheorie, 1979; Diemer: Wissenschaftscharakter der Wissenschaft, 1968: 8-9; Wenturis u.a.: Methodologie der Sozialwissenschaften, 1992: 50.

[327] Diemer: Wissenschaftscharakter der Wissenschaft, 1968.

[328] Kant: Kritik der reinen Vernunft, 1968: B 92, 93.

[329] Kant: Metaphysische Anfangsgründe, 1968: A IV.

Im 20. Jahrhundert wird die Wissenschaft und ihr Personal als gemein-
wohlorientierte Produktivkraft beurteil. An die Stelle des kantischen Er-
kenntnissubjekts tritt die *Wissenschaftskommunität* unter so verschiedenen
Kennzeichnungen wie *Denkkollektiv* (Ludwik Fleck), *republic of science*
(Michael Polanyi), *commonwealth of scholars* (Harold D. Lasswell) oder
scientific community (Thomas S. Kuhn).[330] Die individuelle Vernunftrationalität
wird auf soziale System/Mitwelt-Rationalität umgestellt.[331] Kommunikationssysteme (Paare, Gruppierungen, Organisationen, die Weltgesellschaft) produzieren Kommunikation durch Kommunikation. Historisch unterschiedlich strukturiert werden archaische Stammesgesellschaften, stratifizierte Stadt- und
Kulturgesellschaften oder die modernen Differenzgesellschaften.[332] Kommunikationssysteme bestehen nicht aus Personen als in sich ruhende Einheiten. Es
sind psychisch bestimmte Personalsysteme, die durch soziale Rollen-, Werte-
und Normenstrukturen Kommunikationssysteme stabilisieren, beim Transformieren unbekannter in bekannte Kommunikation. Die System/Mitwelt-Ra-
tionalität eröffnet viele Chancen für den Umgang mit Kommunikationskom-
plexitäten (Freiheit, Gleichheit, Volkssouveränität, Solidarität) in turbulenten
Gesellschaftsumbrüchen (Industrialisierung, Urbanisierung, Demokratisierung,
Literalisierung, Elektronisierung). Differenzierte Kommunikationen können die
Welt lesbarer und verstehbarer machen, mit ihnen kann das Selbstverstehen der
Menschheit verbessert werden.

Die Kommunikationswissenschaft beobachtet Sozialsysteme als Kommunikationssysteme in drei Dimensionen. In der *Sachdimension* sind es die aufeinander
bezogenen Kommunikationskomponenten Sinn, Information, Thema, Äußerung,
Gedächtnis und Verstehen. In der *Sozialdimension* geht es um weltweit übliche
Sozialverhältnisse (Familien, Haushalte, Organisationen, Märkte, Politik, Wirtschaft, Erziehung, Recht, Wissenschaft). In der *Zeitdimension* wird mit Ereignissen, Erfahrungsräumen und Erwartungshorizonten in Vergangenheit und Zukunft umgegangen. Dreidimensionierte Kommunikationssysteme regeln und reproduzieren Kommunikation auf sich selbst bezogen.[333] Die Unterscheidung
[idea of distinction] und die Bezeichnung [idea of indication] werden als Axiome vorausgesetzt,[334] wenn Kommunikationskomponenten zusammenspielen.

Wie alle wissenschaftlichen Disziplinen verpflichtet sich die Kommunikationswissenschaft erkenntnistheoretisch auf den Wissenschafts-Code *wahr/un-
wahr*.[335] Methodentheoretisch sucht die Kommunikationswissenschaft nach

[330] Fleck, L.: Wissenschaftliche Tatsache, 1980; Polanyi, M.: Republic of science, 1962;
Lasswell: Communications as an emerging discipline, 1958; Kuhn: Die Struktur wissenschaftlicher Revolutionen, 1973.
[331] Luhmann: Zweckbegriff und Systemrationalität, 1973: 277.
[332] Luhmann: Kommunikation und Massenmedien, 1975.
[333] Luhmann: Soziale Systeme, 1984.
[334] Spencer-Brown: Gesetze der Form 1997: 1.
[335] Luhmann: Wissenschaft der Gesellschaft, 1992.

einer spezifischen Funktion, für die wir die *Emergenz von Kommunikationswissen* vorschlagen.[336] In diesem funktionalen Rahmen können Kommunikationsprobleme erlebt und bewusstgemacht, beobachtet, beschrieben, erläutert, analysiert, synthetisiert und prognostiziert werden. Erkenntnistheorien und Methodentheorien wirken als Reflexionstheorien mit bei der normaltheoretischen Erkenntnissuche durch Rekonstruieren.

Es kommt auf das Mitwirken bestimmter Erkenntnistheorien und Methodentheorien an, ob die Kommunikationswissenschaft als ,Integrationswissenschaft' emergieren kann. Die Kommunikationskommunität kann bewahrtes Kommunikationswissen besser als andere rekonstruieren. Erinnern wir, dass sich schon Francis Bacon von der persuasiven Kommunikationstheorie der klassischen Rhetorik distanziert, als er seine Idolenlehre typisiert.[337] Die Kommunikationsforschung konnte seither nicht abklären, ob Bacons Idolenlehre eine Vorwegnahme der Ideologietheorien des 19. und der Propagandaforschung des 20. Jahrhunderts war. Hat Francis Bacon Erkenntnis- und Methodentheorien angewandt, die vergleichbar sind mit denen der Ideologie- und Propagandaforschung?

Die Kommunikationswissenschaft kann sich nicht damit begnügen, Kommunikationsbegriffe rein nominell oder als real existierende Sachverhalte hinzunehmen, ohne sachliche, soziale und zeitliche Bezugnahmen. Für Kommunikationssysteme sind historische Bezüge offenzulegen.[338] Rein sprachlich formulierten Kommunikationsbegriffen fehlen die sozialwissenschaftlichen Gewissheitsgrundlagen für wissenschaftsfähige Fragestellungen.[339]Unterschiedliche Kommunikationsformen, das Schmusen, Telefonieren oder Fernsehen, die Korrespondenz, die Wahlkundgebung oder der Online-Journalismus können als Kommunikationssysteme problematisiert werden. Man kann nicht so tun, als könne Kommunikation problematisiert werden, wenn irgendwelche Kommunikationsdefinitionen aufgelistet und klassifiziert werden. Aggregationen ohne vergleichbare theoretische Voraussetzungen sind außerstande, über Probleme etwas auszusagen. Keine Kommunikationspraxis ist unabhängig von Sozialräumen und Denkgeschichten, von politisch-rechtlichen, wirtschaftlichen oder moralischen Entscheidungen. Die Lösung von Kommunikationsproblemen sind mit gesellschaftlich knappen Ressourcen (Geld, Zeit, Aufmerksamkeit usw.) zu bezahlen, als Leistungen und Gegenleistungen auf Märkten.

Mögen Zeitungs-, Publizistik- und Medienwissenschaften sich weiterhin so nennen. Wenn sie Forschungs- und Lehrinteressen verfolgen, die nicht um die menschliche Kommunikation rotieren, können sie nicht erwarten, als operable

---

[336] Rühl: Allgemeine Kommunikationswissenschaft, 2004.
[337] Arnold/Bowers: Handbook, 1984: 28-29; Rühl: Publizieren, 1999: 75-82.
[338] Luhmann: Unwahrscheinlichkeit der Kommunikation, 1981: 25.
[339] Scholl: Systemtheorie und Konstruktivismus, 2002.

Kommunikationswissenschaft ernst genommen zu werden. Beansprucht die Kommunikationswissenschaft über die besseren Prüf- und Erkenntnismöglichkeiten zu verfügen, dann muss sie dies erkenntnis- und methodentheoretisch nachweisen.[340]

> *Es kann also niemand sich für praktisch bewandert*
> *in einer Wissenschaft ausgeben und doch die Theorie verachten,*
> *ohne sich bloß zu geben, dass er in seinem Fache ein Ignorant sei.*
> Immanuel Kant: Über den Gemeinspruch:
> Das mag in der Theorie richtig sein, taugt aber nicht für die Praxis, 1793: A 204.

3.1 Vom praktischen Wert der Theorien

Theorie und Praxis sind nicht die Gegensätze, die ihnen landläufig, aber auch in den Wissenschaften unterstellt werden. Aus der Perspektive der Alltagsvernunft beobachtet ist Theorie eine praktische Unwirklichkeit, unter dem Motto: zwecklos, wenn auch nicht ganz sinnlos. Alltagsvernünftig steht Praxis für den Bereich unmittelbarer Erfahrungen. Sie wird höher als die Theorie platziert. Für Aristoteles meint *theorein* anschauen, betrachten, erwägen von Praxis der Poiesis.[341] Mit Platon unterscheidet Aristoteles *Poiesis* als das mit *Techne* kunstmäßige Herstellen von Werken, während *Praxis* auf *Arte* bezogen wird, auf Wirtschaften, Schwimmen, Denken.[342] Im 19. Jahrhundert definiert Friedrich Schleiermacher die Praxis als Kunst, der die Theorie Dignität verleihen kann.[343] Im *Faust* lässt der Dichter Goethe den Mephisto urteilen: „Grau, teurer Freund, ist alle Theorie ...",[344] während Goethe, der Naturkundler behauptet: „Man hat also Unrecht, sich über die Menge der Theorien und Hypothesen zu beklagen; es ist vielmehr besser, je mehr ihrer gedacht werden."[345] In einer Didaktikparodie erläutert der Physiklehrer Bömmel in Heinrich Spoerls *Die Feuerzangenbowle* anhand der ontologischen Was-Ist-Frage seinen unaufmerksamen Schülern die Dampfmaschine – in einem niederrheinischen Dialekt mit hochdeutschem Einschlag:

---

[340] Rühl: Public relations methodology, 2008.
[341] Aristoteles: Metaphysik, 1961.
[342] Aristoteles: Nikomachische Ethik, 1979.
[343] Schleiermacher: Vorlesungen, 1966: 11.
[344] Goethe: Faust I: 2038–2039. Dazu Saxer: Begriffe als Denkzeug, 1994.
[345] Goethe: Über Hypothesen, 1989: 24.

„Also, wat is en Dampfmaschine? Da stelle mer uns janz dumm. Und da sage mer so: en Dampfmaschine, dat is ene jroße schwarze Raum, der hat hinten un vorn e Loch. Dat eine is de Feuerung. Und dat andere Loch, dat krieje mer später. „[346]

Bei aller reflexionstheoretischen Unklarheit in den vorherrschenden Theorie/ Praxis-Beziehungen soll ‚die Praxis' ein gutes, ein geradezu magisches Wort sein, gleichsam eine Art Gesslerhut mit Grußpflicht.[347] Die Behauptung, dass es eine eigen-sinnige Wissenschaftspraxis gibt, die nicht mit der Alltagspraxis gleichzusetzen ist, wird selten diskutiert. „Eine Wissenschaft kann, darüber sollte die Praxis sich keine Illusionen machen, nur Fragen beantworten, die sie selbst stellt."[348] Wissenschaftspraktisch bearbeitete Theorien [scholarly / scientific theories] sind in Lehre und Forschung epistemisch und methodisch zu problematisieren. Im Praktikum und in der Freien Mitarbeit machen Studierende der Kommunikationswissenschaft individuelle Berufserfahrungen anhand von Theorien des Erfahrungswissens [theories of know-how] und anhand von Theorien des Bescheidwissens [theories of common knowledge]. Wissenschaftliche Theorien und Praktikertheorien sind jedoch inkompatibel. Suchen Praktiker wissenschaftlichen Rat, dann in wissenschaftlichen Theorien, nicht durch das willkürliche Hervorheben von Teiltheorien als Versatzstücke für das Denken und Verstehen. Bekannt ist der Gemeinspruch: „Es gibt nichts Praktischeres als eine gute Theorie",[349] ohne dass gesagt wird, wofür der hilfreich sein soll.

John Dewey konzentriert sein pragmatisch-philosophisches Interesse auf das amerikanische Erziehungssystem, auf Demokratie und auf Öffentlichkeit.[350] Dabei vertritt Dewey zwei wissenschaftliche Hauptthesen: (1) Es ist die Alltags-kommunikation, die eine demokratische Gemeinschaft [community] ermöglicht; (2) nicht die Philosophie, sondern die Einzelwissenschaften selbst produzieren verbindliche Methodenstandards des Erkennens.[351] Dewey konstruiert die *wissenschaftliche Untersuchungsautonomie [autonomy of inquiry]*. Der die Anfänge der Kommunikationswissenschaft mitgestaltende Philosoph Abraham Kaplan nennt sie eine „wissenschaftliche Unabhängigkeitserklärung". „The various sciences, taken together, are not colonies subject to the governance of logic, methodology, philosophy of science, or any other discipline whatever, but

---

[346] Spoerl: Die Feuerzangenbowle, 1930: 52.

[347] Der Gesslerhut, eine schweizerische Legende, ist das Symbol für untertäniges Zwangs-verhalten in der Öffentlichkeit. Als Symbol steht der Gesslerhut im Mittelpunkt von Friedrich Schillers Drama *Wilhelm Tell.*

[348] Luhmann: Tradition und Mobilität. 1968: 49.

[349] Er wird einmal Kurt Lewin zugeschrieben (Merten: Die Lüge vom Dialog, 2000; Marrow: Practical theorist, 1969), ein andermal Hermann von Helmholtz (Groth: Unerkannte Kulturmacht, Bd. 1, 1960: X).

[350] Dewey: Democracy and Education, 1915; Dewey: Öffentlichkeit, 1996.

[351] Dewey: Democracy and Education, 1915: 4; Dewey: Logik: Theorie der Forschung, 2003.

are, and of right ought to be, free and independent."[352] Die Untersuchungsautonomie Deweys leitet Forschung und Lehre mit eigenen Begriffen, Methoden
und Theorien in eigener Regie.

Dagegen beansprucht der Publizistikwissenschaftler Emil Dovifat das Wesens-
innere der Publizistik erschauen und veranschaulichen zu können.[353] Ohne
Anschlusssuche an wissenschaftstheoretische Argumente platziert Dovifat die
Publizistik „in die Reihe der *normativen Disziplinen*", als „Lehre vom Entstehen
und Wirken der Stürme in der geistigen Welt und im öffentlichen Leben", die
mit der „Lehre von der Seuchenabwehr" verglichen wird.[354] Es sei Aufgabe der
wissenschaftlichen Publizistik, die praktische Publizistik von Irrtümern und
Widersprüchen zu befreien. Unter Rückbindung an einen unbestimmten
Gesinnungsbegriff behauptet Dovifat, die publizistische Lehre müsse zwischen
Wahrheit und Lüge unterscheiden.[355] Dovifat beschreibt Publizistensubjekte
idealtypisch. Publizistikverhältnisse sind nach seiner Auffassung normativ
vorgeprägt, und das Fach wird angewiesen: „Die wissenschaftliche Publizistik
hat die Wege zu zeigen, die der praktischen Publizistik offen sind in ihrer nicht
ernst genug zu nehmenden Aufgabe [...] in sachlicher Feststellung, ohne
Lehrhaftigkeit, ohne Pharisäertum, aber doch in klarer Wertung."[356] Emil
Dovifat vereinheitlicht die Welten der Praktiker und der Wissenschaftler, legt
von sich aus normative Leitlinien fest, mit der die Publizistikwissenschaft ein
wertesetzendes Betreuungsverhältnis zur Praxis unterhalten soll, ohne dafür
wissenschaftstheoretische Belege anzuführen.

Dieses nebulöse Behaupten von Wissenschaftlichkeit hat die Publizistikwissenschaft arg diskreditiert. „Eine Wissenschaft, die um ihre 'Relevanz' leicht ver-
legen wird, verlegt sich schnell aufs Gefälligwerden."[357] Gefällig ist in mancher-
lei Hinsicht die publizistikwissenschaftliche Literatur im Deutschen nach dem
Zweiten Weltkrieg. Versuche, sozialwissenschaftliche Ergebnisse, Einsichten
und Erkenntnisse der geisteswissenschaftlichen Publizistikliteratur aufzupfrop-
fen, sind misslungen.[358] Als die Kommunikationswissenschaft in den 1970er
Jahren von der Hochschulpolitik die Ausbildungskompetenz für Journalismus
zugesprochen bekam, suchte sie eilfertig nach einem sozialwissenschaftlichen
Gleichklang zwischen Theorie und Praxis. Die Fülle der Praktikertheorien-
erkenntnis methodentheoretisch zu prüfen und evtl. zu rekonstruieren, war nicht
üblich.[359] Probleme des Journalismussystems werden auf ‚Journalismus als

---

[352] Kaplan: Conduct of inquiry, 1964: 3, 6; Lasswell/Kaplan: Power and Society, 1968.
[353] Rühl: Journalismus und Gesellschaft, 1980: Kap. 1.
[354] Dovifat: Handbuch der Publizistik, Bd. 1, 1968: 2-4 (H. i. O.).
[355] Dovifat: Gesinnung, 1963. Dazu Baerns: Wahrheit und Lüge, 1998.
[356] Dovifat: Handbuch der Publizistik, Bd. 1, 1968: 4.
[357] Blumenberg: Aspekte der Epochenschwelle, 1976: 12.
[358] Hagemann: Grundzüge der Publizistik, 1966; Dovifat/Wilke: Zeitungslehre I und II,
1976; Harting: Public communication, 1971.
[359] Rühl: Journalismus und Gesellschaft, 1980: 33-39; Rühl: Für Public Relations?, 2004.

Beruf' reduziert. Dazu werden idealistische Berufsbilder aus subjektiven Perspektiven beschrieben. Sie werden dem reflexionstheoretischen Analysevermögen der sozialwissenschaftlichen Arbeits- und Berufsforschung vorenthalten.[360]

3.2 Wissenschaftskritik

Seit Platon und Aristoteles beeinflusst die Wissenschaftskritik Forschung und Lehre – meistens noch unauffällig.[361] Heute operieren Hochschullehrer ständig wissenschaftskritisch, wenn sie Klausurleistungen und Qualifikationsarbeiten beurteilen, Forschungsanträge, Empfehlungsschreiben, Laudationes, Rezensionen und Evaluierungen verfassen, Tagungen vorbereiten, wenn sie forschen lehren und beraten. Die Wissenschaftskritik bezieht sich auf wissenschaftlich bewahrtes Wissen als Ergebnisse wissenschaftlicher Erkenntnisprozesse, mit denen Reichweiten, Berechtigung und Verlässlichkeit von Wissen abgeschätzt wird. Wenn einzelne Wissenschaftler die Leistungen anderer vergleichen, dann in Relation zu Wissensformen, Wissenschaftskulturen und dem wissenschaftlichen Fortschritt, die in Texten ausgedrückt werden. Wie Wissenschaftskritik gelernt und gelehrt werden kann, darüber gehen die Ansichten und Meinungen erheblich auseinander.

Francis Bacon qualifiziert die Wissenschaftskritik der antiken Klassiker als pedantische und pädagogisierende Autoritätenkritik, der er den kritischen Geist der Ermittlung von Erkenntnissen entgegensetzt.[362] Bacon verlangt von der Wissenschaftskritik konstruktive Alternativen, wie er sie am Fall Kopernikus-Kepler demonstriert. Die Mathematik des Nikolaus Kopernikus interessiert die kleine Wissenschaftskommunität seiner Zeit weniger als die kosmologischen Aussagen zur Heliozentrik. Als Johannes Kepler die kopernikanische Mathematik und die Kosmologie des Kopernikus zu einer widerspruchsfreien Synthese zusammenführt,[363] war eine lang gesuchte wissenschaftliche Wahrheit gewonnen gegenüber den seit Thales von Milet vertrauten Anschein.[364] Kopernikus und Kepler machten es möglich, sowohl die Theorien der aristotelischen Physik als auch die der ptolemäischen Mathematik aufzuräumen [mop-up work].[365]

Zu Beginn des 18. Jahrhunderts konstatiert Gian Battista Vico: „Allen Wissenschaften und Künsten dient als gemeinsames Werkzeug die neue Wissens-

---

[360] Rühl: Journalismus und Gesellschaft, 1980: 100-110; Rühl: Public relations methodology, 2008.
[361] Siehe Kapitel 1.
[362] Bacon: Neues Organon, 1990.
[363] Knobloch: Copernicanische Wende, 2004.
[364] Blumenberg: Kopernikanische Welt, 1981.
[365] Kuhn: Die Struktur wissenschaftlicher Revolutionen, 1973: 45.

kritik".[366] Vico verweist auf drei Richtungen künftiger Wissenskritik. (1) Nicht nur biblische und klassische Themen, auch Gesellschaft und Staat sollen Gegenstände der Kritik werden. (2) Die Funktion der Kritik expandiert von der Beurteilung der Authentizität von Texten zur Aufklärung schlechthin. (3) Das Kritiksubjekt wird zunehmender abstrakter auf dem Weg vom Gelehrten zum Genie und zur Vernunft.[367] Die einzelwissenschaftliche Kritik wird theoretisch fundiert;[368] Wissenschaft und Kritik werden beinahe zu tautologischen Begriffen.

In der Vorrede zur ersten Auflage der *Kritik der reinen Vernunft* (1781) präzisiert Immanuel Kant: „Ich verstehe aber hierunter nicht eine Kritik der Bücher und Systeme, sondern die des Vernunftvermögens überhaupt, in Ansehen aller Erkenntnisse."[369] Kants Begründung der Wissenschaftstheorie beginnt mit der Wissenschaftskritik als Metaphysikkritik. Das selbstkritische wissenschaftliche Wirklichkeitsdenken der bürgerlichen Gesellschaft muss *öffentlich* stattfinden. Für Kant ist Kritik ein positiv bewerteter Grundsatz freier Kommunikation, eine zentrale Legitimation des bürgerlichen Gesellschaftslebens, und dergestalt der öffentliche Probierstein bei der Suche nach Neuem, nach Sinn und Wahrheit, deutlich und durchschaubar ausgedrückt. Gesellschaftliche Sinnkulturen in öffentlicher Diskussion transparent zu machen sind Voraussetzungen für die kantische Wissenschaftskritik, die in den Methodentheorien (Hermeneutik, Dialektik, Historik, Phänomenologie) die Grundlagen des kritischen Prüfens finden sollen, sodass wissenschaftliche Kritik den wissenschaftlichen Fortschritt garantieren kann.

Das als „naturwissenschaftlich" apostrophierte 19. Jahrhundert findet im einzelnen Forscher die Inkarnation wissenschaftlicher Autonomie und Selbstidentität. Eine französische Strömung der Wissenschaftsphilosophie opponiert mit einer *Critique de la science* gegen die Simplizität und den Utilitarismus des Comteschen Positivismus. Sie richtet ihre „kritische Arbeit" auf die Theoriebildung der Wissenschaften, auf die Rolle von Gesetzen und Tatsachen, und auf Tendenzen, mit einer spezifischen Methode eine Wissenschaft zu bilden.[370]

Der These von einem ‚Wissensstand' als angehäuftem Wissen widerspricht Gaston Bachelard (1938).

> „Die Erkenntnis des Wirklichen ist ein Licht, das immer auch Schatten wirft. Sie ist niemals unmittelbar und vollständig. Die Entwicklung des Wirklichen ist immer rückwärts gewandt […] Das empirische Denken ist klar erst im Nachhinein, wenn der Apparat der Erklärung zum Zuge gekommen ist […] Man erkennt *gegen* ein früheres

---

[366] Vico: Geistige Bildung, 1984: 17.
[367] Röttgers: Kritik, 1982: 655.
[368] Koselleck: Kritik und Krise, 1978.
[369] Kant: Kritik der reinen Vernunft, 1968: A XII.
[370] Anacker: Wissenschaftskritik, 2004.

Wissen" mit der Folge, „dass das *Problem der wissenschaftlichen Erkenntnis unter dem Begriff des Hindernisses angegangen werden muss"*.[371]

Bachelard differenziert unterschiedliche historische Stadien des Wissens. Die Widerstände, die sich dem wissenschaftlichen Denken entgegensetzen, nennt er Erkenntnishindernisse [obstacles épistémologiques], die zu beseitigen sind, womöglich in einer Dogmengeschichte zu Lehr- und Forschungszwecken erinnerlich bleiben. Ebenfalls in den 1930er Jahren veranlassen Entwicklungen im nationalsozialistischen Deutschland Robert K. Merton, die Wissenschaftskritik mit einem *ethos of science* zu verbinden.[372] Probleme der Selbstkritik und der Selbstkontrolle einer wissenschaftlichen Kommunität [scientific community] beschreibt Thomas S. Kuhn in den 1960er Jahren als wissenschaftliche Revolutionen.[373]

Keine wissenschaftliche Selbstkritik wird erkennbar, als in der Zeitungswissenschaft die Zeitung auf den Doppelbegriff Idealobjekt/Materialobjekt und in der Publizistikwissenschaft die Publizistik auf eine Gesinnungspublizistik festgelegt werden.[374] Geübt wird eine Abwehrkritik. Konstruktive Alternativen, die Bacon gefordert und geleistet hat, bleiben aus. Die aus der subjektiven Warte der Gelehrsamkeit erteilten Zensuren haben keinen Anschlusswert und tragen nichts bei zur Verbesserung der kritisierten Zustände.

Eine selbstkritische Kommunikationskommunität wird nicht vermeiden können, theoretische Kommunikationskulturen der Weltgesellschaft als Herkunft humankommunikativer Probleme vorauszusetzen. An deren Zusammenhängen ist Kritik zu üben. Alles was aus sozialen Gedächtnissen als Kommunikationskulturen kommuniziert werden kann, kann auch wissenschaftlich kritisiert werden: das Wetter, die Fahrweise von Inline-Skatern in der Fußgängerzone, die Rechtssprechung des Bundesverfassungsgerichts, die Filmkritik, die Meinungsforschung, die Moral der Raucher und der Nichtraucher. Die Suche nach objektiven Maßstäben für die Wissenschaftskritik und das Vorfinden der faktischen Koexistenz unterschiedlicher Wissenschaftsgrundlagen werden von Misserfolgen begleitet. Man kann versuchen, im Zusammenhang von bewahrten kommunikationswissenschaftlichen Theorien den Umgang einer Kommunikationskommunität mit Subjekten und Systemen zu verbinden, um das Verhältnis von Kommunikationswissenschaft, Menschheit, Weltgesellschaft, Öffentlichkeit und Freiheit in neue Beziehungen zu setzen.

---

[371] Bachelard: Bildung des wissenschaftlichen Geistes, 1978: 46 (H.i.O.)

[372] Merton: Science and the social order, 1937/1957; Merton: Science and democratic social structure, 1942/1957. Dazu Hartmann & Dübbers: Kritik, 1984.

[373] Kuhn: Die Struktur wissenschaftlicher Revolutionen, 1973; Kuhn: Die Entstehung des Neuen, 1978.

[374] Groth: Unerkannte Kulturmacht, Bd. 1, 1960; Dovifat: Handbuch der Publizistik, Bd. 1, 1971.

Für eine moderne Wissenschaftskritik können keine beliebigen Reflexions- theorien ausgewählt werden. Brauchbar werden solche, die in der Kommunikati- onskommunität früher oder später einen metatheoretischen Konsens finden. Die Wissenschaftskritik auf erkenntnis- und methodentheoretische Gewissheits- grundlagen zu stellen, ist kein Lehr- und Forschungsluxus. Auch die Herstellung von Wissenschaftskritik verursacht gesellschaftliche Kosten, die zu bezahlen sind. Übernehmen Kommunikationswissenschaftler Auftragsforschungen, die routiniert über oft genutzte methodische Leisten geschlagen werden, dann ist es hohe Zeit für Reflexion und für die Anwendung von Wissenschaftskritik.

3.3 Ideologie und Gesinnung

Ideologie wird im Gefolge der Französischen Revolution mit gesellschaftlichen Umbrüchen und Umwälzungen in Zusammenhang gebracht. Karl Marx und Friedrich Engels, mehr noch die unzähligen Neo-Post-Marxismen in der zweiten Hälfte des 20. Jahrhunderts, machen den Ideologiebegriff zum Kampfbegriff, beispielsweise als subjektive Fiktion von einer realpolitischen Public Relations- Wirklichkeit.[375] Die in der DDR geübte marxistisch-leninistische Journalistik stellt sich selbst keine ideologietheoretischen Fragen.[376]

Ihren ersten Höhepunkt erreicht die Diskussion des variablen und widersprüch- lichen Ideologiebegriffs in den Sozialwissenschaften durch Max Weber.[377] Er führt viele Theorien vieler Disziplinen und Kulturen zusammen. In den Vor- trägen *Politik als Beruf* und *Wissenschaft als Beruf* erklärt Max Weber Möglich- keiten der Operationalisierung des Ideologiebegriffs.[378] Die Wissenschaften stehen im Rahmen der Wertfreiheitsdiskussion. Gültiges Forschen und sub- jektive Werturteile dürfen nach Weber nicht vermengt werden. Bei der Aussage, Politik gehört nicht in den Hörsaal, hat Max Weber Krawalle rechtsorientierter Studenten am Ende des Ersten Weltkriegs vor Augen. Der Ideologiebegriff wird mittelbar auf historische, religiös gebundene Kategorien (Wunder, Offenbarung) bezogen, nach Weber keine wissenschaftsfähigen Begriffe, die folglich nicht ermöglichen, das eigene politische Tun rational zu vollziehen.[379]

Max Weber lehnt es ab, im Hochschullehrer eine Führerpersönlichkeit zu sehen. Professoren stehen nach seinem Dafürhalten von Berufs wegen im Dienste der Selbstbestimmung der Erkenntnis tatsächlicher Zusammenhänge. Wissen- schaftler sind keine Weisen, auch keine Propheten für Heilsgüter, für Offenba- rungen, für seherisches und prophetisches Nachdenken. Webers Lehre von der

---

[375] Heinelt: 'PR-Päpste', 2003.
[376] Poerschke, H.: Sozialistischer Journalismus, 1988.
[377] Dierse: Ideologie, 1982.
[378] Weber: Politik als Beruf, 1921; Weber: Wissenschaft als Beruf, 1919.
[379] Mommsen, W.: Max Weber, 1974.

Wertfreiheit entsteht in der wirtschaftstheoretischen Gegnerschaft zu Karl Marx und dessen Utopie von einer klassenlosen Gesellschaft, teilweise auch in Opposition zu den Katheder-Sozialisten Gustav von Schmoller, Lujo Brentano und Adolph Wagner. Webers Leitprinzip wertfreier Analysen ist auf die Erforschung zweckhaften sozialen Handelns ausgerichtet. Damit sollen Sozialwissenschaftler Auskunft geben können, welche Bedingungen für ein zu erreichendes Ziel geschaffen werden müssen und welche Konsequenzen Alternativen haben würden. Weber schreibt der Wissenschaft insofern eine selbsthelfende, nach heutigem Sprachgebrauch: eine selbstreferentielle Aufgabe zu.

Zum Aufgabenunterschied zwischen dem Politiker und dem Gelehrten bemerkt Max Weber: „Der Politiker muss Kompromisse machen – der Gelehrte darf sie nicht decken."[380] Zumal der Nationalökonom darf nicht für „volkswirtschaftlich richtig" bewerten, was nur unter der Voraussetzung ganz bestimmter, verborgener Grundannahmen zutrifft, die nicht zur Diskussion gestellt werden. Dass den Studenten keine politischen Theorien gelehrt werden, statt dessen Wirtschaftstheorien oder solche der Religionen, Weltanschauungen oder Ideologien, hält Weber wissenschaftsethisch für unredlich. Er sieht die Verquickungen zwischen Weltdeutung und sozialwissenschaftlicher Analyse in einem gesellschaftlichen Eingebundensein. Die Forderung von der Wertfreiheit der Wissenschaft ist kein weltfernes Gegenüberstellen einer Idee von Wertfreiheit und unauflösbaren Konflikten. Webers Bemühen haben in der Forschung den operativen Umgang mit Werten vorangetrieben. Mit der These, Werte könnten aus Lebenszusammenhängen nicht herausgelöst werden, rechtfertigen nationalsozialistische Wissenschaftstheoretiker ihre rassenbiologischen Hypothesen und sowjetsozialistische Wissenschaftstheoretiker die historische Dialektik über die Wirtschaft als Grundlage allen Seins.

Erich von Kahler, ein im George-Kreis sozialisierter, nationalkonservativer Privatgelehrter, war von der weltgeschichtlichen Mission des Judentums überzeugt. Ihm gelang es, rechtzeitig vor dem Nationalsozialismus nach Amerika zu entkommen.[381] In Max Webers Wertfreiheitsposition vermeinte Kahler eine Standpunktlosigkeit zu erkennen. Nach Kahlers Ansicht sollte die Wissenschaft über ein Wertefundament verfügen und nationalkulturell gedeihen. Webers Vorstellungen von Wertfreiheit und Internationalismus als Elemente der Welt-Entzauberung durch die Wissenschaft lehnt von Kahler ausdrücklich ab. Die Deutschen sollen in der Wissenschaftskultur nicht bevorrechtigt werden, aber sie könnten Universalisten werden. In der bloßen fachlichen Ausbildung der alten Wissenschaft vermutet Kahler die Ursache für die wachsende Verödung der Herzen. Der Fortschritt des Wissens wird als Ursache der Katastrophe von 1918 diskriminiert. Erich von Kahler vertritt eine „neue" Wissenschaft ohne Werteprobleme, weil „man nicht mehr viele für alle Zeiten und Orte feststehende,

---

[380] Weber, M.: Max Weber, 1950: 702.
[381] Lauer: Die verspätete Revolution, 1995.

gleichgeltende, widerstreitende, abstrahierte ‚Weltanschauungen' anerkennen könne, sondern für jedes lebendige Wesen nur ein einzig richtiges". Viele unklare Formulierungen wie „ineinander wandelnd lagern" machen Kahlers Wissenschaftsvorstellung schwer zugänglich, da Wissenschaft überwiegend als eine Sache des Gefühls identifiziert wird.

Für Max Weber dagegen kann die Wissenschaft Auskunft geben, welche Bedingungen für ein zu erreichendes Ziel geschaffen werden müssen und welche Konsequenzen in anderen Bereichen die Verwirklichung dieses Zieles haben würde. Die Wissenschaft schreibt nicht vor, ob jemand bestimmte Ziele anstreben soll. Sie kann nach Webers Ansicht dem einzelnen helfen, „sich selbst Rechenschaft zu geben über den letzten Sinn seines eigenen Tuns". Distanziert zur Ideologie und zur Erfassung sozialer Tatbestände konstruiert Max Weber kein System, stattdessen den Idealtypus. Der *Idealtypus* ist eine gedankliche Konstruktion, die der Wirklichkeit bestimmte Elemente entnimmt, um daraus ein einheitliches Gedankenbild zu formen – abgesehen von anderen, konkret vorhandenen Einzelerscheinungen.[382] Max Weber sucht keine wiederkehrenden Beziehungen zwischen real vorgestellten Erscheinungen, die sich klassifizieren lassen. Er unterscheidet traditionale, emotionale und rationale, also gegensätzliche Orientierungen.

Webers klassische idealtypische Unterscheidung wird in erster Linie auf Gesinnungsethik und Verantwortungsethik gerichtet. Der *Gesinnungsethiker* handelt nur danach, was ihm die ethische Forderung vorschreibt, ohne auf die Folgen zu achten. Er verschließt die Augen vor möglichen Realitäten. Ihm geht es um den Vollzug einer gesetzten, für ethisch gehaltenen Prämisse. Dem *Verantwortungsethiker* kommt es nicht auf die Gesinnung an, sondern auf die Folgen, die sein Handeln auslösen. Ein besonders verantwortungsvoller Ethiker wird keine finale Vorstellung von seinem Tun haben. Er wird davon ausgehen, dass alle Folgen weitere Folgen nach sich ziehen. Strebt der Gesinnungsethiker nach der Verwirklichung gesetzter Prämissen, dem Heil seiner Seele beispielsweise, dann geht es dem Verantwortungsethiker um die Verbesserung der Welt. Wohlgemerkt beide, Gesinnungsethiker und Verantwortungsethiker, sind Idealtypen im Sinne Max Webers. Für sie werden bestimmte Merkmale aus der sozialen Erfahrung hervorgehoben und zusammengeführt. Idealtypen erfüllen Untersuchungszwecke. Sie kommen nicht wirklich vor. Aus dieser Differenzierung ethischen Verhaltens meint Max Weber einen Maßstab für die Beurteilung politischer Führer gewonnen zu haben.

Anders Emil Dovifat. Er kennt sechs „Grundelemente" der Publizistik: Zeitbedingtheit (Aktualität), Öffentlichkeit (Publizität), Überzeugungsmacht (Persuadität), eindringliche Form (Suggestibilität), persönliche Führung (Personalität) und Gesinnung (Idealität). Letztere wird so umschrieben:

---

[382] Weber: Wirtschaft und Gesellschaft, 1985: 4.

„Gesinnung ist eine charakterliche Grundhaltung, oft auch geneigt, ein Ziel anzugehen, eine Aufgabe zu lösen, ein Programm durchzusetzen oder zu zerschlagen. Gesinnung bejaht oder verneint, entbindet Liebe oder Hass in allen Graden und Dichtigkeit."[383]

Bei der „Betrachtung publizistischer Aktionen" will Dovifat aktuelle Gesinnungsfälle unmittelbar beobachten können. Idealtypische Merkmale werden begriffsrealistisch bestimmt und in der Regel polemisch ‚bewiesen'. Die Bedeutung, die Gesinnung bei der Bildung, Ausbildung, Erziehung, Lehre, Studium oder Professionalisierung des publizistischen Nachwuchses haben könnte, wird nicht diskutiert, obwohl Dovifat in einer Beratungsbroschüre über einen ‚Journalist (akad.)' räsonierte.[384]

---

[383] Dovifat: Gesinnung, 1963: 26.
[384] Dovifat: Journalist (akad.), 1968.

What I am insisting on is that the standards of scientific practice derive from science itself,
even though the science of any period is intimately involved with every human concern.
Abraham Kaplan: The conduct of inquiry, 1964: 6.

Wir gehen davon aus,
dass alle erkennenden Systeme reale Systeme in einer realen Umwelt sind,
mit anderen Worten: dass es sie gibt.
Niklas Luhmann: Erkenntnis als Konstruktion, 1988: 13.

4 Erkenntnistheorien (Epistemologie)

Erkennen ist jene Problemstellung, mit der die Wissenschaften versuchen, die unendlich komplexe Welt besser als bisher zu erfassen. Die Vorsokratiker (Heraklit, Parmenides) wollen das Wesen [Essentia] der Dinge erkennen. Immanuel Kant setzt für das Erkennen bestimmte Regeln voraus, allen voran den Gebrauch des Verstandes, über den jedermann verfügen soll. Für Kant bedeutet wissenschaftliches Arbeiten nicht nur die Kenntnisnahme des Vorgedachten und nicht bloßes Anhäufen von Wissen. Neues kann durch systematisches Infragestellen bewahrten Wissens zustandekommen und so kann wissenschaftlicher Fortschritt entstehen. Immanuel Kant begreift Wissenschaft als Erkenntnissystem, als architektonische Einheit von Aussagen, die von einer Funktion zusammengehalten werden.[385] Erkenntnistheorien sind lehrbare Wege zu einem vorläufig wahren Wissen.[386]

Aristoteles übernimmt für sein Wissenschaftskonzept die platonische Unterscheidung zwischen *Sein* und *Bewusstsein*. Er fragt: Wie kann das Denken vom Sein dem Wissen kommunikable Wege weisen? Für Aristoteles ist Methode die Deduktion des Besonderen aus dem Allgemeinen, mit der die Kluft zwischen der Objektivität des Seins und der Subjektivität des Bewusstseins überbrückt wird. Die ontologische Wesenhaftigkeit manifestiert sich als objektive Existenz. Das Sein ist für Aristoteles eine homogene Universalität, in die unendlich viele Dinge und Erscheinungen dieser Welt eingehen. Wenn wir nach Unterschieden suchen, dann müssen wir uns in das Reich des Einzelnen begeben, denn das Sein an sich kennt keine Unterschiede. Das Denken soll versuchen, entweder das Besondere aus dem Allgemeinen abzuleiten oder vom Besonderen zum Allgemeinen aufzusteigen. Dergestalt entdeckt die griechische Philosophie das Universelle als eine allgemeine Verbindung zwischen dem subjektiven Denken und der objektiven Realität. Das Allgemeine ist als Sein die oberste Idee, von der alle Besonderheiten des Denkens ausgehen. Damit verfügen die Menschen

---

[385] Kant: Metaphysische Anfangsgründe, 1968: A III; Kant: Kritik der reinen Vernunft, 1968: B 92-93.
[386] Diemer: Erkenntnistheorie, 1972: 683.

zwischen Denken und Wirklichkeit über etwas, das Leibniz im 17. Jahrhundert ‚prästabilisierte Harmonie' nennen wird.

Das Allgemeine als Sein ist gleichzeitig die Ursache der Dinge und Ereignisse in der physikalischen Welt. Aus der Vernunft werden unsere Ideen und Begriffe logisch hergeleitet. Aus diesem Doppelsinn des Allgemeinen emergieren für Aristoteles die Dualismen Sein/Bewusstsein, Kausalität/Vernunft, Ding/Begriff und Positives/Negatives. Wissenschaftler beschreiben demnach mit exakten Bildern objektive Verbindungen zwischen dem Allgemeinen und den besonderen Dingen dieser Welt. Mit den Gesetzen der Vernunft können die Dinge in dieser Welt bereits vor ihrer empirischen Entdeckung hypothetisch festgelegt werden, beispielsweise die Elementarteilchen in der modernen Physik, bevor sie experimentell als Realität nachgewiesen werden konnten.

Die aristotelische Erkenntnistheorie (Epistemologie) wird erst in der frühen Neuzeit in Zweifel gestellt. Die sich ausdifferenzierenden Einzelwissenschaften werden häufiger mit Phänomenen konfrontiert, deren irrationaler Charakter nicht auf den epistemischen Wegen des Aristoteles zu erkennen ist. Nikolaus von Kues, Francis Bacon oder Christian Thomasius machen, im Zusammenhang mit neuen Weltsichten, Kommunikationsprobleme aktuell, die freilich noch nicht als ‚kommunikativ' gelesen und beurteilt werden.[387]

Im 19. Jahrhundert orientiert sich das Erkennen der Naturwissenschaften an der Natur als Wirklichkeit. Genauer gesagt war es das mechanizistische Weltbild Isaac Newtons, in dem Naturgesetze als letzte Prinzipien vorkommen. Mit Raum, Zeit, Materie und Kausalität als Grundbegriffen sollte auf dem Feld der Mathematisierung eine sekundäre Wirklichkeit entstehen. Von der Natur wird dogmatisch angenommen, von sich aus für alle Gegenstände der Wissenschaft ein einheitliches und objektives Substrat konstituieren zu können. Im 20. Jahrhundert brechen Relativitätstheorie und Quantentheorie mit Newtons Vorstellung von einem zeitlos mechanistischen Universum. Die Hypothese von einem *rekursiven Universum* tritt an seine Stelle unter dem Motto: ‚Entsubstantialisierung der physischen Welt'.[388] Naturgesetze sollen nicht mehr als unveränderlich gelten. „The most interesting fact about laws of nature is that they are virtually all known to be in error."[389] Nicht nur der strenge Gesetzesdeterminismus des alten Weltbildes wird in Frage gestellt. Von den beiden Grunddeterminanten Ort und Geschwindigkeit wird festgestellt, dass sie nicht gleichzeitig zu bestimmen sind, da die Ermittlung der einen ein Messverfahren voraussetzt, dass die andere Determinante zugleich verändert. Werner Heisenbergs *Unschärferelation* (*Unbestimmtheitsrelation*) meint keine Unzulänglichkeit des empirischen Zugriffs. Sie ist dem Forschungssproblem selbst

---

[387] Siehe Kapitel 1.
[388] March, A.: Das neue Denken, 1957: 116.
[389] Scriven: Key property, 1961: 91.

eigentümlich.[390] Statt sich Ordnung als lineare Einfachheit und Vorhersagbarkeit vorzustellen tritt deren Gegenteil: Unordnung, nichtlineare Komplexität und Unvorhersagbarkeit. Ordnung, Einfachheit und Vorhersagbarkeit werden Ausnahmen ,inexakter' Wissenschaften.[391] Die statistische Gesetzlichkeit löst die Kausalgesetzlichkeit ab. Mit dem Wahrscheinlichkeitskalkül nimmt die moderne Physik Abschied von der Annahme subjektiv unbeeinflusster Forschungsobjekte, deren Messen empirisch objektiv sein könne. Beziehungen zwischen Methode und Empirie, zwischen Forscher und Forschungsgegenstand werden als Wechselbeziehungen evident.

Nach 1840 kommen zunächst Gesellschaftswissenschaft(en), dann Sozialwissenschaft(en) ins Gespräch. Gesellschaft bzw. ,das Soziale' sind durch Gesetz und Regelmäßigkeiten zu beobachten, zu beschreiben und zu erklären. Erinnert werden Überlegungen und Anregungen von Francis Bacon, Thomas Hobbes, Giambattista Vico, Gottfried Wilhelm Leibniz, Adam Smith und Christian Wolff. Mit Hilfe mathematisch-physikalischer Normierungen der Naturforschung sollen nunmehr Sozialtechniken entwickelt werden zur Erforschung dynamischer Vergesellschaftung.

In der zweiten Hälfte des 19. Jahrhunderts findet Wilhelm Dilthey viel Zuspruch, als er die Naturwissenschaften [natural sciences] und die Geisteswissenschaften [humanities] im Gegenlicht ihres methodischen Vorgehens unterscheidet. Diltheys These lautet: Die Natur *erklären* wir, indem wir das Einzelgeschehen auf Naturgesetze zurückführen; die Kulturvorgänge der Gesellschaft und der Geschichte *verstehen* wir als ein selbständiges Ganzes, indem wir ihren Sinn erfassen.[392] Dem Naturgeschehen werden durchgängig Kausalgesetze zugeschrieben, die aufgrund empirischer Vorgänge künstlich-experimentell nachvollzogen werden können.[393]

Seinerzeit beanspruchen die Sozialwissenschaften geschichtlich-gesellschaftliche Errungenschaften als Wirklichkeiten beschreiben und ordnen zu können. Entscheidend wird der Schritt zur rationalen Reduktion der Komplexität von Welt durch *soziale Tatsachen*,[394] durch *soziales Handeln*,[395] durch *Organisation*,[396] mit der im 20. Jahrhundert Staat, Politik, Wirtschaft, Familie, Haushalt, Unternehmen, Markt, Erziehung, Wissenschaft, Kunst, Religion, Recht und Nation als Systeme rekonstruiert und als soziale Wirklichkeiten methodisch abgebildet werden können. Ziel ist es, Dinge, Sachverhalte und Sozialverhältnisse unabhängig von der Beschaffenheit der Forschungssituation

---

[390] Heisenberg: Physik und Philosophie, 1973.
[391] Rescher: Inexact sciences, 1970.
[392] Dilthey: Einleitung, 1923.
[393] Sachsse: Kausalität – Gesetzlichkeit – Wahrscheinlichkeit, 1987.
[394] Durkheim: Regeln, 1961.
[395] Weber: Wirtschaft und Gesellschaft, 1985.
[396] Luhmann: Organisation und Entscheidung, 2000: Kapitel 1.

und frei vom persönlichen Erfahrungshintergrund der Beteiligten erkennen zu können. Fakten werden als natürliche Fundsachen angesehen, das Handeln wird in organischen oder mechanischen Analogien als Vollzug zwischen individuell-anthropologisch konzipierten Menschen als „sociale Selbstwesen" gedacht.[397] Philosophen formulieren weiterhin metatheoretische Denkmotive für die wissenschaftliche „Erkenntnis der Natur" oder für die „Erforschung der Geschichtsquellen".[398] Sozialwissenschaftler beanspruchen mithilfe operativer Erkenntnisstrukturen (Begriffe), Erkenntnisoperationen (Metaphern, Modelle, Schematismen) und mit differenziert ausgebildeten Erkenntnisverfahren (Entmetaphysierung, Empirisierung, Positivierung, Utilitarisierung, Funktionalisierung, Pragmatisierung), das Soziale erforschen zu können.

Entmetaphysiertes Forschen meint Entdecken im Labor oder im Feld. Durch das Ringen um eine wissenschaftliche, das ist eine vorläufige Wahrheit, werden Forschungsergebnisse beschrieben und möglichst schnell publiziert. Als Publikationsort sucht man ‚angesehene', das sind Peer-Review-Zeitschriften, deren Herausgeber und Redaktionen jene als Reviewer auswählen, von denen sie vermuten, dass sie das Niveau und den Novitätscharakter der Erkenntnisse besser beurteilen können als andere.[399] Die wachsenden Publikationsmengen sollen Ausweis sein für das Wachstum von Wissen. Die Tatsache, dass Neues von der wissenschaftlichen Kommunität in erster Linie durch Lesen erfahren wird, und das Gelesene anregen soll zur kritischen Auseinandersetzung, hat im deutschsprachigen Raum bisher zu keinem gesteigerten Interesse an der Erforschung ‚wissenschaftlicher Literalität' [‚scientific literacy'] geführt.[400]

Jahrhundertelang erkennen Gelehrte durch einsames Nachdenken. Im 20. Jahrhundert treten naturwissenschaftliche Forschergruppierungen ins öffentliche Bewusstsein. Ihre Arbeit wird nach innen koordiniert, während draußen nach Konkurrenz gesucht wird. Die Ergebnisse ihrer Forschung werden anhand alternativer Perspektiven erzeugt. Die Wahrheit durch Aufhellen des bisher Dunkeln wird abgelöst.[401] Otto Groth gehört zu jenen Geistes- und Kulturwissenschaftlern, deren Methoden den Erkenntnisgegenstand erst erschaffen.[402] Von der Methode als Betrachtungsweise zur Gewinnung des Gegenstandes unterscheidet Groth die Verfahrensweisen im Einzelnen. Die Methode des Verstehens sucht er in Anlehnung an den philosophischen Neukantianismus, indem er die

---

[397] Schäffle: Bau und Leben, 1875-1878; Ambros: Begriff der Person, 1961.

[398] Wenturis et al.: Methodologie der Sozialwissenschaften, 1992: 27.

[399] Price: Science since Babylon, 1961; Price: Little science, big science, 1974; Hohlfeld/Neuberger: Profil, Grenzen und Standards, 1998.

[400] DAEDALUS: Scientific literacy, 1983; Filipović: Öffentliche Kommunikation, 2007: Kap. 2.

[401] Burke: Permanence and change, 1984; Bachelard: Bildung des wissenschaftlichen Geistes, 1978; Kuhn: Die Struktur wissenschaftlicher Revolutionen, 1973; Kuhn: Entstehung des Neuen, 1978.

[402] Groth: Unerkannte Kulturmacht, Bd. 1, 1960: 41-42.

„Voraussetzungen eines Allgemeinen, Gleichen und Gesetzmäßigen" unterstellt – ohne es zu definieren und zu untersuchen.[403] Der Bezug zur Bildung von Begriffen und Theorien erfolgt durch die Erkenntnisgrundlage der Wesensschau, mit deren Hilfe der Gegenstand aufgeschlossen werden soll. Groths zeitungswissenschaftliche Methode und ihre Beziehungen zur empirischen Forschung bleiben unklar.

Nach dem Zweiten Weltkrieg wird in den empirischen Sozialwissenschaften das deduktiv-nomologische Erklärungsschema von Carl Hempel und Paul Oppenheim erfolgreich.[404] Es soll das Soziale erklären (1) durch logische Ableitung eines beobachtbaren Sachverhalts [Explanandum], (2) aus Gesetzen und Randbedingungen [Explanans].[405] Dieses Erklärungsschema geht vom Kausalprinzip aus, das letztlich besagt: Aus nichts wird nichts, alles hat seinen Grund, alles hat seine Ursache [Ex nihilo nihil fit]. Es soll gelten: Wissenschaftliches Prognostizieren (nicht Prophezeien!) basiert auf geltenden Naturgesetzen als Instrument zur Beherrschung und Steuerung von Prozessen, die nach dem Kausalprinzip erklären sollen und notwendige Folgen haben.[406] Wo die Kommunikationskommunität diesen Vorgaben folgt, werden verbindliche Regeln für Lehre und Forschung entlehnt, die selten auf Kommunikationsmilieus Bezug nehmen.[407] Kybernetische, systemtheoretische und konstruktivistische Strömungen in der Kommunikationswissenschaft kümmern sich mehr um Medien denn um Kommunikation.[408] Nach zwei Jahrzehnten erkenntnistheoretischer Auseinandersetzung zwischen ,Realisten' und ,Konstruktivisten'[409] scheint es an der Zeit zu sein, Probleme des Kommunikationswissens kommunikationswissenschaftlich in den Mittelpunkt zu stellen.

Robert E. Park orientiert Kommunizieren am Gemeinwohl und am sozialen Helfen.[410] Das organisatorische Herstellen von Massenkommunikation, Journalismus und Public Relations operiert mit den abklärenden Forschungstechniken: Befragung, aktiv und passiv teilnehmende Beobachtung, Leitfadengespräche, Sozialstatistik.[411] Dahinter steckt die Erkenntnistechnik *inkongruente Perspektive [perspective by incongruity]*,[412] mit der sich bereits Galileo Galilei,

---

[403] Ebenda: 10.

[404] Hempel/Oppenheim: Logic of explanation, 1965. Speck: Erklärung, 1980.

[405] Opp: Methodologie, 1970.

[406] Sachsse: Kausalität – Gesetzlichkeit – Wahrscheinlichkeit, 1987: 13.

[407] Anderson Communication theory, 1996.

[408] Löffelholz/Quandt: Kommunikationswissenschaft, 2003; Filipović: Öffentliche Kommunikation, 2007.

[409] Bentele/Rühl: Theorien öffentlicher Kommunikation,1993.

[410] Rühl/Dernbach: PR – soziale Randständigkeit – organisatorisches Helfen, 1996. Rühl: Publizieren, 1999: Kapitel 16.

[411] Rühl: Forscher als teilnehmender Beobachter, 1970; Dygutsch-Lorenz: Empirische Kommunikatorforschung, 1978.

[412] Burke: Permanence and Change 1965: 89-92; Luhmann: Funktionen und Folgen formaler Organisation, 1964: 18.

Francis Bacon und René Descartes vom naiven, direkten, unbedachten Beobachten von Alltagswirklichkeiten distanziert haben. Kommunikation wird inkongruent, das heißt durch eine fremde Perspektive erläutert, durch das Erschließen von Sinn über etwas, was bisher (noch) nicht mitgemeint ist und überraschen kann. Das klassische Beispiel für das Erkennen aus inkongruenten Perspektiven sind geschichtswissenschaftliche Bemühungen, Texte über zeitlich, sachlich und sozial ferne Ereignisse in moderne Sprachen zu ‚übersetzen'. Nicht nur Akten, auch Mythen, Märchen, Religionen oder oral history können der Kommunikationswissenschaft als Quellen dienen. Eine inkongruente Perspektive nimmt auch Karl Marx ein, der kulturelle Ideale auf die Befriedigung wirtschaftlicher Bedürfnisse zurückführt. Ein weiteres Beispiel ist im Werk Sigmund Freuds zu finden, der dem Unbewussten zu einer führenden Rolle beim Erklären verhilft. Will die Kommunikationswissenschaft beim Erwerb künftiger Erkenntnisse auf den Zustand ihres Wissens und dessen Vergangenheit zurückgreifen, dann muss sie komplexe Reflexionen mit Systemrationalität, Faktizität und Normativität anstellen, im sachlichen, sozialen und zeitlichen Wandel der Weltgesellschaft.[413]

Kybernetisch wird durch operatives Beobachten erkannt, wenn Beobachtungen (Beschreibungen) durch beobachtete Beschreibungen beschrieben werden.[414] Kybernetisches Erkennen funktioniert durch Ausprobieren und Rekombination von Kommunikationswissen. Das in kommunikationswissenschaftlichen Theorietexten bewahrte Kommunikationswissen wird funktional-strukturell verglichen. Differenziert sich die Kommunikationswissenschaft in Abhängigkeit von Gesellschafts- und Geschichtsverhältnissen, dann findet sie zu einer operativen Geschlossenheit, wenn sie innerhalb eigener Grenzen diskriminiert: Was ist wahr und was ist unwahr? Die Kommunikationswissenschaft kann nicht außerhalb der eigenen Grenzen erkennen. Wenn sie erkennt, dann durch Erzeugen von Differenzen zur wissenschaftlichen Mitwelt, insbesondere zu anderen sozialwissenschaftlichen Disziplinen.

Kybernetisch-konstruktivistisch erkennen heißt Texte vergleichend lesen, ‚messen', zerlegen, modellieren, deuten, voraussagen, ohne dass ein Text einen anderen ersetzen kann. Kybernetisches Erkennen meint nicht, alle Systemoperationen sind zu beobachten oder zu beschreiben. Die systemischen Erkenntnisse enthalten als *marked space* Unterscheidungen, die von der Mitwelt als *unmarked space* nicht zu erwarten sind. Für die weltgesellschaftliche Kommunikationswissenschaft sind keine Alternativen bekannt. Fernsehspiele werden nicht als Computerspiele erlebt, denn die Erwartungen und die Leistungsbereitschaft von Fernsehzuschauern und Computerspielern sind in den jeweiligen Kommunikationsverhältnissen unterschiedlich. Die Beobachtungen der Zuschauer umfassen Erfahrungen mit zahlreichen Aspekten früher geschauter Fernsehspiele. Zudem können sie die Berichterstattung ‚bunter' Fernsehzeit-

---

[413] Burke: Permanence and Change 1965: 89-92; Rühl: Europäische Public Relations, 1994.
[414] Luhmann: Wissenschaft der Gesellschaft, 1992.

schriften und Medienseiten vergegenwärtigen. Die ‚Fernsehwelt' gehört zur sozialen Mitwelt vieler, sie ist für Fernsehforscher eine erkenntnisleitende Option und Operationen in Differenz zur ‚Welt der Computerspiele'.

Kommunikationssysteme können verstehen, missverstehen oder nicht verstehen. Für die kommunikationswissenschaftliche Erkenntnissuche wird der allgemeine Wissenschafts-Code wahr/unwahr in Anspruch genommen, der Kommunikationswissenschaftlern ermöglicht, durch das Beobachten von Beobachtern Irrtümer als Unwahrheiten zu eliminieren. Eine Medienforschung, die sich für das zeitweise Unter-Strom-Setzen von Fernsehapparaten durch Ein- und Ausschalten interessiert, findet keinen Zugang zum Fernsehen als marktförmig im Wettbewerb stehendes Kommunikationssystem. „Das Fernsehen" ordnet mit vorprogrammierten Produktionen Angebot und Nachfrage programmzeitlich, um Soziales, Wirtschaftliches, Politisches, Sportliches, Unterhaltendes oder Ästhetisches wahrzunehmen, aufzunehmen und zu verarbeiten. Produktion, Logistik und Rezeption der Kommunikation verlaufen markt- und kreislaufförmig als Leistungen und Gegenleistungen durch Wiedereintreten in frühere Fernsehkommunikationsverläufe. [415] Kommunikationswissenschaftler sind auf das Erkennen von Kommunikationsproblemen spezialisiert, Biologen und Mediziner auf Lebensprobleme und Psychologen auf Probleme des Bewusstseins. Von diesen wissenschaftlichen Spezialisten werden die anderen menschlichen Vermögensarten nicht einfach ausgeschlossen, sondern jeweils in das Systemaußen verlagert. Die Erkenntnisgrenzen zwischen der Kommunikationswissenschaft als Einheit in Differenz zur Weltgesellschaft verlaufen somit über Prozesse der Theoriebildung mit den Schlüsselbegriffen System, Mitwelt, Komplexität, Ereignishaftigkeit, Differenz, Kommunikation, Emergenz, Kontingenz, Selektion, Variation und Selbstreferenz zu unterscheidbaren Mitwelten.

---

[415] Rühl: Duales System oder Doppelhelix, 1994; Rühl: Rundfunk publizistisch begreifen, 1995: Gehrke/Hohlfeld: Theorie des Rundfunkwandels, 1995.

Concepts are made for use not for show.
T.H. Marshall: Class, citizenship and social development, 1963: 14.

Die Verbegrifflichung von Wörtern ist mithin
ein Moment der Ausdifferenzierung von Wissenschaft in der Gesellschaft.
Niklas Luhmann: Die Wissenschaft der Gesellschaft, 1992: 388

4.1 Begriffe und Definitionen

Der Streit um die Begriffsbildung ist so alt wie ungelöst. Manche der umlaufenden Begriffs- und Definitionsgewohnheiten gehen auf Sokrates, Platon und Aristoteles zurück. Aristoteles rühmt Sokrates als den Erfinder der Begriffsdefinition, mit der aus gegebenen Beispielen induktiv das Allgemeine herausgesucht werden kann, um allgemeingültige Begriffe zu bilden. Platon führt Wissen auf Definitionen zurück. Die Begriffsart *Ideen* ist für Platon ein Urbild, unabhängig vom Denken und von der Erscheinungswelt als unkörperliche, unveränderliche Wesenheit. Für ihn sind Begriffe das Allgemeine im Einzelnen, das Gemeinsame im Mannigfaltigen, und Platon nimmt an, dass Begriffe sich stufenförmig nach oben entwickeln, mit der Idee des Guten als der letzten Stufe.

Im 18. Jahrhundert übersetzen deutsche Aufklärer die lateinischen Titel *conceptus* und *notio* mit *Begriff*. Der Begriff wird als Hilfsmittel interpretiert, zur Abgrenzung von Gedanken gegenüber sachlichen Zusammenhängen. Immanuel Kant bestimmt wissenschaftsfähige *Begriffe* als Produkte der Sondierung zusammenhängender Gedankenoperationen, die er der Anschauung gegenüberstellt. „Der Begriff ist der Anschauung entgegengesetzt; denn er ist eine allgemeine Vorstellung oder eine Vorstellung dessen, was mehreren Objekten gemein ist".[416] Die *Anschauung* wird durch fünf intakte Sinne zugänglich. Geistes- und Sozialwissenschaftler operieren beziehungsbegrifflich und klassifizieren. Werden Tiere für Gegebenheiten gehalten, die ohne theoretische Leitlinie klassifiziert werden können, dann kommen unzusammenhängende Taxonomien heraus. Jorge Luis Borges will eine in einer antiken chinesischen Enzyklopädie entdeckt haben, die so beginnt:

> „a) Tiere, die dem Kaiser gehören, b) einbalsamierte Tiere, c) gezähmte, d) Milchschweine, e) Sirenen, f) Fabeltiere, g) herrenlose Hunde, h) in diese Gruppierung gehörige, i) die sich wie Tolle gebärden, k) die mit einem ganz feinen Pinsel aus Kamelhaar gezeichnet sind, l) und so weiter, m) die den Wasserkrug zerbrochen haben, n) die von weitem wie Fliegen aussehen …"[417]

Humankommunikation ist ohne menschliche Beziehungen nicht vorstellbar. Versuche, Kommunikation wissenschaftsfähig zu bestimmen, können nicht mit

---

[416] Kant: Logik I, 1968: A. 139-140.
[417] Borges: Das Eine und die Vielen, 1966: 212.

einer alltagsvernünftig-plausiblen Terminologie (Massen-, Individual-, Unternehmenskommunikation etc.) hantieren, die sich durch zugeschriebene Merkmale und Eigenschaften unterscheiden. Es genügt nicht, theorieabstinente Begriffe zu sammeln und zu klassifizieren,[418] mit denen in Lehre und Forschung keine Kommunikationsprobleme zu formulieren sind.

Von der *Definition* heißt es in der klassischen Begriffslehre, dass mit ihr der Begriff als Titel und als Inhalt auseinandergelegt und abgeklärt werden kann. Seit der Antike werden Gegenstände, Ereignisse, Handlungen, Vorstellungen, Erscheinungs- und Kommunikationsformen in den Wissenschaften (Logik, Physik, Metaphysik, Ethik, Ästhetik, Dialektik) verbegrifflicht. Korrelative Definitionen stellen einen Begriffstitel [Definiendum] einer definierenden Beschreibung in bereits bekannten Begriffen [Definiens] gegenüber. Aristoteles erkennt in der Definition die Grundlage für die Begriffsbildung, weil durch sie die Begriffe als Einzeldinge abgebildet und wahrgenommen werden können. Das geschriebene Wort ist für Aristoteles ein Zeichen des gesprochenen Wortes, das Gedanken bzw. Vorgänge in der Seele bezeichnet.

Verpflichten Zeitungs- und Publizistikwissenschaftler ihr Denken auf die Wesensontologie [ontological commitment], indem sie die Zeitung als Allgemeinbegriff [universal] auf das Wesen festlegen, indem sie historische Materialobjekte in das Idealobjekt Zeitung hineinverlagern, dann bleiben funktionale Alternativen für Zeitung außer Betracht. Klassisch ist die Behauptung, man könne Äpfel und Birnen nicht vergleichen. Das mag für Wesensschauen von Totalitäten der Fall sein, trifft jedoch auf funktionalistische Vergleiche nicht zu. Denn Äpfel und Birnen lassen sich durchaus hinsichtlich Farbe, Süße, Saftigkeit, Lagerfähigkeit, Preisdifferenz und weiterer Kriterien vergleichen.

Sozialhistorisch ist erheblich, dass Definitionen in den Philosophenschulen während der altgriechischen Demokratie entstanden, zum Mitwirken bei der allgemeinen Bildung von Redegewandtheit, Lebensklugheit und Staatskunst. Sokrates erfindet die Methode des Dialogs, und Platon verfasst die Mehrzahl seiner Schriften in der sokratischen Dialogform. Für Sokrates ist Wissen eine lehrbare und lernbare Tugend. Freilich kann der Einzelne begriffliches Wissen nicht nach persönlichem Gusto bestimmen, sozusagen „nach meinen Begriffen", da niemandes Denken ein allgemein konsentierter Sinn innewohnt. Der Dialog soll ja gerade bewusstmachen, dass positiv Gewusstes grundsätzlich in Frage gestellt werden kann. Deshalb ist für Platon die Dialektik die wahre Wissenschaft – nicht die Physik oder die Ethik.

Wenn die klassische Begriffslehre Individualbegriffe auf ein reales Sein festlegt, dann definitorisch, nicht theoretisch. Der ‚Wegweiser' ist ein selten klar abgrenzbares Beispiel für einen Beziehungsbegriff. Der Wegweiser gibt den Na-

---

[418] Merten: Kommunikation, 1977.

men eines Ortes an, dazu die Richtung, wo der Ort liegt, und die Distanz, die bis zum Erreichen des Ortes zurückzulegen ist. Diese fixen Angaben sind hinreichend, wenn es den Ort dieses Namens tatsächlich gibt, der nach Zurücklegen der angegebenen Strecke erreicht werden kann. Darüber hinaus kann der Wegweiser wenige sinnzusammenhängende Informationen liefern. Soll eine wissenschaftsfähige Public Relations-Definition als *Sonde* für künftige Lehre und Forschung ermittelt werden, dann ist keine universalistische Public Relations-Theorie anzustreben. Wissenschaftsfähig wird eine Public Relations-Definition durch die Reflexion und Diskussion brauchbarer Begriffs-, Erkenntnis- und Methodentheorien, durch die Einnahme inkongruenter Perspektiven, bei Anschluss an wissenschaftliches Wissen.[419]

Steht die ‚Zukunft der Zeitung' in Rede, dann geht es nicht um eine begriffliche Präzisierung, sondern um eine gesellschaftspolitische Prognose. Analogien zur papierenen, Online- oder E-Papier-Zeitung reichen ebenso wenig aus wie solche zu sublokalen, lokalen, regionalen, überregionalen, nationalen oder internationalen Zeitungen. Zur ‚Zukunft der Zeitung' lässt sich nur etwas im Kontext organisations- und marktförmiger Produktions-, Logistik- und Rezeptionsverhältnisse sagen, womöglich in Interrelation zu SMS [Short Message Service], aber nichts über Nachfolger von „Boulevardzeitungen" oder „Prestigezeitungen". Als Prognoseproblematik ist die ‚Zukunft der Zeitung' ein kommunikationspolitisches, aber kein affektives Thema.

Begriffe sind für den kommunikationswissenschaftlichen Theoriebau vorläufig stabilisierendes Denkzeug, bereit zum Umbau, zur Bearbeitung und zur Lösung komplexer Kommunikationsprobleme,[420] an denen technische, technologische, mediale oder multimediale Strukturen beteiligt sein können.[421] Kommunikationswissenschaftliche Begriffe sind kein Mittel zum Zwecke des ‚Passens', vergleichbar der Schlüssel/Schloss-Beziehung. Begriffe haben eine *Öffnungskraft* [*opening power*] zum funktional-vergleichenden ‚Erschließen'.[422] Materielle Schlüssel/Schloss-Beziehungen veranschaulicht das Riegel/Gatter-Verhältnis eines Weidezauns oder die elektronisch-mechanische Sicherungskombination eines Banktresors. Für die hier gemeinte semantisch-gesellschaftliche Öffnungskraft kann die Metapher von der ‚Lesbarkeit der Welt' dienen,[423] auch die weltgesellschaftliche Lesbarkeit der Zeitungen.[424]

Selten wird die Möglichkeit des Erinnerns als Voraussetzung für die kommunikationswissenschaftliche Begriffsbildung untersucht. Psychische und soziale

---

[419] Rühl: Public relations methodology, 2008; Rühl: Für Public Relations?, 2004; eingehend: Ronneberger/Rühl: Theorie der Public Relations, 1992: Kap. 1.

[420] Saxer: Begriffe als Denkzeug, 1994; Rühl: Rundfunk publizistisch begreifen, 1995.

[421] Rühl: Medien (alias Mittel), 2000; Rühl: Technik und ihre publizistische Karriere, 2000.

[422] MacKay: Information, mechanism and meaning, 1969: 105-119.

[423] Blumenberg: Lesbarkeit der Welt, 1981.

[424] Rühl: Zeitunglesen, 2002 und Kapitel 1.3.2 dieses Buches.

Gedächtnisse sind Voraussetzungen für die Rekonstruktion von Kommunikation.[425] Im kommunikationswissenschaftlichen System, orientiert an der Wissenschafts-Codierung *wahr/unwahr* und der spezifischen Funktion *Emergenz des Kommunikationswissens*, operieren Begriffe als strukturelle Einheiten, um Sachverhalte und Sozialverhältnisse zu bezeichnen, zu unterscheiden, zu begrenzen, um zu verstehen. Emergenz steht dann für das Zusammenwirken differenter Selektionen, Variationen und Retentionen.

Fassen wir zusammen: Kommunikationswissenschaftliche Begriffe sind keine Abbildungen alltagsvernünftig konzipierter Gegenstandsfelder, sondern Formen des sondierenden Kontakts für Systemkommunikationen. Damit werden durchlässige Grenzen zwischen Sinn und Information, zwischen Intim-, Organisations- und Marktkommunikation, zwischen Zeitungslesen, Bücherlesen, und dem Lesen von Gebrauchsanleitungen möglich. Die kommunikationswissenschaftliche Begriffsbildung erfordern erhebliche begriffstheoretische Spezifizierungen. Begriffe mit einem gleichen Titeln zu versammeln und zu klassifizieren, ohne reflexionstheoretische Anstrengungen, mag einer intellektuellen Spielfreude dienen. Theoretisch-empirisch erfährt man nur was man sowieso schon weiß. Innenorientierte Begriffsdispute helfen in Lehre und Forschung nicht weiter.[426]

Werden Begriffe aus dem Operationsfeld direkter Beobachtung (erster Ordnung) in den Operationsbereich der Beobachtung von Beobachtungen (zweiter Ordnung) verlagert, dann interessiert: Wie? Laien- und Expertenbegriffe können keine Auskunft geben, in welchen Theoriezusammenhängen wissenschaftlich gearbeitet werden soll.[427] Wird Kommunikationswissen mithilfe abgeklärter Begriffe beobachtet, beschrieben und erklärt, dann als Wiedereintreten (*reentry*) in den welthistorischen Verlauf der Begriffs- und Theoriebildung. Groths Zeitungswissenschaft oder McLuhans Mediologie versammeln reale Gegenstandsarten, während eine funktional vergleichende Kommunikationswissenschaft nach Erkenntnisfortschritten durch operatives Prozessieren von Kommunikationsproblemen sucht.

Wird Kommunikation als Prozess der Zeichenvermittlung zwischen Akteuren begriffen, vollzogen durch unilineare Verbindungen zwischen Urheber, Adresse, Mittel und Gehalt zur Verständigung zwischen den Kommunizierenden,[428] dann fehlen diesem Begriff die Sach-, Sozial- und Zeitdimensionen. Ein rein sprachlich behandelter Kommunikationsbegriff bildet ein Erkenntnishindernis für Lehre und Forschung. Wissenschaftliche Begriffe haben keinen praktischen Ursprung.[429] Kommunikationswissenschaftsfähige Begriffe sind zu unterscheiden

---

[425] Harth: Erfindung des Gedächtnisses, 1991; Assmann: Das kulturelle Gedächtnis, 1992; Assmann: Lesende und nichtlesende Gesellschaften, 1994.

[426] Rühl: Globalisierung der Kommunikationswissenschaft, 2006.

[427] Luhmann: Unwahrscheinlichkeit der Kommunikation, 1981: 25.

[428] Saxer: System, Systemwandel und politische Kommunikation, 1998: 26, 668.

[429] Anders Merten: Zur Definition, 2008.

vom Sinnmachen [sensemaking] des Bescheidwissens [commonsensical know-ledge] und Erfahrungswissens [knowhow]. Nicht gleiche Begriffstitel, sondern Wissenschaftsfähigkeit der Begriffe machen den Unterschied. Mit ihrem wissen-schaftlichen Wissen können Kommunikationswissenschaftler auch das Erfah-rungswissen der Praktiker und das Commonsense-Wissen der Laien auf ihre je spezifischen Theorie/Empirie-Verhältnisse hin überprüfen.[430]

Nach Jahren der Stagnation ist eine zunehmende Re-Analyse kommunikations-wissenschaftlicher Begriffe (und Metaphern) zu beobachten, mit gleichzeitiger Distanzierung zur traditionellen Begriffslehre.[431]

4.2 Operationalisierung und Kalkülisierung

Mit dem Universalanspruch, eine empirische Wissenschaft zu sein, hält die Kommunikationswissenschaft jeden Gegenstand und jedes Problem für er-forschbar. Die Grundidee der empirischen *Operationalisierung* ist beeindruck-end einfach. Es geht um Forschungsperformanz, um die Anwendung von Begrif-fen, Theorien und Erfahrungsmaterial auf pragmatische Erfahrungen und ihre Folgen. Verhaltenstheoretisch meint Operationalisierung ein empirisches De-finieren durch Angabe von Verhalten, das die Wahrnehmung des Gegenstandes vermittelt, der durch Handeln zweckhaft bewirkt werden soll. Wirkungen sind demnach sehr allgemeine Ereignisse in der menschlichen Erfahrungswelt. Sie bleiben zunächst unbestimmt. Es kann nicht genau angegeben werden, durch welche Mittel festzustellen ist, ob der Zweck erfüllt ist oder nicht.

Operativ formulierte Begriffe, die komplexe Forschungsfragen sondieren und gegeneinander abgrenzen, sind Erwartungen über Zusammenhänge aus der Ver-gangenheit, die brauchbar sein sollen für die Gegenwart. Erkenntnishilfen und Methodenkontrollen, die an der Begriffsbildung beteiligt sind, sollen dazu ver-helfen, dass andere Wissenschaftler verstehen, wovon die Rede ist. Die moderne Begriffsgeschichte soll zum Korrelat, wenn nicht zur Bedingung werden für die Verwirklichung einer wissenschaftlichen Interdisziplinarisierung.[432]

Operationalisierende Kommunikationswissenschaftler verpflichten sich zunächst auf den *verhaltenstheoretischen Operationalismus* [*behavioral operationa-*

---

[430] Blöbaum: Journalismus als soziales System, 1994; Kohring: Wissenschaftsjournalismus, 1997; Dernbach: Public Relations für Abfall, 1998; Görke: Risikojournalismus, 1999; Löffelholz: Ein privilegiertes Verhältnis, 2004; Loosen: Entgrenzung des Journalismus, 2007.

[431] Neuberger: Interaktivität, Interaktion, Internet, 2007; Loosen: Entgrenzung des Journalis-mus, 2007; Pörksen: Beobachtung des Beobachters, 2006; Shepherd et al.: Communi-cation as ..., 2006.

[432] Scholz, G.: Interdisziplinarität, 2000.

lism].[433] Die Operationalisierung eines Begriffs soll bedeuten, diesen in beobachtbare Ereignisse zu übersetzen.[434] Diese Position lässt außer Betracht, dass die Gewinnung beobachtbarer Daten abhängt von sehr komplexen Prozessen und Verfahren der Beobachtung, der Erfahrung und der Erinnerung. Strikt operationale Definitionen zur Messung von Variablenbeziehungen mittels bestimmter Indikatoren und Messoperationen für wissenschaftliche Begriffe,[435] mag individuellen Verhaltensproblemen Rechnung tragen, ohne für Kommunikationsprobleme der Weltgesellschaft brauchbar zu sein. Behavioristische Vorgehensweisen setzen Begriffstitel mit Begriffsinhalten gleich und konfundieren ,definieren' mit ,definitiv'. Die Sinndimension der Kommunikation wird kaum geprüft, denn der behavioristische Operationalismus „claims that measurement operations alone can endow scientific terms with meaning."[436]

Organisationen, die seit dem 19. Jahrhundert die Welt beherrschen, interessieren die Sozialwissenschaften seit Beginn des 20. Jahrhunderts[437] Seit einem halben Jahrhundert kümmert sich die Kommunikationswissenschaft um Organisationen in Gestalt von Redaktionen,[438] manchmal Verlagen,[439] Anstalten,[440] Agenturen[441] oder Verbände.[442] Eine allgemeine Organisationswissenschaft beobachtet organisierte soziale Systeme als entscheidende Kommunikationssysteme.[443] Systemansätze [system approaches] und Entscheidungsansätze [decision-making approaches] werden seit den 1960er Jahren als Management von Organisationen problematisiert.[444] Mit Entscheidungsprogrammen wird danach gestrebt, scheinbar unlösbare in lösbare Organisationsprobleme zu verändern.[445]

Frühe betriebswirtschaftliche und verwaltungswissenschaftliche Organisationsforschungen gehen von dem Grundsatz der handlungstheoretischen Optimierung organisatorischer Aufgaben aus. Mit der entscheidungstheoretischen Organisationsforschung werden befriedigende Lösungen [satisfactory solutions] ange-

---

[433] Berelson: The state of communication research, 1959; Berelson: Behavioral sciences, 1968.
[434] Opp: Methodologie, 1970: 130-135.
[435] Lazarsfeld/Rosenberg: Language of social research, 1955.
[436] Bunge: Scientific research, Bd. 1, 1967.
[437] Walter-Busch: Organisationstheorien, 1996.
[438] Rühl: Organisatorischer Journalismus, 2002.
[439] Argyris, Behind the front page, 1974; Rühl: Soziale Struktur des Zeitungsverlags, 1965.
[440] Dygutsch-Lorenz: Rundfunkanstalt ,1971.
[441] Blöbaum: Nachrichtenagenturen, 1983.
[442] Seeling: Organisierte Interessen, 1996.
[443] Ortmann, et al.: Theorien der Organisation, 1997; Theis-Berglmair: Organisationskommunikation, 1994; Luhmann: Organisation und Entscheidung, 2000.
[444] Luhmann: Funktionen und Folgen formaler Organisation, 1964; Mayntz: Soziologie der Organisation, 1963; Rühl: Zeitungsredaktion als organisiertes soziales System, 1969; Kirsch: Entscheidungs- und systemtheoretische Betriebswirtschaftslehre, 1971.
[445] Blöbaum: Organisationen, Programme und Rollen, 2004; Rühl: Journalismus und Gesellschaft, 1980.

strebt.[446] Nicht die Existenz von Organisationen wird zu belegen versucht, sondern Variationen von Variablen, die Vergleiche äquivalenter organisatorischer Leistungen ermöglichen.[447] Werden kommunikationswissenschaftliche Probleme funktional vergleichend operationalisiert, dann unter dem Prinzip der Reduktion zeitlicher, sachlicher und sozialer Komplexität. Mit dem funktional-vergleichenden Grundgedanken wird *Operationalität* zur „verbundenen Reduktion von zeitlich, sachlich und sozialer Komplexität".[448] Kommunikationsprobleme sind auf Sach-, Sozial- und Zeithorizonte einzugrenzen, bewusst zu schließen, um sich für Untersuchungszwecke auf sie festzulegen. Geschlossene Untersuchungsräume enthalten unendlich viele wahrnehmbare Fakten, auf die im Einzelnen nie eindeutig reagiert werden kann.

Die operationale Problemlösung kann sich die Vorteile der Empirie als Methode zunutze machen, wenn sie Anhaltspunkte sucht für kalkülisierbare Problemlösungen. Der Schluss vom Zweck auf das Mittel ist logisch und empirisch nicht haltbar. Die Erfindung des Computers hat die Entwicklung einer besonderen Algorithmik im Gefolge. Ein *Algorithmus (Kalkül)* ist eine Entscheidungsregel, die schematisch vollzogen werden kann, ohne dass der Sinn des Vollzugs mitbedacht werden müsste. Mathematische Rechenregeln sind klassische Beispiele. Das Rechnen mit Zahlen wird heute als Teilbereich einer umfassenderen, häufig auch mathematisch genannten Logik angesehen.

Bedenkenloser Vollzug ist immer dann möglich, wenn die Regeln des Entscheidungsprogramms so fixiert sind, dass für jeden Entscheidungsschritt eine Entscheidungsregel eindeutig vorschreibt, was zu geschehen hat, wenn eine bestimmte Information gegeben wird. Eine Regel und eine Information! Wenn mehr Komplexität zu verarbeiten ist, müssen mehrere Entscheidungsschritte vorgesehen werden können, die andere Wege über andere Informationen entscheiden und der Zeitfolge die sachliche Komplexität des Entscheidungsproblems wiedergeben. *Kalkülisierung* heißt demnach aktualisierte Komplexität. Die Verbindung der Entscheidungsschritte erfolgt dabei durch einen Informationsfluss, auf den sich die Umarbeitung der Informationen mit Hilfe von Wenndann-Regeln bezieht. Kalkülisierung erforscht mithin Übersetzung in die Sprache der konditionalen Programmierung. Kalkülisierung von Zweckprogrammen bedeutet Ausführung des Zweckprogramms durch seinen Gegentyp.

---

[446] March/Simon: Organisation und Individuum, 1976: 132; Rühl: Zeitungsredaktion als organisiertes soziales System, 1969: 176.

[447] Luhmann: Funktion und Kausalität, 1970: 15.

[448] Luhmann: Zweckbegriff und Systemrationalität, 1973: 315-316.

Metaphern ziehen in imaginative Kontexte hinein.
So entsteht explizit das Gleichnis aus der Metapher.
Hans Blumenberg: Beobachtungen an Metaphern, 1971: 167.

4.3 Metaphern

Wer über komplexe Themen redet, ohne begrifflich-theoretisch gerüstet zu sein, sucht gern Zuflucht bei plausiblen Metaphern. Das hört sich dann so an: Chemie ist, wenn's kracht, raucht und stinkt. In der Wirtschaft dreht sich alles ums Geld. Kommunikation ist, wenn die Message rüberkommt. Metaphern werden im Allgemeinen von der Erkenntnistheorie des gemeinen Menschenverstandes [common sense theory] gesteuert, die Karl Popper als „Kübeltheorie des Geistes" und als „ein rechtes Durcheinander" kennzeichnet.[449]

Über viele Jahrhunderte war die aristotelische Metapherndefinition richtunggebend: „Eine Metapher [...] ist die Übertragung eines Wortes, dessen gewöhnliche Bedeutung eine andere ist."[450] Eine Kommunikationsidee mit dem Wortsinn übertragen, befördern oder vermitteln symbolisiert die Metapher ‚Bote'. In der Mythologie ist es Hermes, der Götterbote. Vor der Institutionalisierung der taxisschen Post waren laufende Boten unterwegs, etwa zwischen der Freien Reichsstadt Nürnberg und Lyon, Straßburg, Köln, Antwerpen, Hamburg, Leipzig, Breslau und Wien.[451] Ein reitender Bote symbolisiert für zwei Jahrhunderte die *Neue Zürcher Zeitung*.

Im 20. Jahrhundert verschwindet die Botenmetapher, als die Kommunikationswissenschaft von Vermitteln auf *Verstehen* umstellt.[452] Transport- und Vermittlungsmetaphern überträgt der Sozialökonom Karl Knies auf Kommunikation, als er in der Mitte des 19. Jahrhunderts Eisenbahnen und Telegraphen als *Communicationsmittel* bezeichnet.[453] Andere Kommunikationsmetaphern entstehen. Damit nur ganz Bestimmte verstehen können werden Texte kodiert und dekodiert. Geheimdienste programmieren durch die Zuordnung von Sprach- und Zahlen-Codes ihre Entscheidensprogramme. Christian Thomasius beobachtet den Menschen in der Gesellschaft beim *communizieren*, woraus Verstehen entstehen soll. [454] Kaspar Stieler definiert *publicieren* als öffentliches Kundmachen durch Zeitungslesen und Zeitungsvorlesen, so dass eine „andere Klugheit [...] in der

---

[449] Popper: Objektive Erkenntnis, 1974: 15.
[450] Aristoteles: Poetik, 1982: 1457a: 31.
[451] Rühl: Publizieren, 1999: 58-64; Lerg: Das Gespräch, 1970.
[452] Krippendorff: Der verschwundene Bote, 1996.
[453] Knies: Die Eisenbahnen, 1853; Knies: Der Telegraph, 1857: 44 ff., 60 ff.; Groth: Geschichte der Zeitungswissenschaft, 1948: 245 ff.; Hardt: Social theories of the press, 1979: Kap. 3.
[454] Thomasius: Einleitung zur SittenLehre, 1995: 89.

Wissenschaft der Welt und ihrem Spielwerk" entstehen kann. Adam Smith bedient sich der *Spiegelmetapher*, als er sich das kommunikative Wechselspiel zwischen Selbstbeobachter und Fremdbeobachter [*fair, attentive and impartial spectator*] vorstellt. Wer in den Spiegel schaut sieht sich direkt – aber nur auf den ersten Blick. Durch *sympathy* – damit meint Smith was Sigmund Freud Einfühlung [empathy] nennen wird – stehen sich ein Ego und ein Alter gegenüber, die ihre eigenen Kommunikationsweisen billigen oder missbilligen können. Durch spiegelbildliches Probierhandeln [trial and error] kann nach Adam Smith die gesellschaftliche Integration als Kommunikationsergebnis herbeigeführt werden.[455]

Im 20. Jahrhundert entsteht eine philosophische Metaphorologie, die erkenntnistheoretisch zwischen Beobachtungen und Beobachtern unterscheidet. Darin sieht Hans Blumenberg Chancen, durch Metaphern an eine genetische Struktur der Begriffsbildung und an die Substrukturen der Begriffe heranzukommen.[456] Psychologie und Ästhetik führen das kognitive Potential der Metaphern über die bildliche Sprache hinaus. Alltagssprachliche Metaphern nähren für große Denk- und Handlungsbereiche neue Metaphern.[457] Die Computertechnologie aktualisiert die *Fenstermetapher*, wenn auch sehr oberflächlich. Die Fenstermetapher verwendet E. T. A. Hoffmann als Weltausschnitt, beobachtet aus *Des Vetters Eckfenster*,[458] und Caspar David Friedrich malt die *Frau am Fenster*, die eine Waldlandschaft beobachtet, während der Bildbeobachter die Beobachterin beim Beobachten beobachtet.[459]

Viele in der Kommunikationswissenschaft vorkommende Metaphern werden nicht hinreichend auf ihre Brauchbarkeit für die Analyse menschlicher Kommunikation reflektiert. Mit dem ingenieurwissenschaftlichen Shannon-Modell bleibt die semantische Dimension und somit die Metapher der Humankommunikation unterentwickelt. Shannon schlägt fünf technisierte Positionen vor: *source, transmitter, signal, receiver* und *destination*. Damit sollen Signale kostengünstiger als bisher übertragen werden. Die Unmittelbarkeit der Shannonschen Kanaltransportmetapher bestimmt auch die Knetmetapher Marshall McLuhans: *The medium is the massage*.[460] McLuhan assoziiert, spekuliert und polemisiert, ohne begrifflich-theoretisch zu analysieren, wenn er 'Medium' und 'Massage' gleichsetzt – anschaulich, wenn auch für die Kommunikationswissenschaft irrelevant.

---

[455] Smith, A.: Moral sentiments, 1976: 110; Dazu Rühl: Publizieren, 1999: Kapitel 9; Rühl: Politische Kommunikation – wirtschaftswissenschaftlich, 1998; Rühl: Integration durch Massenkommunikation, 1985.

[456] Blumenberg: Paradigmen, 1960.

[457] Lakoff/Johnson: Metaphors, 1977.

[458] Hoffmann, E.T.A.: Des Vetters Eckfenster, 1983.

[459] Friedrich, C. D.: Frau am Fenster, 1822.

[460] McLuhan & Fiore: The medium is the massage, 1967: 10.

Die Metapher *Gatekeeper* soll Entscheidungshandeln beim Zeitungmachen symbolisieren. Die Gatekeeper-Metapher wird von Kurt Lewin für das Entscheidungshandeln im Familienhaushalt konzipiert.[461] Für die organisatorische Komplexität des Zeitungsmachens ist die Gatekeeper-Metapher zu einfach, um brauchbar zu werden. Im Anschluss an die allgemeine Organisationsforschung[462] rücken an die Stelle der Gatekeeper-Metapher organisatorische Entscheidungsprogramme.[463] Zeitungen werden seit dem 17. Jahrhundert organisatorisch produziert, zunächst in manufakturellen Zeitungsbuden und Avisenhäusern.[464] Wird die Gatekeeper-Metapher auf „große Journalisten" wie Karl Kraus oder Maximilian Harden übertragen, dann kann damit nichts ausgesagt werden über die Herstellung und den Fortbestand der *Fackel* oder der *Zukunft*.[465]

Die systemtheoretisch-empirische Journalismusforschung lässt keinen Zweifel aufkommen, dass die Kriterien des organisatorischen Entscheidungshandelns den persönlichen Vorlieben und Vorurteilen des Gatekeeper vorzuziehen sind.[466] Die Regelungs- und Steuerungsmechanismen der Entscheidungsprogramme ermöglichen es, dass täglich „eine neue Zeitung" gemacht werden kann. Dass deren Texte einen Inhalt [content] ‚haben', darauf verweist der Augenschein. ‚Inhalte' wurden von der europäischen Ästhetik des 18. Jahrhunderts entdeckt. Im 20. Jahrhundert geht die verhaltens- und zeichentheoretische Inhaltsanalyse von vorgegebenen Inhalten aus.[467] Gesellschaftlich wird Verhalten mit Kommunikation gleichgesetzt, als komplexe, raum-zeitlich objektiv messbare Zusammenhänge. Werden Nachrichten, Bilder und weitere Texturen in Daten aufgelöst, um den Analyseergebnissen im Nachhinein kommunikationstheoretische Beziehungen zuzuschreiben, dann wird nicht nach sinnmachenden Informationen gefragt. Die *Container-Metapher* verhaltenstheoretischer Inhaltsanalytiker eignet sich offenkundig weder für semantische noch für orale Probleme der Kommunikation.

4.4 Modelle

Seit Urzeiten modellieren Menschen mit Steinen, Knochen, Holz und anderen Materialien. Die erzeugten Geräte, Werkzeuge, Waffen, Schmuck und Spielsachen stehen im Dienst von Mythos, Religion, Krieg, Kunst und Kinderstube. Das Wort Modell ist lateinisch-indogermanischer Herkunft und bedeutet Nach-

[461] Lewin: Frontiers I, 1947; Lewin: Frontiers II, 1947; Lewin: Feldtheorie, 1951.
[462] March & Simon: Organization, 1958; Simon: Models of man, 1964.
[463] Rühl: Journalism in a globalizing world society, 2008.
[464] Rühl: Die Zeitungsredaktion, 1969.
[465] Rühl: Journalismus und Gesellschaft, 1980: 346-352.
[466] Blöbaum: Organisationen, Programme und Rollen, 2004.
[467] Berelson: Content analysis, 1952; Merten: Inhaltsanalyse, 1995.

denken, Erwägen, für etwas sorgen.[468] Modelle, Urbilder, Vorbilder, Beispiele, Muster, Nachbildungen oder Illustrationen kommen in den Wissenschaften später zum Zuge. Im 18. Jahrhundert setzen Ökonomen Modelle den Theorien gleich. „Die Geschichte der ökonomischen Theorie ist eine Geschichte des Denkens an Modellen."[469] Der Physiokrat François Quesnay stellt (1758) den Wirtschaftskreislauf als *Tableau économique* vor, und die politischen Ökonomen Adam Smith, Jean-Baptiste Say und David Ricardo modellieren Grundrisse bürgerlich-liberaler Theorien einer arbeitsteiligen Marktwirtschaft. Quantitative Variable werden für Gleichgewichtspunkte gesucht. Mit „wirtschaftlichen Rahmenbedingungen" sind außer-ökonomische Sachverhalte gemeint, die auf einen nicht näher präzisierten „Datenkranz" verweisen. Operieren Ökonomen mit mathematisierten Axiomen, dann werden diese bedeutungshaltigen Begriffen zugeordnet. Wirtschaftliche Zusammenhänge werden architektonisch strukturiert, zweckfunktional (teleologisch) als Organigramme skizziert, um auf verhaltenstheoretische Stimulus/Respons-Modelle vereinfacht zu werden.

Das von dem Ökonomen Wassily Leontief entwickelte Input/Output/Modell kommt in der Kommunikationswissenschaft vor, wenn auch ohne Mathematisierung.[470] Das Input/Output/Modell besagt: Kausalprozesse durchlaufen das System nicht auf einer vorgeschriebenen Route. Vielmehr wird nach Eindrücken aus der Umwelt gesucht, auf die dann, unter dem Gesichtspunkt der Selbsterhaltung, reagiert wird. Eindrücke werden systemintern verarbeitet und das Ergebnis an die Umwelt zurückgegeben. Input und Output sind somit wechselseitige Gesichtspunkte der Selektion, und nach dem Input/Output/Modell kann sich das System schon beim Beschaffen von Produktionsressourcen an Möglichkeiten des Absatzes der Produkte orientieren.

Das in Amerika besonders erfolgreiche Lehrbuch von David Berlo *The process of communication* (1960) modelliert Kommunikationsverhalten [communication behavior] durch ein ‚vermenschlichtes' Shannon-Modell. (1) *Source* wird zur *communication source*, zum Sprecher (Person oder Gruppe). (2) *Transmitter* wird *encoder*, (3) *signal* wird *message*, (4) *channel* bzw. *medium* wird hinzugefügt, (5) *receiver* heißt *decoder*, und (6) aus *destination* wird *communication receiver*. Alle Positionen dieses Ein-Akt-Prozesses müssen mitwirken, soll Kommunikation gelingen. Einzelne (oder Gruppen) sollen Ideen, Zwecke und Absichten als Mitteilungen in einen Kanal (ein Medium) einbringen, an deren Ende hörende oder lesende Empfänger mit Dechiffrieren

---

[468] Müller, R.: Geschichte des Modelldenkens, 1983.
[469] Schneider, E.: Einführung in die Wirtschaftstheorie, 1963, IV. Teil: 2.
[470] Rühl: Systemdenken und Kommunikationswissenschaft, 1969: 190-192.

beschäftigt sind.[471] Die elaborierte Kommunikationsdefinition Kenneth Burkes bestimmt das organisationskommunikative Lehrbuch Philip Tompkins.[472]

„Man is the symbol-using (symbol-making, symbol misusing) animal,
inventor of the negative (or moralized by the negative),
separated from his natural condition by instruments of his own making,
goaded by the spirit of hierarchy (or moved by the sense of order),
and rotten with perfection."[473]

Im deutschen Sprachraum macht das Fünf-Fragen-Schema von Harold D. Lasswell seit Jahrzehnten eine Lehrbuchkarriere. Gesagt wird, es veranschauliche eine „einseitige Kommunikation" als Transportakt und „Medien" als Transportmittel. Die „Lasswell-Formel" entstand ad hoc im multidisziplinären *Rockefeller Communication Seminar* (1939/40), vor einer Theorie, als „roter Faden" und sie wird (1948) dem Aufsatz *The Structure and Function of Communication in Society* vorangestellt.[474] Die Vereinigten Staaten waren noch nicht in den Zweiten Weltkrieg eingetreten, als Lasswell nach Kommunikationszusammenhängen in einer demokratisch bestimmten Gesellschaft suchte. In dem genannten Aufsatz formulierte er dafür drei generalisierbare Funktionen:[475] Lasswell diskutierte zudem „attention structures" in der Öffentlichkeit, differenziert die Beteiligten nach „expert, leader and layman", um der öffentlichen Meinung als einer sozialen Variable näherzukommen.[476] Angefragt, womit Kommunikation in der Gesellschaft angegangen wird, verweist Lasswell auf seinen „configurative approach",[477] den er für die *policy science* weiterentwickelt.[478]

Nach dem Zweiten Weltkrieg weitet sich unter den Stichworten Kybernetik und Kommunikation eine neue Denkrichtung aus. Die Ausgangslage schafft Norbert Wieners These vom menschlichen Gehirn als einem binären System, das elektronischen Rechenmaschinen vergleichbar ist.[479] Kybernetische Kommunikationsmodelle verdrängen die analogisierenden organischen und mechanischen Modelle, die einzelwissenschaftlich vorbelastet sind. Horst Reimann entwirft mit der Kybernetik erster Ordnung eine Erkenntnistheorie der Soziologie der

---

[471] Berlo: Process of communication, 1960: 30-32.
[472] Tompkins: Communication as action, 1982: 6.
[473] Burke: Language as symbolic action, 1968: 16.
[474] Lasswell: Structure and function, 1948/1987.
[475] Siehe Kapitel 5.7 des Buches.
[476] Damals entstand auch *The Public Relations Function*. Siehe Lasswell: Democracy through public opinion, 1941; Rühl: Harold D. Lasswell, 1997.
[477] Lasswell: World Politics, 1935.
[478] Harold D. Lasswell in einem Brief vom 4. August 1971 an den Verfasser. Ferner Lasswell: Policy Science, 1971.
[479] Wiener: Kybernetik, 1963.

Kommunikations-Systeme.[480] Karl W. Deutsch entwickelt ein kybernetisches Vier-Funktionen-Modell, das breitstreuende Überlegungen und Vorarbeiten in Politik- und Kommunikationswissenschaft strukturell gleichartig abstrahieren soll.[481] Im Regelkreis der Kybernetik erster Ordnung sollen Erkenntnisse gewonnen werden, und zwar durch Selektion, durch Fragestellungen einer erkennenden Forschergemeinschaft anhand von Merkmalen bestimmter gesellschaftlicher Situationen, durch Auswahlen messbarer und relevanter Fakten, und durch ein Symbolsystem mit dem ausgewählte Daten aufgezeichnet und gegebenenfalls angewandt werden können.[482] In einem „Zwischenbericht" werden anwendungsfähige Fakten in Bildern, Grafiken und Landkarten versammelt, zur Wegeweisung des Erkennens mit Hilfe von vier interdisziplinär relevanten Funktionen. (1) Die *Organisationsfunktion* soll faktische Zusammenhänge ordnen, zueinander in Beziehung setzen, um neue Vergleichbarkeiten aufzuzeigen. (2) Die *heuristische Funktion* soll, abhängig von Erinnerungen und Gewohnheiten, andere Voraussagen einbeziehen, um Neues zu entdecken. (3) Eine weitere Funktion soll Gegenstände *qualifizieren* und *quantifizieren*. (4) Das Modell – dessen Aufbauprinzip noch keineswegs klar verstanden wird – soll vielfältig messbare Daten als *Indikatoren* hervorbringen.[483]

Als Denis McQuail und Sven Windahl ausgewählte Kommunikationsmodelle beschreiben und kommentieren, „to represent the main lines of thought about the process of mass communication which have emerged during the last 30 years of research into mass communication", stützen sie sich auf die Modellstudie von Karl W. Deutsch. Die Autoren beschreiben das Modelldenken „as a consciously simplified description in graphic form of a piece of reality". A model seeks to show the main elements."[484] McQuail und Windahl befinden, dass alle gängigen kommunikationswissenschaftlichen Modelle reale Gegebenheiten vereinfachen und sämtlich in der vierten Funktion von Deutsch eingeordnet werden können. Das Modell von Karl Deutsch ist offen für Probleme der Organisationen und es macht Vorschläge für Qualifizierung und Quantifizierung – Leistungen, die das Shannon-Modell nicht hergibt.

Mit dem Denken einer Kybernetik zweiter Ordnung und mit Techniken und Technologien des Computers entsteht für die Kommunikationswissenschaft ein hochleistungsfähiges Denkzeug, das den systemtheoretischen Entwicklungstrend erweitert und das Modelldenken in interdisziplinäre Betrachtungs- und Vorgehensweisen vorantreibt. Dazu gehören neuartige Sichtweisen: *Globalisierung*

---

[480] Reimann: Kommunikations-Systeme, 1974; Rühl: Reimann, Kommunikations-Systeme, 2002.

[481] Deutsch: Politische Kybernetik, 1969: Einleitung zur amerikanischen Neuauflage von 1966 und Erster Teil.

[482] Ebenda: 42.

[483] Ebenda: 44-46.

[484] McQuail/Windahl: Communication models, 1998: 2.

als Begrenzung durch Endloshorizonte,[485] *Paradoxien*, die Kommunikation als gesellschaftliche Selbstbeschreibung aller Beobachtungen und Beschreibungen anfertigen.[486] Völlig offen ist, wie Studierende an diese neuartigen Kommunikationsentwürfe herangeführt werden sollen.

4.5 Schematisierungen

Der Begriff *Schema* begegnet uns in den Standardsprachen immer wieder. In Philosophie und Wissenschaft spricht man vom Schema sehr allgemein, wenn Schablone oder Matrize gemeint sind, als Vorzeichnungen von etwas, das durch Begriffe noch genauer zu bestimmen ist. Schema funktioniert gleichsam als Platzhalter für eine spätere Präzisierung durch Begriffe. Immanuel Kant bestimmt Schema differenzierter, als ein vermittelndes Drittes zwischen Begrifflichkeit des Verstandes und Sinnlichkeit der Anschauungen. Wird Erkenntnis als Beziehung zwischen intellektuellen Begriffen und sinnlichen Anschauungen gedacht, dann kann – weil beide „ganz ungleichartig" sind – „das transzendentale Schema" beide aufeinander beziehen.[487] Die Allgemeinheit von Schema hat sich normaltheoretisch als Verhaltensschema, Lernschema oder Denkschema erhalten.

Im 20. Jahrhundert bedienen sich viele Disziplinen des Begriffs Schema, aber auch vieler anderer ‚Vereinfacher': Allegorie, Bild, Chiffre, Ganzheit, Gestalt, Gleichnis, Frame, Image, Metapher, Modell, Muster, Parabel, Paradigma, Symbol, Stereotyp, Struktur, System, Vergleich oder Zeichen. Der Begriff Denkschema, der auf unerkannte oder vergessene Orientierungen des Denkens gerichtet ist, wird von Niklas Luhmann zum ‚Sinnschema' umgebaut. Sinn ist der Schlüsselbegriff der bewussten menschlichen Kommunikation. Dabei kommt Sinn die Funktion des Ordnens zu. Mit sinnvereinfachenden Schematisierungen kann schneller geordnet werden. Viele Kommunikationskulturen beeindrucken durch abstrakte, schematisierte Vorläufigkeiten, um die Welt kommunikabler zu machen.

Für die kommunikative Begriffsbildung schlägt Luhmann vor, überkomplexen Kommunikationssituationen durch sinnmachende duale *Schematismen* zu begegnen. Ego/Alter, Erleben/Handeln, Selbstreferenz/Fremdreferenz, gut/böse, wahr/unwahr sind klassische Dualitäten. Damit werden einfache Kommunikationssysteme, die durch jeglichen menschlichen Kontakt entstehen (Gespräch, Telefonat) überschaubarer und anschlussfähiger. Mit Schematismen kann

---

[485] Rühl: Globalisierung der Kommunikationswissenschaft, 2006: 362-363.
[486] Luhmann: Gesellschaft der Gesellschaft, 1997.
[487] Kant: Kritik der reinen Vernunft, 1968: B 177.

Intimkommunikation im Modus Liebe,[488] Organisationskommunikation im Modus Entscheidung entstehen.[489] Wenn Kant den Sinn des Schematismus in der vernunftrationalen Notwendigkeit auf Option erkennt, dann stellt Luhmann auf systemrationale Einheit der Dualität um.[490] Es kommt eine kontingente, aber brauchbare Verkürzung der Wirklichkeit zustande, die unentbehrlich ist für die Verständigung über komplexe Sachverhalte. Schematismen werden nicht auf Grund- oder Tiefenstrukturen, auf Wesenheiten oder Ähnlichkeiten ausgerichtet. Es soll „ein operatives Dual, das zur Kontingenzbehandlung benutzt wird, und dazu zwingt, die Erfahrungen in der Interaktion auf die eine oder die andere von zwei Formen zu beziehen".[491] Insofern ist das Prozessieren ‚sinn-offener' Zusammenhänge für die Erhaltung komplexer Systeme unentbehrlich.[492] Wird ein Thema im Gespräch von einem Partner lang und breit dargestellt, dann erwägt der andere Möglichkeiten, eine Abkürzung anzukündigen, mit Akzentsetzung auf verbalen oder nonverbalen Bereichen. Die SMS erfordert eine andere Konstanz bzw. bietet andere Variabilitäten in Bezug auf Erinnern, Auswahl, Veränderung und Rekonstruktion.

Philosophen und Wissenschaftler bevorzugen traditionell organische und mechanische Modelle als schematisierende Erkenntnishilfen. Erinnerlich ist der „Zeitungsbaum" Karl d'Esters und der „Publizistikbaum" Hans A. Münsters. Solche Organismusmodelle, auch das Mechanismusmodell Claude E. Shannons, sind Analogmodelle, mit denen Ähnlichkeiten festgestellt werden sollen. Sie sind biologisch bzw. technologisch vorbelastet und eignen sich nicht, Prozesse der Kommunikation abzubilden. Dies war die Chance der Kybernetik, deren Modelle Vereinfachungen und Erkenntnishilfen zulassen, ohne disziplinär-sachlich vorbelastet zu sein.

Beobachtungen werden in Abhängigkeit von der Unterscheidung definiert.[493] Pressepublikationen arbeiten traditionell mit schematisierten, gegenübergestellten Genres, mit Nachricht/Kommentar, Text/Bild, Bericht/Reportage usw. Keine publizistische Arbeit, kein Auswählen von Themen und Manuskripten, kein Kürzen, Redigieren oder Einwerben von Manuskripten wird ad hoc praktiziert. Schematisieren ist ein rekursives Nacharbeiten der Beobachtungen früherer Schematisierungen. Sie sind Voraussetzung dafür, dass sich stabile publizistische Beobachtungen bilden. Sowohl die Beobachter als auch die zu bearbeitenden publizistischen Probleme erlangen dadurch ausreichende Bestimmtheit (nicht Richtigkeit).

---

[488] Luhmann: Liebe als Passion, 1983.
[489] Theis-Berglmair: Organisationskommunikation, 2003.
[490] Luhmann: Soziale Systeme, 1984: 311-317.
[491] Luhmann: Schematismen der Interaktion, 1979: 81.
[492] Luhmann: Soziale Systeme, 1984: 125.
[493] Luhmann: Erkenntnis, 1988: 15.

Es giebt Spiele mit Begriffen, und Spiele mit Zahlen;
beide aber geben nicht reale Erkenntniß,
mögen blos als geistige Gymnastik gelten.
Johann Jakob Wagner: Philosophie der Erziehungskunst, 1803: VII.

5 Methodentheorien (Methodologie)

Nach der Diskussion von Erkenntnisstrukturen und Erkenntnisoperationen interessiert die Art und Weise, wie Kommunikationswissenschaftler methodologisch verfahren. Mit welchen Erkenntnisverfahren werden kommunikationswissenschaftliche Problemfelder erschlossen? Der gemeine Menschenverstand würde antworten: Wo ein Wille ist, da ist ein Weg! Im Griechischen heißt *methodos* der Weg und methodisches Vorgehen ist im Alltag ein Ausweis für ein vernünftiges Vorgehen. Als Kanon von Regeln für den geschickten Umgang mit Mitteln schaffen Methoden Sicherheiten auf den Wegen zum Ziel. Methoden als Regelwerk zur Ordnung der Beziehungen zu anderen Menschen können vor unliebsamen Überraschungen mit der Nachbarschaft bewahren.

Lehrbücher beschreiben Methoden als planmäßige Anweisungen und Beschreibungen von Verfahren zur Verwirklichung eines bestimmten Erkenntniszusammenhangs.[494] Methodologie steht für die Bearbeitung von Methodentheorien, die Methoden beschreiben, erklären und rechtfertigen. Wenn Wissenschaftler Probleme mit Methoden formulieren, bearbeiten und lösen, dann formen, beobachten und messen sie Begriffe, Konzepte und Hypothesen, mit denen Experimente durchgeführt, Modelle und Theorien gebildet, Erklärungen versucht und Prognosen gestellt werden. Gesamtwissenschaftliche Charakterisierungen von Methoden meinen grundsätzliche Gedankengänge zur Steuerung unterschiedlicher Untersuchungsweisen.

Jede Methode setzt zu ihrer eigenen Konstruktion eine Theorie voraus. Seit dem 18. und 19. Jahrhundert werden Methoden in Einzelwissenschaften ausgearbeitet – beispielsweise in der Ökonomik. Dort findet man die unterscheidbaren methodologischen Gedankengänge des Positivismus, Empirismus, Utilitarismus, Funktionalismus, Hermeneutik, Historismus und der Dialektik, ohne dass einer davon in ,Reinkultur' vorherrschen würde.

Die nach dem Zweiten Weltkrieg im deutschsprachigen Raum auftretende ,empirische Sozial- und Kommunikationsforschung' kennt keine Empirik als (philosophische) Methodentheorie. Ist von ,empirischen Forschungsmethoden' die Rede, dann sind Untersuchungstechniken wie Umfrageforschung, Inhalts-

---

[494] Speck: Handbuch, 1980: 429.

analyse, teilnehmende Beobachtung, soziales Experiment etc. gemeint. Sie haben eine verhaltens- oder handlungstheoretische Vergangenheit. Werden sie auf Kommunikationsprobleme bezogen, dann problematisieren sie keine semantischen, also keine sinnmachenden Probleme.

Ohne grundlagentheoretische Reflexionen der Kommunikationsprobleme in Relation zu Entmetaphysierung, Empirisierung, Positivierung, Utilitarisierung, Pragmatisierung, Hermeneutisierung, Historisierung und Funktionalisierung wird man keine inkongruenten Fragen stellen und beantworten können. Die im Studium vermittelten Forschungstechniken sind, mit anderen Worten, auf ihre methodentheoretische Vergangenheit und hinsichtlich ihrer zeitgemäßen Brauchbarkeit zu befragen. Das Trainieren von Forschungstechniken unabhängig von methodentheoretischen Überlegungen gerät leicht in den Verdacht, ein „geübtes Unvermögen" [„trained incapacity"] zu werden.[495] Darauf hat Abraham Kaplan mit folgendem Beispiel aufmerksam gemacht:

> „Give a small boy a hammer, and he will find that everything he encounters needs pounding. It comes as no particular surprise to discover that a scientist formulates problems in a way which requires for their solution just those techniques in which he himself is especially skilled."[496]

Heute hat die Metaphysik ihre Rolle ausgespielt.
Walter Schulz: Philosophie in der veränderten Welt, 1972:7.

5.1 Entmetaphysierung

Wird mit der *Metaphysik* beobachtet, dann soll das Ganze des Seins erfasst werden. Metaphysische Aussagen sollen (1) intentional synthetisch operieren (nicht analytisch), (2) sie sollen a priori gelten (nicht erst nach empirischer Beobachtung und Prüfung), und (3) alle metaphysischen Aussagen sollen über das hinausführen, was Einzelwissenschaften wie die Kommunikationswissenschaft auf methodischen Wegen erreichen.[497] Würden sich Metaphysiker kommunikationswissenschaftlichen Problemen stellen, würden sie dort beginnen, wo

---

[495] Veblen: Engineers and the price system, 2001.
[496] Kaplan: Conduct of inquiry, 1964: 28.
[497] Kamitz: Metaphysik und Wissenschaft, 1980: 423.

empirisch operierende Kommunikationswissenschaftler nicht mehr weiterwissen.

Für Aristoteles war die Metaphysik eine philosophische Disziplin, die ohne empirisch nachprüfbare Aussagen zu Erkenntnissen führen konnte. Aristoteles bildet Gegensätze zwischen Theorie und Praxis und zwischen Theorie und Empirie. Als englische und französische Aufklärer im 18. Jahrhundert dazu übergehen, Empirismus und Positivismus als wissenschaftliche Bedingungen, Instanzen und Voraussetzungen einzuführen, konterkarieren sie die Erkentnispostulate der Metaphysik. Die einsetzende *Entmetaphysierung* wird Kehrseite der Positivierung in dreierlei Hinsicht: (1) als Aufhebung metaphysischer Instanzen, (2) in Abwendung metaphysischer Fragestellungen und (3) durch Aufhebung metaphysischer Voraussetzungen. Nunmehr kennzeichnet Theorie die Lehre eines Gegenstandsbereichs, der Elemente, Strukturen und Gesetzlichkeiten umfasst, beispielsweise die Theorie des Mondes oder die Theorie der Herzbewegungen. Der Begriff Wissenschaftstheorie [philosophy of science], verstanden als Metatheorie in Relation zu einzelwissenschaftlichen Theorien, umfasst mit Metaphysik, Logik, Erkenntnistheorie, Ontologie und Transzendentalphilosophie ein breites Begriffsfeld.[498]

Im Europa des 19. Jahrhunderts bestärken Empirismus, Positivismus, Utilitarismus und Funktionalismus die Erwartungen an eine einheitliche Wissenschafterkenntnis. Keine dieser Strömungen setzt Metaphysik voraus. Mit dem Empirismus (David Hume, John Stuart Mill), dem Positivismus (Auguste Comte, Émile Durkheim) und dem Funktionalismus (Immanuel Kant) verfügen die aufkommenden Sozialwissenschaften über neue Erkenntnismöglichkeiten. Der empiristische Grundgedanke, auf dem Boden erfahrbarer Tatsachen (Fakten) erkennen zu können, ist schon im Werk Francis Bacons anzutreffen.[499] Tatsachen (Fakten) sind positive Erkenntniselemente und sie fordern die Befreiung von der Metaphysik als Vorbedingung objektiver Beschreibung des Beobachtbaren.

Für klassische Metaphysiker gibt es Fundamentalaussagen und Grundbegriffe als Ur-Sachen für die Existenz von Gegenständen. Fundamentalaussagen sind „Gott lebt" oder „Gott ist tot". Beide Aussagen sind nicht zu problematisieren und zu diskutieren. In der Zeitungswissenschaft postuliert Otto Groth die Zeitung als Wesen. Er unterstellt die „Not des Lebens", Bedürfnisse und individuelle Erfahrungen als wesenhafte Verursachungen der Zeitung, der mit Aktualität, Periodizität, Publizität und Universalität raum- und zeitlose Wesensmerkmale zugeschrieben werden.[500] Wenn Emil Dovifat behauptet: „Seit dem Jahre 1964 kann die Publizistik unmittelbar und gleichzeitig eine Weltöffentlichkeit

---

[498] Diemer: Wissenschaftscharakter der Wissenschaft, 1968: 8-9.
[499] Bacon: Neues Organon, 1990: Aphorismus 104.
[500] Groth: Unerkannte Kulturmacht, 1960: Bd. 1; Marhenke: Arbeit an der Theorie, 2004.

erreichen", dann werden die Worte ‚Publizistik' und ‚Weltöffentlichkeit' wie ursächliche Existenzen eingeführt,[501] die augenscheinlich keiner empirisch-positivistischen Analyse bedürfen. Der Autor ontologisiert die Termini Publizistik und Weltöffentlichkeit, denen eine eigenständige Wirklichkeit unterstellt wird.

Wo Zeitungs- und Publizistikwissenschaft als hermeneutisch-verstehende Geisteswissenschaften auftreten, wählen sie reale Gegenstandsarten (Zeitung, Zeitschrift, Plakat, Film, Rundfunk, Internet), die unausgesprochen metaphysisiert werden. Metaphysisierte Begriffe können weder verifiziert noch falsifiziert werden, da – wie der Fall Groth zeigt – die Erkenntnistheorie des Idealtypus und die Zweck/Mittel-Methode erfahrungsresistent sind. Mit dem Idealobjekt Zeitung gelingt Groth eine „reine[n] Theorie des Gesamtsystems […] frei von allen individuellen Zügen, von allen Materialisationsweisen und allen raum-zeitlichen Bedingungen der einzelnen Schöpfungen des Kultursystems". In das Idealobjekt Zeitung sollen alle realen Zeitungen aller Zeiten als Materialobjekte hineinverlagert werden.[502] Als Groth seine statistische Inhaltsanalyse durchführt[503] steht seine generalisierende Zeitungstheorie als Forschungsprogramm noch nicht zur Verfügung. Statistiken über reale Zeitungen mussten noch nicht zu einem metaphysisierten Zeitungsbegriff in Beziehung gesetzt werden.

In der zweiten Jahrhunderthälfte werden publizistische Gegenstandsarten unter den Dachbegriffen 'Massenmedien' oder 'Medien' versammelt. Sie werden als ideale Formalobjekte vorgestellt, in die reale Materialobjekte hineinverlagert werden: Zeitungen, Zeitschriften, Rundfunk und weitere Medien. Metaphysische, also voraussetzungslose Behauptungen müssen nicht befürchten, aus weltanschaulichen, religiösen, nationalen, parteipolitischen, regionalwirtschaftlichen oder publizistischen Perspektiven befragt zu werden. Anders als die in Nordamerika entstehende empirisch-positivistische Kommunikationswissenschaft bleiben Zeitungswissenschaft und Publizistikwissenschaft als „deutsche Sonderwege" metaphysisiert. In ihren hermeneutisch-historisierenden Grundzügen erinnern sie an die beiden Historischen Schulen der Nationalökonomie.[504] Während für den historisierenden Ökonomen Gustav von Schmoller die Herstellung von Theorien ein Fernziel darstellt, äußert der normativ-präskribierende Publizistikwissenschaftler Emil Dovifat keine Theorieabsichten.[505]

---

[501] Dovifat: Handbuch der Publizistik, Bd. 1, 1971: 1.

[502] Groth: Unerkannte Kulturmacht, I, 1960: 103-104. Dazu Rühl: Zeitungsredaktion als organisiertes soziales System, 1969: 29-35.

[503] Groth: Die politische Presse, 1915.

[504] Söllner: Geschichte des ökonomischen Denkens, 1999: 267-273.

[505] Dovifat: Handbuch der Publizistik, Bd. 1, 1971.

Erfahrungswissenschaftliche Forschungen vertragen keine metaphysischen Postulate. Medien haben als Mittel zum Zweck eine lange Lehrtradition.[506] Seit einem halben Jahrhundert sind Medien für alle nur denkbaren Gegenstandsarten im Gespräch. Wird ein „Rieplsches Medien-Gesetz" behauptet,[507] dann wird Bezug genommen auf eine historisierende Randbemerkung, wonach es „ein Grundgesetz der Entwicklungsgeschichte des Nachrichtenwesens" geben soll.[508] Diese Annahme unterlässt es, Bezug zu nehmen auf historische, rechtliche, religiöse, physikalische, wirtschaftliche, politische, mathematische, logische oder philosophische Gesetzesbegriffe, die unterschiedliche, nämlich ewige, hypothetische, natürliche, moralische, kategoriale oder statistische Geltung beanspruchen.[509] Ein Entwicklungsgesetz für Medien, auf das sich Voraussagen und Gestaltung einer Medienzukunft stützen könnten, wird von Riepl selbst nicht beansprucht.

Seit Jahrzehnten wird im deutschsprechenden Raum mit Medien terminologisch umgegangen. Anschauliche Medienideen werden metaphorisiert, wesensontologisch neben Kommunikation gestellt, als Technik, Mechanik, Gerätschaften, generalisierte Symbole, Zeichen- oder Organisationssysteme, digitalisierte Informierer und determinierende Bewirker, Verbreiter und Vermittler, Verzerrer von Wirklichkeit, Integrierer und Erweiterer, Erwecker von Misstrauen und Pessimismus, auch als Bereiter von Glückserlebnissen. Für Medien gibt es reale Beschreibungen, keine empirisch-analytischen Erklärungen.[510] Medienwissenschaftlich ist die ganze Fülle real zu beobachtender Medien anzutreffen.[511]

Metaphysisierung kann sich auf Voraussetzungslosigkeit beziehen, wird die Unparteilichkeit der Forscher, ihre Unabhängigkeit von weltanschaulichen, religiösen, nationalen, parteipolitischen und anderen Voraussetzungen unterstellt. Jede Wissenschaft ist einbezogen in Gesellschaft, für die sie funktional Wissenschaft ist. Keine Wissenschaft kann semantische Probleme in splendider Isolation leisten, frei von äußeren Einmischungen. Wissenschaft als Wissenschaft der Gesellschaft muss immer Vorraussetzungen in Betracht ziehen. Dafür liefert die Wissenschaftsgeschichte zahlreiche Methoden.

---

[506] Siehe Aristoteles: Nikomachische Ethik 1979: 1111b, Kant: Kritik der praktischen Vernunft, 1968: A 109/110; Kant: Metaphysik der Sitten, 1968; Rühl: Medien (alias Mittel), 2000.

[507] Langenbucher: Komplementarität und Konkurrenz, 2002.

[508] Riepl: Nachrichtenwesen bei den Römern, 1911: 4.

[509] Kanitscheider: Gesetz, 1980.

[510] Rühl: Fantastische Medien, 1998.

[511] Saxer: Medienwissenschaft, 1999: 3; Beck: Neue Medien – neue Theorien, 2003: 72.

Der Begriff der Erfahrung scheint mir – so paradox es klingt –
zu den unaufgeklärtesten Begriffen zu gehören, die wir besitzen.
Hans-Georg Gadamer: Wahrheit und Methode, 1975: 329.

5.2 Empirisierung

Beim Kommunizieren werden Erfahrungen gemacht. Sie werden erinnert, können vergegenwärtigt werden zum Einordnen, Vergleichen, Bestätigen, Widerlegen, Erweitern oder Variieren. Wer aus Erfahrungen lernen will, der wird Erfahrungen vor einem begrenzten Erfahrungshorizont erneuern. Fünf unversehrte Sinne und ein blankes Bewusstsein [tabula rasa], das frei ist von Erfahrungen, sind nicht wirklich.[512] Erfahrungen des Alltags können alltagsvernünftig angewandt werden.

Über Alltagserfahrungen systematisch zu reflektieren wird in der Regel den Wissenschaften überlassen.[513] Auch über Expertenerfahrungen wird weithin wissenschaftlich nachgedacht.[514] Die Theorien des Wissenschaftsverstandes, mit denen über Forschungsmethoden reflektiert wird, operieren mit einem Erfahrungsbegriff als *Bestätigungsinstanz* (im Sinne des Logischen Empirismus) oder als *Widerlegungsinstanz* (im Sinne des Kritischen Rationalismus).

Die von Marie Jahoda, Paul F. Lazarsfeld und Hans Zeisel in Wien auf den Weg gebrachte empirische Sozialforschung,[515] die Lazarsfeld in Amerika weiterentwickeln konnte, diskutiert nur am Rande methodologische Verhältnisse in Beziehung zum klassischen Empirismus.[516] Befragung und Inhaltsanalyse werden für mikroanalytische Medienfragen entwickelt und auf Einzelprojekte angewandt. Ihr Erklärungsvermögen wird leicht überschätzt, wenn sie kurzerhand für meso- und makroanalytische Forschungsprobleme eingesetzt werden. Für die empirische Sozial- und Kommunikationsforschung wird keine eigene Reflexionstheorie entwickelt, keine „Universalempirik", die alle Erfahrungen mit Hilfe individuell-psychischer Gedächtnisse zu rekonstruieren vermag.

Als Aristoteles wissenschaftlich-praktische Erfahrungen in Relation zu Sach- und Sozialverhältnissen bedenkt, verweist er auf ein bestimmtes Heilmittel, das eine bestimmte Wirkung hat. Daraus sollen vergleichbare Erfahrungen für eine gesicherte Gemeinsamkeit für künftige (medizinische) Fragestellungen resultieren. Dazu Hans-Georg Gadamer: „Die Wissenschaft weiß, warum, aus welchem

---

[512] Hörning: Experten des Alltags, 2001: 229.

[513] Rühl: Humankommunikation und menschliche Erfahrung, 1987.

[514] Rühl: Für Public Relations?, 2004.

[515] Jahoda/Lazarsfeld/Zeisel: Die Arbeitslosen von Marienthal, 1933/1975; Langenbucher: Lazarsfeld, 1990.

[516] Lazarsfeld: Am Puls der Gesellschaft, 1968.

Grunde dieses Mittel heilende Wirkung hat. Die Erfahrung ist nicht die Wissenschaft selbst, sie ist aber eine notwendige Voraussetzung für dieselbe. Sie muss bereits gesichert sein, d. h. die einzelnen Beobachtungen müssen regelmäßig das gleiche zeigen."[517] Knüpft die Wissenschaft an Alltagserfahrungen an, zur „Wahrung des Allgemeinen",[518] dann soll nach Aristoteles die *Empireia* den vom Alltag vorbestimmten Gegenstandsbereich systematisieren.

Das aristotelische Erfahrungsverständnis bleibt europäisches Erbe bis in das 15. Jahrhundert, als zunächst Nikolaus von Kues, dann Francis Bacon den Erfahrungsbegriff neu deuten, relationiert zu gesellschaftlichen Umwelten.[519] Im 17. Jahrhundert wird Erfahrung ein Grundtypus der Wirklichkeitserkenntnis. Unterschieden von Formalwissenschaften (Mathematik, Logik) entstehen Erfahrungswissenschaften.[520] Die englischen Empiristen John Locke und David Hume lokalisieren Ursprung und Fundament empirischen Theorisierens in menschlichen Sinneserfahrungen. Für sie sind wissenschaftliche Erkenntnisse immer empirische Erkenntnisse, deren Perspektiven mit einzelwissenschaftlichen Methoden zu untersuchen sind. Erkenntnisse sind empirische Erkenntnisse in Abstufung zu Glauben, Meinung und Zustimmung.[521] Für John Locke, für David Hume und andere gilt die erkenntnistheoretische Annahme, dass nur Begriffe Sinn machen können, die sich auf Wirklichkeit als Realgegenstände beziehen. Als gesichertes Wissen soll nur das definiert werden, was sich auf Gegebenheiten der Sinneswahrnehmung stützt.

John Locke operiert mit dem Kausalprinzip, ohne dort Gewissheit zu fordern, wo nur Wahrscheinlichkeit möglich ist. Er verurteilt jene, die „wegen der Unbegreiflichkeit bestimmter Punkte einer Hypothese sich rückhaltlos auf die entgegengesetzte Seite" stellen.[522] Auf die Frage nach der Begründung von Erkenntnissen äußert sich John Locke kurz und bündig: „Ich antworte darauf mit einem einzigen Wort: aus der Erfahrung." Dennoch lässt sein Erfahrungsbegriff zwei verschiedene Tendenzen erkennen: Die eine ist „auf äußere sinnlich wahrnehmbare Objekte gerichtet", die andere liegt in der Beobachtung der „inneren Operationen des Geistes", des inneren Sinnes [internal sense].[523] Erkenntnistheoretisch gilt für John Locke, dass nur solche Begriffe Sinn haben können, die sich auf Wirklichkeit(en) realer Weltausschnitte beziehen. Als gesichertes Wissen kann nur definiert werden, was auf Sinneswahrnehmungen gestützt werden kann.

---

[517] Gadamer: Wahrheit und Methode, 1975: 333.
[518] Aristoteles: Zweite Analytik, 1953: 100a ff.
[519] Rühl: Publizieren, 1999: 49-54; 75-83.
[520] Schäfer: Erfahrung, 1980: 166.
[521] Locke: Über den menschlichen Verstand, 1962, Bd. 1:22
[522] Ebenda: Bd. 2: 191.
[523] Ebenda Bd. 1:108-109.

Auch David Hume problematisiert das Kausalprinzip. „Hume fragt nicht mehr nach dem Grund, sondern nach dem Glauben an den Grund!"[524] Im Menschen wird ein vernünftig handelndes, geselliges Wesen erkannt, das „als solches von der Wissenschaft seine geeignete Speise und Nahrung" empfängt. Wissenschaft hat für Hume keinen unmittelbaren Bezug zur Lebenspraxis und zur menschlichen Gesellschaft.[525] Alle Bewusstseinsinhalte gehen nach Hume direkt oder indirekt auf die Erfahrungen von Einzelmenschen zurück und werden als das Tatsächliche verstanden. Nicht die Denkbarkeit, sondern die Erfahrbarkeit dient der Begründung von Aussagen. Erfahrungen sind für Hume *Eindrücke* [*impressions*], das sind „alle unsere lebhaften Perzeptionen, wenn wir hören, sehen, fühlen, lieben, hassen, begehren oder wollen".[526] Wir sind auf unsere Erfahrungen angewiesen, weil es keine Vernunfteinsicht, keine logischen Argumente gibt, um von einer bestimmten Wirkung auf eine bestimmte Ursache zu schließen. Und Hume spitzt zu: „Es müsste jemand sehr scharfsinnig sein, wenn er nur mittels des Denkens entdecken könnte, dass [...] Eis Wirkung der Kälte sei, ohne vorher die Wirkweise dieser Qualitäten gekannt zu haben."[527] Die reale Welt wird von der Gleichförmigkeit der Ereignisfolgen geprägt, wobei offen bleibt, ob Gewohnheit ein Verhalten oder ein Instinkt ist. Hume will das naturwissenschaftliche Experiment als Forschungsmethode in die Humanwissenschaften einführen. Er deutet *experiment* als Einzelerfahrung, als Konkretum zum Abstraktum *experience*, der Erfahrung überhaupt.[528] *Empirie* steht bei Hume für das *Sinnlich-Erfahrbare* der Erfahrungswelt.

Die Objekte des menschlichen Verstehens untergliedert David Hume in zwei Sachverhaltsklassen, (1) in *Beziehungen zwischen Ideen* [*Relations of Ideas*], und (2) in *Tatsachen* [*Matters of Fact*], den empiristischen Gegebenheiten, also Dingen, Ereignissen, Vorgängen.[529] In die erste Klasse fallen Aussagen über Beziehungen zwischen erfahrungsunabhängigen Erkenntnissen (Figuren, Zahlen, Geometrie, Logik), in die zweite Klasse gehören Tatsachenaussagen über die Erfahrungswelt, die letztlich an sinnliche Erfahrungen und empirischen Überprüfungen gebunden sind. Tatsachen müssen den Sinnen oder dem Gedächtnis gegenwärtig sein, von denen unsere Schlüsse ausgehen.[530] Insofern folgert Hume, dass die Beziehung zwischen Ursache und Wirkung keine notwendige, sondern nur eine regelmäßige ist, eine empirisch-kontingente.

Immanuel Kant wird nach eigenem Bekunden von David Hume aus einem metaphysischen Schlaf geweckt. Kant vergleicht seine empirisch „veränderte Methode der Denkungsart" mit der kosmologischen Theorie seines Landsmannes

---

[524] Sachsse: Kausalität – Gesetzlichkeit – Wahrscheinlichkeit, 1987: 44.
[525] Hume: Untersuchung über den menschlichen Verstand, 1982: 21.
[526] Ebenda: 32.
[527] Ebenda: 49.
[528] Hume: Traktat über menschliche Natur, 2004.
[529] Hume: Untersuchung über den menschlichen Verstand, 1982: 41.
[530] Ebenda: 58

Nikolaus Kopernikus, die er als philosophische Revolution bezeichnet.[531] Kant denkt vorzugsweise in binären Schematisierungen: Verstand/Sinnlichkeit, Vorstellung/Tatsache, a priori/a posteriori, analytisch/synthetisch, notwendig/kontingent, Erklärungsurteil/Erweiterungsurteil, Explikation (Ableitung)/empirische Überprüfung. Er bringt den Erfahrungsbegriff in Zusammenhang mit Gesetzesaussagen. „Es ist nur *eine* Erfahrung, in welcher alle Wahrnehmungen als im durchgängigen und gesetzesmäßigen Zusammenhange vorgestellt werden."[532] Gesetzesaussagen verfügen über Erklärungs- und Prognosekraft mit denen die Verwertbarkeit und Beherrschbarkeit der Naturvorgänge greifbar werden. Kant befindet: Erfahrungen ohne begrifflich-theoretische Vororientierungen sind „blind" und eine formale Begrifflichkeit ohne Sinnesdaten ist „leer".[533] Ein theoretischer Rahmen erhält den Primat vor einzelnen Erfahrungen.

Zur Begründung des Kausalprinzips stellt Kant die zentrale Frage: Sind synthetische Erkenntnisse a priori möglich? Dazu beobachtet er eine regelmäßige Abfolge von Erfahrungen.[534] Mit Hume teilt Kant die Ansicht, dass das forschende Subjekt als Beobachter zum Forschungsprozess gehört, in Interrelation zum beobachteten Objekt. „Der Verstand schöpft seine Gesetze (a priori) nicht aus der Natur, sondern schreibt sie ihr vor."[535] Die oberste Gesetzgebung liegt somit „in uns selbst, in unserem Verstande […] Die Möglichkeit der Erfahrung überhaupt ist also zugleich das allgemeine Gesetz der Natur, und die Grundsätze der ersteren sind selbst die Gesetze der letztern." Wir können Verknüpfungen nur durch die im Verstand liegenden Bedingungen der Möglichkeit der Erfahrung suchen.[536] Die Gesetze, die der Verstand vorschreibt, nennt Kant synthetische Sätze a priori, synthetisch deshalb, weil das Prädikat der Sätze über den logischen Inhalt des Satzsubjekts hinausreicht. Für Kant ist der Satz: „Alle Körper dehnen sich aus" kein synthetischer Satz, weil in der Definition des Körpers bereits die Ausdehnung enthalten sei. Aber der Satz: „Jede Veränderung hat eine Ursache" sei ein synthetischer Satz, da der Veränderungsbegriff nicht logisch den Begriff der Ursache enthält.[537]

Immanuel Kant hält Einzelerfahrungen ohne begrifflich-theoretische Rahmen [frames] für unmöglich. Bevor (platonische) Aussagen über das Sein der Dinge gemacht werden können, sind Normen und Regeln der Erfahrung zu entwickeln. Gesucht wird die allgemeingültig-logische Grundform der Erfahrung, die innere wie äußere Erfahrungen verbinden soll: „Nicht die Dinge, sondern die Urteile über die Dinge bilden ihren Vorwurf. Ein Problem der Logik ist gestellt; aber

---

[531] Kant: Kritik der reinen Vernunft, 1968: B XIX; Kopernikus: Das neue Weltbild, 2006.
[532] Kant: Kritik der reinen Vernunft, 1968: A 110.
[533] Ebenda: B 76.
[534] Ebenda: A 8.
[535] Ebenda: A 113.
[536] Ebenda: A 112.
[537] Sachsse: Kausalität – Gesetzlichkeit – Wahrscheinlichkeit, 1987: 48.

dieses logische Problem bezieht und richtet sich einzig und allein auf diejenige eigentümliche und spezifische Form des Urteils, in welcher wir Existenz setzen, in welcher wir empirische Gegenstände zu erkennen behaupten.[538]

Auch John Stuart Mill stellt die Forderung, dass wissenschaftliche Forschung streng kausal vorgehen und sich von jedweden metaphysischen Spekulationen freihalten muss. Für Mill ist das Kausalprinzip die Gewährleistung für die gleichförmige Abfolge von Erfahrungen.[539] Mill beabsichtigt den klassischen Empirismus zu reformieren. Methode und Begründung der empirischen Forschung stehen im Mittelpunkt des theoretischen Interesses, als Mill eine einheitliche, empirische, induktiv vorgehende Methode für Natur-, Geistes- und für die Sozialwissenschaften propagiert. Er benennt Regeln und Verfahren, damit aus der Gleichförmigkeit der Erscheinungen auf die Ursachen geschlossen werden kann. Man könne nicht von einer einzigen Ursache ausgehen, da stets mehrere Bedingungen zu erfüllen sind. Mill teilt Humes Überzeugung, dass alles Wissen von der Sinnlichkeit ausgeht und alle Bewusstseinsinhalte direkt oder indirekt aus der Erfahrung herrühren. Daraus leitet er einen Methodenmonismus ab, die Idee von einer induktiven Universalmethode, die ermöglichen soll, mit dem Experiment alle Gegenstände und Fragestellungen der Forschung zu bearbeiten.

Die naturwissenschaftliche Methode und die Technik des Experiments versucht Mill auf Politik- und Wirtschaftswissenschaften zu übertragen. In den aufeinander bezogenen Methoden Historismus und Hermeneutik vermag Mill keine zukunftsweisende allgemeine Wissenschaftslehre zu entdecken. Mit seiner politisch-praktischen Philosophie, die er vor allem in der Schrift über die politische Freiheit *On Liberty* (1859) entwickelt, leistet Mill einen klassischen Beitrag zur Diskussion der Kommunikationsfreiheit.[540]

Auch die im frühen 20. Jahrhundert von Philosophen entwickelten *Wissenschaftslogiken [logics of science]* suchen ihre Beispiele in den Naturwissenschaften.[541] In der gegebenen „Welt der Natur" sei die reale Welt objektiv zu erfahren. Man wählt Objekte subjektiv aus, identifiziert ihre Auswahlen als objektive Realität, um sie methodisch intersubjektiv zu kontrollieren.[542] Es werden neue Gegenüberstellungen eingeführt, etwa theoretische versus empirische Begriffe, theoretische Sprache versus Beobachtungssprache. Auch Karl Popper bevorzugt naturwissenschaftliche Lehrbeispiele, als es nach dem Zweiten Weltkrieg dem Kritischen Rationalismus gelingt, die deutschsprechenden Sozialwissenschaften nachhaltig zu beeinflussen. Popper betont: Wir lernen „durch den Eintritt der Erfahrung in unsere Sinnesöffnung [...] so dass *alle Erfahrung*

---

[538] Cassirer: Erkenntnisproblem, Bd. 2, 1971: 662.
[539] Mill: System der deduktiven und induktiven Logik, 1968.
[540] Mill: Über die Freiheit, 1974.
[541] Klein, C.: Wissenschaftslogik, 2004.
[542] Rescher: Grenzen der Wissenschaft, 1985: Kap. XII.

aus Informationen besteht, die wir durch unsere Sinne erhalten haben."[543] Kritisch-rational argumentierende Sozialempiriker basieren soziale Probleme auf Verhaltenstheorien bzw. auf Handlungstheorien.[544] Kommunikationstheorien werden nominell behandelt, ohne empirisch problematisiert zu werden.

Während deutschsprachige Lehrbücher zwischen Verhaltens- und Handlungs-theorien, Medienwirkungshypothesen, Einweg-Verlaufs-Modellen und empi-rischen Auswertungsverfahren Kompromisse schließen, gibt es amerikanische Lehrbücher, die ausdrücklich Kommunikationstheorien behandeln, oder Proble-me zwischen Handlungs- und Kommunikationstheorien problematisieren.[545] Der dynamisch-transaktionale Ansatz beispielsweise wird als ein Medienwirkungs-ansatz dargestellt, mit dem nach „Folgen realer und virtueller Interaktionspro-zesse zwischen Medien und Publikum" gesucht werden soll.[546] In amerika-nischen Handbüchern werden allgemeine und spezielle Kommunikations-theorien verglichen,[547] während deutschsprachige Handbücher spezielle Theo-rien (der Medienpolitik, der Medienwirtschaft) bevorzugen.[548] Gleichwohl wird die kommunikationswissenschaftliche Empirisierung diesseits und jenseits des Atlantiks zurückhaltend reflektiert.[549]

Kommunikationsspezifische Begriffe (Sinn, Information, Thema, Äußerung, Er-leben, Erfahren, Erinnern, Erwarten, Lesen, Verstehen) kommen da und dort vor, ohne empirische Relationierung zu Nahkommunikation oder Fernkommuni-kation (Telekommunikation), ohne erkenntnis- und methodentheoretisch zwi-schen einfachen, organisationsförmigen, marktförmigen oder gesellschaftsför-migen Kommunikationssystemen zu unterscheiden.

Glaubten vor einhundert Jahren viele Naturwissenschaftler an eine empirische Vereinheitlichung der Erkenntnis als 'harte' Realitäten, so richtet sich die em-pirische Medienforschung in der Tradition Paul F. Lazarsfelds auf 'weichere' Realitäten aus, auf kurzfristige Veränderungen von Meinungen, Einstellungen und Anschlusshandlungen nach massenmedialer Persuasion und Manipulation. Elihu Katz verkürzt und verlagert diese Forschungsproblematik mit dem Slogan: "What do the media do (immediately) to people?"[550], und der ausdrücklich ver-haltenstheoretisch argumentierende Bernard Berelson sah „communication

---

[543] Popper: Objektive Erkenntnis, 1974: 75 (H.i.O.)
[544] Opp: Methodologie, 1970; Friedrich: Methoden empirischer Sozialforschung, 1990.
[545] Exemplarisch: Littlejohn: Theories of human communication, 2005; Tompkins: Com-munication as action, 1982.
[546] Früh/Schönbach: Dynamisch-transaktionaler Ansatz III, 2005: 4.
[547] Arnold/Bowers: Handbook, 1984; Berger/Chaffee: Handbook, 1987; Jablin/Putnam/ Ro-berts/Porter: Handbook, 1987.
[548] Jarren/Sarcinelli/Saxer: Politische Kommunikation, 1998; Altmeppen/Karmasin: Medien und Ökonomie, 3 Bde., 2003.
[549] Anderson: Communication theory, 1996.
[550] Katz, E.: Mass communication research, 1959.

research" dahinsiechen [„withering away"].[551] Seinerzeit kam eine „provisorische Formulierung" in Umlauf wonach es empirisch unmöglich sei, „nicht *nicht* (zu) kommunizieren".[552] Paul Watzlawick und andere konzipieren Kommunikation als Mitteilung [message], deren wechselseitiger Ablauf auf Interaktion als einem einfachen Kommunikationsakt abzielt. Die Interaktionsstrukturen [patterns of interaction] des verbalen und nonverbalen Materials werden als Verhalten mit Kommunikation gleichgesetzt, ohne dass Verstehbarkeit problematisiert wird, weshalb „man" (?) nicht *nicht* kommunizieren kann. Nur der Schizophrene versucht es.[553] Diese These schließt an den psychiatrischen, sozial- und kulturanthropologischen Kommunikationsstudien Gregory Batesons an,[554] der Kommunikation in Ehe- und Familienkonstellationen hineinprojiziert. Ein allgemeiner Erfahrungsbegriff für die menschliche Kommunikation wird nicht erläutert.

Bei der Konzeption von universitären Studiengängen für Kommunikation werden unterschiedliche Kommunikationsverständnisse offenkundig.[555] Einigkeit besteht zwischen den Lehr- und Forschungsstätten, die Studierenden nicht allein oder in erster Linie für Journalismus, sondern für mehrere kompetitive Kommunikationsberufe zu professionalisieren. Dadurch wurde *Communications* zu einem universitären Wachstumsfach, ohne dem traditionellen, praxisverhafteten Journalism im Mittelpunkt. In den USA bleibt Journalism noch lange ein klassisches, nicht wissenschaftsfähiges [not researchable] College-Lehrfach.[556] Es ist eine deutsche Besonderheit, die Wirkungsforschung weithin mit Kommunikationswissenschaft zu identifizieren, mit Datenerhebungen, Messverfahren und statistischen Datenanalysen. Empirische Vorgehensweisen, die keine der vorliegenden Kommunikationstheorien diskutieren, garantieren keine wissenschaftlich-hypothetischen Wahrheitserfolge. Kompakte Medien-Leitideen durch eine technologische Feinmechanik kleinzuarbeiten, zum Vermessen der Nutzung von Apparaten, haben mit kommunikationswissenschaftlichen Erfahrungen wenig zu tun.

Insofern ist die empirische Sozial- und Kommunikationsforschung zu fragen, ob, und wenn ja, wie durch Faktizitätsprozesse (Datenerhebungen) Erfahrungen für eine verbesserte Kommunikationswirklichkeit entstehen können? Weshalb sollen mikroanalytisch ermittelte Ergebnisse über meso- und makroanalytische Problemstellungen Auskunft geben können? Wie soll die an Handlungs- und

---

[551] Berelson: The state of communication research, 1959. Siehe dazu abweichende Kommentare von Wilbur Schramm, David Riesman und Raymond A. Bauer in: Dexter/White: People, society, mass communication, 1964.
[552] Watzlawick et. al.: Menschliche Kommunikation, 1971: 50-51 (H.i.O.)
[553] Ebenda: 52.
[554] Ruesch & Bateson: Communication, 1968.
[555] Gerbner & Schramm: Communications, Study of, 1989; Rogers: A history of communication study, 1994.
[556] Weischenberg: „Paradigma Journalistik", 1990.

Verhaltenstheorien orientierte empirische Forschung Kommunikationswissen problematisieren können, wenn sie zudem auf gesellschaftstheoretische Auseinandersetzungen verzichtet? Kann auf theoretische Differenzierungen zwischen dem Bescheidwissen der Laien, dem Erfahrungswissen der Experten und dem wissenschaftlichen Kommunikationswissen verzichtet werden, weil Befragungsdaten bestätigen, was jeder eh schon weiß?

Das Beobachten von Gerätenutzungen schafft keine Voraussetzungen für Kommunikationsverhältnisse. Eine Medienforschungspraxis, die das Erforschen von Kommunikationsproblemen unterlässt, kann sich nicht zu Persuasion und Manipulation, zu Information und Unterhaltung, Öffentlichkeit und Privatheit, Organisations- und Marktprobleme von Journalismus, Public Relations, Werbung und Propaganda äußern. Alle erfahrungswissenschaftlichen Bewirkungsverfahren sollten gründlich über ihre methodentheoretischen Prämissen nachdenken. Die Kommunikationswissenschaft wird sich nicht auf eine schulische Instrumentenkunde (Zeitungs-, Schreib-, Rede- oder Lesekunde) zurückentwickeln. Erfahrungsergebnisse können nicht vermeiden, dass Fragen nach anderen Erfahrungen gestellt werden. Und dies gelingt nicht ohne wissenschaftsfähiges Theoretisieren im kommunikationskulturellen Sinnzusammenhang und mit kommunikationspolitischen Vergleichen. In weltgesellschaftlichen Zusammenhängen erst ist durch Kommunikation die Welt lesbarer und verstehbarer zu machen.[557]

Manchmal stellen Tatsachen auch eine Bedrohung für die Wahrheit dar.
Amos Oz: Eine Geschichte von Liebe und Finsternis, 2004: 55.

5.3 Positivierung

Positivismus bzw. Neopositivismus dominieren die Sozialwissenschaften im 19. und 20. Jahrhundert. Der ältere Positivismus nimmt an, dass wissenschaftliche Erkenntnis in letzter Instanz auf das erfahrungsmäßig Gegebene, *das Positive* zurückzuführen ist. Wissenschaft als begründetes Wissen soll durch Begründung gesicherten Wissens auf alle Lebenslagen anwendbar sein. Um eine unangreifbare Sicherheit zu erreichen, verlangt der klassische Positivismus die Verifika-

---

[557] Luhmann: Wissenschaft der Gesellschaft, 1992; Harth: Erfindung des Gedächtnisses, 1991; Vismann: Akten, 2000; Assmann: Lesende und nichtlesende Gesellschaften, 1994.

tion wissenschaftlicher Aussagen als Rückführung aller Aussagen auf einfache Tatsachen (Fakten, Daten). Diese Leitlinie positiv wissenschaftlicher Forschung bestimmt Perspektiven und Objekte.

Isaac Newtons Physiktheorie ist eine positivistische Tatsachenwissenschaft. Newton verzichtet auf testfähige Hypothesen. Konzeptionen, Theorien und Gesetze werden aus experimentellen Ergebnissen direkt abgeleitet. Solcherart ermittelte Daten bleiben in ihren unterschiedlichen Verbindungen zunächst einmal ungeklärt. Tatsächliche Erfahrungen werden als alleinige Erkenntnisquellen angesehen. Tatsachen gelten zweifelsfrei und sind nicht zu berichtigen oder zu widerlegen. Positives Tatsachenwissen ist von unerschütterlicher Endgültigkeit, und was in diesem Sinne nicht zu verifizieren ist, gilt als unwissenschaftlich. Dazu rechnet der klassische Positivismus alle metaphysischen Erkenntnisansprüche, aber auch alle ethischen Urteile, die durch die geisteswissenschaftlichen Methoden Hermeneutik und Historisierung entstehen. Erkenntnisfragen werden auf Tatsachenfragen reduziert. Die Aussagen „Du stahlst das Geld" und „Du tatest Unrecht, als du das Geld stahlst" werden positivistisch gleichgesetzt. Begründung: Die moralische Missbilligung im zweiten Satz stellt keine eigens zu analysierende Aussage dar.[558]

Die Anfänge des Positivismus werden in der französischen Aufklärung und in der klassischen *Encyclopédie* lokalisiert. Denis Diderot und Jean Le Rond d'Alembert, die beiden Redakteure und Herausgeber der in der Mitte des 18. Jahrhunderts erstmals erscheinenden *Encyclopédie*, setzen die Wissenschaften mit der Summe allen Wissens gleich. Die *Encyclopédie* soll alles Wissen erfassen, das mit Wissenschaft, Kunst und Handwerk zu tun hat.[559] Mit seinem Drei-Stadien-Gesetz [loi de trois états] sucht Auguste Comte Verbindungen zur Erkenntnissuche der Enzyklopädisten. Comte hält die Metaphysik für einen Idealismus und somit für völlig überflüssig bei der Neuorientierung und Neukonzeption der analysierenden Wissenschaften. Nach dem Drei-Stadien-Gesetz durchlaufen Individuum und Menschheit in ihren geistigen Entwicklungen nacheinander drei Entwicklungszustände. (1) Das *theologisch fiktive* Stadium erklärt, dass Phänomene aus übernatürlichen Willenskräften und gliedert sich in Fetischismus, Polytheismus und Monotheismus. (2) Das *metaphysisch abstrakte* Stadium, das als Zwischenstadium eine auflösende Abart des ersteren darstellt, setzt an die Stelle von Göttern abstrakte Wesenheiten. (3) Im *positiv realen* Stadium werden nicht mehr Erst- und Endursachen, sondern Gesetze als konstant beobachtbare Beziehungen zwischen den Phänomenen erforscht.

Für Auguste Comte ist der Positivismus Weltanschauung und Wissenschaftsprogramm zugleich. Parallel zum geistigen Stadienverlauf beobachtet Comte eine *gesamtgesellschaftliche* Entwicklung, die wegführt von der anti-industriellen

---

[558] Ayer: Sprache, Wahrheit, Logik, 1970: 141.

[559] Alembert, d': Einleitung, 1975.

Militärgesellschaft und hinführt zur anti-militaristischen Industriegesellschaft.[560] Von John Stuart Mill übernimmt Comte die Grundüberzeugung, dass alle wissenschaftlichen Forschungen streng kausal vorgehen und von metaphysischen Spekulationen freizuhalten sind. Theologie und Metaphysik sind für Comte Theorien minderer Erklärungskraft, die von erfahrungswissenschaftlichen Erkenntnissen im „positiven Stadium" verdrängt werden. Ziel der positiven Wissenschaft ist eine positive Politik, zu deren Ausbildung schließlich eine soziale Physik (alias Soziologie) vorgestellt wird.[561] Die Soziologie formuliert nach dieser Auffassung Gesetze der Sozialordnung, die selbst Mittel der Verbreitung von Wahrheit im Endstadium der Evolution werden. Soziologisch formulierte Gesetze sollen in die faktischen Prozesse eingeprägt werden, um die Gesellschaft über ihre wahre Ordnung zu informieren.

Comtes Leitlinien für eine positivistische Soziologie bestimmen *Tatsachen als Objektbereich*. Nicht Wesen und Ursachen beobachtbarer Phänomene interessieren, sondern gesetzmäßig zusammenhängende Tatsachen. Nicht die Wahrheit einer Erkenntnis ist das Ziel, sondern deren *sinnliche Gewissheit*, begründet in intersubjektiv systematischen Beobachtungen. Der Positivismus Comtes ersetzt den Totalitätsbegriff der Metaphysik durch die subjektive Einheit der *Methode*. Exakte Erkenntnisse werden für möglich gehalten, wenn die Ergebnisse kontrollierter Beobachtungen an vorausliegenden Theorien logisch angekoppelt werden. Angesammeltes Wissen gesetzmäßiger Zusammenhänge zielt auf *Erklärung* und auf *Prognose*. Es gibt keine Einheit von Sein und Bewusstsein. Das *Wissen*, das prinzipiell unabgeschlossen und vorläufig ist, wird auf die Vorstellung von einer positiven Gesellschaft bezogen. Statt einer allgemeinen Wissenschaft wird ein fester Stand der empirischen Wissenschaft vorgestellt. Nackte Tatsachen können darin an realen Objekten festgemacht und eigenständig beobachtet werden, losgelöst von beobachtenden Subjekten.

Das Positive bleibt bei Auguste Comte zwiespältig. Einerseits wird das (naturwissenschaftlich bestimmte) *Natürliche* für das eigentlich Wirkliche gehalten, andererseits wird das (rechtswissenschaftlich gesatzte) *positive Recht* durch subjektive Leistungen konstituiert. Comte entwickelt und propagiert eine Methodik des alltäglichen Daseins, unterstützt von der französischen Sprache, in der *expérience* sowohl ‚Experiment' als auch ‚Erfahrung' heißen kann.[562] Nach Comtes Ansicht befindet sich die Gesellschaft seiner Zeit in einer politisch und moralisch bedingten Krise, zu deren Überwindung die positive Philosophie als Wissenschaft vom Gegebenen mit positiven Weltanschauungen zu verbinden ist. Der Fortschritt der Soziologie hat das Menschliche in Ordnung zu bringen. Die tradierten wissenschaftlichen Disziplinen werden nach Maßgabe ihrer

---

[560] Comte: Soziologie, 1974.
[561] Zur Mitwirkung des Positivismus beim Entstehen der Sozialwissenschaften überhaupt vgl. Parsons: Structure of social action, 1949: Part I.
[562] Lepenies: Drei Kulturen, 1985: 19.

Abstraktion in eine aufsteigende Linie gebracht, beginnend mit Astronomie, dann kommen Physik, Chemie, Biologie und zum Schluss Soziologie. Die Mathematik steht als hochzuschätzende Erkenntnishilfe für alle Wissenschaften außerhalb dieser Reihe.

Für Auguste Comte ist die Soziologie keine Disziplin unter anderen. Sie kennzeichnet den positiven Standort und markiert gleichzeitig das Ende der Wissenschaftsentwicklung. Demnach nimmt die Soziologie die Methoden der anderen Wissenschaften in sich auf, mehr noch: sie bereichert den bisherigen Methodenkanon um die besonders wichtige *historische Methode*, die vom Ganzen zum Einzelnen voranschreitet. Gegenstand der Soziologie ist die Menschheit in ihrer Geschichte, und es gilt deren Strukturen zu analysieren. Ziel der positiven Weltanschauung ist eine atheistische Religion mit der Menschheit „als höchstem Wesen", das lieben kann. Liebe ist für Auguste Comte das Beste, was die Menschheit hervorgebracht hat.

Émile Durkheim versucht die Soziologie als eigenständige wissenschaftliche Disziplin zu institutionalisieren, deren Theorie als empirisch orientierte *Realwissenschaft* entworfen wird. Der *Gegenstand* der Soziologie ist die *soziale Tatsache [fait social]. Das Soziale* wird aus sich selbst heraus erklärt, rational durchsichtig, empirisch beweiskräftig und moralisch verpflichtend. Das Soziale ist keine historische, psychische oder biotische Importe. Aussagen über die Gesellschaft und ihre Teilbereiche sind faktisch zu verifizieren.[563] Ein *soziales Band [lien social]*, das die sozialen Tatsachen als *Kollektivbewusstsein [conscience collective]* zusammenhält, konstituiert die Gesellschaft. Eine empirische Wissenschaft, die sich mit *moralischen Tatsachen [faits moraux]* beschäftigt, um diese theoretisch erklären und praktisch verbessern zu können, muss moralische Tatsachen wie Dinge [comme des choses] behandeln. Soziale Tatsachen sind alles, was als Wirklichkeit bekannt ist und von der Soziologie als empirischer Sozialforschung angenommen wird. Durkheim führt soziale Tatsachen auf einen Grund zurück, um sie behandeln, messen, interpretieren und testen zu können, unabhängig vom individuellen Bewusstsein und frei von sozialen Institutionen.

Seit Durkheim rückt die Faktizität in den Mittelpunkt sozialwissenschaftlicher Interessen. Durkheim unterscheidet *soziale Tatsachen* vom individuellen Bewusstsein. Max Weber deutet *soziales Handeln* als sinnvolles, auf andere ausgerichtetes Handeln.[564] Robert K. Merton hält individuelle Merkmale und Eigenschaften für sozial irreführend, da sie keine Rücksicht nehmen würden auf soziale und kulturelle Organisationsstrukturen.[565] In der zweiten Hälfte des 20. Jahrhunderts erkennen Sozialwissenschaftler in Organisationen eigene Soziali-

---

[563] Durkheim: Regeln, 1961: 105 –114.
[564] Weber: Wirtschaft und Gesellschaft, 1985.
[565] Merton: Social theory and social structure, 1957.

täten mit vorprogrammierten Entscheidungshandlungen als Regelungsmechanismen,[566] ohne die keine Faktizität in der Moderne zu erklären ist.[567] Nicht eindeutig und konsequent verlaufen die Verhältnisse zwischen Tatsachen und Phänomenen.[568] In der Soziologie hat sich die Lesart Talcott Parsons durchgesetzt: „The point is that a fact is not itself a phenomenon at all, but a proposition about one or more phenomena."[569] Soziale Tatsachen allein können nicht mehr sozialwissenschaftliche Objektivität verbürgen.

Für Faktizität hatte Ernst Cassirer zu Beginn des letzten Jahrhunderts erkenntnistheoretische Rahmenbedingungen entworfen: „Es gibt keine Faktizität an sich, als ein absolutes, ein für allemal feststehendes und unveränderliches Datum: sondern was wir Faktum nennen, muss immer schon in irgendeiner Weise theoretisch orientiert, muss im Hinblick auf ein gewisses Begriffssystem gesehen und durch dasselbe implizit bestimmt sein."[570] Faktentheorien können keine Auskunft geben, was Fakten sind, sie können nicht sagen, ob es auch Nicht-Fakten gibt, und in welchen Beziehungen Fakten zu einem Vorwissen stehen, zu Vorstellungen [imaginations], Vorbildern und Vorurteilen. Fakten können die Welt nicht transparenter machen.[571] Und selbst medizinische Fakten sind, wie die Analyse Ludwik Flecks ergibt, sozialwissenschaftlich zu lesen, durch eigene *Denkkollektive* und deren *Denkstile*.[572]

Werden nackte Tatsachen oder historische Tat-Sachen als Fakten bzw. als Daten gewonnen, wie kommen Wissenschaftler dazu, aus Faktizitäten Informationen herauszulesen, wenn sie indifferent sind gegenüber ihren theoretischen Herkünften? Einem standardisierten Lehrmuster des Kritischen Rationalismus zufolge soll das Ermitteln von Daten via Hypothesen hinreichend sein. „Die für die empirische Wissenschaft charakteristischen Aussagen sind Hypothesen, also empirisch gehaltvolle Aussagen, deren Überprüfung durch Faktenanalyse grundsätzlich möglich ist."[573] Diese These wird in einem soziologischen Lehrbuch ‚übersetzt': „Der Sozialwissenschaftler versucht – wie jeder andere empirische Wissenschaftler – Sätze zu formulieren und diese mit der Realität zu konfrontieren."[574] Ein kommunikationswissenschaftliches Lehrbuch sekundiert:

---

[566] March & Simon: Organizations, 1958; Luhmann: Funktionen und Folgen formaler Organisation, 1964; Rühl: Die Zeitungsredaktion, 1969.

[567] Luhmann: Gesellschaft der Gesellschaft, 1997; Luhmann: Weltgesellschaft, 1975; Stichweh: Weltgesellschaft, 2000; Rühl: Globalisierung der Kommunikationswissenschaft, 2006.

[568] König, Einleitung, 1961: 38.

[569] Parsons: Structure of social action, 1949: 41.

[570] Cassirer: Philosophie der symbolischen Formen, 1977, Bd. 3: 477.

[571] Rühl: Zeitungslesen, 2002; Blumenberg: Lesbarkeit der Welt, 1981.

[572] Fleck, L.: Wissenschaftliche Tatsache, 1980; Pörksen: Beobachtung des Beobachters, 2006: 95-99.

[573] Albert: Wissenschaftslehre, 1962: 50.

[574] Opp: Methodologie, 1970: 19.

„Als Wirklichkeitsanalyse sollen hier Ansätze resümiert werden, bei denen [...] Aussagen mit Strukturen der Realität verglichen werden."[575] Zu fragen ist: Sind Sätze bzw. Aussagen nicht real, wenn sie ‚der Realität' gegenübergestellt werden können?

Wird Kommunikation als „gesellschaftliches Totalphänomen" durch „Kommunikationsurheber, Kommunikationsadressat, Kommunikationsmittel und Kommunikationsgehalt" modelliert, als „Vorgang des Zeichenaustauschs bzw. Bedeutungstransfers",[576] sind dann Zeichen als positivistische Letztelemente zu verstehen? Wie kann es gelingen, über syntaktische Zeichentheorien zu sinnmachenden Informationen zu gelangen? Werden Zeichensysteme durch den „Vorgang der Bedeutungsvermittlung" als „Vorgang des Zeichenaustauschs bzw. Bedeutungstransfers" beschrieben, wieso kann dann Kommunikation um eine semantisch ausdrucksfähige Sprache rotieren? Was hat ein a-historisches und a-semantisches Zeichenhandeln mit Kommunikation zu tun, wenn von Kommunikation mehr erwartet wird als ein Transfer oder Transport, ganz zu schweigen von der Suche nach Anschlusskommunikation? Ist es gleichgültig, ob man Sätze über Kommunikationsprozesse oder über Medienwirkungen bildet?[577] Grundsätzlich gefragt: Wie kommt Sinn beim Medienkanaltransport ins Spiel? Welche Kommunikationskomplexität ist gemeint, die sich durch Gegensätze differenzieren lässt, beispielsweise Form/Inhalt, Information/Unterhaltung, Technologie/Darbietung, Individuum/Organisation, Kapital/Arbeit, Politik/Medien, Pressefreiheit/Presskonzentration, redaktioneller Teil/Werbeteil? Kann Kommunikation mittels der einzelnen Verfahrensstufen Hypothesenbildung, Samplebildung, Datenerhebung, Datenanalyse, Interpretation überhaupt beschrieben werden, ohne Kommunikation sachlich, sozial und zeitlich zu operationalisieren? Wird Public Relations vor dem Begriffs- und Theoriehorizont der Kommunikationswissenschaft problematisiert, sind dann rein logische Erklärungen unzutreffend? Können Fakten oder Daten aus Einzelprojektforschungen einen eigenen, semantisch generalisierbaren Sinn erwerben?

Für die empirische Kommunikationswissenschaft ist die von Emil Dovifat vertretene normativ-präskriptive Publizistiktheorie unzugänglich. Sie problematisiert und differenziert keine gesellschaftlichen Normen des Rechts, der Ethik, des Vertrauens und der Konventionen (Sitten, Bräuche, Freundlichkeit, Dank). Der neopositivistischen Sozial- und Kommunikationsforschung mangelt es an hinreichender epistemischer und methodischer Selbstkritik in Bezug auf die Leitlinien der Forschungstechniken, mit der Fakten, Tatsachen und Daten ermittelt werden. Eine Möglichkeit, dass Faktizität kommunikationsrelevant wird, besteht durch ihr Zusammenspiel mit Normativität und Systemrationalität.

---

[575] Merten: Inhaltsanalyse, 1995: 256.
[576] Saxer: System, Systemwandel und politische Kommunikation, 1998: 26.
[577] Merten: Artefakte, 1991.

5.4 Utilitarisierung

Gleich dem Empirismus formt sich der Utilitarismus als eine britisch bestimmte Denktradition. Begründet von Jeremy Bentham bildet der klassische Utilitarismus eine Methodentradition, die auf der anthropologischen Grundannahme basiert, dass Freude [pleasure] und Schmerz [pain] über das menschliche Leben gebieten. Moralisches Handeln wird als nützliches Handeln definiert, zur Beförderung menschlicher Freude, die mit Glück gleichgesetzt wird.

Der klassische Utilitarismus ist als handlungsorientierte Ethik abhängig vom positiven bzw. negativen Wert der Folgen. Handlungen sind nicht aus sich heraus, sondern von ihren Folgen her zu beurteilen. Reduziert der Empirismus wissenschaftliche Erkenntnisse auf Tatsachen, geht der Positivismus von der Feststellung und Beschreibung erfahrbarer Tatsachen aus, dann erkennt der Utilitarismus nützliches Handeln als richtiges Handeln, ausgerichtet auf das Erreichen des größten Glücks für die größte Menschenzahl. Der Utilitarismus bewertet Freude und Schmerz als die einzigen und letzten Werte der Menschheit (Eudämonismus). Jeder ist ein Utilitarier [utilitarian], jeder misst den Nutzen seiner Handlung nach dem Nutzenprinzip [principle of utility] in Relation zur Allgemeinheit. Ausschlaggebend ist nicht das Glück bestimmter Individuen oder Gruppen, sondern das Glück aller vom Handeln Betroffener. Im Gegensatz zum Selbstinteresse, zum Egoismus verpflichtet sich der Utilitarismus auf das Sozialinteresse, das allgemeine Wohlergehen. Das richtige Handeln ist nützliches Handeln, erkennbar in den Folgen für das größte Glück der größten Menschenzahl.

Vom Utilitarismus ausgehend hat Jeremy Bentham die Absicht, Gesellschaft, Recht und Politik umzubauen. Bentham postuliert drei anthropologische Grundannahmen:

(1) „Nature has placed mankind under the governance of two sovereign masters, *pain*, and *pleasure*. It is for them alone to point out what we ought to do, as well as to determine what we shall do." *Schmerz* umfasst alle unangenehmen Gefühle und Erfahrungen: Leid und Leiden, Irritationen, Sorge, Qual, Ärger, Unbehagen, Verzweiflung, Kummer, Depression, Schuld und Reue. *Freude* umgreift alle angenehmen Gefühle und Erfahrungen: Vergnügen, Hochgefühl, Ekstase, Glück, Genuss, Lust und Spaß. Die Freude und der Schmerz können Stadien, Zustände, Dinge, Ereignisse oder Eigenschaften sein, und die Suche nach Freude oder das Vermeiden von Schmerz sind nach Bentham „the ends which the legislator has in view".[578]

(2) Die praktische Vernunft des Einzelnen ist das Bezugselement des Utilitarismus. Nach der Wertlehre des Utilitarismus ist die Suche nach Freude

---

[578] Bentham: Principles of morals, 1970: 15.

vernünftig und begrüßenswert, während Verzicht und Entsagung als irrational abgelehnt werden. Gelten soll das hedonistische, das Vergnügenskalkül: Für alle von einer Handlung Betroffenen ist ein Maximum an Freude und ein Minimum an Leid zu bilanzieren, so dass sich entweder eine „general good tendency of the act" oder eine allgemeine schlechte Tendenz ergibt.[579]

(3) Das individuumbezogene Utilitätskalkül fordert Unparteilichkeit. Es dient als Grundlage der Kritik an sozialer und politischer Diskriminierung bestimmter Gruppierungen, wird aber auch so gedeutet, dass nicht die Person, sondern die Summe der Freude zählt, gleichgültig wem sie individuell zukommt.

Der Nutzenbegriff verhilft dem Utilitarismus als Nützlichkeitsmoral zu Popularität. Ethisch denkt der Empirist John Stuart Mill utilitaristisch. Ohne Benthams quantitative Sichtweise zu überschreiten, bestimmt Mill den Wert des Glücks qualitativ. Er möchte über die Sinnlichkeit hinaus die Freude des Verstandes, das sittliche Gefühl und das Gefühl der Würde dem Glück zuordnen. Utilitaristische Zielsetzung sei es, bei allen Menschen einen sittlichen Charakter auszubilden, eine Vorstellung. Mill hält es vorerst für die höchste Tugend, das eigene Glück um des Glückes anderer willen, aufzugeben.

Auch für Mill ist Nützlichkeit die Leitlinie für ein Handeln und sittlicher Maßstab für das Glück. Er bemisst den Wert der Freude und des Glücks sowohl an Quantität, als auch an Qualität. Mill setzt Rangstufen der Freude an und stellt die Freude des Verstandes und des sittlichen Gefühls über die Sinnlichkeit. Die Würde ist bei Mill ein wesentlicher Bestandteil echten Glücks. Mit seiner Schrift *On Liberty* (1859) legt Mill einen Grundstein für den klassischen Liberalismus. Die der Gesellschaft innewohnende Tendenz zur Konformität bedrohe durch Tabus, Konventionen, staatliche Bürokratie und öffentlichen Meinung die Freiheitsrechte des Individuums, weshalb die Macht der Gesellschaft über das Individuum ständig zu begrenzen sei.[580] Der freie Diskurs sei eine notwendige Bedingung für den intellektuellen und sozialen Fortschritt.

John Stuart Mill, der philosophisch, ethisch, politik- und wirtschaftswissenschaftlich argumentiert, verquickt Utilitarismus mit Empirismus und Positivismus. Der Positivismus, der von Tatsachen ausgeht, stellt die Soziologie als Menschenwissenschaft an die Spitze wissenschaftlicher Ordnung und des Fortschritts. Der Empirismus, der alle wissenschaftlichen Erkenntnisse aus Tatsachenfragen auf direkte und indirekte Erfahrungen zurückführt und der Utilitarismus, der das richtige Handeln im nützlichen Handeln erkennt, und der nützliches Handeln ausrichtet auf das größte Glück der größten Zahl von Menschen, diese methodischen Strömungen sind vor allem für die angelsächsischen Sozialwissenschaften wirksam.

---

[579] Ebenda: 16.
[580] Mill: Über die Freiheit, 1974.

Mill (1) hierarchisiert Formen der Freude, wobei die des Verstandes und des sittlichen Gefühls betont über dem bloß körperlich-sinnlichen Vergnügen stehen. Er unterscheidet zwischen Glück [„happiness"] und Zufriedenheit [„contentment"], wobei er Glück höher einstuft. „It is better to be a human being dissatisfied than a pig satisfied; better to be Socrates dissatisfied than a fool satisfied."[581] Das qualitativ bestimmte Gefühl der Würde ist für John Stuart Mill ein wesentlicher Bestandteil echten Glücks. (2) Als Gegner eines unmittelbaren Auslebens utilitaristischer Gefühle befürwortet Mill die Ausbildung von Regeln und Tugenden zur Bewältigung von Alltagssituationen über einzelne Handlungen hinaus, in denen eine Freude des Verstandes und eine Gefühlskultur eingebettet sind. Regeln, Prinzipien, Institutionen sind für soziale Zusammenhänge geschaffen. Sie sollen konkrete Handlungen ermöglichen, die keine optimalen Folgen haben, sofern sie unter eine in ihrer generellen Wirkung von optimalen Folgen begleitete Regel fallen. (3) Das Kriterium des Utilitarismus bedarf der Ergänzung durch das Prinzip der Gerechtigkeit. Ziel des Millschen Utilitarismus ist es, bei allen Menschen einen sittlichen Charakter auszubilden, der dafür sorgen soll, dass die positiven beziehungsweise negativen Handlungsfolgen in fairer und gleicher Weise unter allen Betroffenen verteilt werden. Mill hält es für die höchste menschliche Tugend, das eigene Glück um des Glückes anderer willen, aufzugeben.

It is not [...] that pragmatism is so distinctively the philosophy of American business
(as European have so often charged) as to be itself only an eggheaded commercial.
Abraham Kaplan: The new world of philosophy, 1961: 13.

5.5 Pragmatisierung

Umgangssprachlich steht ‚pragmatisch' für das Geschick, nützlich zu handeln. In der österreichischen Amtssprache meint Pragmatisierung die Verbeamtung unter Zuweisung einer unkündbaren Stelle [tenure-track position]. Die amerikanische Philosophie verweist auf die semantische Herkunft des Pragmatismusbegriffs aus dem Umfeld von Handlung [act], Tat [deed] und Angelegenheit [affair]. John Dewey unterstreicht Kants „Unterscheidung zwischen *pragmatisch* und *praktisch*".[582]

---

[581] Mill: Utilitarianism, 2006
[582] Dewey: Philosophie und Zivilisation, 2003: 16.

Den klassischen (philosophischen) Pragmatismus vertreten Charles Saunders Pierce, William James und John Dewey. Abraham Kaplan – nach eigenem Bekundung „a positivist by training, a pragmatist by inclination" – charakterisiert folgendermaßen:

> „Pragmatism does address itself to the problems of everyday life in this messy world, and it is indeed an intellectualized expression of the American genius for solving problems [...] Pragmatism is the attempt to assess the significance for human values of technology in the broadest sense [...] Just as Socrates brought philosophy down from the clouds into the market place, pragmatism brought it back from the academy into the laboratory and factory, studio, workshop, and home."[583]

Dieses Verständnis von Pragmatismus sucht die vorläufige Wahrheit in Vorstellungen, die ihre praktische Bewährung in der Befriedigung von Lebensbedürfnissen findet.

Entschieden versucht John Dewey Wissenschaftspraxis und Alltagspraxis miteinander zu verbinden. Dazu ist der Pragmatismus hilfreich, wenn philosophische Gedanken in Beziehung gesetzt werden zum Leben und zu Wirkungen in der Welt der Erfahrung. Pragmatiker verpflichten sich jenem ganzheitlichen Denken, in dessen Mittelpunkt Handeln und dessen praktische Verwertbarkeit im Alltag steht. Pragmatische Theorien beschreiben Handlungszusammenhänge, aus denen die Theorie zur Verbesserung des Lebens herauspräpariert werden kann.[584] Die These, der Pragmatismus würde mit praktischen Überlegungen die Theorie ersetzen wollen, wird zurückgewiesen.[585] John Dewey bewertet Theorien nach ihrer praktischen Anwendbarkeit und die Gültigkeit von Theorien wird an (praktischen) Erfolgen gemessen. Praktisches Handeln ist situationsbestimmte Auffassung von Wirklichkeit. Die pragmatische Philosophie wird als Reaktion auf philosophische Tendenzen des 19. Jahrhunderts angesehen, die sich zur mathematischen Logik entwickeln und von menschlichen Problemen entfernen. Dewey bemüht sich um die Rekonstruktion einer theoretisch fundierten Philosophie im kulturellen Kontext und im Dienste der Menschen. Sein Pragmatismus setzt Alltagswahrheit mit wissenschaftlicher Wahrheit gleich. Eine Handlung ist wahr, wenn eine Situation durch einen Handelnden erfolgreich bewältigt wird. Handlung und Nachdenken über das Handeln fallen zusammen.

Als Philosophie wird der Pragmatismus Teil des Prozesses des sozialen Wandels. Als Erkenntnistheoretiker beobachtet Dewey die Evolution des menschlichen Wissens, das nach seiner Auffassung aus Problemsituationen heraus entsteht und instrumentell eingesetzt werden kann. Wahrheit ist keine Abbildung objektiver, von Menschen unabhängig existierender Tatbestände, sondern Ergebnis heuristischer Verfahren zur Lösung praktischer Probleme. Wahrheit ist

---

[583] Kaplan: New world of philosophy, 1961: 13-14.
[584] Dewey: Philosophie und Zivilisation, 2003.
[585] Dewey: Logik, 2002.

immer hypothetisch, also vorläufig wahr, und kann sich im Alltag bewähren. Wissenschaftliches Erkennen ist nichts Passives, sondern ein aktives Handeln. Wahrheit ist nur Mittel (Instrument) zum Zweck, und das Prüfkriterium der Wahrheit ist ihre Brauchbarkeit im praktischen Leben der unfertigen, sich ständig entwickelnden Welt. Als Sinn des Lebens wird die ständige, nie abgeschlossene Reifung und Verfeinerung angesehen.

John Dewey erkennt, dass Erfahrungen biologisch, kulturell und sozial zusammenhängend erlebt werden. Erziehung ist prinzipiell in Handlungszusammenhängen [*principle of contextualism*] zu rekonstruieren. Philosophie, Wissenschaft, Politik, Literatur und die bildenden Künste werden als Teile der Zivilisation in alle menschlichen Angelegenheiten eingebaut. Die Philosophie soll der Wissenschaft die Ideensysteme liefern, um ein integriertes Ganzes von Überzeugungen zu ermöglichen. Dewey fragt nicht: What does it mean, sondern zukunftsgerichtet: What is it supposed to *do*? Wissenschaftliches Erkennen ist in die menschliche Zwecksetzung integriert. John Dewey liegt es fern, ein unverwechselbares Doktrinengebäude zu errichten. Wie für Sokrates ist für John Dewey der Weg des Philosophierens das Entscheidende.

In Europa und in den USA ist im 19. Jahrhundert der Umbruch von einer agrarischen zu einer industriellen Gesellschaft zu beobachten, Die Besonderheit der amerikanischen Einwanderergesellschaft kommt im *Progressive Movement* zum Ausdruck, einer Reaktion gegen die übervölkerten Großstädte mit ihren Problemen in den Bereichen Erziehung, Gesundheit, Armut, Kriminalität und Arbeitslosigkeit. Dem Niedergang der Neuengland-Gemeindedemokratie soll mit dem Modell einer neu zu formierenden Gesellschaft begegnet werden.[586] John Dewey gilt als die ‚graue Eminenz' dieser Sozialbewegung, im Verein mit der „unparteiischen" Wissenschaft.[587] Dewey beabsichtigte nicht, Demokratie und Öffentlichkeit durch die Wissenschaft zu ersetzen. Er hat die diskursive, selbstreflexive und experimentelle, kurz: die wissenschaftliche Neumodellierung von Demokratie und Öffentlichkeit im Sinn.[588] John Dewey führt eine Wertediskussion im Allgemeinen. Besonderes Anliegen ist ihm das Mitwirken von Werten in der Gruppenkommunikation. Veränderungen in der Kommunikation seien wahrzunehmen, aufzunehmen und aufzugreifen, und die Wissenschaft müsse geeignet reagieren, sich selbst erneuern, testen und wissenschaftliche Wirkungen in den Kreislauf der eigenen reflexiven Überlegungen einbeziehen. Offenheit, Flexibilität, Experimentierfreude und Orientierung an der (kulturellen wie politischen) Praxis sind die Merkmale, die Deweys Pragmatismus kennzeichnen.[589]

---

[586] Delia: Communication research, 1987: 24-25.
[587] Jaeger, F.: Amerikanischer Liberalismus, 2001.
[588] Dewey: Öffentlichkeit und ihre Probleme, 1996.
[589] Dewey: Erfahrung und Natur, 2007; Dewey: Logik, 2002.

5.6 Hermeneutisierung – Historisierung

Hermeneutik und Historismus sind zwei Gedankenströmungen mit einer unterschiedlichen Geschichte, die erst im 19. Jahrhundert zusammenfließen. Die *Hermeneutik* kann als Theorie der Interpretation auf die griechische Philosophie zurückverweisen. Sie wird im Mittelalter und in der Renaissance für das Bibelstudium bedeutsam. Später widmen sich Hermeneutiker dem Studium der alten Kulturen. In Romantik und Idealismus wird die Hermeneutik philosophisch. Methodologisch und didaktisch wird sie nicht mehr als Hilfe für andere Disziplinen begriffen. Die Hermeneutik wird zur symbolischen Kommunikation. Nicht mehr das Lesen allein, sondern Lesen im Kontext von Kommunikation soll geleistet werden.

Die Einführung des historischen Denkens in Weltanschauung und Philosophie führt zur grundsätzlichen Historisierung unseres Wissens und Denkens. Der Begriffstitel *Historismus* verfügt über eine immense Verstehensbreite. Epochale Ausprägungen in der deutschen Jurisprudenz und in der Nationalökonomie sorgen für eine eigene methodische Ortsbestimmung. Prominent sind die Historische Rechtsschule (Friedrich Carl von Savigny), die ältere Historische Schule der Nationalökonomie (Wilhelm Roscher, Bruno Hildebrand, Karl Knies) und die jüngere Historische Schule (Gustav von Schmoller, Georg Friedrich Knapp, Adolph Wagner, Karl Bücher). In der angelsächsichen Theoriegeschichte der Wirtschaftswissenschaften gibt es keine vergleichbare historische Ausrichtung. Auch in der Theoriegeschichte der angelsächsischen Kommunikationswissenschaft gibt es keine Parallele zur historisierenden Zeitungs- und Publizistikwissenschaft.

Entscheidend für die Methode des Historismus ist die *Geschichtlichkeit*. Gustav von Schmoller behauptet, auch sein Denken sei auf eine Theorie ausgerichtet, aber als Fernziel. Schmoller hält es für wichtig, erst einmal eine umfassende empirische Materialsammlung anzulegen.[590] Davon ausgehend sollen wirtschaftliche Gesetze formuliert werden. Im (ersten) *Methodenstreit der Nationalökonomie* geht es um die Rolle der Theorie und um den Gegensatz zwischen Schmollers empirisch-induktiver Position und dem deduktiven Vorgehen seines österreichischen Gegenspielers Carl Menger.[591]

Wo das historistische Materialsammeln zur Stoffhuberei wird, spricht man vom *historischen Positivismus* oder vom *Historizismus*. Damit ist das Sammeln von vergangenen Tatsächlichkeiten gemeint, die seit der Zeitungskunde, ohne theoretische Leitlinie, sehr verbreitet ist, ohne absichtsvoll erklären oder erkennen zu wollen. Otto Groth erwartet von der Zeitungswissenschaft die Betrachtung des Gleichen, das Aufschluss geben soll über das eigentliche Sein der Zeitung. In

---

[590] Schmoller: Grundriss, 1900/1904.
[591] Söllner: Geschichte des ökonomischen Denkens, 1999: 272-273.

immer und überall gleichen Druckwerken, der Zeitung, scheint deren Wesen verborgen zu sein, das zum Vorschein gebracht werden kann. Die Gleichheit der Erscheinungsweisen wird für das wahrhafte Seiende gehalten. Das Nicht-Zeitung-Sein (und damit alle anderen Möglichkeiten) werden ausgeschlossen. Es wird die (Rieplsche) Gesetzmäßigkeit erfunden,[592] es werden keine überprüfbaren Hypothesen als Voraussetzung formuliert, weshalb das Rieplsche als Quasi-Gesetz nichts erklären kann.

Der *Historismus* geht andere Wege. Wilhelm Dilthey fragt grundsätzlich, wie innerhalb eines Universitätssystems die Beschäftigung mit der Menschheit zu rechtfertigen ist, wenn sie, wie das Aufklärungsideal besagt, von klarem Verstand ist und nicht mehr auf Autorität, Tradition und einem religiösen Kanon basiert. Für Dilthey ist die Einkehr in die Vergangenheit im Grunde nichts anderes als ein Verzicht, sich mit der Gegenwart zu beschäftigen. Die historische Haltung wird als die Kulturmündigkeit der Menschen beschrieben. Ist es nur um das Wissen zu tun, wie es zu einer bestimmten historischen Entwicklung kam, dann, so Dilthey, wird leicht der Mut verloren, sie durch eigene Anstrengungen zu überwinden.

Wilhelm Dilthey widmet einen Großteil seiner wissenschaftlichen Arbeit dem Versuch, die Geisteswissenschaften als die Wissenschaften vom Menschen, von der Gesellschaft und von deren Geschichte zu einem selbständigen Ganzen zusammenzuführen.[593] Er studiert zunächst den Positivismus Auguste Comtes und den Empirismus John Stuart Mills, bevor er eigene Wege sucht. Die Bezeichnung *Geisteswissenschaften* ist eine freie Übertragung des Millschen Begriffs *moral sciences*.[594]

Den Gegensatz zwischen Natur- und Geisteswissenschaften formuliert Dilthey so: Die Natur *erklären* wir, indem wir das Einzelgeschehen auf dauerhafte Naturgesetze zurückführen; die Kulturvorgänge *verstehen* wir, weil wir ihren Sinn zu erfassen vermögen. Nach Dilthey ermöglichen es die Ursache/Wirkungs-Verhältnisse, die Naturvorgänge künstlich und wiederholbar ablaufen zu lassen. Dem Naturgeschehen wird mit Hilfe der Forschungsmittel Beobachtung und Experiment die durchgängige Geltung der Kausalgesetze abgelauscht.

Als geisteswissenschaftliche Gegenstände bestimmt Wilhelm Dilthey geistige, soziale, psychische und kulturelle Erscheinungen, die zunächst als Sinnzusammenhänge der historischen Vorgänge hergestellt, aufgezeigt und aufgehellt werden, so dass mit geordneten geschichtlich-gesellschaftlichen Wirklichkeiten Probleme zu formulieren sind. Die Vorstudien über die soziale und moralische Natur des Menschen führen dann zu nicht-naturwissenschaftlichen Sachverhalten

---

[592] Riepl: Nachrichtenwesen bei den Römern, 1911.
[593] Dilthey: Einleitung in die Geisteswissenschaften, 1966.
[594] Mill: System der deduktiven und induktiven Logik, 1978.

(Staat, Gesellschaft, Moral, Recht, Kunst, Religion) für die, zusammen mit der philosophischen Bestimmung der Eigentümlichkeit, methodische Zugänge zu geisteswissenschaftlichen Gegenständen gesucht werden. Die sinnhafte Ganzheit menschlicher Lebensstrukturen erschließt sich nach Dilthey durch ein eigenes Erklärverfahren, das *Verstehen*, das ein hermeneutisches, ein auslegendes Denken verlangt.

Für Verstehen hat Hegel den Begriff *objektiver Geist* als eigene Denk- und Erkenntnisform vorgeschlagen, als die Kraft, die in der Natur und in der geschichtlichen Entwicklung enthalten ist. Bezugnehmend auf Kants *Kritik der reinen Vernunft* hebt Dilthey in seiner *Kritik der historischen Vernunft* weitere Erscheinungen menschlicher Erfahrungen hervor.[595]

Als Gegenstand der Geisteswissenschaften wird das denkende, wollende und fühlende Geistesleben der Menschen als Geist-Innen und als entäußerte Gebilde geschichtlicher, gesellschaftlicher oder kultureller Wirklichkeit verstanden. Die Geisteswissenschaften untersuchen den zeitlichen Vollzug individuellen Lebens und historischer Epochen als Tatsachenwissenschaften, denen empirische Methoden nicht fremd sind. Die geisteswissenschaftliche Erkenntnismethode *Verstehen* hat für Dilthey einen erweiterten Sinn von Hermeneutik, der die Lesbarkeit und das Textverstehen auf alle Lebensbereiche überträgt.

Der Historismus als Methode gerät in die Kritik Edmund Husserls, der pointiert: Während der Naturalismus alles zur Natur macht und Natur durch Gesetze begreifen möchte, versteht der Historismus alles „als Geist, als historisches Gebilde".[596] Der Kritische Rationalist Karl Poppers verbindet mit dem Wort Historizismus bestimmte sozialwissenschaftliche Theorien, besonders die des Marxismus, die in der Geschichte ‚Trends' und ‚Gesetze' erkennen, um daraus Voraussagen herzuleiten.[597]

---

[595] Dilthey: Einleitung in die Geisteswissenschaften, 1966.
[596] Husserl: Philosophie als strenge Wissenschaft, 1971.
[597] Popper: Das Elend des Historizismus, 2003.

„Teilen kann ich nicht das Leben,
Nicht das Innen, noch das Außen,
Allen muß das Ganze geben,
Um mit euch und mir zu hausen.
Immer hab' ich nur geschrieben,
Wie ich's fühle, wie ich's meine,
Und so spalt ich mich, ihr Lieben,
Und bin immerfort der Eine."
Johann Wolfgang Goethe, Sprüche 188.

5.7 Funktionalisierung

Die Alltagsvernunft deutet Funktion als eine zweckgerichtete Aufgabe. Nach dieser Commonsense-Vorstellung funktionieren Liebe, Leber und Lehrer gleichermaßen. Wissenschaftlich bedeutsam wird der Begriff *funktionale Unendlichkeit* in der Ontologie des Nikolaus von Kues, dann in der Weltbildveränderung des Nikolaus Kopernikus, besonders nachhaltig in der „Revolution der Denkart" Immanuel Kants.[598] Kant begründet die wissenschaftliche Funktion im Kontext des Systemdenkens. Kants *Kritik der reinen Vernunft* ist der Versuch, „das bisherige Verfahren der Metaphysik umzuändern [...], daß wir nach dem Beyspiele der Geometer und Naturforscher eine gänzliche Revolution mit derselben vornehmen".[599] Kant unterstellt keine Objekte mit wesenhaften Eigenschaften. Für ihn erkennt der Mensch vernunftrational durch die objektivierende Analyse des Verstandes. Objektivität ist nicht schlechthin zu erkennen. Es sind Formen objektiver Gesetzlichkeit, die sich in den Begriffen und Grundsätzen einer Erfahrungswissenschaft wie der mathematischen Physik fassen und darstellen lassen.[600] Wissenschaft ist ein geordnetes System der Erkenntnis, „ein nach Prinzipien geordnetes Ganzes",[601] das als Gefüge von Gedanken und Einsichten durch eine Funktion zusammengehalten wird. „Ich verstehe [...] unter Funktion die Einheit der Handlung, verschiedene Vorstellungen unter einer gemeinschaftlichen zu ordnen."[602]

Funktion ist für Kant ein bestimmter Auswahlgesichtspunkt für alternative Vorstellungen. Funktion kann mehrfach geordnet werden, durch Begriffe,[603] Urteile,[604] Schlüsse,[605] und Ideen.[606] Kant hält die methodologische Frage für ent-

---

[598] Rühl: Publizieren, 1999: Kap. 4, 11.
[599] Kant: Kritik der reinen Vernunft, 1968: B XXII.
[600] Cassirer: Philosophie der symbolischen Formen, 1977: 9-10.
[601] Kant: Metaphysische Anfangsgründe 1968: A IV.
[602] Kant: Kritik der reinen Vernunft 1968: B 93.
[603] Kant: Prolegomena, 1968: § 39.
[604] Ebenda: §§ 21-22.
[605] Kant: Kritik der reinen Vernunft 1968: B 361, 364, 378.
[606] Ebenda: B 436.

scheidend: Ist die Funktion aus dem Gebilde oder das Gebilde aus der Funktion zu verstehen? Kant entscheidet sich für die *transzendentale Methode*. Ihr zufolge ist die Wissenschaft nicht als unwandelbare Seinsweise zu denken, sondern als veränderbare Kulturgestalt. Wissenschaftler beschäftigen sich „nicht so wohl mit Gegenständen sondern mit *unserer Erkenntnisart* von Gegenständen".[607] Substanz ist Benennung des Einzelfalles, das Ding ist Realität und dessen Messbarkeit ist Quantum.[608]

Kant behandelt das *Erkenntnisproblem in transzendentaler Sicht*. Er fragt: Auf welche Weise konstruiert der menschliche Geist die Welt? Für Kant sind die Anschauungs- und Denkformen der Subjekte verbindlich, wenn sie auf vorausgehende Erfahrungsschematismen zurückzuführen sind. Voraussetzungen der Möglichkeit von Erfahrungserkenntnissen sind Kategorien des Verstandes, die Mathematik oder die exakten Naturwissenschaften konstituieren. Sie werden durch Sprachstrukturen zum Ausdruck gebracht und sind deshalb dem exaktwissenschaftlichen Denken nicht angemessen. Denn die Sprache hat die alte Substanz/Attribut-Metaphysik zur Voraussetzung, während in den Naturwissenschaften des 20. Jahrhunderts der Substanzbegriff zunehmend vom Funktionsbegriff abgelöst wird.[609]

Ernst Cassirer versucht das transzendentale Prinzip Kants für die Lösung eines neuen Wissenschaftsproblems fruchtbar zu machen. *Funktion* ist nach Cassirer das geistige Band, das die verschiedenen Problemgebiete miteinander verknüpft. Neben Kants Erkenntnisfunktion „gilt es, die Funktion des sprachlichen Denkens, die Funktion des mythisch-religiösen Denkens und die Funktion der künstlerischen Anschauung derart zu begreifen, dass daraus ersichtlich wird, wie in ihnen allen eine ganz bestimmte Gestaltung nicht sowohl *der* Welt, als vielmehr eine Gestaltung *zur* Welt, zu einem objektiven Sinnzusammenhang und einem objektiven Anschauungsganzen sich vollzieht."[610] Angestrebt wird, von der Kritik der Vernunft zur *Kritik der Kultur* voranzuschreiten.[611] Cassirer stellt tradierte Kulturinhalte in Frage. Naiv-realistische Weltansichten werden aufgebrochen. Grundformen und Grundrichtungen des Publizierens werden als Aktivitäten erfasst. Insofern es ästhetische Phantasien und Anschauungen gibt, gibt es Kommunikationskulturen ästhetischer Gegenstände, religiösen Bewusstseins, mythologischen Denkens – auch des Staates.[612] Für Ernst Cassirer liegt die Funktion als einheitlicher Mittelpunkt eines Ganzen in einer gemeinsamen Aufgabe. Kultur, Sprache, wissenschaftliche Erkenntnis, Mythos, Kunst, Religion werden, bei aller strukturellen Verschiedenheit, zu Gliedern eines

---

[607] Ebenda: B 26 (H.i.O.)
[608] Kant: Streit der Facultäten, 1968: A 136.
[609] Cassirer: Substanzbegriff und Funktionsbegriff, 1990.
[610] Cassirer: Philosophie der symbolischen Formen, 1977, Bd. I: 11.
[611] Cassirer: Versuch über den Menschen, 1990.
[612] Cassirer: Myth of the state, 1946.

einzigen großen Problemzusammenhangs, bezogen auf das Ziel, „die passive Welt der bloßen *Eindrücke* [...] zu einer Welt des reinen geistigen *Ausdrucks* umzubilden".[613] Cassirer führt den Begriff auf die Funktion der Reihenbildung zurück. „Die Identität dieser erzeugenden Relation, die bei aller Veränderlichkeit der einzelnen Inhalte festgehalten wird, ist es, die die spezifische Form des Begriffs ausmacht." So bildet „die Allgemeingültigkeit eines reinen Prinzips das charakteristische Moment des Begriffs."[614] Unter den Bezeichnungen *symbolische Form* oder *Funktion* wird diese Auffassung von Cassirer auf alle geistigen Dimensionen ausgedehnt.[615]

Im frühen 20. Jahrhundert wird *Funktion* von der klassischen Sozial- und Kulturanthropologie als vergleichende Methode aufgegriffen die, bezogen auf einen Problemgesichtspunkt, zwischen Problemstellungen vermittelt, um andere Problemlösungen darauf beziehen zu können.[616] Das Ding als Realität und seine Messbarkeit als Quantum[617] werden ersetzt durch das *Feld*, das zwischen Teilchen darstellbar wird.[618] System/Umwelt-Theorien beschleunigen die Abkehr vom Subjekt/Objekt-Paradigma.[619]

Mehr und mehr Sozialwissenschaftler wenden sich dem funktionalen Denken zu. Gemeinsames Anliegen ist, die Mannigfaltigkeit realer Erscheinungen zu ordnen, die aus einem Erfahrungszusammenhang konstruiert werden.[620] Für Talcott Parsons ist die Funktion eine zweckgerichtete Leistung, die der Erhaltung komplexer Systemstrukturen dient. Als Leitautor des Strukturfunktionalismus/Bestandsfunktionalismus/Kausalfunktionalismus vertritt Parsons methodologisch einen *teleologischen Funktionalismus*. Funktion soll durch die Zweck/Mittel-Rationalität den Bestand als eine dauerwirksame Leistung sichern. Funktion steht bei Parsons für das Streben nach einem bestimmten Wert oder ein bestimmtes Ziel, häufig für den Beitrag der von einem gegebenen System zu dessen Erhaltung geleistet wird.[621] Wird der Funktionsbegriff teleologisch definiert, dann ohne die Begriffe Variable, Bestand oder Bestandsvoraussetzung methodologisch aufzulösen. „Die begriffliche Arbeit an einer Theorie wurde beschränkt durch die Annahme, dass ein bestimmter strukturierter Gegenstand

[613] Cassirer: Philosophie der symbolischen Formen, 1977: I, 11-12.
[614] Ebenda: 20, 26.
[615] Cassirer: Philosophie der symbolischen Formen, 1977: I, 10, 262, II: 545-546; III: 335; 340-341; 351-352; 430.
[616] Radcliffe-Brown: On the concept, 1952; Malinowski: Group and individual, 1939.
[617] Kant: Streit der Facultäten, 1968: A 136.
[618] Cassirer: Substanzbegriff und Funktionsbegriff, 1910/1990; March, A.: Das neue Denken, 1960: 116-117.
[619] Luhmann: Soziale Systeme, 1984: 22-29.
[620] Durkheim: Über die Teilung, 1977; Parsons: Zur Theorie sozialer Systeme 1976; Merton: Social theory and social structure, 1957.
[621] Parsons: The social system, 1951: 20-22.

vorgegeben sei."[622] Der Handlungssystemtheoretiker Parsons zieht Kommunikationssysteme nicht eigens in Betracht.

Ethnologen,[623] Soziologen[624] und Politikwissenschaftler[625] beleben den teleologischen Funktionalismus als Methode in Relation zu Strukturen und Systemen. Für die Kommunikationswissenschaft, die im deutschsprechenden Raum zunächst die Massenkommunikation in den Mittelpunkt stellt, werden Funktionen als kausal-zweckhafte Bewirkungen ausgearbeitet. Harold D. Lasswell schlägt für die Kommunikation grundsätzlich drei Funktionen vor: (1) das Transparentmachen von Informationen aus der Gesellschaft, (2) die Interpretation dieser Informationen für die Umwelt, und (3) die Transmission sozialer Werte und Normen über Generationen hinweg. Robert K. Merton unterscheidet zwischen *manifesten* (*beabsichtigten*) und *latenten* (*unbeabsichtigten*) Funktionen, wenn er nach den Konsequenzen hinter den zweckhaft persuadierenden Aktivitäten der Massenkommunikation fragt, nach den (positiven) *Eufunktionen* und den (negativen) *Dysfunktionen*. Charles R. Wright übernimmt die Lasswell-Funktionen, denen er als vierte eine *Unterhaltungsfunktion* hinzufügt. Franz Ronneberger differenziert die Massenkommunikation als Kommunikationsform zur Sozialisation in der Moderne, im Hinblick auf *soziale* und *politische* Funktionen.[626] Die teleologische Funktionenanalyse wird zur Theorietechnik, die Relationierungen benutzt mit dem Ziel, Vorhandenes als kontingent und verschiedenartig vergleichbar zu machen.

Gegen den *teleologischen Funktionalismus* als Methode ist einzuwenden: Kommunikationssysteme sind nicht auf Entweder/Oder-Entscheidungen angewiesen, mit denen sie stehen oder fallen. Beiträge zur Erhaltung von Kommunikationssystemen sind durch *funktional äquivalente Leistungen* ersetzbar. Treten Kommunikationsprobleme an die Stelle von Medienarten, dann wird einsichtig: Problem können alternativ gelöst werden, wo im Falle der Teleologie die Medienstrukturen die Lösungsmöglichkeiten festlegen. Kommunikationssysteme können auf das Ausfallen bisheriger Leistungen durch Strukturänderungen und durch neue Erwartungen reagieren. Der Fortbestand der Kommunikationssysteme wird unter den veränderten Bedingungen möglich, ohne eindeutig feststellen zu können, wann solche Änderungen ein neues System konstituieren. Redaktionen, in denen Zeitungen, Zeitschriften, Hörfunk-, Fernseh- und Online-Programme hergestellt werden, können durch Struktur- und Erwartungsän-

---

[622] Luhmann, Einführung, 14.

[623] Radcliffe-Brown: On the concept, 1952; Malinowski: Group and individual, 1939.

[624] Durkheim: Über die Teilung, 1977; Parsons: Zur Theorie sozialer Systeme 1976; Merton: Social theory and social structure, 1957.

[625] Deutsch: Politische Kybernetik, 1969.

[626] Lasswell: Structure and function, 1948; Merton: Social theory and social structure, 1957: 19-84; Wright: Functional analysis and mass communication revisited, 1974; Ronneberger: Massenkommunikationsmittel, 1964; Ronneberger: Sozialisation durch Massenkommunikation, 1971.

derungen nicht nur den Fortbestand ihrer Produktionen ermöglichen, sondern können journalistisch Neues besser leisten, ohne als Systeme „von Grund auf" neu konstituiert zu werden.[627]

Der *vergleichende Funktionalismus* (*Äquivalenzfunktionalismus*) wird als Komplement zur Systemtheorie entwickelt.[628] Im Unterschied zum teleologischen ist der vergleichende Funktionalismus eine Theorietechnik, die aus inkongruenten Perspektiven Bekanntes und Vertrautes beobachtet und alternativ erneuert.[629] Die äquivalentfunktionale Forschung hat weder ein Urbild noch reale Strukturen im Sinn, wenn beispielsweise redaktionelle Leistungen und Aufgaben in der Zukunft mit solchen der Vergangenheit vergleichend untersucht werden. Erst das funktionale Vergleichenkönnen hinreichend abstrakter Konzeptionen verspricht Erkenntnisgewinn, wenn beispielsweise die Redaktionsforschung von uneinheitlichen, aber forschungsfähigen [researchable] Organisationsproblemen ausgeht.[630] Niemand muss meinen, auf „Fakten, Fakten, Fakten" sei Verlass. „[...] facts are merely collections of details; they are significant only as data for hypothesis".[631] Mit der Erkenntnistechnik des vergleichenden Funktionalismus kann Verschiedenartiges aufgestöbert werden, um es funktional äquivalent gegeneinander abzuwägen.[632] Die funktional-vergleichende Methode ist nicht fixiert, damit Bestimmtes abgeleitet werden kann. Funktional-vergleichend ist Kohärenz zu erreichen, wenn bestimmte Probleme als Folgeprobleme von Lösungen höherer Ordnung als Folgen allgemeiner Systemprobleme erkennbar werden.

Aus inkongruenten Perspektiven kann Bekanntes und Vertrautes alternativ beobachtet und bearbeitet werden.[633] Ausgehend von der kantischen Funktionsidee als regulativem Sinnschema werden Theorien gebaut, für die Kommunikation nicht selbstverständlich, eher unwahrscheinlich ist.[634] System/Mitwelt-Theorien und vergleichender Funktionalismus haben in den Sozialwissenschaften einen reflexionstheoretischen Wandel initiiert, der Sinn und Ertragswert erkennbar

---

[627] Meier, K.: Ressorts, Sparte, Team, 2002.

[628] Luhmann: Soziale Systeme, 1984: 11.

[629] Luhmann: Funktionale Methode, 1964/1970; Burke: Permanence and change, 1965: 69-163.

[630] Rühl: Zeitungsredaktion, 1969; Dygutsch-Lorenz: Rundfunkanstalt, 1971; Rückel: Lokalredakteure, 1975; Hofer: Unterhaltung im Hörfunk, 1978; Koller: Lokalredaktion und Autonomie, 1981; Hienzsch: Journalismus als Restgröße, 1990; Dernbach: DDR-Berichterstattung, 1990; Neuberger: Journalismus als Problembearbeitung, 1996; Neumann: Redaktionsmanagement in den USA, 1997; Altmeppen: Redaktionen, 1999; Meier, K.: Ressorts, Sparte, Team, 2002; Altmeppen: Journalismus und Medien als Organisationen, 2006.

[631] Lasswell / Kaplan: Power and Society, 1968: X.

[632] Rühl: Journalism in a globalizing world society, 2008.

[633] Luhmann: Funktionale Methode, 1964/1970; Burke: Permanence and change, 1965: 69-163.

[634] Luhmann: Unwahrscheinlichkeit der Kommunikation, 1981.

macht. Die äquivalenzfunktionale Untersuchungstechnik macht möglich, für ein System in der Form des Vergleichs verschiedene Lösungen zu verschiedenen Zeiten anzubieten oder verschiedene Systeme zu einem Zeitpunkt oder zu verschiedenen Zeiten zu vergleichen. Beide Forschungstechniken können im Abstraktionsgrad der Problemstellung und im Umfang der Systemreferenzen variiert werden. Ungeachtet der ungleichen sachlichen, sozialen und zeitlichen Strukturen kann der Online-Journalismus von heute mit der Presse zu Beginn der Neuzeit funktional äquivalent verglichen werden. Es können Formen und Ausmaße hinreichend abstrahiert gegenübergestellt werden, mit denen es publizistischen Organisationsformen unterschiedlicher Regionen gelingt, die Interessen ihres Personals denen ihres Kauf- und Lesepublikums gegenüberzustellen.

Jeder Vergleich von Problemlösungen setzt voraus, dass eine Funktion als Bezugsproblem ausgewählt wird. Von dieser Vorentscheidung bleiben die festgestellten Gleichheiten beziehungsweise Ungleichheiten abhängig. Funktionale Festlegungen haben relative Gültigkeit. Sachliche, soziale und zeitliche Vergleiche können unabhängig von psychischen Gründen und Motiven eingeschätzt werden. Es können dies primär theoretische, auch unmittelbar alltagspraktische und wertgebundene Interessen sein. Im Auswechseln solcher Gründe auf der gemeinsamen Basis einer identischen Problemstellung und einer gleichen Methode kann sich ein fruchtbarer Gedankenaustausch zwischen wissenschaftlichen Theorien und expertenpraktischen Theorien entwickeln. Denn die funktional-vergleichende Methode kennt keine unüberbrückbaren Verständigungsschwierigkeiten zwischen beiden Bereichen. Gewiss, die Orientierungshorizonte der Wissenschaftler und Experten werden zur Erhaltung einer sinnvollen Arbeitsteilung stets unterschiedlich sein. Wissenschaftler können alltagspraktisch auftretende Probleme auf ihre strukturellen Prämissen hin überprüfen und den Bereich ihrer Lösungsmöglichkeiten und deren Folgeprobleme ausleuchten. Experten können, wenn sie in spezifischen Stellen und Rollen ein spezifisches Problem lösen wollen, auf solche Erkenntnisse zurückgreifen oder mit gleicher Methode selbst problembezogene Entscheidungsstrategien entwerfen. In Kenntnis dieser divergierenden Ausgangspositionen kann entschieden werden, welche Folgen um welcher Werte willen in Kauf zu nehmen sind. Der Übergang von der forschenden und lehrenden Wissenschaft zur beruflichen Arbeitspraxis ändert den Orientierungshorizont, nicht den Wahrheitsgehalt vergleichender Feststellungen. So entstand unter der Maßgabe, dass „die Kommunikationstheorie, die Steuerungstheorie und die Kybernetik zusammen *einen* Gedankengang bilden",[635] eine Fülle neuartiger Funktionalismusstudien in dem Über-

---

[635] Deutsch: Politische Kybernetik, 1969: 28 (H.i.O.)

schneidungssystem zwischen Politikwissenschaft und Kommunikationswissenschaft.[636]

Die funktional vergleichende Methode unterscheidet sich deutlich von der kausalwissenschaftlichen Forschung, die lediglich Beziehungen zwischen Ursachen und messbaren Wirkungen zum Thema macht. Der Gewinn durch die funktional vergleichende Analyse besteht nicht in der Gewissheit der Verknüpfung spezifischer Ursachen mit spezifischen Wirkungen, sondern in der Wahl eines abstrakten Bezugsgesichtspunktes, des Problems,[637] von dem aus verschiedene Möglichkeiten der Verwirklichung von Kommunikation unter äußerlich ganz unterschiedlich anmutenden Tatbeständen und Strukturen behandelt werden können. Die Systemrationalisierung der Problemstellung wird von Kommunikationswissenschaftlern selbst gestellt, bearbeitet und gelöst. Das ist der Sinn der funktional vergleichenden Methode.

Anders als der teleologische Funktionalismus sucht der *Äquivalenzfunktionalismus* nicht den Bestand fix vorgestellter Systeme. Die funktionale Stabilisierung eines Kommunikationssystems wird als Problem aufgefasst, das angesichts einer wechselhaften und rücksichtslosen Mitwelt Lösungen erfordert und eine laufende Orientierung an anderen Möglichkeiten unentbehrlich macht. Stabilität meint keine interne Standfestigkeit und Dauerhaftigkeit, sondern wird in Relationen zwischen Systemen und Mitwelt als relative Invarianz der Systemstrukturen und der Systemgrenzen gegenüber einer veränderlichen Mitwelt konzipiert. Wichtige funktionale Systemleistungen sind dann die Erhaltung einer attraktiven Indifferenz gegenüber Mitweltkonkurrenten, eine distanzierte Autonomie und eine reaktionsbewegliche Elastizität, die unvermeidbare Mitwelteinwirkungen kompensieren kann.

Jede *funktionale Analyse* setzt ein Bezugssystem als Einheit in Differenz zu relevanten Referenzsystemen der Mittwelt voraus, auf die hin Leistungen und Aufgaben erfüllt werden können. Auch die Weltgesellschaft ist ein selbstreferentielles, ein sich selbst beobachtendes und selbst beschreibendes Kommunikationssystem, das nicht von außen von irgendwelchen Subjekten beobachtet und beschrieben werden kann. Mit der funktionalen Analyse ist eine angemessene Selbstbeobachtung und Selbstkritik möglich. Sie fehlt der empirisch-positivistischen Kommunikationsforschung, die mit ihren routiniert erprobten Techniken keine Bezüge zu kommunikationskulturellen Kommunikationssystemen findet. Keine Kommunikationsform der Menschheit ist so simpel gebaut, dass sie sich durch die Befragung des Mannes von der Straße erhärten oder negieren lässt. Die Kommunikationswissenschaft ist auf komplexe,

---

[636] Vergleiche Deutsch: Politische Kybernetik, Einleitung zur amerikanischen Neuauflage von 1966.

[637] Luhmann: Funktion und Kausalität, 1970; Kant: Kritik der reinen Vernunft, 1968: B 92-93.

spezifisch operierende Kommunikationssysteme der Weltgesellschaft in Vergangenheit und Zukunft angewiesen. Werden Kommunikations-, Informations-, Medien-, Risiko-, Erlebnis- und andere Spezialgesellschaften beschrieben, dann ist zu fragen: Von welcher Gesamtgesellschaft wird dabei ausgegangen?

Die nicht-funktionale Kommunikationswissenschaft problematisiert keine Erkenntnishindernisse. Wird auf sie zurückgegriffen, dann werden andere Wahlmöglichkeiten dieser Weltgesellschaft blockiert, so dass gesellschaftstheoretische Untersuchungen in die Sackgassen tradierten Gesellschaftstheorien führen. Zu solchen Erkenntnisblockaden gehört die Annahme, dass Gesellschaft(en) aus ‚ganzen Menschen' bestehen oder dass Gesellschaften mit Beziehungen zwischen ganzen Menschen (‚Intersubjektivität') operieren können.

Nach heutigem Wissensstand kann die Menschheit sozialwissenschaftlich, psychologisch, biochemisch oder biologisch unterschieden werden. Es gibt für Kommunikationswissenschaftler keinen Anlass, die Menschheit durch ein Ganzes/Teile-Schema zu puzzeln. Bei aller Hochschätzung des Traditionstitels „der Mensch"; er kennzeichnet, seit der Aufklärung , dass aus der sozialen Rolle „Untertan" die soziale Rolle „Bürger" und in der Folge ein Rechtssubjekt mit Chancengleichheit und Kommunikationsfreiheit gebildet wurde Für sozialwissenschaftliche Problemstellungen ist „der Mensch" zu wenig differenziert, und für Kommunikationsprobleme ist er untauglich.

Erkenntnishinderlich sind ferner nationale, regionale oder lokale Bezeichnungen, werden sie mit undurchlässigen Grenzen gedacht. Für eine weltgesellschaftliche Theorienarchitektur sind Vorstellungen von einem ‚American Journalism', einer ‚Berliner Presse' oder einem ‚italienischen Fernsehen' durchaus Augenscheinlichkeiten, wenn auch keine analyse- und synthesefähigen Begriffe. Zweifelsohne befinden sich Lokalisierung, Regionalisierung und Globalisierung in ihren sozialen, sachlichen und zeitlichen Kommunikationsdimensionen im Umbruch. In den Jahrtausenden, in denen die Kommunikation der Menschen wissenschaftliches Interesse findet,[638] waren Daten, Fakten oder Tatsachen noch nie hinreichend, Kommunikation erläutern oder verstehen zu können. Unbestritten ist, dass die Kommunikationswissenschaft mit variierenden Theorien ganz unterschiedliche Probleme variabel beleuchten kann. Und das ist notwendig, da in jeder Familie, in jeder Organisation und auf jedem Markt andere Kommunikationsverhältnisse vorfindbar sind. Journalismus, Public Relations, Werbung oder Propaganda sind durch vergleichende Analyse zu identifizieren, Die Vorurteile und Vorverurteilungen, die ihnen gegenüber im Umlauf sind, können keine Programmeinheit verleihen.

Es gibt viel Kommunikationswissen, das in seiner Unstrukturiertheit für trivial gehalten werden kann. Theoriebildung ist eben die Kunst, aus alltagsvernünf-

---

[638] Lasswell et al.: Propaganda und Communication 1979-1980; Rühl: Publizieren 1999.

tigen Trivialitäten weiterreichendere Schlüsse ziehen zu können. Werden an die Stelle von Plausibilitäten öfter Formen des Erstaunens gesetzt, dann können die Chancen für unverhoffte Erkenntnisgewinne steigen. Eine weitere Möglichkeit für den Forschungsfortschritt könnte darin bestehen, die Ansprüche an begriffliche Genauigkeit zu erhöhen. In der jüngeren Vergangenheit passiert in der Kommunikationswissenschaft wenig Grundlagenforschung. Deshalb wahrscheinlich der oft saloppe Umgang mit Grundlagenbegriffen. Auf diese Weise verbaut sich die Kommunikationskommunität leicht interdisziplinäre Kontakte ebenso wie eine eigenständige Diskussion der Probleme spezifischer Theoriedesigns.

Dritter Teil:
Annäherung an Kommunikation als soziale Realität

*Die Theorieanlage gleicht ... eher einem Labyrinth
als einer Schnellstraße zum frohen Ende.*
Niklas Luhmann: Soziale Systeme, 1984: 14.

6 Erleben – Erlebenssysteme

Erleben kann alltagssprachlich meinen, am Leben oder anwesend sein, etwas ereignet sich, von dem man betroffen ist oder bewirkt wird. Im 19. Jahrhundert wird das subjektive ‚Ich' zum Bezugssystem für Erleben in einer Erlebniswelt.[639] Erleben setzt gleichzeitig menschliches Leben, Bewusstsein und Kommunikation voraus. Erleben bildet den Rahmen für bewahrte Kommunikationskulturen, für Erinnerungen, die künftige Kommunikationen als einheitliches Geschehen ermöglichen. Erleben kann innerlich oder äußerlich vollzogen werden, ist in keinem Fall beziehungslos, ohne in Zweck/Mittel-Relationen zergliedert zu werden. Kommunikation wird nicht im Brustkasten, sondern in Kommunikationssystemen erlebt, an denen mindestens zwei Personalsysteme beteiligt sind. Mit Kommunikation kann das Erlebnissystem als Teilbereich der Weltgesellschaft beobachtet werden, wenn es, mit einem Minimum an Sinn, mitkommuniziert wird.[640]

Erlebenssysteme beobachten vor Endloshorizonten, ohne sich selbst erleben zu können. Erleben ist nicht eindeutig, es verweist stets auf andere Möglichkeiten. Beziehungen zwischen Erleben und Kommunikation werden deutlicher, wenn Kommunikation als sinnbestimmte Informationsbefähigung definiert wird, die intendierende Äußerungen synthetisiert. Mit ihr kann an psychisch und sozial bewahrten Kommunikationskulturen angeschlossen werden in der Absicht, mit bestimmten Themen die Komplexität der Welt einzugrenzen und durch Weiterkommunikation besser zu verstehen.[641] Wird Erleben als sinnmachendes Infor-

---

[639] Cramer: Erleben, Erlebnis, 1972.
[640] Luhmann: Erleben und Handeln, 1978; Loubser: Handlung und Erlebnis, 1981.
[641] Luhmann: Soziale Systeme, 1984.

mieren verstanden, das von außen an das Kommunikationssystem herankommt, dann wird Erleben selbst im Fall eines provozierenden Unsinns so viel Sinn machen, dass der Unsinn als solcher zu identifizieren ist.

Die Formen, in denen erlebt wird, beschreibt Edmund Husserl als *intentionales Bewusstseinserleben in einem Erlebnisstrom*. Erlebnisse haben eine dreifache Erlebniszeit, nämlich im Jetzt, gegenüber einem Vorher oder einem Nachher.[642] Erleben befindet sich im Modus der Potentialität, ist möglich also, und Erlebnisse können durch das Treffen einer Unterscheidung, das Setzen einer Differenz, verwirklicht werden.[643] *Intentionalität* ist die Gerichtetheit des Bewusstseins auf einen Gegenstand (Sachverhalt) und *Intention* bedeutet für Husserl, dass Erlebnisse ihr Bewusstsein in sich tragen. Subjekt und Objekt sind durch den Akt des Bewusstwerdens verbunden. *Intentionale Erlebnisse* sind Akte des philosophischen (nicht des psychologischen) Bewusstseins. Alle Akte des Bewusstseins sind sinnstiftend und sie konstituieren Gegenstände. Ein bewusstseinstranszendentes „eigentliches An-sich" der Dinge (wie noch bei Kant) existiert für Husserl nicht. Erleben und Handeln führen zur Vorstellung von Typik und Typengebundenheit.[644]

Mit der Ideen der Differenz von Aktualität und Potentialität des Erlebnisstromes präsentiert Edmund Husserl seine Lehre von der *Horizontintentionalität*.[645] Mit diesem Begriff charakterisiert er eine bedeutsame Problem- und Erfahrungslage für bewusstes Erleben, das in einem *Endloshorizont* weitere Möglichkeiten vergegenwärtigen kann. Alles was der Fall ist steht in Relation zum *Gegenwartshorizont* (nicht zu Vergangenheitshorizonten oder zu Zukunftshorizonten). Die Grenzen der Horizonte sind *endlos* in dem Sinne, dass sie sich bei jeder Annäherung verschieben.[646] Insofern ist ein „grenzenloses Erleben" nicht möglich, denn Erleben kann nur bestimmt werden in Relation zu Endloshorizonten.[647]

Erleben setzt das Kommunizieren in Gesellschaftssystemen voraus, denn es gibt kein einziges, kein a-soziales Ich. Robinson Crusoe wird in den Kommunikationskulturen Englands des frühen 18. Jahrhunderts sozialisiert, bevor er auf einer einsamen Insel auf Freitag stößt, mit dem er – im Rahmen einer englischen Kommunikationskultur – zu kommunizieren beginnt. Bis in das 19. Jahrhundert spielt der Erlebensbegriff in den Wissenschaften keine nennenswerte Rolle. Die Reform- und Kulturpädagogik kennt die Schulklasse als Erlebensgemeinschaft.[648] Vor allem die phänomenologische Philosophie Husserls spezifiziert

---

[642] Husserl: Ideen zu einer reinen Phänomenologie, 2002: 164.

[643] Dazu das Axiom „draw a distinction" bei Spencer-Brown: Gesetze der Form, 1997: 3.

[644] Husserl: Erfahrung und Urteil, 1948; Schütz/Luckmann: Strukturen der Lebenswelt, 1975.

[645] Husserl: Cartesianische Meditationen, 1995: 81-82 (H.i.O.)

[646] Rühl: Globalisierung der Kommunikationswissenschaft, 2006.

[647] Husserl: Krisis des europäischen Menschtums, 1995.

[648] Roessler: Pädagogik, 1978: 645.

dann ein *intentionales Erleben*, das Sinn macht und für Reflexionen zugänglich ist. Ein jedes Kommunikationssystem erwartet, dass andere auch so erleben wie es selbst. Insofern scheinen erlebende Systeme leichter umkehrbereit zu sein. Erlebnissysteme können sich möglicherweise irren, Kommunikationssysteme können bewusst irritieren.

Anders als Erfahrung [experience] ist Erleben von der kommunikationswissenschaftlichen Forschung noch zu entdecken. Sinn(re)produzierende Kommunikation und das Erleben von Welt wird ausgedrückt von der Metapher *Lesbarkeit der Welt*. Die Menschheit erweitert Kommunikation und Erleben durch die Ideen vom Buch der Natur, dem Buch der Geschichte, dem Buch des Lebens, dem Buch der Offenbarung oder dem Buch mit sieben Siegeln.[649] Nicht wissenschaftsfähig ist dagegen ein Welterleben, wenn eine unkontrollierbare Autorität beansprucht „aus der Hand lesen" zu können.

In der zweiten Hälfte des 15. Jahrhunderts entstehen innerhalb weniger Jahrzehnte manufakturell-arbeitsteilige Organisationsformen, die mittels der neuen Typografietechnik einen neuen Buchtypus produzieren, das *lesbare Werk*, das gleichzeitig *käufliche Ware* wird.[650] Von nun an können „fremde" Texte produziert, vertrieben, verkauft und gelesen werden, die neuartige publizistische, ästhetische, politische, religiöse, wirtschaftliche und vergnügliche Erlebnissen nach sich ziehen.

Eine qualifizierende Tendenzwende des Welterlebens mit dem Buch im Mittelpunkt erfährt die deutschsprechende Bevölkerung, als die Zahl der Lesekundigen von einem Viertel (um 1800) auf drei Viertel (um 1870) ansteigt.[651] In diesem Jahrhundert ermöglichen die Massenauflagen der Bücher, Zeitungen und Zeitschriften ein Lesen und Erleben auf neuem Niveau. Management und Professionalisierung sind bei Autoren, Herstellern und Verlegern zu beobachten. Typografische Erwerbsberufe werden umgebaut, texte(re)produzierende (journalistische) Berufe konturieren sich, die zunehmend akademisch erworbenes Wissen voraussetzen – im Journalismus, in der Werbung, in Public Relations (englisch seinerzeit: publicity genannt) und in der Propaganda.[652] Mit der Expansion von Techniken, Technologien und Medien entsteht eine veränderte öffentliche Literalität [public literacy], die dabei ist, wissenschaftlich wahrgenommen zu werden.[653]

---

[649] Blumenberg: Lesbarkeit der Welt, 1981.
[650] Rühl: Publizieren, 1999: Kap. 5.
[651] Engelsing: Analphabetentum und Lektüre 1973; Schenda: Alphabetisierung und Literarisierung, 1981.
[652] Rühl: Journalismus und Gesellschaft, 1980; Ronneberger/Rühl: Theorie der Public Relations, 1992: Lasswell: Propaganda Technique, 1927.
[653] Filipović: Öffentliche Kommunikation, 2007: Kap. 2.

Kommunikative Globalisierungsprozesse machen bewusst, dass von der gegenwärtig geschätzten Weltbewohnerzahl (6,7 Milliarden) mindestens eine Milliarde funktional illiterat ist. *Funktionale Illiteralität* bedeutet, dass mangels elementarer Lese-, Schreib- und Rechenkenntnisse der Vollzug des Alltagserlebens in der jeweiligen Mitwelt erheblich beeinträchtigt wird.[654] In Deutschland (gegenwärtig 82,3 Millionen Einwohner) schätzt man seit Jahren eine Illiteralitätsrate unter den Muttersprachlern von vier Millionen. Das bedeutet, dass Erwachsene beim Ausfüllen von Antragsformularen, beim Zeitungslesen und beim Internetsurfen, beim Lesen von Beipackzetteln, von Bedienungsanleitungen, Straßenkarten und Rechtsbehelfen funktional behindert sind, mit nachvollziehbaren sozialen Folgen und Folgeproblemen. Eine kommunikationswissenschaftliche Erforschung dieses gesellschaftlichen Dauerproblems ist nicht bekannt.

6.1 Verhalten

Verhalten [behavio(u)r] wird zunächst mit Ethos, später mit Habitus, Gewohnheit und Haltung umschrieben.[655] Immanuel Kant definiert Verhalten normativ als vernünftiges, planvolles Benehmen und Betragen: „Der Mensch aber braucht eigene Vernunft. Er hat keinen Instinct und muss sich selbst den Plan seines Verhaltens machen."[656] Im Gefolge des Darwinismus werden Lebewesen durch ihr Verhalten studiert und im frühen 20. Jahrhundert dominiert der *Behaviorismus* methodisch beim Erkennen unterschiedlicher Verbindungen zwischen Menschen und zwischen Mensch und Tier.

6.1.1 Klassische Verhaltensforschung

Auf den Modus Leben spezialisierte Wissenschaftler, allen voran Biologen, deuten Verhalten überwiegend als körperlich-muskuläre Reaktionen lebender Organismen. Der Verhaltensbegriff beginnt seine naturwissenschaftliche Karriere als konzeptuelles Verknüpfen psychologischer und philosophischer Begriffsbildung. Ist von Kommunikationsverhalten die Rede, dann sind besondere humanorganische Aktivitäten und Bewegungen des Zentralnervensystems (Gehirn, Rückenmark) gemeint, solche des Sprechapparats oder nervöse Prozesse wie Wahrnehmung, Fühlen oder Denken. Charles Darwin erklärt Verhalten als organische Evolution der Lebewesen unter drei methodischen Postulaten: (1) Niemand kann in das Gehirn hineinschauen, weshalb nur organische Äußerungen zu beobachten sind. (2) Ereignisse haben Zustände, verlaufen

---

[654] Harman: Illiteracy, 1970.
[655] Graumann/Hühn/Jantschek: Verhalten, 2001.
[656] Kant: Pädagogik, 1968: A 2.

logisch nach dem Kausalprinzip, und ziehen bestimmte Folgen nach sich. (3) Der von außen beobachtende Forscher (Subjekt) untersucht das Verhalten (Objekt) in der Absicht, es naturgesetzlich nachzuweisen.[657]

Zur empirischen Fundierung verknüpft Iwan P. Pawlow mit dem Reiz/Reaktions-Schema bedingte Reflexe, die an Tieren in Laborexperimenten getestet werden.[658] Es wird das Stimulus/Respons-Schema (S/R-Schema) erfunden, das Verhalten als Reaktion auf einen Reiz bestimmt. James B. Watson, Begründer der behavioristischen Methodik psychologischer Verhaltensforschung, macht keinen Unterschied zwischen Mensch und Tier. „The behaviorist, in his efforts to get a unitary scheme of animal response, recognizes no deviding line between man and brute."[659] Die behavioristische Psychologie will menschliches Verhalten direkt beobachten und messen, im Gegensatz zur introspektiven Psychologie, zu der Watson William James, Wilhelm Wundt, Oswald Külpe oder William McDougall zählt, die Bewusstsein zum Gegenstand der Psychologie gewählt haben. Die behavioristische Psychologie beobachtet körperliche Aktivitäten und Verhaltensweisen von Lebewesen umweltdeterminiert, in einem gegebenen Feld beobachtet, um sie empirisch zu testen und zu beschreiben.[660]

Watson bricht mit der „Innerlichkeit der Seelenmetaphysik", die er der introspektiven Psychologie unterstellt. Watson wählt das Verhalten als Dreh- und Angelpunkt der empirischen Psychologie. Orientiert an Natur und Naturgesetzen wird das Vorhersagen von Verhalten, das formulieren von Verhaltensgesetzen und die naturgesetzliche Kontrolle [prediction and control of behavior] zum Zweck der Psychologie bestimmt[661] Grundsätzlich wird Verhalten durch die Begriffe manipulierte Reize [stimuli] und objektiv registrierbare Reaktionen [responses] definiert. Diese Konzeption von Verhalten durch Watson differenziert sich im Vollzug der Entwicklung zum operationellen Behaviorismus. An die Stelle der bloßen S-R-Verbindung tritt das S-O-R-Modell, das die organismische Variable (O) bei der Beobachtung von Verhaltensakten, Verhaltenssequenzen, und dem ‚multideterminierten' Sprachverhalten [verbal behavior] mitberücksichtigt.[662] Watson beobachtet und beschreibt körperliche Aktivitäten und Ver-

---

[657] Wuketits: Entdeckung, 1995.

[658] Pawlow: Ausgewählte Werke 1953. In einem Schlüsselexperiment wird einem hungrigen Hund ein Stück Fleisch gezeigt (= unbedingter Reiz). Das Tier sondert Mundspeichel ab (= unbedingte Reaktion). Verbindet man mit dem Vorzeigen von Fleisch regelmäßig ein Lichtzeichen (= bedingter Reiz), dann kommt es nach mehrmaliger Wiederholung allein auf das Lichtzeichen an, ob es zur Speicherabsonderung kommt, oder nicht (= bedingte Reaktion).

[659] Watson: Psychology, 1913: 158.

[660] Watson: Behaviorismus 1930: 5; Grammer: Biologische Grundlagen, 1995; Wuketits:: Entdeckung, 1995.

[661] Watson: Psychology, 1913: 158.

[662] Chomsky: Verbal behavior, 1959.

haltensweisen in vorgegebenen Feldern, die empirisch getestet werden, beschränkt auf „das was der Organismus *tut* und *sagt*".[663]

Burrhus F. Skinner knüpft an Pawlows gesetzmäßig formulierte Reflexologie an. Skinners Theorie der regelhaft *operanten Konditionierung* wird an Tieren getestet, die durch das Drücken eines Hebels an Futter gelangen können.[664] Nach Skinners *radical behaviorism* kommt Verhalten durch einfaches Anpassen zustande. Verhaltensweisen werden durch Reize hervorgerufen, wobei der erregende Reiz [stimulus] einen Sachverhalt bezeichnet, der von außen an das Objekt herangetragen wird und eine Reaktion [response] hervorruft. Dieses simple Anpassungsverhalten soll für Tier und Mensch gleichermaßen gelten. Durch Dressur (mit jeweils anschließender Belohnung) bringt Skinner einen Hund „zum Tanzen" und eine Taube „zum Klavierspielen", beide als Vorstudien zur Verbesserung menschlicher Lernprozesse begriffen. Skinner hält Kinder für Lernmaschinen. Erwachsene würden den Spracherwerb der Kinder erzwingen, indem sie dem Babbeln der Säuglinge Laute entnehmen, die ihrer eigenen Sprache nahe kommen, mittels deren Hilfe sie den Kindern die Grundregeln der Phonologie, der Syntax und der Semantik eintrichtern würden.[665] Skinner verneint angeborenes Verhalten und biologische Evolution.

Skinners Postulat, wonach Mensch und Tier dressierbar und manipulierbar sind, bildet die Grundlage seiner Verhaltenspolitik. Man könne Menschen davor bewahren, sich zu überfressen, die Welt zu übervölkern, und sich gegenseitig zu zerstören.[666] „What is needed is more 'intentional' control, not less, and this is an important engineering problem."[667] Mit *Walden Two* verfasst Skinner eine Utopie über eine wissenschaftlich perfekte Welt.[668] Er resümiert: „Eine explizite psychologische Theorie der Kommunikation gibt es nicht." *Das Psychologische* (1) werde entweder nachrichtentechnischen Kommunikationsmodellen zu- bzw. untergeordnet, (2) große und zentrale Bereiche der Sozialpsychologie werden nach Elementen technischer Kommunikationsmodelle gegliedert, oder (3) es werden psychologische Beiträge zu einer Kommunikationstheorie modelliert.[669] Für Skinner ist das Leben selbst eine Wissenschaft. Er glaubt: „If I can do it, you can do it", nämlich Kinder erziehen, mit Ratten experimentieren, einen wissenschaftlichen Aufsatz schreiben und das Alter genießen.

Der Andere [alter], den Aristoteles und Adam Smith als Ko-Kommunikator beobachtet haben, ist im klassischen Behaviorismus kein Selbst. Für den behavioristisch argumentierenden Rhetorikforscher Charles H. Woolbert kommu-

---

[663] Watson: Behaviourisms, 1930: 25 (H.i.O.); Grammer: Biologische, 1995.
[664] Skinner: How to teach animals, 1951.
[665] Skinner: Verbal behavior, 1957.
[666] Skinner: Contingencies for reinforcement, 1966.
[667] Skinner: Beyond freedom and dignity, 1971: 169.
[668] Skinner: Walden Two, 1962.
[669] Graumann: Interaktion und Kommunikation, 1972: 1165.

niziert *der sprechende Mensch* [*speaking man*] mit anderen nach den Gesetzen der Natur. Der menschliche Körper sei zum *Sprechverhalten* [*speech*] determiniert, der Mensch würde als absichtsvoller Sprachverwender Gedanken und Gefühle in Wörter fassen, die andere hören und sehen. Für Woolbert sind Bedeutungen Naturkräfte, die durch Handeln und Sprechen gelernt werden können,[670] eingeschränkt durch gelernte Handlungsmuster, durch Moral, Geschmack und Manieren. Überzeugung und Persuasion sollen durch Sprechverhalten gelenkt werden. Begriffe für ein Selbst, für Aufmerksamkeit oder für Bewusstsein hält Woolbert für irrelevant.

6.1.2 Von der Ethologie zur Humanethologie

Ethologie [*ethology*] ist seit den 1930er Jahren Dachbegriff für die Verhaltensforschung, für die Verhaltensphysiologie und für die Tierpsychologie. Das griechische Wort *ethos* hat eine sprachliche und eine problemgeschichtliche Tradition. Ethos bezeichnet zum einen den Lebensraum von Tier und Mensch, zum andern – nur bei Menschen – Sittlichkeit, Haltung und Gesinnung. Erich von Holst erklärt sich für unzuständig, über die tierische und über die menschliche Seele gleichermaßen Aussagen treffen zu können,[671] als er die Autonomie des Zentralnervensystems mit der Methodik der Kybernetik (erster Ordnung) untersucht.[672] Konrad Lorenz, Holsts Kollege am Max-Planck-Institut für Verhaltensphysiologie, beobachtet tierische Verhaltensweisen an organischen Systemen, die anschließend ‚vermenschlicht' werden.[673] Für die Erhebung empirischer Daten setzt Lorenz Attrappen als Hilfsmitteln ein. Er wird selbst zum Leittier einer Gruppe von Gänseküken, forschungstechnisch gesprochen: ein aktiv teilnehmender Beobachter. Tierisches und menschliches Verhalten werden analogisiert – nicht analysiert, und aus den Resultaten werden erkenntnistheoretische und ethische Schlussfolgerungen gezogen.[674]

Konrad Lorenz deklariert biologische Fragestellungen als maßgebend für die Erforschung kommunizierender Lebewesen durch das Synthetisieren vorausliegender Ansätze tierischen Verhaltens. Methodologische Maxime sei es, tierische Aktivitäten (Verhaltensweisen) ganzheitlich zu beobachten und zu beschreiben, als Verständlichmachen organischer Systemverläufe,[675] über die Hypothesen zu bilden und empirisch zu testen sind.[676] Ethologische Forscher positionieren sich

[670] Woolbert: Fundamentals, 1920: 3, 5.
[671] Holst: Physiologie des Verhaltens, 1954.
[672] Holst/Mittelstaedt: Reafferenzprinzip, 1950.
[673] Lorenz: Vergleichende Verhaltensforschung, 1978: 31; Grammer: Biologische Grundlagen, 1995.
[674] Lorenz: Ethologie der Graugans, 1988; Lorenz: Analogy as a source of knowledge, 1974; Lorenz: Das sogenannte Böse, 1963.
[675] Lorenz: Vergleichende Verhaltensforschung, 1978: 31.
[676] Grammer: Biologische Grundlagen, 1995.

als externe Beobachter, die nicht zum Forschungsprozess dazugehören. Tierisches und menschliches Verhalten wird jeweils komparatistisch in Gestaltformen wahrgenommen, als Ganzes und seine Teile.[677] Lorenz bevorzugt die Analogie als Erkenntnisquelle, ohne sie als mögliche Fehlerquelle zu verkennen.[678] Mit tierisch erprobten Untersuchungsergebnissen werden normaltheoretische Aussagen über tierisches und menschliches Verhalten gemacht, um sie erkenntnistheoretisch und ethisch zu diskutieren.[679]

Konrad Lorenz fordert eine Basalwissenschaft des menschlichen Lebens als Wissenschaft von der Subjektivität. Grundvoraussetzung ist die Mutmaßung, der Mensch produziere in sich Energie, die er entäußert. Für Ethologen gelte es zwei Fragen zu lösen: Zum einen muss Aggression als Sachverhalt physiologisch aufgewiesen und kausal erklärt werden, zum andern ist die Frage nach der Bedeutung der Aggression für die Selbsterhaltung der Lebewesens zu bedenken. Lorenz vermutet bei Tieren einen instinktiv geregelten Aggressionstrieb, der beim Erreichen eines Schwellenwertes hervortritt. Menschen sind im Vergleich zu Tieren unfertige, „riskante Wesen". Tiere und Mensch unterliegen physiologisch und psychologisch denselben Gesetzlichkeiten – allerdings ohne instinkthafte Regelungen. Sozial und moralisch sind Menschen ihren technischen Fähigkeiten nicht gewachsen.[680]

An das Werk von Konrad Lorenz anschließend emanzipiert Irenäus Eibl-Eibesfeldt die physiologische Ethologie zur *Humanethologie*,[681] als er grundsätzlich fragt: (1)Was verursacht ein Verhalten, und in welcher Weise trägt es zur Arterhaltung bei? (2) Entwickelt sich Verhalten in Stammesgeschichte und Individualgeschichte unterschiedlich?[682]

Eibl-Eibesfeldt arbeitet mit psychologischen, anthropologischen und soziologischen Konzepten und Arbeitsmethoden.[683] Es werden komplexe Bewegungsabfolgen, Handlungen und Interaktionen zwischen Personen und Gruppen verglichen. In Frage steht die Verursachung des Verhaltens, wie es zur Arterhaltung beiträgt, und sich in Stammesgeschichte und Individualgeschichte entwickelt.[684] Mit multidisziplinären Begriffen und Arbeitsmethoden sucht die Humanethologie nach Verhaltensähnlichkeiten zwischen Mensch und Tier. Aus Geselligkeit und Intimbindungen werden Gemeinsamkeiten abgeleitet, beispielsweise Mutter/Kind-Beziehungen als Brutpflege.[685] Die Humanethologie orientiert sich

---

[677] Lorenz: Ethologie der Graugans, 1988.
[678] Lorenz: Analogy as a source of knowledge, 1974; Lorenz: Ethologie der Graugans, 1988.
[679] Lorenz: Das sogenannte Böse, 1963.
[680] Ebenda.
[681] Eibl-Eibesfeldt: Biologie, 1984; Wuketits: Entdeckung, 1995.
[682] Eibl-Eibesfeldt: Grundrisse, 1978: 19; Eibl-Eibesfeldt: Biologie, 1984.
[683] Eibl-Eibesfeldt: Biologie, 1984: 22.
[684] Eibl-Eibesfeldt: Grundrisse, 1978: 19; Eibl-Eibesfeldt: Biologie, 1984.
[685] Eibl-Eibesfeldt: Biologie, 1984: 19, 216.

am Verhalten eines Menschentyps der *Universalien* liefert. Von diesem Menschentypus wird angenommen, dass er Europa seit 20.000 Jahren bevölkert. Eibl-Eibesfeldt vertritt die These, heutige Menschen würden sich genetisch wenig von altsteinzeitlichen Jägern unterscheiden, wenn sie Düsenjäger fliegen, Wettrennen auf der Autobahn austragen oder als Präsidenten Supermächte regieren. Die Menschen kommen als rational leidlich gebremste Wilde mit den Problemen des zivilisierten Zusammenlebens nicht zurecht.[686] Gruppenloyalität, Misstrauen gegen Gruppenfremde und Aggressivität seien im Wesen des Verhaltens verankert. Um die für das Überleben nötige Selbstkontrolle zu erwerben, müssen Menschen mehr über menschliches Verhalten erfahren, insonderheit über das (stammesgeschichtlich) Angeborene. Kommunikation wird als sensuelles Sprechen und Hören in humansoziales Verhalten hineinverlagert,[687] als ursächliches Beeinflussen anderer Menschen.

Die Humanethologie beobachtet gewaltige kulturelle Unterschiede zwischen zivilisierten Menschen und altsteinzeitlichen Jägern, um gleichzeitig nur geringfügige genetische Unterschiede festzustellen. Der Einzelne einer stammesgeschichtlichen Entwicklung wird als territoriales Kleingruppenwesen gedeutet. Fremdenfeindlichkeit sei genetisch programmiert. Gruppenloyalität und Misstrauen gegen Gruppenfremde sind, der Humanethologie zufolge, tief im menschlichen Wesen verankert. Fremdenfeindlichkeit trete zu Tage, wenn sich Menschen von anderen in ihren gewohnten Lebensroutinen und in ihrem Besitzstand beeinträchtigt und bedroht fühlen. Der „Fremde", das können neue Nachbarn oder der Neue in einer eingespielten Arbeitsgruppe sein. Daraus wird gefolgert: „Um die für unser Überleben nötige Selbstkontrolle zu bekommen, müssen wir mehr über uns erfahren. Im Besonderen ist es wichtig, etwas über die unser Verhalten bestimmenden stammesgeschichtlichen Anpassungen, über das Angeborene also, zu wissen".[688] Eibl-Eibesfeldt reduziert Emotionalität und Rationalität auf psychische Vorbedingungen. Sinnproduktion und Sinnpflege in Relation zu Sozialverhältnissen werden nicht problematisiert.

Die nach dem Zweiten Weltkrieg revitalisierte humanistische Anthropologie wird von Befunden der Verhaltensforschung beeinflusst. Arnold Gehlen bestimmt den Menschen als Kollektivsingular, der – im Gegensatz zu anderen höheren Säugetieren – von einem „erstaunliche(n) Mangel an echten Instinkten bestimmt" wird.[689] Nach Gehlen mutiert das organische *Mängelwesen* Mensch zu einem weltoffenen *Neugierwesen*, das in der Lage sein soll, „im Urwald, im Sumpf, in der Wüste, oder wo immer [...] die jeweils vorhandenen Naturkonstellationen intelligent [...] zu bearbeiten".[690] Das Ethos einer rechts- und sozial-

---

[686] Ebenda.
[687] Wuketits: Entdeckung, 1995: 135-160; Grammer: Biologische, 1995.
[688] Eibl-Eibesfeldt: Biologie, 1984.
[689] Gehlen: Der Mensch, 1971: 33, 35.
[690] Ebenda. Gehlen: Anthropologische, 1961: 18.

staatlichen Gesellschaft wird nicht eingehend diskutiert. Über Journalisten wird gesagt, es handle sich um „aufgeweckte junge Leute mit ihrem zeitungshaften Bewusstsein", die „täglich die Weltprobleme der Anderen registrieren". Dies werde immer unerträglicher, weil sie merken würden, „dass die verbreitete Mundwerksburschen-Frivolität nicht weiterhilft".[691]

Helmut Schelsky sieht die Menschen „im Westen" gezwungen, in drei disharmonischen Welten zu leben, in der „Familienwelt", der „Arbeitswelt" und in der „Medienwelt". Die Medien würden die Menschen in die flüchtigen und entmündigenden Sinne des Hörens und Sehens „reprimitivieren", und sie dergestalt in die politische und publizistische Passivität drängen.[692]

Die Humanethologie will herausfinden, „was ein Verhalten verursacht, in welcher Weise es zur Arterhaltung beiträgt, und wie sich ein Verhalten in Stammesgeschichte und Individualgeschichte entwickelt".[693] Die für das Überleben nötige Selbstkontrolle von Emotionalität und Rationalität wird auf psychische Vorbedingungen reduziert, und als Kommunikation in das Sprechen und Hören hineinkopiert. Dieses Vorhaben ist weit davon entfernt, nach Kommunikationselementen (Sinn, Informationen, Themen, Äußerungen, Gedächtnis) zu fragen. Nicht in Rede stehen Kommunikationen und Medien in archaischen, stratifizierten oder differenzierten Gesellschaftsmodellen, Staatsformen (Monarchie, Republik, Diktatur), Markt- oder Planwirtschaftsformen, moderne Gesellschaftsstrukturen (Rollen, Stellen, Programme, Werte und Normen der Verfassungen, der Einzelgesetze, Ethiken und Konventionen), ‚einfache' Sozialsysteme (Paargespräch, Telefonat), Organisationen (Unternehmen, politische Parteien, Verbände), die als gesellschaftliche Stabilitätsmöglichkeiten im sachlichen und sozialen Wandel zu problematisieren sind. Differenzierte verbale und nonverbale Kommunikationsordnungen zur Sinnproduktion und Sinnpflege nach Buchdruck und Elektronisierung sind der Humanethologie ebenso wenig auffällig wie die Kategorie der Erwartung und des Erwartungshorizonts als Vorbedingung jeglicher Humankommunikation. Es gibt wissenschaftlich keinen Anlass zu vermuten, die Humankommunikation sei im biologischen Erbe als Universalie menschlichen Verhaltens verborgen. Mögen Verhaltensgenetik und Verhaltungsökologie etwas mit menschlichem Verhalten und interaktivem Handeln zu tun haben.[694] Folgerungen in Richtung Humankommunikation sind dadurch noch nicht möglich.

Die vorgestellten Ethologen und Anthropologen scheinen sich für Gesellschaftsstrukturen und für menschliche Äußerungen nicht sonderlich zu interessieren. Gehlen beispielsweise betont durchgehend gesellschaftliche Prä-

[691] Gehlen: Moral und Hypermoral, 1970: 118.
[692] Schelsky: Politik und Publizität, 1983.
[693] Eibl-Eibesfeldt: Grundriß Verhaltensforschung, 1978: 19.
[694] Wuketits : Die Entdeckung 1995: 135-160; Grammer: Biologische Grundlagen, 1995.

gungen, als er entschieden die Ethosformen soziologisch verortet, um gleichwohl Kultur und Ethos wie Naturgegebenheiten zu beschreiben. Anders als in Tiergesellschaften oder in (tierischen) Fabelwelten, hat die Menschheit Monarchien, Autokratien, Republiken, Diktaturen und weitere Formen des Herrschens und Regierens real erfahren.

Im 20. Jahrhundert hat die Menschenwelt viele unterschiedliche politische, wirtschaftliche, rechtliche, religiöse, wissenschaftliche, ethnische und technisch-technologische Strukturen ausdifferenziert, die bis zum Ende des Jahrhunderts unter zwei konkurrierende wirtschaftsgesellschaftliche Paradigmen gestellt waren: die Marktwirtschaft und die Staatsverwaltungswirtschaft. In beiden Bereichen kam es graduell zu gravierenden Fehlleistungen. Die sowjetsozialistische Staatsverwaltungswirtschaft ist schließlich zusammengebrochen. Ein Gegenstück zum Paradigma Marktwirtschaft ist nicht in Sicht.

6.1.3 Kybernetisches Verhalten

Mit der Kybernetik werden ungenaue, gelegentlich widerstreitende Sinngrenzen von Sprache und Denken offenkundig. Das wesensontologische Denken bestimmte über zwei Jahrtausende Herstellung und Wiedergabe wissenschaftlicher Ergebnisse. Antik ist *Systema* als Ganzes/Teile-Denken. In der Vorkybernetikzeit wird das Systemdenken mechanisch, vor allem organisch exemplifiziert. Die Kybernetik operiert zunächst mit Homöostase und Regelkreissteuerung, als der Biologe Ludwig von Bertalanffy an das funktionale Denken von Nikolaus von Kues erinnert.[695]

In der Verhaltensforschung ist seit den 1940er Jahren von der Allgemeinen Systemtheorie und von der Kybernetik beobachteter Systeme [observed systems] die Rede.[696] An die Stelle mechanischer oder organischer Modelle treten selbstreferentielle Systeme. *Verhalten* wird generalisiert als Ergebnis der Aufnahme und Verarbeitung steuernder Bedingungen in Abhängigkeit von internen Systemstrukturen zur Anpassung, Zwecksetzung und Zielsuche der zu beobachtenden Systeme. Die biologische Kybernetikforschung (Ludwig von Bertalanffy, Humberto R. Maturana) untersucht komplexe Probleme menschlichen Verhaltens.

Gregory Bateson bearbeitet die Strukturen des Denkens, des Umgangs mit Ideen, Logik, Teilen und Ganzen, mit unilinearen Gedankenketten und zirkulären Argumenten einer erkenntnistheoretischen Kritik. Damit einzelwissenschaftliche Schranken und Beschränktheiten überwunden werden können, wer-

---

[695] Bertalanffy: Nikolaus von Kues, 1928; Bertalanffy: General system theory, 1968: 11, 248; Rühl: Publizieren, 1999: 49-54.
[696] Bertalanffy: General system theory, 1968; Ashby: Kybernetik, 1974.

den Daten, Erkenntnisse und Erfahrungen aus Biologie, Soziologie, Linguistik, Geschichtswissenschaft, Psychologie, Kunst und Kybernetik mit einem alternativen Weltbild konfrontiert.[697] Paul Watzlawick und andere Nachfolger Batesons gehen pragmatischer vor. Sie setzen Kommunikation und Mitteilung gleich, nennen einen wechselseitigen Ablauf von Mitteilungen zwischen zwei oder mehreren Personen *Interaktion*, die zu *Strukturen von Interaktionen [patterns of interaction]* ausgebaut werden können. Verhalten und Kommunikation werden als gleichbedeutend angesehen, beide haben kein Gegenstück: „Man kann sich nicht *nicht* verhalten". Hat das Verhalten in einer zwischenmenschlichen Situation Mitteilungscharakter, dann handelt es sich nach dieser Auffassung um Kommunikation. Daraus folgt, dass man „nicht *nicht* kommunizieren kann."[698] Verhaltenstheoretische Kommunikationsansätze sind keine Zustände von Einzelmenschen, sondern Merkmale von Interaktionsstrukturen zwischen Paaren, Gruppen und Kollektiven.[699] Es sind Beziehungen des Gebens und Nehmens, des Belohnens und Bestrafens, die das Ganze des Verhaltens repräsentieren sollen im Hinblick auf Methoden, Ergebnisse und Material. An Kommunikation interessierte Sozialwissenschaftler gehen von einem Verhalten aus, das bei Tieren beobachtet wird, und das ohne semantische Bedenken auf Menschen übertragen wird. Werte und Normen, Recht, Moral, Vertrauen, Konventionen, Sitten und Gebräuche sind verhaltenstheoretisch nicht zu erschließen. Normierungen stehen außerhalb reiner Gegebenheiten; und was sich im Kopf vollzieht, das kann der – so bereits Charles Darwin – positivistische Verhaltensforscher nicht erkennen und somit nicht anerkennen.

Der Igel und seine Frau besaßen als soziales System prudentia [Besonnenheit, M.R.]
im Verhältnis zum Hasen:
Sie konnten schnell hochselektiv kommunizieren,
während der Hase nur schnell laufen konnte.
Niklas Luhmann: Soziale Systeme, 1984: 76.

6.2 Handeln

Im Allgemeinen wird *Handeln* einer Person zugerechnet. Aristoteles betrachtet den Handelnden als vernunftgesteuerte Ganzheit, die ziel- und zweckgerichtet

---

[697] Bateson: Geist und Natur, 1979/1984.
[698] Watzlawick et al.: Menschliche Kommunikation, 1971: 35-53 (H.i.O,) .
[699] Weakland: Communication and behavior, 1967: 1.

operiert.[700] In der *Politik* macht Aristoteles die soziale Dimension menschlichen Handelns bewusst, die von Natur aus nach Gemeinschaft streben würde.[701] Der Mensch sei jenes Lebewesen, das handeln, denken, sich erinnern, bewusst wollen, sprechen, urteilen, wissen und kommunizieren kann.[702] Vernunft und Gebrauch der Hände bringt Aristoteles in Übereinstimmung. Menschen handeln freiwillig wenn sie ein Ziel [telos] anstreben, und Glück ist nach Aristoteles das oberste Ziel der Menschheit. Handeln wird als ethische Haltung in zwei Grundformen angelegt: als (handwerkliche) Hervorbringung selbständiger Objekte [Poiesis] durch werktätige Vollzüge [Praxis]. Der sprach- und vernunftbegabte Mensch sei durch drei Elementarbeziehungen auf das Zusammenleben mit seinesgleichen angewiesen: (1) durch Sexualbeziehungen zwischen Mann und Frau, (2) durch Arbeitsbeziehungen zwischen Herren und Sklaven, und (3) durch edukative Beziehungen zwischen Eltern und Kindern.

Die Einheit des aristotelischen Gemeinwesens ist der Haushalt [Oikos]. Die Wirtschafts-, Erziehungs- und Sicherungsaufgaben des Haushalts werden vom (männlichen) Haushaltsvorstand geleitet und verwaltet. Vermehren sich Haushalte zum Dorf [Kome], dann differenzieren die Aufgaben des Wirtschaftens und der Sicherung. Entsteht aus mehreren Dorfgesellschaften eine Stadtgesellschaft [Polis], dann differenzieren sich die Aufgaben wenn Berufe und Gruppierungen entstehen. Ein gegliedertes System politischer Institutionen (Magistratur, Volksversammlung, Gericht) regeln die Polis in sittlich-politischer Hinsicht. Sie bieten den Bürgern und ihren Haushalten (Frauen, Kindern, Sklaven) Schutz, schlichten internen Streit und sichern die Durchführung des Handels als Wirklichkeit auf gute und gerechte Weise. Sprach- und Vernunftbegabung [Logos] sollen Menschen in die Lage versetzen, Nutzen und Schaden zu erkennen, die sie zu Handels- und Kriegsbündnissen befähigen. Die in der Polis frei handelnden Bürger können Vorstellungen von einem allgemeinen Interesse (Gemeinwohl) entwickeln, und es ist ihre Aufgabe, sich darüber zu verständigen, wie das Niveau eines glücklichen und gerechten Gemeinwesen aufrechterhalten werden kann.[703]

6.2.1 Typen sozialen Handelns

Theorien sozialen Handelns [theories of social action] werden in der Regel individualistisch gefasst. Im Handeln wird ein vernunftrationales menschliches Vermögen beobachtet, das auf andere Menschen gerichtet ist. Handeln wird handlungstheoretisch normativ geregelt. Es liegen soziale Übereinkünfte voraus, die zu einem Bewirken führen. Offen bleibt, wie ein Zusammenhang zwischen

---

[700] Aristoteles: Metaphysik, 1961: 1032a ff.; Aristoteles: Nik. Ethik 1979.
[701] Aristoteles: Politik I, 1991: 1253.
[702] Aristoteles: Nik. Ethik, 1979: 1139.
[703] Austin/Vidal-Naquet: Gesellschaft und Wirtschaft, 1984.

Person und Handlung herzustellen ist. Wann findet Handeln statt? Kann Handeln beiläufig mit einem frei gewählten Personenbild verknüpft werden? Wie muss eine Kommunikationswissenschaft beschaffen sein, die gleichzeitig Handlungswissenschaft sein kann?

Max Weber macht sinnhaftes soziales Handeln zum Kernbegriff der Soziologie. Soziales Handeln soll auf dem vom Handelnden gemeinten Sinn aufbauen. Entscheidend ist dabei, dass soziales Handeln, zusammen mit einem zentralen Interesse an geschichtlichen Rationalisierungsprozessen beobachtet wird, namentlich im Kontext der kapitalistischen Wirtschaft, der rationalen Herrschaftslegitimation und der bürokratischen Verwaltung. Nach Weber entstehen historische Bestimmungen unabhängig davon, ob neuartiges Handeln paarweise, genossenschaftlich oder staatlich entsteht.[704] Wenn in seiner Handlungswissenschaft rationales Verstehen und empirisches Erklären verschmelzen, dann gelingt dies definitorisch, nicht theoretisch. Soziales Handeln ist als empirisch-pragmatischer Begriff der Ausgangspunkt für theoriefunktionale Erklärungen.

Für Max Weber kann soziales Handeln in Richtung Individuum oder in Richtung Gesellschaft ausgearbeitet werden. Webers Typenkonstruktion sucht keine wiederkehrenden Beziehungen zwischen konkreten Erscheinungen, die sich klassifizieren lassen. Sinnbeziehungen als Fundamente für Handlungstypen liegen auf einer höheren Ebene der Komplexität. Handlungstypen und Handlungsbeziehungstypen unterscheiden sich als Auslegungen von Sinnbeziehungen, als Typen der Handlungsorientierung. Der von Max Weber bestimmte *Idealtypus* hat begriffshistorische Vorbilder.[705] Weber konstruiert Idealtypen unter freier Verwendung eines Gegensatzes traditionaler, emotionaler und rationaler Orientierung durch einseitige Steigerung eines oder einiger Gesichtspunkte. Durch Zusammenschluss einer Fülle diffuser und diskreter, hier mehr, dort weniger, stellenweise gar nicht vorhandener Einzelerscheinungen, wird ein einheitliches Gedankengebilde. Als Gedankengebilde ist der Idealtypus eine Utopie, die „nirgends in der Wirklichkeit empirisch vorfindbar" ist, so dass für die historische Arbeit die Aufgabe erwächst, in jedem einzelnen Falle festzustellen, wie nahe oder wie fern die Wirklichkeit jenem Idealbilde steht.[706] Eine theoretisch rückversichernde Klassifikation wird nicht angestrebt. Das Individuum erwirbt als sozialisierte Person eine einmalige Identität, ein Selbst, eine Persönlichkeit, ein Ich für den Umgang mit dem Du.

Heute wird der Idealtypus als Lösungsvorschlag in den Sozialwissenschaften nicht mehr akzeptiert. Die Diskrepanz zwischen Rationalisierungsschema und empirisch-erklärender Theorie konnte nicht überwunden werden. Weber begreift Rationalität im Zweck/Mittel-Schema von der Einzelhandlung her, nicht als

---

704 Weber: Wirtschaft und Gesellschaft 1985: 11, 442.
705 Schieder: Der Typus, 1967: 112-113.
706 Weber: Die „Objektivität", 1991: 73-74.

Systemrationalität.[707] Für Weber können Stadtwirtschaft, Handwerk, Bürokratie oder die Presse Idealtypen sein, die zur Hypothesenbildung anregen können. Zur Beobachtung vergangenen, gegenwärtigen oder künftigen sozialen Handelns wird der Idealtypus zur makroperspektivisch-vergleichenden Forschung herangezogen, vor allem in Max Webers Religionssoziologie und in der Sozial- und Wirtschaftsgeschichte.[708]

6.2.2 Weltgesellschaftliche Handlungssysteme

Neben der strukturell-funktionalen Forschung Robert K. Mertons hat die von Talcott Parsons geförderte systemtheoretische Handlungsforschung manche Wege für die Kommunikationswissenschaft gebahnt. Parsons orientierte Grundlagenforschung hat sich als Theorie sozialer Handlungssysteme elementar konsolidiert. Der Autor geht davon aus, dass Handeln auf die Bildung von Interaktionssystemen angewiesen ist, und dass bei der Errichtung und Erhaltung solcher Systeme viele Grundprobleme gelöst werden müssen. Parsons sieht Systemstrukturen als permanent problematische Ordnungsleistungen. In Bezug auf die Lösung dieser Probleme haben Handlungen bzw. institutionalisierte Handlungskomplexe eine Funktion als strukturell-funktionale Theorie.[709]

Nach Parsons verweist das menschliche Handeln auf Absichten, Ziele, Mittel und Bedingungen. Handeln wird systemtheoretisch nachkonstruiert.[710] In der Bildung sozialer Systeme wird eine Systematisierung zahlreicher Einzelerscheinungen aufgrund von Generalisierungen und Typisierungen gesehen, die eine Einheit zustandebringen. Komplexe Handlungssysteme werden als zielgerichtete Zusammenhänge beobachtet, die in Situationen normativen Regelungen unterliegen und der Motivation von Akteuren folgen. Soziale Systeme beruhen auf Handlungen über die das Subjekt ins System gelangt. Parsons definiert Handeln als Systemverhalten eines organisierten und kontrollierten Organismus in Relation zu symbolisch-semantischen Systemen. Seine Handlungstheorie schließt Akteure als Individuen oder als Kollektive ein, „both a system and a point of reference",[711] in jedem Falle Teile empirischer Handlungssysteme, um aus dem Handlungsbegriff eine Systemtheorie zu deduzieren.[712]

Die parsonssche Handlungssystemtheorie wird durch die Innen/Außen Differenz definiert. Dadurch gewinnen System/Umwelt-Beziehungen, etwa als Tauschprozesse, an Gewicht. Parsons konzipiert Systemstrukturen normativ. Sie werden

---

[707] Luhmann: Zweck – Herrschaft – System, 1971.

[708] Weber: Religionssoziologie, 1963; Weber: Wirtschaft und Gesellschaft, 1985; Weber: Sozial- und Wirtschaftsgeschichte, 1924.

[709] Parsons: Die jüngste Entwicklung, 1964.

[710] Parsons: Structure of social action, 1949.

[711] Parsons/Shils: Toward a general theory, 1951: 56.

[712] Luhmann: Sinn, 1971: 75-76.

letztlich nicht auf Handlungen, sondern auf Verhaltenserwartungen zurückgeführt. Das Problem der Rationalisierung wird ein Problem der funktionalspezifischen Systemdifferenzierung. Die Handlungssystemtheorie Talcott Parsons ermöglicht es, auf Situationen, Orientierungen und Orientierungsdilemmata [„pattern variables"] unterscheidend einzugehen.[713] Handlungen prägen das Aneignen, Differenzieren oder Stabilisieren von Mitwelt, das Anpassen der Akteure, ihr Dulden oder Unterlassen. Handeln ist für Parsons immer Zustandsveränderung, wobei der Elementcharakter des Handelns auf eigenartige Weise verschwimmt. Die Einheit und der Zusammenhang ergeben sich nicht aus der Homogenität der Merkmale oder aus den Qualitäten des Handelns. Erst die in und durch ein System herstellbaren Beziehungen qualifizieren Handlungen als Handlungen.

Niklas Luhmann beginnt als Kritiker der parsonsschen Handlungssystemtheorie.[714] Unter Handeln versteht er ein sinnhaft orientiertes, außenwirksames Verhalten. Ein Handlungssystem kann jede eigene soziale Ordnung sein, die sich in einer äußerst komplexen und veränderlichen, im Ganzen nicht beherrschbaren Umwelten identisch hält. Luhmann bezieht seinen Handlungssystembegriff auf Familie, Verbände, Organisationen, auf geistige Sinngebilde aller Art. Handlungssysteme werden „aus konkreten Handlungen eines oder mehrerer Menschen gebildet", die „sich durch Sinnbeziehungen zwischen diesen Handlungen von einer Umwelt abgrenzen."[715]

Handlungsprobleme sind ohne Bezugssystem auf der Ebene der Theorien des Handelns nicht lösbar. Handlungstheorie und Systemtheorie können keine Gegensätze sein. Handeln operiert nicht freischwebend, sondern als spezifisches System.[716] Vom einfachen Handlungsbegriff kann man nicht unmittelbar auf die Ebene von Handlungssystemen gelangen. Die Absicht, den komplexen Systembegriff aus dem relativ einfachen Handlungsbegriff abzuleiten, strapaziert logisch unkontrollierbare Verfahren (Konkretisierung, Interpretation) mit dem Zwang zur Überfolgerung. Luhmann schlägt deshalb vor, den Grundbegriff der Handlung durch den Grundbegriff des Handlungssystems zu ersetzen, besser: durch das *Handlungssystem in der Umwelt*. So wird eine Theorie mit einem höheren Potential für Komplexität gewonnen. Alle sinnmachenden Handlungssysteme können umweltbezogen konzipiert und analysiert werden, Ehepaare und Tanzpaare, Familien, Reisegesellschaften, Open-Air-Festivals, Unternehmen, Behörden, Vereine, Verbände – auch Zeitungsredaktionen oder der Journalismus als Gesellschaftssystem.[717]

---

[713] Parsons/Shils: Toward a general theory, 1951:: 76-88.
[714] Luhmann: Funktionen und Folgen formaler Organisation, 1964.
[715] Luhmann: Zweckbegriff und Systemrationalität, 1973: 7-8.
[716] Luhmann: Soziologie, 1970: 116.
[717] Rühl: Zeitungsredaktion, 1969; Rühl: Journalismus und Gesellschaft, 1980.

Systeme, deren Bezug zur Wirklichkeit durch empirische Handelungsabläufe erhalten bleiben sollen, bezeichnet Niklas Luhmann als Systeme faktischen Handelns. Bloß definierte Begriffssysteme sind damit ausgeschlossen. Der Handlungssystembegriff ist eingebettet in die Erfahrungswelt. Er meint die Ordnung des Forschungsgegenstandes, nicht die des analytischen Instrumentariums. Der Handlungsystembegriff ist nicht bloß Gliederung oder Stichworttabelle, sondern Zusammenhang, mit dem Handelnde selbstbewusst (oder unbewusst) als abgrenzbare Einheiten operieren.

In der *Theorie der Verwaltungswissenschaft* definiert Niklas Luhmann ein Handlungssystem als die „Identifikation eines Sinnzusammenhanges von Handlungen, die gegenüber einer äußerst komplexen, und beherrschbaren, vielfältig und rasch veränderlichen Umwelt relativ einfach und konstant gehalten wird".[718] Diese Systembildung kann als Leistung gesehen und begriffen werden, als Reduktion von Komplexität und Veränderlichkeit der Umwelt auf Ausmaße, die sinnvolles Verwaltungshandeln erlauben. Handlungssysteme werden als Entscheidungsvereinfachungen durch entlastende Strukturbildung beobachtet. Es ist ihr Problem, den Bestand des Systems in der Umwelt durch brauchbare Auswahl von Handlungen nicht zu gefährden. Die Beziehungen zwischen System und Umwelt werden durch systeminterne Selektionsvorgänge informationell gesteuert, so dass das Handlungssystem nicht allein durch die Umwelt determiniert wird, sondern eine gewisse Autonomie besitzt.[719]

Systemstrukturen sind generalisierte Verhaltenserwartungen für selektive Handlungsverarbeitung. Menschen erwarten für sich in Systemrollen bestimmte bzw. bestimmbare Umweltereignisse. Sie erwarten Reaktionen und eigene Reaktionen auf Konsequenzen dieser Reaktionen – ein vernetztes Aktionsgefüge zwischen System und Mitwelt. Im Unterschied zu sozialen Rollen werden Theaterrollen durch Dichtertexte festgeschrieben, die Regisseure und Schauspieler modifizieren und interpretieren können. Soziale Rollen sind Rahmenerwartungen, generalisiert in dem Sinne, dass sie relativ abstrakt vorausgedacht werden und nicht bei jeder Enttäuschung, bei jeder Diskrepanz aufgegeben werden. Wird an ‚überlieferten' sozialen Rollenstrukturen (Mutter, Beamter, Kanzler) zunächst festgehalten, dann sind Rollenerwartungen in diesem Sinne normativ, wenn auch durch unterschiedliche Normen unterschiedlich institutionalisiert. Ohne Rollenerwartungen für Mutter, Beamter, Kanzler sind diese in Familie, Amt oder Regierung nicht vorstellbar. Erst interne Strukturen ermöglichen Systemen gegenüber ihrer Umwelt ein Eigenleben. Systemstrukturen können Systemgrenzen stabilisieren. Ohne Strukturen verlören Systeme ihren eigenen Charakter, würden sich unterscheidungslos in ihrer Umwelt auflösen.

---

[718] Luhmann: Theorie der Verwaltungswissenschaft, 1966: 65 (H.i.O.)
[719] Rühl: Zeitungsredaktion, 1969: 35-41.

Kernproblem einer *funktionalen* Systemanalyse ist die Bildung von Handlungs-systemen durch die Reduktion von Umweltkomplexität und deren Veränderlich-keit. Bei einer *strukturellen* Systemanalyse ist zwischen sozialen, sachlichen und zeitlichen Umweltreferenzen zu unterscheiden. Jedes Handlungssystem kann in diesen drei Dimensionen Einrichtungen ausbilden, sodass Weltkomplexität und Umweltveränderlichkeit reduziert werden können. Stellt ein Handlungssystem sich auf eine Funktion ein und organisiert es sich entsprechend, dann steigert es sein Potential für Komplexitätsverarbeitung, dann lassen sich strukturelle und strategische Differenzierungen beobachten. Im Falle der Zeitungsredaktion als Handlungssystem werden in der *Sozialdimension* mehrere Umwelten unter-schieden und verschieden behandelt, namentlich Nachrichtenagenturen, Publi-kum, Konkurrenz, Verlag, Anzeigenaquisition, Satz und Druck, Archiv usw. In der *Sachdimension* benutzt das System mehrere Ebenen der Generalisierung des Umweltverkehrs, getrennt und nebeneinander. Im Falle der Zeitungsredaktion stimmt es sich mit dem Umweltsystem Politik relativ generell ab, während Tarifverträge konkret nach Vorteilen und Nachteilen im Wirtschaftssystem ausgehandelt werden. In der *Zeitdimension* können Vergangenheit und Zukunft als Redaktionszeiten nach dem Input/Output-Modell auseinandergezogen wer-den.[720] Das Handlungssystem Zeitungsredaktion kann sich von vergangenen Umweltdaten, auch von künftig anzustrebenden Wirkungen aus der Umwelt inspirieren lassen. Die Zeitungsredaktion ist im Rahmen ihrer programmierten Entscheidungen relativ frei, welche Orientierung auf welcher Ebene der Generalisierung getroffen werden sollen.[721] Die drei strategischen Dimensionen werden in der Praxis kombiniert, die gewählten Lösungen werden aufeinander abgestimmt, da nicht jede Kombination gangbar ist.

---

[720] Rühl: Redaktionszeiten, 1992.
[721] Blöbaum: Organisationen, Programme und Rollen, 2004.

Vierter Teil: Entwurf

Ohne Kommunikation gibt es keine menschlichen Beziehungen,
ja kein menschliches Leben.
Niklas Luhmann: Die Unwahrscheinlichkeit der Kommunikation, 1981: 25.

7 Kommunikationsprobleme

„Wenn ich ‚Kommunikation' sage, sage ich zum Beispiel nicht ‚Handlung' [...]
Das hat einen bestimmten präzisierenden Effekt, den ich brauche, um die Gesellschaftstheorie in Gang zu setzen."[722] Menschen kommunizieren gesellschaftlich, so lange sie sich ihrer selbst bewusst sind, und sie kommunizieren weltweit
in den funktional vergleichbaren, strukturell unterscheidbaren, autonomen Sozialordnungen Familie, Unternehmung, Gericht, Publizistik, politische Partei,
Parlament, Amt, Universität, Gefängnis, Krankenhaus usw. Kommunikation
wird in der Form Kommunikationssystem vollzogen, sinnmachend informie-
rend, soziohistorisch orientiert, in Auseinandersetzung mit Kommunikationsproblemen. Alte Erfahrungen können typisiert erneuert werden,[723] und die Kommunikationswissenschaft kann das Kommunizieren [communication proessing]
analysieren, synthetisieren und prognostizieren.

Kommunikationssysteme können nur als Einheiten in Differenz zu Mitwelten
zustandekommen. Zur Mitwelt eines Kommunikationssystems gehören (mindestens) zwei Bewusstseinssysteme und zwei Lebenssysteme sowie bio-chemo-
physikalische Systeme wie das Wetter. Die menschliche Kommunikation ist
eine irdische Angelegenheit. Erfahrungen mit Kommunikation unter Beteiligung
von Extraterrestrischen liegen nicht vor. Als die Raumsonde Pioneer 10 im Jahr
1972 von der amerikanischen National Aeronautics and Space Administration
(NASA) gestartet wurde, befand sich eine Plakette an Bord, auf der ein nacktes,
aber wohlfrisiertes Menschenpaar skizziert war, daneben ein Koordinatensystem
mit der Positionierung unseres Sonnensystems, und das Modell eines Wasser-

---

[722] Luhmann: Einführung Theorie der Gesellschaft, 2005: 17.
[723] Rühl: Kommunikation und Erfahrung, 1987.

stoffmoleküls.[724] Viele Erdlinge können diese Plakette lesen. Von Extraterrestrischen setzt die NASA eine irdische Schulbildung voraus, die notwendig ist zum Lesen der Plakette. Ob zwischen Irdischen und Außerirdischen eine Kommunikation zustandekommen könnte werden wir wohl nie erfahren. Pioneer 10 ist der NASA 2003 außer Kontrolle geraten und soll irgendwo im Weltraum herumstreunen.

Im Altertum suchte man nach dem *Wesen* der Kommunikation, mit den Theorien der Rhetorik, der Dialektik, Poetik und den Poetik-Subformen Dramatik, Epik und Lyrik. Die Definition als Denk- und Arbeitstechnik war bereits erfunden. Die menschliche Kommunikation konnte in Abhängigkeit von theoretischen Bezügen bestimmt werden.[725] Das Wort Kommunikation wird im Deutschen nach dem Zweiten Weltkrieg gebräuchlich. Im Physikunterricht war von ‚kommunizierenden Röhren' die Rede, in Biologoie von ‚Kommunikationssystemen', bezogen auf interagierende Affen.[726] In der frühen amerikanischen Kommunikationswissenschaft wird das Shannon-Modell auf vier Kommunikationselementen reduziert, auf source, message, channel und receiver.[727] In der Zellforschung gab es Vorstellungen von subanimalischer Kommunikation: „Living cells communicate by means of chemical messengers and the nerve impulse."[728] Die damaligen Kommunikationsvorstellungen kann man auf die Formel bringen: A kommuniziert mit B dergestalt, dass Etwasse zwischen A und B transferiert werden.

Im Gegensatz zum Ingenieur Shannon, der semantische Aspekte der Kommunikation für irrelevant hält,[729] bringt der Kommunikationswissenschaftler Berlo ‚menschlichen Sinn' als elementare Ausstattung in die Diskussion. „Meanings are found in people, not in messages".[730] Mit dem Versuch „to specify meaning" verweist David Berlo auf Aristoteles. Er hätte auch an die These Max Webers vom subjektiv sinnmachenden Handeln anschließen können.

> „ ‚Soziales' Handeln aber soll ein solches Handeln heißen, welches seinem von dem oder den Handelnden gemeinten Sinn nach auf das Verhalten *anderer* bezogen wird und daran in seinem Ablauf orientiert ist."[731]

Max Weber unterscheidet noch nicht zwischen Kommunikation und Handel, während Sinn für die amerikanische Kommunikationskommunität von Anbeginn eine Rolle spielt. Als es um die Ausgestaltung kommunikationswissen-

---

[724] Siehe u. a. Watzlawick: Wirkliche Wirklichkeit?, 1976: 200.
[725] Saner: Kommunikation, 1976.
[726] Ploog: Sprache der Affen 1974.
[727] Berlo: Process of communication, 1960: 72.
[728] Stent: Cellular communication, 1972.
[729] Shannon & Weaver: The mathematical theory, 1976: 31.
[730] Berlo: Process of communication, 1960: 188.
[731] Weber: Wirtschaft und Gesellschaft, 1985: 1 (H.i.O.)

schaftlicher Studiengänge ging, machte man sich Gedanken über Kommunikation als Grundbegriff distinkter Fachkombinationen.

> „However, in an academic environment it [communications, M.R.] was forced to broaden its scope. Students of media had to take courses in philosophy, history, politics, and other liberal arts subjects. With the acceptance of communications in the academy and the development of graduate programs of research and analysis came a growing acceptance of the concept of communication as the core of a distinct academic discipline able to contribute to knowledge about human development, society, government, and the arts."[732]

Systematische Bemühungen um eine kommunikationszentrierte Sozialwissenschaft werden für die *Chicago School* typisch.

> *Why go to the North Pole or climb Everest*
> *for adventure, when we have Chicago?"*
> Robert Ezra Park,
> zit. v. Rolf Lindner: Die Entdeckung der Stadtkultur, 1990: 50.

> „*Here [at Harvard] we have thought, but no school.*
> *At Yale a school, but no thought.*
> *Chicago has both."*
> William James in einem Brief v. 29. Oktober 1903,
> zit. v. Everett M. Rogers: A history of communication study, 1994: 137.

7.1 Kommunikationskulturen und Stadtgesellschaft: The Chicago School

Beobachtet aus den Perspektiven der Chicago School wird die menschliche Kommunikation als Auf- und Ausbau einer stadtkulturellen (moralischen) Ordnung möglich.[733] Die Anfänge der *sozialwissenschaftlichen Chicago School*[734]

---

[732] Gerbner/Schramm: Communications, 1989: 358.

[733] Lindner: Stadtkultur, 1990: 59.

[734] In der Architekturtheorie kennt man schon am Ende des 19. Jahrhunderts eine Chicago School. Nach der sozialwissenschaftlichen entsteht in der Mitte des 20. Jahrhunderts die wirtschaftswissenschaftliche Chicago School, die bisher 25 Nobelpreisträger vorweisen kann (darunter Milton Friedman, George Stigler, Ronald Coase, Gary Becker, Robert Lucas).

fallen faktisch mit der Gründung der University of Chicago (1892) als „research university" zusammen. Diese Universitätsform verändert im letzten Quartal des 19. Jahrhunderts das US-amerikanische Universitätssystem radikal. Es bestand bis dahin aus rund 400 Colleges, ausgerichtet auf „education", nicht auf „research". Die Finanzierung der neuen Forschungsuniversitäten ermöglichten die als „robber barons" apostrophierten Industriellen John Hopkins, John D. Rockefeller, J. P. Morgan, Leland Stanford, Andrew Carnegie, Cornelius Vanderbilt und weitere. Der Großmäzen der University of Chicago war John D. Rockefeller.[735] Akademisches Vorbild war seinerzeit die deutsche Universität als Stätte von Forschung und Lehre.

Typisch für die Stadt Chicago sind seit ihrer Gründung (1837) ein enormes Bevölkerungswachstum und sprunghafte Wirtschafts- und Sozialentwicklungen. Zwischen 1890 und 1910 steigt die Einwohnerzahl von 1,1 auf 1,7 Millionen. Arbeitslosigkeit, Misswirtschaft, Korruption, Krankheit, Rauschgift und Kriminalität prägen die Lebens- und die Kommunikationszustände in der Metropole des Mittleren Westens. Wissenschaftlich versteht sich die Chicago School als ‚Soziologie' [sociology], die sich ausdrücklich von ‚Sozialarbeit' [social work] distanziert.[736] Leitfigur wird Georg Simmel (1858 bis 1918), genauer: Simmels impressionistische Soziologie mit den Themen Großstadt, Geld, Armut, weibliche Kultur, soziale Differenzierung, Sozialisation, Mode, Scham, Wettbewerb, Diskretion, Dankbarkeit, Völkerpsychologie, Ethik und Kommunikation – in Interrelation zu Zeitung, Gleichheit, Freiheit, Öffentlichkeit, Publikum, Masse und Gesellschaft.

> „[…] Simmel's contribution to a social theory of communication is his insistence that we isolate from experience a specific form and content of social experience which is based on the interaction of individual actors who relate to each other through communication to satisfy needs and interests which they cannot satisfy alone."[737]

Für Simmel besteht die Gesellschaft aus Kommunikation zwischen Individuen. Jede Kommunikation ist ein Tausch, der auf die beteiligten Individuen zurückwirkt. Zwischen den kommunizierenden Individuen besteht eine graduell unterscheidbare Distanz. Die Kommunikation befriedigt basale menschliche Bedürfnisse, vor allem Gesellung, Aggression, Erziehung und Einkommen und läst dadurch „höhere Einheiten" entstehen. Ein Kuss ist eine solche „höhere Einheit", weil er mehr bedeutet als das Aufeinanderdrücken zweier Lippenpaare.[738] Kommunikationen verfestigen sich nach Simmel zu Kommunikationstypen, die mit der Zeit Kulturen stabilisieren und repräsentieren.[739]

---

[735] Rogers: A history of communication study, 1994: 140.
[736] Park: Human communities, 1952.
[737] Duncan: Communication and social order, 1962: 29.
[738] Simmel: Philosophie des Geldes, 1920: 35.
[739] Levine et al.: Simmel's influence, 1984.

Kommunikationsbegrifflich argumentieren in der Chicago School vor allem George Herbert Mead, Charles Horton Cooley und Robert E. Park. Die drei hatten an der University of Michigan bei John Dewey studiert. Von Ann Arbor aus wechselten Dewey und Mead 1894 an das Department of Philosophy der neuen University of Chicago. Kommunikation wird zum Bindeglied ihrer theoretischen Kooperation. Mead und Charles Cooley (der in Michigan bleibt) bevorzugen einfache Kommunikationsbeziehungen (Interaktionen). Mead entwickelt den *Symbolischen Interaktionismus* als sozialpsychologische Theorie, mit der die Formung und Veränderung der Persönlichkeit beobachtet werden soll.[740]

John Dewey (1859 bis 1952) begreift Einzelmenschen als Problemlöser und Kommunikation als elementare menschliche Beziehung. Sozial interessieren Gemeinschaft und Gesellschaft. Deweys Beispiel für Gemeinschaft [community] ist die Kleinstadt [township] Neuenglands.

> „Society not only continues to exist *by* transmission, *by* communication, but it may fairly be said to exist *in* transmission, *in* communication [...] Men live in a community by virtue of the things they have in common; and communication is the way in which they come to posses things in common. What they must have in common in order to form a community or society are aims, beliefs, aspirations, knowledge – a common understanding – like-mindedness as the sociologists say. Such things cannot be passed physically from one to another, like bricks; they cannot be shared as persons would share a pie by dividing it into physical pieces."[741]

In *Öffentlichkeit und ihre Probleme* unterstreicht John Dewey seine Präferenz für die Gemeinschaft.

> „Die *Große Gesellschaft,* erschaffen aus Dampf und Elektrizität, mag eine Gesellschaft sein, aber eine Gemeinschaft ist sie nicht. Der Einfall der neuen und vergleichsweise unpersönlichen und mechanischen Formen kombinierten menschlichen Verhaltens in die Gemeinschaft ist die herausragende Tatsache des modernen Lebens [...] Solange die *Große Gesellschaft* nicht in die *Große Gemeinschaft* verwandelt ist, wird *die* Öffentlichkeit im Dunkeln bleiben. Allein Kommunikation kann eine große Gemeinschaft erschaffen. Unser Babel ist keines der Sprachen, sondern eines der Zeichen und Symbole, ohne die gemeinsam geteilte Erfahrung unmöglich ist.[742]

Als soziale Kategorie kann Kommunikation nützliche und schädliche Folgen haben. *Öffentliche Meinung* nennt Dewey das auf öffentliche Angelegenheiten gerichtete Urteil jener, die Öffentlichkeit bilden.[743]

Charles Horton Cooley (1864 bis 1929) wird 1894 mit einer ökonomischen Dissertation zum Thema *The Theory of Transportation* in Michigan promoviert. Angeregt wurde er dazu nach eigenen Worten von Albert Schäffles Gesell-

---

[740] Rühl: Publizieren, 1999: Kap. 16.
[741] Dewey: Democracy and education, 1915: 4 (H.i.O.)
[742] Dewey: Die Öffentlichkeit und ihre Probleme, 1996: 91, 124 (H.i.O.)
[743] Ebenda: 150.

schaftstheorie.[744] Wie schon Karl Knies fünfzig Jahre vorher[745] setzen neben Cooley auch der Verkehrspolitiker Emil Sax, der Soziologe Herbert Spencer und der Historiker Edwin Pratt Transport und Kommunikation gleich.[746]

Die Kommunikation mit dem Telegraphen ist für Cooley ein Sonderfall:

> „By communication is here ment the mechanism through which human relations exist and develop – all the symbols of the mind, together with the means of conveying them through space and preserving them in time."[747]

Für Charles Horton Cooley werden zwei soziale Kernbegriffe wichtig: (1) die *Primärgruppe*, die im Unterschied zur Sekundärgruppe von Angesicht zu Angesicht kommuniziert [face-to-face-communication], und (2) das *looking-glass self*, die Vorstellung vom „reflektierten Ich", vom kommunizierenden Menschen im Spiegel des Andern. Die Begriffe Primärgruppe und looking-glass self werden zu Ausgangspunkten für George Herbert Meads Theorie vom *Selbst* [*self*].

George Herbert Mead (1863 bis 1931) war einer der rund 9000 amerikanischen Studenten, die an der Wende zum 20. Jahrhundert an deutschen Universitäten studierte. Mead war in Leipzig (bei Wilhelm Wundt) und in Berlin Er interessierte sich nicht für den Leib-Seele-Dualismus, sondern für den *sozialen Akt* [*social act*] als Bezugseinheit.[748] Kommunikation ist für Mead symbolisch signifikant. Wie Dewey erkennt er im Menschen einen Problemlöser, dessen Wahrnehmungsurteile eine organisierende Tätigkeit des Bewusstseins voraussetzen. Der menschliche Geist [*mind*] wird nicht psychisch, sondern sozial begriffen, weil er sich durch die Kommunikation mit anderen entwickelt.[749]

Meads Menschenverständnis ist auf das *soziale Selbst* konzentriert, das durch soziale Erfahrungen soziale Strukturen erhält.[750] Mead fragt nach der *Emergenz von Sinn* [*emergence of meaning*]. Sowohl der soziale Geist als auch die soziale Kommunikation entstehen nach seinem Dafürhalten im Laufe der Evolution. Mead fragt grundsätzlich: Wie ist es menschenmöglich, zu kommunizieren? Wie können Menschen Symbole schaffen, eine Sprache bilden und denken? Wie lässt sich der soziale Wandel, kommunizieren wenn der Wandel selbst Sinn-

---

[744] Cooley: Theory of transportation, 1969: 17; Schäffle: Bau und Leben, 1875-1878. Dazu Loenhoff: Albert Schäffle, 1993.
[745] Knies: Die Eisenbahnen, 1853; Knies: Der Telegraph, 1857.
[746] Sax: Verkehrsmittel, 1878; Spencer: Principles of sociology, 1896; Pratt: A history of transportation, 1912.
[747] Cooley: Social organization, 1962: 61.
[748] Mead: The philosophy of the act, 1938.
[749] Mead: Mind, self, and society, 1964: 198; 132-134.
[750] Strauss: The social psychology of George Herbert Mead, 1956: 195; 217; Gruber: Journalistische Berufsrolle, 1975: 163-167.

Diskontinuitäten produziert?[751] Meads Schlüsselbegriff zur Darstellung des Entstehens des menschlichen Geistes ist die *Gebärde* [*gesture*], spezifiziert in der *signifikanten Gebärde*.[752] Ein wichtiges Konzept ist die *Rolleneinnahme* [*role taking*], die Fähigkeit des Selbst zu handeln, bezogen auf sich und auf andere.[753] Das Individuum lernt sich durch Interaktionen mit anderen selbst kennen. Im Unterschied zu Cooleys *looking-glass self* erklärt Mead, wie das Selbst entsteht.

Anders als John Dewey und George Herbert Mead, die in Kleinstädten Neuenglands aufwuchsen, wird Robert Ezra Park (1864 bis 1944) in Red Wing sozialisiert, in der Wälder- und Seenlandschaft Minnesotas. Park absolviert zunächst ein Ingenieurstudium, wechselt an die University of Michigan zum Studium der Philologie, Geschichte und (bei John Dewey) der Philosophie.

„It was there that I met John Dewey. He was an institution in philosophy [...] an inspiring teacher, and his influence, while not perhaps designed or intended to do so, inspired and encouraged in me an intellectual curiosity in regard to the world for which here was no justification or explanation in the tradition in which I have been reared."[754]

Dewey weckt Parks Interesse für Probleme der Kommunikation.

„Park took from Dewey a life-long interest in the role of communication as a force for integrating society and in devices for communication, especially the newspaper and the telephone."[755]

Nach seinem B. Ph.-Abschluss arbeitet Robert Park zwölf Jahre lang als General Assignment-Reporter in Minneapolis, Detroit, Denver, New York und Chicago. Seine Tätigkeit umfasst die Gerichtsreportage, Lokales und die Theaterkritik. Park nennt seine Arbeit *scientific reporting*.[756] Seine Orientierungsbegriffe sind Dabeisein, Fakten, Nachrichten, Kommunikation, Publikum und Masse (verstanden als Menge). Er opponiert den vorherrschenden Faktenjournalismus und den ‚unterhaltsamen' Stil der amerikanischen Boulevardpresse. Ein Gegenentwurf soll das Journal *Thought News* werden, das Robert Park 1892 gemeinsam mit seinem Lehrer John Dewey und dem Finanzjournalisten Franklin Ford entwickelt. Sie hatten keinen „philosophischen" Journalismus im Sinn, wenngleich philosophisches Denken helfen sollte, wissenschaftliche, literarische, politische, erzieherische und kirchliche Fragen journalistisch zu diskutieren. Neben *Thought News. A Journal of Inquiry and a Record of Fact*

---

[751] Strauss: The social psychology of George Herbert Mead, 1956.

[752] In Anlehnung an Wilhelm Wundts Sprachgebrauch wird *Gebärde* von Mead mit *gesture* übertragen. Wird *gesture* mit *Geste* übersetzt, bleibt der Sinn vordergründig.

[753] Gruber: Journalistische Berufsrolle, 1975.

[754] Park: Life history, 1929: 4.

[755] Matthews: Quest for an American sociology, 1977: 5.

[756] Park: Race and culture. 1950: V-VI.

waren eine Nachrichtenagentur, weitere Spezialzeitungen und ein Büro für 'vertiefende Nachrichten' vorgesehen. Dem Vorhaben fehlte eine solide Finanzierung. Die erste Ausgabe der *Thought News* wurde redaktionell und bleisatztechnisch „ins Bett gebracht", aber nie gedruckt.[757]

Zwölf Jahre Reportertätigkeit und der Fehlschlag mit den *Thought News* veranlassten Park, an die Universität zurückzukehren. Seine Familie begleitete ihn, was eine bescheidene Erbschaft ermöglichte. In Harvard erwirbt er den (philosophischen) Magistergrad. Ab dem Wintersemester 1899/1900 setzt Robert Park sein Studium an der Friedrich-Wilhelm-Universität in Berlin fort, namentlich bei dem Privatdozenten Georg Simmel. Park wechselt an die Universität Straßburg, wo er beginnt, sein Dissertationsthema *Masse und Publikum* bei Wilhelm Windelband zu bearbeiten. Windelband wird nach Heidelberg berufen, Park folgt ihm und wird 1903 von der dortigen Universität promoviert.[758]

In die Vereinigten Staaten zurückgekehrt arbeitet Robert Park ein Jahr lang als Assistent von Hugo Münsterberg in Harvard, gleichzeitig als Sekretär der *Congo Reform Association*, einer Menschenrechtsorganisation. Danach wird Park „sozialwissenschaftliches Mädchen für alles" für den Reformpädagogen Booker T. Washington und für das *Tuskegee Normal and Industrial Institute* in Alabama, einer Berufsfachschule für Schwarze. Park arbeitete als Sekretär, Ghostwriter, Public Relations-Berater [publicity agent], Planungsberater und als Armutsforscher.[759]

William I. Thomas vermittelt Robert E. Park 1913 an die University of Chicago, wo Park hauptsächlich vier Kurse lehrt: *The Newspaper, The Crowd and the Public, The Survey* und *The Negro in America*. Im Jahr 1923, inzwischen 59 Jahre alt, wird Robert Ezra Park zum Professor am Department of Sociology ernannt. Gegenstand seiner forschenden Lehre ist das Problemfeld Chicago, schwergewichtig die Abstrakta *soziale Randständigkeit* und *soziales Helfen*.[760] Erforscht werden Rassenbeziehungen [race relations], Humanökologie [human ecology], kollektives Verhalten [collective behavior], sozialethische Rollen-Empathie, Gemeinschaft [community], Großstadt [city], Presse, Journalismus, Publicity, Nachrichten und Reportage.

Mit viel theoretischer Phantasie entwickelt Robert Park empirische Forschungstechniken für die Untersuchung sozialer Probleme, denn „it is more likely to be learned on the job than in the classroom." Studentisches Recherchieren wird auf wissenschaftlich-journalistische Reportagen ausgerichtet. Parks legendäre Lehranweisungen hießen „nosing around", „go into the district", „become acquainted

[757] Rogers: A history of communication study, 1994, 174.
[758] Park: Masse und Publikum, 1904.
[759] Washington/Park: The man farthest down, 1983.
[760] Rühl/Dernbach: PR – soziale Randständigkeit – organisatorisches Helfen, 1996.

with the people" und „get the feeling". Sie werden als „art of looking" in einem Forschungstagebuch zusammengefasst.[761] Die Augenzeugenschaft ist für Park der journalistische Lackmustest. Immer wieder werden die Studenten gefragt: „Vas you dere, Cholly",[762] und die Beinarbeit („leg work") hält Park für die entscheidende Voraussetzung für die Theoriebildung.

> „I expect that I have actually covered more ground, tramping about in cities in different parts of the world, than any other living man. Out of all this I gained, among other things, a conception of the city, the community, and the region, not as a geographical phenomenon merely but as a kind of social organism."[763]

Zusammen mit Ernest W. Burgess stellt Park den ersten sozialwissenschaftlichen Reader zusammen, der 1921 unter dem Titel *Introduction to the Science of Sociology* erscheint: 196 Texte zu 14 Themenbereichen auf rund 1000 Buchseiten festgehalten. Die Soziologie wird als „the science of collective behavior" beschrieben, mit „social control" als „the central fact and the central problem of society".[764]

> „Up to this time sociology had been popularly conceived and frequently described as 'a science of social reform' or 'the science of human welfare'".[765]

Diese ‚Einführung' blieb zwei Jahrzente lang das Standardwerk der amerikanischen Soziologie und „a powerful candidate for a communication theory textbook".[766]

> „This approach became a logical scheme for a disinterested investigation of the origin and function of social institutions as they everywhere existed, and was in substance an application to society and social life of the pragmatic point of view which Dewey and Mead had already popularized in the department of philosophy."[767]

Park verfasst empirische Einzelfallstudien über die Immigrationskultur der USA und über das Publizieren im Kontext der Großstadt. Problem- und situationsspezifisch ermittelte Daten werden ethnografisch erkundet: durch direkte Teilnahme, indirekte Beobachtung, informelle Interviews, aber stets reflexionstheoretisch gesteuert. *Park ist Empiriker, kein Statistiker.* Nach seiner Einschätzung würden Statistiken die normativen Anliegen in den Gangs, Ghettos und Slums nicht erfassen können, sie würden von den Untersuchungsproblemen wegführen. Dennoch sieht er seine Aufgabe nicht in einer Sozialarbeit zur Verbesserung menschlicher Lebenslagen, sondern in der Verbesserung der Forschungsmöglichkeiten, Lebens- und Kommunikationslagen zu studieren.

---

[761] Lindner: Die Entdeckung der Stadtkultur, 1990, S. 117.
[762] Ebenda.
[763] Park, zit v. Faris: Chicago Sociology, 1970: 29.
[764] Park/Burgess: Sociology, 1969: 42.
[765] Park: Life history, 1929.
[766] Duncan: Symbols and social theory, 1969: 193.
[767] Park: The immigrant press and its control, 1922.

Kommunikationswissenschaftlich bedeutsam werden für Robert Ezra Park das funktionale Unterscheiden, die Transformation von Kommunikationskulturen, der Wandel von der Township-Kommunikation zur City-Kommunikation, der empirisch zu beobachtende Übergang von Gemeinschaft zur Gesellschaft. Transport und Kommunikation bestimmen noch undifferenziert Parks Theorie der Großstadt-Ökologie:

> „Transportation and communication, tramways and telephones, newspapers and advertising, steel construction and elevators – all things, in fact, which tend to bring about at once a greater mobility and a greater concentration of the urban populations – are primary factors in the ecology organization of the city."[768]

Dabei ist die moderne Großstadt für Park nichts Künstliches, sondern ein „natürliches" Entwicklungsergebnis.

> „The city is not an artefact or a residual arrangement. On the contrary, the city embodies the real nature of human nature. It is an expression of mankind in general and specifically of the social relations generated by territoriality. Modern technology has altered but not eliminated territoriality as the city has come to equal civilization."[769]

Nachrichten werden von Park als eigene Wissensform beobachtet, mit konsensueller Kraft für die Gesellschaft. Nachrichtenmedien sollen die Bevölkerung in Krisenzeiten in die Lage versetzen, die Gesellschaft zusammenzuhalten. Nachrichtenkommunikation sei „so obvious and persuasive a factor in social life".[770]

> „It is a social-psychological process by which one individual is enabled to assume, in some sense and to some degree, the attitudes and the point of view of another; it is the process by which a rational and moral order among men is substituted for one that is merely physiological and instinctive."[771]

Park lehrt und forscht bis zur Emeritierung (1934) in Chicago. Einer seiner Studenten war Harold D. Lasswell, der als Sechzehnjähriger ein Stipendium für die University von Chicago gewinnt und dort als Politikwissenschaftler ein politisch-kommunikatives Zwischensystem als sein Lehr- und Forschungssystem ausgestalten kann.

---

[768] Park: The city, 1970: 2.
[769] Janowitz: Introduction: The city, 1967: IX.
[770] Park: Reflections on communication and culture, 1938: 187.
[771] Park: News as knowledge, 1940; Park: News and the power of the press, 1941.

Einmal in Kommunikation verstrickt,
kommt man nie wieder ins Paradies der einfachen Seelen zurück
(auch nicht, wie Kleist hoffte, durch die Hintertür).
Niklas Luhmann: Soziale Systeme, 1984: 207.

7.2 Massenkommunikation

Für das begriffliche Potpourri, bestehend aus Massenkommunikation, Publizistik, Medienkommunikation, Journalistik und weiteren Ähnlichkeiten ist noch immer kein Paradigma bekannt, das eine sozialsemantisch absichernde wissenschaftliche Legitimität verleihen könnte. Wer ein relativ unbelastetes Bild von der Massenkommunikation gewinnen will wird nicht ohne theoretisch-systemische Grenzziehungen zu anderen Kommunikationsverhältnissen vorankommen. Nun hat man den Terminus *mass communication* ohne Beziehungen zu einem vorab konsentierten Kommunikationsverständnis 1939/40 ad hoc in das *Rockefeller Communication Seminar* eingeführt.[772] Nach dem Zweiten Weltkrieg wird mass communication in zahlreiche Sprachen übersetzt, ohne Beziehungssuche zu früheren Kommunikationsverständnissen. Im deutschsprechenden Raum hält man damals den Begriff Publizistik für „politisch belastet" – übrigens auch er ohne historische Anknüpfungsversuche, etwa bei Kaspar Stieler und Immanuel Kant.[773] Massenkommunikation blieb ein begrifflicher Solitär, der weithin „rein definitorisch" durch die Literatur geschleppt wird, irgendwie verwandt mit Zeitungswissenschaft, Publizistik(wissenschaft), Medienwissenschaft, Journalistik und Public Relations.

Erkenntnishinderlich ist die Annahme, man könne diese Begriffe alternativ wählen, sei es für das geisteswissenschaftlich Hergebrachte oder das sozialwissenschaftlich Empirische. Die bald nach dem Zweiten Weltkrieg im Westen Deutschlands dominierende publizistikwissenschaftliche Literatur stammt von Walter Hagemann.[774] Weitere stehen in dieser Tradition.[775] Wichtig für den Studienort München werden die Veröffentlichungen Otto Groths.[776] Einige Werke, die im „Dritten Reich" verlegt und in den Bibliotheken unter Verschluss gehalten wurden, hatte man ‚entnazifiziert' und erneut aufgelegt.[777] Das sozial-

---

[772] Rogers: A history of communication study, 1994: 222; Rühl: Alltagspublizistik 2001: 253.

[773] Siehe Kapitel 1.4.2 und 1.5.

[774] Hagemann: Grundzüge der Publizistik, 1947; Hagemann Zeitung 1950; Hagemann: Vom Mythos der Masse, 1951; Hagemann: Publizistik als Wissenschaft, 1951; Hagemann: Fernhören und Fernsehen, 1954.

[775] Dovifat: Publizistik, 1955; Dovifat: Publizistik als Wissenschaft 1956; Haacke: Elemente, 1962.

[776] Groth: Geschichte der Zeitungswissenschaft, 1948; Groth: Unerkannte Kulturmacht, 1960-1972.

[777] Zum Beispiel Haacke: Handbuch des Feuilletons, 1951 – 1955.

wissenschaftlich Empirische fand in neueren Auflagen geisteswissenschaftlicher Publizistikpublikationen Einlass.[778] Die ersten amerikanischen Reader und Lehrbücher führten die Bezeichnungen „Mass Communication" oder „Human Communication" im Titel.[779] Alternativen zum Shannon-Modell und/oder zur Lasswell-Formel werden selten erwogen.[780] Für einige Irritation sorgte eine englischsprachige Schrift mit dem Titel *System of Publizistik – Public Communication*, deren Autor empfahl, das Werk Emil Dovifats „in the realm of Mass Communication and Communication Arts" zu lesen.[781] Günther Kieslich pointiert das *Selbstverständnis der Publizistikwissenschaft* damals treffend als „Nabelbespiegelung".[782]

Niemand war willens, bereit oder in der Lage, das terminologische Durcheinander im deutschen Sprachraum theoretisch aufzuhellen. Stattdessen wurde viel gerechtet und gerechtfertigt – teilweise in Bezug auf die nationalsozialistische Vergangenheit, teilweise in Auseinandersetzung mit der Gegenwart „im Osten". Es gab Versuche, den Begriff Masse massenpsychologisch zu deuten,[783] was nicht weiterhalf, zumal die Massenpsychologie wissenschaftlich bereits abgewirtschaftet hatte. Massenpsychologische Begriffe wie Massenzivilisation, Massendemokratie, Pöbel oder Mob bestimmten die Diskussion. Niemand erinnerte den Massenbegriff Robert Parks,[784] und als David Riesmans Buch *The lonely crowd* mit *Die einsame Masse* übersetzt wurde, lag ein weiteres sinnwidriges Beispiel vor, Masse und Menge gleichzusetzen.[785]

Auch die ersten ‚fachlichen' Lehr- bzw. Handbücher behandelten die Begriffe Massenkommunikation, Publizistik und Kommunikation recht unbekümmert. Das *dtv Wörterbuch zur Publizistik* (1969) erscheint in seiner zweiten Auflage (1981) als *Handbuch der Massenkommunikation* und das *Fischer Lexikon Publizistik* (1971) titelt in der Auflage von 1989 *Publizistik Massenkommunikation*. Sie verzichten, Kommunikation als besonderes menschliches Vermögen abzuklären. Massenkommunikation, Publizistik, Presse, Zeitungen, Film, Werbung, Wirtschaft, Journalist oder öffentliche Meinung werden wie reale Eigenheiten behandelt. „Das Dilemma der Zeitungswissenschaft – teilweise auch noch der älteren Publizistikwissenschaft – hängt mit einer Fixation zusammen, mit der unverhohlenen Orientierung auf die Presse, auf die Medien Zeitung und

[778] Hagemann: Grundzüge der Publizistik, 1966; Dovifat / Wilke: Zeitungslehre I und II, 1976.
[779] Schramm: The process and effects, 1954; Schramm: Mass communication, 1960; Schramm: Science of human communication, 1963.
[780] Maletzke: Psychologie der Massenkommunikation 1963.
[781] Harting: Public communication, 1971.
[782] Kieslich: Selbstverständnis der Publizistikwissenschaft, 1972: 77.
[783] Lerg: Das Gespräch, 1970: 88-106.
[784] Park: Masse und Publikum, 1904.
[785] Riesman et al.: Die einsame Masse, 1958.

Zeitschrift."[786] Die Massenkommunikationsforschung wird auch andernorts als eine Art Industrieforschung beobachtet. „The problem with which it [Massenkommunikationsforschung, M.R.] deals are essentially those posed by the actual working of mass media institutions – the press, cinema, radio, television, and so on – rather than by any body of theory."[787]

Ein weiteres Erkenntnishindernis liegt in der Fehleinschätzung der Erklärungskraft von Begriffen und Definitionen. Beginnen Kommunikationsforscher mit Begriffsdiskussionen,[788] dann kann viel Material gesammelt, geordnet und klassifiziert werden. So lange nicht nach den dabei mitwirkenden Theorien gefragt wird, hat jedermann eine Meinung und ein Urteil über den Journalismus und Public Relations. Normaltheoretische Sekundäranalysen können erst zustandekommen, wenn Theorien zum Zuge kommen, mit denen Begriffe und Definitionen hergestellt werden, die es für den Vergleich zu rekonstruieren gilt. Dass auch in der Kommunikationswissenschaft die Verhältnisse zwischen Normaltheorien, Erkenntnis- und Methodentheorien disziplininterne Problemen geworden sind,[789] wird offenkundig noch nicht so recht wahrgenommen.

Nachdem der Versuch Paul Lazarsfelds gescheitert war, das *Bureau of Applied Social Research* (Columbia University) zu einer „professional school for training in social research" umzubauen, gelang es Bernard Berelson die Ford Foundation als Mäzenin für „die Verhaltenswissenschaften" zu gewinnen. Unterstützt wurden Gründung und Betrieb des *Center for Advanced Study in the Behavioral Sciences* (Stanford University).[790] Der von Berelson eingeführte Kommunikationsbegriff wurde folgendermaßen definiert.

> […] „the [act or process of] transmission of information, ideas, emotions, skills etc., by the use of symbols – words, pictures, figures, graphs, etc.[…] newspapers, magazines, books, films, radio, television […] by the terms themselves: their massiveness, or ability to communicate from a single source to large numbers of people; and their mediativeness, or ability to communicate through a mechanical device such as print or a TV screen, making for an impersonal relationship between communicator and audience."[791]

Ungeachtet dieser universalistischen Mediendeutung von Kommunikation sieht Berelson bereits 1959 *communication research* „dahinsiechen" [‚„withering

---

[786] Lerg: Das Gespräch, 1970: 183.
[787] McQuail: Mass communication research, 1989, Bd. 2: 487.
[788] Merten: Definition von Public Relations, 2008; Schönhagen: Ko-Evolution von Public Relations und Journalismus, 2008.
[789] Siehe den Zweiten Teil dieses Buches. Zu Journalismustheorien Rühl: Journalism in a globalizing world society, 2008; zu Public Relations-Theorien Rühl: Public relations methodology, 2008; Rühl: Für Public Relations? 2004; zur Kommunikationswissenschaft allgemein: Anderson: Communication theory, 1996.
[790] Lazarsfeld: Qualitative analysis, 1972; Ford Foundation: Report, 1949; Rogers: A history of communication study, 1994: 309-311.
[791] Berelson/Steiner: Human behavior, 1964: 527-528.

away"].[792] Wilbur Schramm, David Riesman, Raymond A. Bauer, David Manning White und andere geben zu bedenken, ob es nicht Berelsons Sichtweisen sind, die „dahinsiechen"?[793]

Der Begriff Massenkommunikation wird offenkundig in der empirisch-praktischen Stückwerkforschung gebraucht, wenn der Transfer von Nachrichtenmengen, wenn Spekulationen über deren Öffentlichkeitscharakter, deren Relevanz für das persönliche und soziale Leben, für die „Wichtigkeit" neuer Medien in der Massen-, Informations- oder Mediengesellschaft die Rede ist. Aus „Entwicklung durch Anhäufung"[794] ist jedoch kein Erkenntnisfortschritt zu beobachten. Das mit Massenkommunikation bezeichnete Forschungsfeld bleibt, wie McQuail wiederholt betont, zweigeteilt in „research on media institutions" und in „media output research".[795] ‚Media institutions' heißen einmal ‚media organizations', ein andermal ‚mass media of communication', auch ‚Massenkommunikationsmittel".[796] Ein Aufbrechen, sprich: eine Analyse der Medienterminologie in Relation zu Kommunikation oder Organisation,[797] wird jedenfalls im deutschsprechenden Raum selten versucht. Beliebter ist die Beschäftigung mit oft fantastischen Medienbegriffen, mit Presse und Rundfunk, Schriftzeichen, Fotografien, Satellitenantennen, Schreibmaschinen, Radiergummi, Telefax, Videotext, Kabelfernsehen, Internet, Luft, Licht, Elektrizität, Sprache, Literatur, Mimik, Gestik, Organisationen, Handys, Blogs, Soziale Netzwerke und vielen anderen. An Medien interessieren „Wirkung" und „Nutzung", nicht – wie Kaspar Stieler – die Lesbarkeit und Verstehbarkeit einer von Medien vorselektierten und vorprogrammierten Welterfahrung.

Medien mögen vieles sein und noch mehr können. Allein ihre Wissenschaftsfähigkeit [researchability] in Relation zu organisatorischen Aufgaben, zu marktförmigen Leistungen und zu gesellschaftlichen Funktionen wurden noch nicht nachgewiesen. Medien sollen mächtig, halbmächtig oder ohnmächtig sein. Sie sollen digitalisieren, kombinieren, nationalisieren und deregulieren, speichern, übertragen, reproduzieren. Sie sollen Verbreiter von Mitteilungen, Informierer und Beeinflusser von Massen, Kulturspiegel der Gesellschaft und gesellschaftliche Institutionen sein, und es soll inzwischen Media-Kids, Media-Freaks, Medienkanzler, Medienmogule und Medienversager geben. Wer an den Medienpropheten Marshall McLuhan glaubt, der glaubt wohl auch an fantastische Medienbeziehungen wie an das Rad als Erweiterung des Fußes, an das Buch als Er-

---

[792] Berelson: State of communication research, 1959.

[793] Siehe die Beiträge in Dexter/White: People, society, mass communication, 1964.

[794] Kuhn: Die Struktur wissenschaftlicher Revolutionen, 1973: 18.

[795] McQuail: Mass communication research 1989: 488-489.

[796] Gerbner: Mass media and human communication, 1967; Ronneberger: Massenkommunikationsmittel, 1964; Wright: Functional Analysis, 1964; Ronneberger: Sozialisation durch Massenkommunikation, 1971.

[797] Arnold/Frandsen: Conceptions, 1984; Theis-Berglmair: Organisationskommunikation, 2003; Luhmann: Organisation und Entscheidung, 2000.

weiterung des Auges oder an die Kleidung als Erweiterung der Haut.[798] Können alles umfassende, nichts ausschließende Medienbegriffe wissenschaftsfähig werden?[799] Paul Lazarsfeld und Robert Merton konstatierten bereits 1960: „To search out ‚the effects' of mass media upon society is to set upon an ill defined problem."[800]

Bisher ist es nicht gelungen, mit Medien und Massen in ein gesellschaftshistorisches Regelwerk kommunikationswissenschaftlichen Theorienwandels einzutreten. Kommunikationswissenschaftliche Semantiken markieren Grenzen des sprachlichen Ausdrucks, mit denen Risiken der Formalisierung kontrolliert werden können. Die Kommunikationssemantik kann gepflegtes Kommunikationswissen aus eigener Vergangenheit für den Erwerb künftigen Kommunikationswissens einbringen.[801] Für die Massen- und Medienterminologie ist keine Reflexionstheorie in Sicht. Kann Kommunikation gemeint sein, wenn Medien nach dem Zweck/Mittel-Schema forschungsmechanisch beobachtet werden?[802] Dagegen lassen sich Systemtheorien als Reflexionstheorien einsetzen, für kommunikationswissenschaftliche Probleme des Journalismus,[803] der Public Relations,[804] für journalistische bzw. PR-Teilbereiche,[805] für Interrelationsprobleme,[806] Probleme der Publizistik und der Alltagspublizistik,[807] organisatorisches Entscheiden[808] und für ähnlich. Zu erinnern ist, dass die von Harold D. Lasswell, Charles R. Wright, Franz Ronneberger und Denis McQuail vorgeschlagenen teleologischen Funktionsbestimmungen[809] eher links liegen gelassen denn ernsthaft diskutiert wurden.

---

[798] McLuhan/Fiore: The medium is the massage, 1967.

[799] Rühl: Fantastische Medien, 1998.

[800] Lazarsfeld/Merton: Mass communication, 1960: 495.

[801] Luhmann: Gesellschaftliche Struktur und semantische Tradition, 1980: 18-20.

[802] Luhmann: Zweckbegriff und Systemrationalität 1973.

[803] Scholl/Weischenberg: Journalismus in der Gesellschaft, 1998; Blöbaum: Journalismus als soziales System, 1994; Rühl: Journalismus und Gesellschaft,1980.

[804] Ronneberger/Rühl: Theorie der Public Relations, 1992; Rühl: Public relations methodology, 2008.

[805] Kohring: Wissenschaftsjournalismus, 1997; Görke: Risikojournalismus, 1999; Dernbach: Public Relations für Abfall, 1998.

[806] Löffelholz: Journalismus und Öffentlichkeitsarbeit, 2000.

[807] Marcinkowski: Publizistik, 1993; Rühl: Alltagspublizistik, 2001.

[808] Meier: Ressorts, Sparte, Team 2002; Blöbaum: Organisationen, Programme, Rollen, 2000.

[809] Lasswell: Structure and function, 1987; Wright: Mass communication, 1986; Ronneberger: Sozialisation durch Massenkommunikation, 1971; McQuail: Mass communication theory, 1983.

7.3 Kommunikationsfreiheit und Selbstdarstellung

Gemeinhin wird ‚Kommunikationsfreiheit' für eine Domäne der Juristen gehalten. ‚Selbstdarstellung' dagegen wird dem Arbeitsgebiet der Sozialpsychologen zugerechnet. Für eine Theorie der Kommunikationswissenschaft werden beide Begriffe gebraucht, und zwar umgebaut. Noch ist nicht abzusehen, wie sich Grundrechtsprobleme und Identitätsprobleme auf eine Theorie der Kommunikationswissenschaft beziehen lassen. Vorauszusetzen sind sie als funktional-empirische Konzeptionen, weil die vielgebrauchten Forschungstechniken Umfrageforschung und Inhaltsanalyse fakten- und zeichentheoretisch vorbelastet sind.

Eine operative Kommunikationswissenschaft setzt Unterschiede zwischen Personalsystemen und Sozialsystemen voraus. Beide erheben in einer modernen Gesellschaft den verfassungsrechtlichen Anspruch auf Verwirklichung. Mit der Unterscheidung von Personalsystemen und Sozialsystemen wird auch deren Selbstdarstellung [presentation of self] differenziert. An jedem sichtbaren und verständlichen Kommunikationssystem sind (unvermeidlich) Personalsysteme und ihre Selbstdarstellung beteiligt. Die auf der Produktionsseite des Journalismussystems Mitwirkenden teilen sich im Journalismus durch soziale Rollen als Personalsysteme mit. Jede Journalismusrolle verrät etwas über das beteiligte Personalsystem, auch wenn redaktionelle Entscheidungsprogramme betont unpersönliche Arbeit verlangen.[810] Personalsysteme können von der journalistischen Arbeit nicht ferngehalten werden. Vielmehr wird von journalistischen Rollen eine ‚persönliche Note' erwartet. Die entscheidungsprogrammierte journalistische Arbeit wird – rückblickend beobachtet – von personalen Stilen und andere Qualitäten (oder Fehlern) der Personalsysteme geprägt.

Die Kommunikationssystem/Mitwelt-Konzeption rückt ab von dem schlichten Gedanken, eine Addition von Individuen könnte als Kollektiv eine Sozialität, genannt Journalismus schaffen. Aus der Robinsonade ‚der Journalist' und aus Kollektiven davon, phönixieren keine Kommunikationszusammenhänge. Die Unterscheidung von Personalsystemen und Sozialsystemen verweist vielmehr auf die Einsicht, dass in jeder verständlichen Kommunikation unvermeidlich eine Selbstdarstellung der situativ Kommunizierenden eingeht. Personalsysteme lassen sich weiter differenzieren, in Lebenssysteme und Bewusstseinssysteme, die an der Rekonstruktion von Kommunikationssystemen als Außen beteiligt sind. Mit anderen Worten: Lebenssysteme und Bewusstseinssysteme können sich aus Kommunikationen ‚nicht heraushalten', können sich nicht absentieren. Wer als Personalsystem an Kommunikationssystemen beteiligt ist verrät etwas über sich selbst: beim Reden durch Tempo, Gesichtsausdruck, Stimmhöhe, Körperbewegungen oder durch körperliche Attribute (Schminke, Tätowierungen, Perücke). Beim Schreiben sind Handschrift, Stil und Wortwahl persönlicher

---

[810] Rühl: Zeitungsredaktion, 1969: Kapitel 5.5.

Herkunft. Die Selbstdarstellung des Personalsystems verläuft in der Intimkommunikation anders als im Gottesdienst oder auf dem Fußballplatz.

Kommunikationsfreiheit kann durch komplexe Kommunikationssysteme verwirklicht werden, mit der Beteiligung von Persönlichkeitssystemen als Voraussetzung.[811] Verschreibt sich die Kommunikationswissenschaft der Funktion, das Kommunikationswissen der Weltgesellschaft zu emergieren, dann ist für die kommunikationswissenschaftliche Forschung und Lehre eine Rahmenorientierung abgesteckt, ohne präzise Aufgaben festzulegen. Personalsysteme haben die Möglichkeit, sich aus bestimmten Kommunikationssystemen zurückzuziehen. Zumindest können sie Distanz ausdrücken, oder mitteilen, dass sie nicht wünschen, dass ihnen diese Kommunikation zugerechnet wird.

Durch das Einbringen des Persönlichen in Kommunikationssysteme können Konflikte und Paradoxien entstehen, die lösbar sind, wenn Selbstdarstellung sich auf Teile der Wirklichkeit beschränkt.[812] In Organisationen kann der Ausdruckswert der Mitgliedsrolle eingesetzt werden, um zu betonen, dass das beteiligte Personalsystem der Sache skeptisch gegenübersteht, dass sein Votum in erster Linie auf das Personalsystem zurückzuführen ist, das um die Erhaltung der Mitgliedschaft besorgt ist.[813] Mit der Mitgliedsrolle wird im Organisationssystem Redaktion *Verantwortung* übernommen, ohne dass damit die *Verantwortlichkeit* des Personalsystems abgedeckt wäre.[814] Indifferenz und Unpersönlichkeit erweitern den Kommunikationsspielraum von Personalsystemen in Organisationen.[815] Für den Einzelnen ist Unpersönlichkeit die persönlichste Strategie die er wählen kann, wenn er sich gleichsam darauf beschränkt, seine Persönlichkeit von jeder Verflechtung mit organisierter Kommunikation freizuhalten.

Wird die Jurisprudenz als ein soziales Handlungssystem mit Entscheidungszwang verstanden,[816] dann wird dafür eine *Rechtsdogmatik* vorausgesetzt, ein Meinungsgefüge bewährter Bewertungen. Nicht jedes Kommunikationssystem verfügt über eine Dogmatik, aber alle Kommunikationssysteme brauchen dogmatische Stabilisatoren wie Kommunikationsfreiheit und Selbstdarstellung. Begriffshistorisch wird der Dogmenbegriff sehr unterschiedlich verstanden. In der Frühzeit der Philosophie meint *dogmatisch* das Herleiten aus einer für notwendig und nützlich angesehenen natürlichen Ordnung. Bereits in der Akademie Platons werden *Dogmatiken* zur Interpretation und Deutung von Argumenten generalisierbar entwickelt. Im christlich-theologischen Sprachgebrauch durch-

[811] Goffman: The presentation of self, 1959; Duncan: Communication and social order, 1962.
[812] Luhmann: Reflexive Mechanismen, 1970; Malik: Journalismusjournalismus, 2004; Rühl: Beobachtete Paradoxie, 2008.
[813] Rühl: Zeitungsredaktion, 1969.
[814] Rühl: Verantwortung und Verantwortlichkeit, 1987.
[815] Argyris: Personality and organization, 1957: 89 ff.
[816] Ballweg: Rechtswissenschaft und Jurisprudenz, 1970; Esser: Vorverständnis und Methodenwahl 1972: 95.

läuft der Begriff *Dogma* eine eigene Karriere.[817] Deutsche Frühaufklärer nennen eine pedantische, vorurteilsverhaftete und überholte Philosophie *Dogmatismus*, während Immanuel Kant Dogmatismus schreibt, wenn er das Aufstellen von Lehrsystemen erklärt, ohne vorausgehende Erkenntniskritik.[818]

Wird eine Kommunikationsdogmatik überlegt, dann ist sie nicht auf Entweder/ Oder-Regelungen festzulegen. Kommunikationsfreiheit und kommunikative Selbstdarstellung lassen sich in Verfassungsgesellschaften nicht vorschreiben. „Die Garantie von Freiheit ist nichts anderes als eine Garantie von Kommunikationschancen.[819] Sie gewähren nicht alle Sozialordnungen. In Verfassungsgesellschaften kann man sich die Kommunikationsfreiheit vorstellen als institutionalisierte Pflege von Grundrechten, deren Erhaltung, Steuerung und Emergenz.

In den Sozialwissenschaften wird, mit Blick auf die Verfassung, Kommunikationsfreiheit (Meinungsäußerungsfreiheit, Pressefreiheit) als Chance zur personalen und zur sozialen *Selbstdarstellung* gedeutet. In der Denktradition George Herbert Meads, die an einfachen Interaktionssystemen orientiert ist, steht dem ‚Selbst' ein ‚Alter' in einer Korrespondenzrolle gegenüber. Die durch Artikel 5 Grundgesetz gewährleistete Kommunikationsfreiheit schafft und ordnet für alle Arten von Kommunikation bestimmte Wertbereiche, die für den Einzelfall Differenzierungen offen lasen.[820] Für die evolutionäre Lage der Weltgesellschaft wird Kommunikationsfreiheit dogmatisch gefordert, ohne überall in der Welt legitimiert und kontrolliert werden zu können. Der Grundgedanke von einer gesellschaftsabhängigen Kommunikationsfreiheit wird zunächst von Immanuel Kant mit dem *Prinzip Publizität* formuliert, das Kant für das Modell der bürgerlichen Gesellschaft braucht.[821]

Wenn persuadierende Kommunikationssysteme wie Journalismus oder Public Relations thematisch gleichartige ‚Kommunikationsstoffe' bearbeiten, dann kann diese Arbeit unterschieden werden, und zwar durch die Orientierung an der je eigenen Funktion, die organisationsförmig bzw. marktförmig kleinzuarbeiten sind.[822] Erledigen journalistische bzw. Public Relations-Organisationen selbstgestellte Aufgaben, oder leisten (und gegenleisten) Organisationen auf journalistischen Märkten bzw. Public Relations-Märkten, dann werden gesellschaftlich knappe Ressourcen gebraucht. Kommunikationsorganisationen beschaffen

---

[817] Bauer, T.: Streitpunkt Dogma, 1982.

[818] Kant: Kritik der reinen Vernunft, 1968: B XXX; B XXXVI..

[819] Luhmann: Grundrechte, 1965: 23.

[820] Di Fabio: Kultur der Freiheit, 2005.

[821] Kant: Zum ewigen Frieden, 1968: B 98-99; B 110-111; Rühl: Publizieren, 1999: Kap. 11.

[822] Für eine *Journalismusfunktion* siehe Rühl: Journalism in a globalizing world society, 2008: 32; für eine *Public Relations-Funktion* Rühl: Für Public Relations?, 2004: 71. Zur organisations- und marktförmigen Kleinarbeitung dieser Funktionen siehe Rühl: Die Zeitungsredaktion, 1979; Rühl: Markt und Journalismus, 1978; Ronneberger/Rühl: Theorie der Public Relations, 1992: Kap. 6.2.

Kommunikationsressourcen auf sozialen Märkten, womit ‚Rohstoffe' bzw. ‚Erzeugnisse' zu bezahlen sind. Gesellschaftsförmige Funktionen, marktförmige Leistungen und Gegenleistungen und organisationsförmige Aufgaben sind in Kommunikationssystemen aufeinander bezogene Prozesse, die mithilfe multidisziplinärer Organisations-, Markt- und Entscheidungstheorien erklärbar werden.[823]

Journalismus und Public Relations bilden als persuadierende Kommunikationssysteme, zusammen mit ihren gesellschaftlichen Mitwelten Erkenntniskomplexe als Einheiten in Differenz. Diese Konzeption ist Voraussetzung für Kommunikationsfreiheit und Selbstdarstellung gegenüber dem Gesellschaftsganzen als operatives Abgrenzen (differenzieren).[824] Die Einheit (Identität) von Kommunikationssystemen ist kontingent, soll heißen, sie ist auch anders möglich. Denn es gibt weder Mechanismen noch Instanzen, die in die Lage versetzen, Kommunikationssysteme fix und fertig zu bestimmen. Es sind Horizonte der Orientierung, vor denen Kommunikationssysteme immer wieder gedacht werden und teilweise operieren. In Ermangelung von Alternativen orientieren sich alle Navigatoren am Horizont, im Sinne von Husserls Lehre des *Endloshorizontes*. Der Endloshorizont verschiebt sich bei jeder Annäherung und alles, was sich ereignen kann, kann sich nur vor dem Horizont ereignen – nicht dahinter, nicht „beyond the (blue) horizon".

Organisationen werden durch Kommunikationen vollzogen, genauer gesagt: durch kommunikatives Entscheiden. Dazu bilden *Arbeitsorganisationen*, zum Beispiel Redaktionen oder Agenturen, vorab eigene Entscheidungsprogramme auf zwei Ebenen. (1) In Orientierung an Wettbewerbslagen der Märkte werden „politische Grundhaltungen" oder „redaktionelle Linien" gewählt.[825] (2) Innerorganisatorisch werden für das situative Entscheiden unterschiedlich strukturierte Entscheidungsprogramme festgelegt und angewandt.[826] ‚Grundhaltungen' oder ‚Linien' von sozialen Arbeitsorganisationen werden selten öffentlich manifestiert. Innerorganisatorisch praktizierte Entscheidungsprogramme werden von den neuen Organisationsmitgliedern gelernt, die künftig danach entscheiden. *Berufsorganisationen*, die in Sachen Berufsethik entscheiden, verfügen über andere Entscheidungsprogramme (Ehrenkodices) als Arbeitsorganisationen. Ehrenkodices werden nicht ausdrücklich von Verfassungstexten, auch nicht von Texten wissenschaftlich-philosophischer Ethiktheorien geleitet. Ehrenkodices stützen sich in erster Linie auf Satzungen, Mehrheitsbeschlüsse berufsorganisatorischer

---

[823] Rühl: Journalismus und Gesellschaft, 1980; Ronneberger/Rühl: Theorie der Public Relations, 1992.

[824] Zur Operationalisierung siehe Kapitel 4.2.

[825] Schönbach: Nachricht und Meinung 1977: 131; Rühl: Journalismus und Gesellschaft, 1980: 414.

[826] Altmeppen: Redaktionen, 1999; Blöbaum: Organisationen, Programme und Rollen, 2004; Rühl: Zeitungsredaktion, 1969: Kap. 6.6.

Kommissionen und auf Richtlinien früherer Ehrenkodices.[827] Dergestalt sollen Ehrenkodices für die laufende berufsverbandliche Kontrollarbeit brauchbar sein.

Unbestritten ist, dass organisationsförmiges und marktförmiges Entscheiden Geld, Kredite und Zeit kosten. Diese Ressourcen, deren Knappheit gesellschaftlich bestimmt wird, reichen nicht aus. Kommunikationswissenschaftliche Entscheidungen kosten mehr als Geld, Kredite und Zeit. Kommunikationskosten sind mit weiteren Kommunikationsressourcen zu bezahlen, mit durchsetzungsfähigen Themen, sinnmachenden Informationen, erwerbsberuflicher Arbeit, laienhaftem Bescheidwissen, Erfahrungswissen der Experten und wissenschaftliches Wissen, öffentlicher Aufmerksamkeit, verbindlichem Recht, konsensfähiger Moral, öffentlichem und persönlichem Vertrauen, und funktionierenden Konventionen (Takt, Lächeln, Höflichkeit, Dank). Kommunikationsressourcen stehen nicht in beliebigen Mengen zur Verfügung und ihr Preis ist abhängig von gesellschaftlichen Bedingungen.[828]

Will die Kommunikationswissenschaft einer freien Gesellschaft sich selbst darstellen, dann ist zu fragen, von welchem Selbst ist die Rede? Traditionell machen es sich Einzelne zur Aufgabe, aus bestimmten Perspektiven ihr Fach reflexionstheoretisch zu beschreiben. 1970 versammelte die Vorsitzende der Deutschen Gesellschaft für Publizistik- und Zeitungswissenschaft (DGPuZ) Elisabeth Noelle-Neumann Beiträge aus den damals wenigen ‚Instituten' in der *Dokumentation 1970*, die als Selbstdarstellung ‚des Faches' gelesen werden sollte.[829] Im Jahr 2001 kam in der Deutschen Gesellschaft für Publizistik- und Kommunikationswissenschaft (DGPuK) eine neue Selbstdarstellung zustande, unter dem Titel: *Die Mediengesellschaft und ihre Wissenschaft. Herausforderungen für die Kommunikations- und Medienwissenschaft als akademische Disziplin.*[830] In einer Wissenschaft gibt es unterschiedliche normaltheoretische, erkenntnis- und methodentheoretische Perspektiven, Tendenzen, Richtungen und Schulen. Die Selbstdarstellung der Kommunikationswissenschaft läuft deshalb auf Theorievergleiche hinaus, die Selbstdarstellung einer Wissenschaftsorganisation wie der DGPuK auf einen Vereinskompromiss durch Mehrheitsvoten.

---

[827] Avenarius: Ethische Normen der Public Relations, 1998; Rühl/Saxer: 25 Jahre Deutscher Presserat, 1981.
[828] Rühl: Markt und Journalismus, 1978; Theis-Berglmair: Aufmerksamkeit und Geld, 2000; Rühl: Organisatorischer Journalismus, 2002.
[829] DGPuZ: Publizistik – Zeitungswissenschaft 1970.
[830] DGPuK: Mediengesellschaft und ihre Wissenschaft, 2001.

„Even the dogs may eat of the crumbs which fall from the rich man's table;
and in these days, when the rich in knowledge eat such specialized food
at such separate tables,
only the dogs have a chance of a balanced diet."
Sir Geoffrey Vickers: The art of judgement. 1965: II.

8 Theoriekrise

Die eingangs rekonstruierte Theoriegeschichte mit dem Kommunikationsbegriff im Mittelpunkt,[831] dient der vereinheitlichten Weiterbearbeitung künftiger Probleme der Kommunikationswissenschaft. Im Unterschied dazu sucht die klassische Zeitungswissenschaft mit der historisierend-hermeneutischen Methode nach Zeitungen als realen *Gegenständen* bzw. *Gegenstandsarten*. Sie werden unterschieden, bezeichnet, klassifiziert, definiert und als Zeitungen verglichen. Zeitungswissenschaftler gehen von ontologischen Seinsweisen ‚der Zeitung' aus, die vom Wesen ‚der Nicht-Zeitung' unterschieden wird. Erkenntnisgewinn? Unbekannt. Anders die deutschsprechende Kommunikationswissenschaft. Sie orientiert sich in der Regel am sozialwissenschaftlichen Theorienpluralismus. Sie beabsichtigt mit verschiedenen Methoden gesellschaftlich-kommunikative *Probleme* zu formulieren, zu bearbeiten und zu lösen.[832] Werden die Vorgehensweisen der Zeitungswissenschaftler als geisteswissenschaftlich und die der Kommunikationswissenschaftler als sozialwissenschaftliche charakterisiert, dann steckt dahinter, dass beide Richtungen nicht kompatible Theorien bilden.

Nach der Entmetaphysierung des wissenschaftlichen Denkens,[833] und mit zunehmender Funktionalisierung der Wissenschaften (von der Physik bis zu Public Relations),[834] erstarkt das Interesse in den Einzelwissenschaften, erkenntnis- und methodentheoretische Probleme selbst in die Hand zu nehmen. Das Aggregieren neuer Daten allein kann das Kommunikationswissen nicht vermehren. Datenermittlungen werden in der Kommunikationswissenschaft von der Wahl inkongruenter Perspektiven veranlasst. Die Ergebnisse können bisheriges Kommunikationswissen überholen. „Das empirische Denken ist klar erst im nachhinein", denn „man erkennt *gegen* ein früheres Wissen."[835] Die Forschungsergebnisse von gestern werden zu Bedingungen für neue Forschungsvorhaben. Tradiertes Kommunikationswissen wird in Formen von Theorien in sozialen Gedächtnissen (Bibliotheken Archive, Labors, Museen) bewahrt und gepflegt, überwiegend in Texteinheiten (Monographien, Lexika, Zeitschriften, Dateien,

---

[831] Siehe Kapitel 1.
[832] Siehe Kapitel 5.
[833] Siehe Kapitel 5.1.
[834] Siehe Kapitel 5.7.
[835] Bachelard: Bildung des wissenschaftlichen Geistes, 1978: 46 (H.i.O.)

Akten). Personalsysteme erinnern, lesen und vergegenwärtigen vertextetes Kommunikationswissen, wenn sie neue Forschungsfragen bearbeiten, variieren, rekonstruieren, zur Erneuerung bewahrter Theorien.

Der Arbeitsaufwand, den die Kommunikationskommunität ihren Grundbegriffen und Grundlagentheorien widmet, hält sich in bescheidenen Grenzen. Eine ‚praxisnahe' Lehre und Forschung sucht sich mit wissenschaftsfremden Berufsjargon und Modebegriffen zu behelfen, ja meint mitunter, ohne Theorien auskommen zu können. Es ist schon eine besondere Naivität, ohne Theorien erklären zu wollen. Diese Einstellung erinnert an tatsachentheoretische Positionen, die richtige, erfolgreiche Fakten, Fakten, Fakten anstreben, Mit reinen Faktizitätsbestrebungen provoziert man in den Sozialwissenschaften grundlagentheoretische Krisen.

Die diskutierten Strukturen, Operationen und Verfahren kommunikationswissenschaftlichen Erkennens[836] sollen helfen, die Kommunikationswissenschaft in ihrer weltgesellschaftlichen Geschlossenheit intern auszudifferenzieren. Als analysierende, synthetisierende und prognostizierende Sozialwissenschaft wählt die Kommunikationswissenschaft keine beliebigen Grundbegriffe. Werden Begriffstitel aus der Alltagssprache (Medien, Mitteilungen, Fernsehen, Public Relations, Organisation, Markt, SMS, Blogs usw.) übernommen, dann sind die Begriffe und die dazugehörigen Theorien auf ihre Wissenschaftsfähigkeit zu überprüfen. Eine kommunikationswissenschaftliche Begriffsprüfung hat der Kommunikationsbegriff Claude Shannons offenkundig nicht erfahren:

> „The fundamental problem of communication is that of reproducing at one point either exactly or approximately a message selected at another point. Frequently the messages have *meaning*; that is they refer to or are correlated according to some system with certain physical or conceptual entities. These semantic aspects of communication are irrelevant to the engineering problem."[837]

In der Kommunikationswissenschaft werden keine Mitteilungen physikalisch transportiert. Verstehen setzt voraus, dass ein Minimum an Sinn vorhanden ist, so dass mit einer gewissen Wahrscheinlichkeit Information sinnmachend rekonstruiert werden kann. Sinn steht im Zentrum der Kommunikationsanalyse.[838] Was im Shannon-Modell transportiert wird sind Signale und andere technische Medien. Können Medien und Technik kommunikationswissenschaftlich nicht sinnmachend umgerüstet werden, steht eine Theoriekrise ins Haus.[839]

Theoriekrisen sind in den Wissenschaften weder neu, noch müssen sie abträglich wirken. Im Gegenteil. Paradigmenwechsel haben in der Wissenschaftsgeschichte oft zu Fortschritten geführt. Sprechen Physiker von Theoriekrisen,

---

[836] Siehe Kapiteln 3 bis 5.
[837] Shannon/Weaver: The mathematical theory, 1976: 31 (H.i.O.)
[838] Luhmann: Sinn, 1971; Weick: Sensemaking, 1995.
[839] Rühl: Medien (alias Mittel), 2000; Rühl: Technik und ihre publizistische Karriere, 2000.

dann gehen sie von einer fundamentalen Natur aus, die im 20. Jahrhundert durch Relativitätstheorie, Quantenphysik und Stringtheorie nicht nur das Bild der Physik, vielmehr die Weltsichten der Menschheit verändert haben. Die Sozialwissenschaften verfügen über kein mit ‚der Natur' vergleichbares Fundament. Wird in den Sozialwissenschaften eine Theoriekrise konstatiert, dann kann das Fehlen einer facheinheitlichen Theorie gemeint sein. Denn „eine im Ganzen recht erfolgreiche empirische Forschung hat unser Wissen vermehrt, hat aber nicht zur Bildung einer facheinheitlichen Theorie geführt."[840]

Theoriekrise ist ein autologischer, ein auf sich selbst angewandter Begriff. Eine kommunikationswissenschaftliche Theoriekrise bezieht sich auf das Wissenschaftsgesamtsystem. Beim Studium der menschlichen Kommunikation dreht sich alles um thematisierte, sinnmachend-informierende Äußerungen. Wird für das Wissenschaftsgesamtsystem als Funktion die Unterscheidung zwischen *wahren* und *unwahren* Sätzen vorgeschlagen,[841] dann empfehlen wir für die Kommunikationswissenschaft als spezielle Funktion die *Emergenz des Kommunikationswissens*.[842] Funktional gerüstet können erkenntnistheoretische Grenzen zwischen problematisierten Kommunikationssystemen und weltgesellschaftlichen Mitwelten gezogen werden.[843] Die Kommunikationswissenschaft steht in Referenz zu bestimmten weltgesellschaftlichen Mitwelten, zu anderen Einzelwissenschaften und zu Funktionssystemen wie Erziehung, Familie, Politik, Wirtschaft, Religion und weiteren. Systemintern wird ein hoher Grad an Autonomie angestrebt, vor allem Ausdifferenzierung auf den Ebenen Organisation und Markt. Zur variablen Erledigung *organisatorischer Aufgaben* und *marktförmiger Leistungen* beim Überführen unbestimmter in bestimmte Kommunikation können sich Kommunikationswissenschaftler auf Systemrationalität, Normativität und Faktizität stützen, die vernetzt vorkommen.[844]

Wie dargestellt dominiert in der zweiten Jahrhunderthälfte der Kritische Rationalismus als Erkenntnishilfe und die Sozialtechnologie [piecemeal social engineering] mit den empirischen Sozialforschungstechniken Befragung, Inhaltsanalyse, soziales Experiment, teilnehmende Beobachtung und Gruppendiskussion als Kontrollinstanzen. Einzelne Aspekte des Kritischen Rationalismus werden in der Kommunikationswissenschaft aufgegriffen,[845] für die Projektforschung werden die handlungs- und verhaltenstheoretischen Techniken Umfrageforschung und Inhaltsanalyse bevorzugt. Dabei fehlt dem Kritischen Rationalismus Karl Poppers eine gesellschaftspolitische Programmatik,[846] während Sprachverständigung von Popper durchaus

---

[840] Luhmann: Soziale Systeme, 1984: 7.

[841] Luhmann: Wissenschaft der Gesellschaft, 1992: 133.

[842] Rühl: Globalisierung der Kommunikationswissenschaft, 2006: 351.

[843] Ebenda: 362-363.

[844] Rühl: Europäische Public Relations, 1994.

[845] Zur Diskussion Neuberger: Journalismus als Problembearbeitung, 1996: bes. Kapitel 6.

[846] Spinner: Pluralismus als Erkenntnismodell, 1974: 230.

problematisiert wird.[847] Nahegelegen hätte, die Verständigungsthesen Poppers mit den Habermasschen Vorstellungen von Verständigung zu vergleichen. Der Kommunikationskonzeption von Jürgen Habermas wohnt eine Norm inne, wonach aus Kommunikation eine (demokratische) Verständigung herzuleiten ist.[848] Ein solch normatives Denken ist der Popperischen Sozialphilosophie fremd.[849]

In der kommunikationswissenschaftlichen Journalismusforschung werden mit Journalistenkonzepten Erkenntnishindernis wiederbelebt. Wird die Systemrationalität Luhmanns ‚verabschiedet' und der Homo oeconomicus Schumpeters willkommen geheißen,[850] dann ist zu erinnern, dass Schumpeter den Homo oeconomicus als Idealtypus für die Untersuchung ‚des Unternehmers' gewählt hat, dem er „feldherrnmäßige Attribute" attestierte.[851] Der oben dargestellte Idealtypus wird heute als inoperabel abgelehnt,[852] und es sind keine Vergleiche zwischen Systemrationalität und Homo oeconomicus bekannt, die eine Revitalisierung des Letztgenannten befürworten würde. Werden Kommunikationssysteme von Lebenssystemen und Bewusstseinssystemen als distinkte operative Wirklichkeiten unterschieden, dann ist der Homo oeconomicus für die Bearbeitung kommunikationswissenschaftlicher Probleme so unbrauchbar wie die Fiktionsfigur Robinson Crusoe. Der gesellschaftlich vereinsamte Robinson konnte sich verhalten, er konnte sich kratzen wenn es juckte, und er konnte handeln, er konnte ein Floß planen und bauen, um die Insel zu verlassen. Kommunizieren konnte Robinson mit Freitag. Das Kommunikationssystem der Beiden wurde durch die englisch-christliche Kommunikationskultur des frühen 18. Jahrhunderts strukturiert, die Robinson einbrachte.

Werden ‚soziale Netzwerke'(wie *Facebook*) gekennzeichnet, dann sind daran zig Millionen körperlich abwesende Personalsysteme telekommunikativ beteiligt. An *Facebook* kann man allerdings keine sachlichen, sozialen und zeitlichen Kommunikationsfragen stellen. Kommunikationsproblemen in den Zusammenhängen Freiheit, Privatheit, Öffentlichkeit, Produktion. Logistik, Rezeption, Haushalt, Organisation, Markt, Recht, Moral, öffentliches Vertrauen, Glaubwürdigkeit, Globalisierung oder Digitalisierung kann theoretisch nicht nachgegangen werden. Behandeln Kommunikationswissenschaftler Medien, dann nicht auf der Basis von Kommunikation mit den Elementen Thema, Sinn Information und Äußerungsformen. Die Kommunikationswissenschaft ist im deutschsprechenden Raum seit Jahren damit beschäftigt, zwischen den Erkennt-

---

[847] Popper: Objektive Erkenntnis, 1974.

[848] Siehe Kapitel 1.6.1

[849] Popper: Das Elend des Historizismus, 2003.

[850] Ruß-Mohl: Arrivederci Luhmann, 1997.

[851] Schumpeter: Kapitalismus, Sozialismus, Demokratie, 1975: 217. Eingehend dazu Jaeger: Unternehmer, 1990.

[852] Siehe Kapitel 3.3.

nisweisen des ‚Konstruktivismus' und des ‚Realismus' zu unterscheiden, weit weniger mit Kommunikationsproblemen.[853]

Die beliebte Frage: „Und was nützt das Ganze in der Praxis?" wird durch häufige Wiederholung nicht wissenschaftsfähig. Einer Wissenschaft, die ihre Möglichkeiten und Grenzen nicht selbst hinterfragt und die vermeint, „Praxis" sei eine Wirklichkeit sui generis, der wird entgehen, dass „praxisnahe Forschung" dazu neigt, nur noch kongruente Fragen zu stellen, Praktikerfragen, die jeden einleuchten. Dabei wird übersehen, dass wissenschaftlich erarbeitetes Kommunikationswissen schon immer Anwendungswissen [applied knowledge] war. Wer fragt, wie „das Fernsehen" wirkt, wählt zunächst einen plausiblen, wissenschaftlich inoperablen Begriff. Behauptet ein Kommunikationswissenschaftler, seine Disziplin interessiere sich nur für Wirkungen, dann ist „er in seinem Fache ein Ignorant",[854] der Kommunikation versimpelt.

Systemreflexion, Methodik und Anwendung sind in der Kommunikationswissenschaft auf sehr komplizierte Weise miteinander verzahnt. Verkürzte Studienzeiten sind ungeeignet, Studierende für jene Forschung zu qualifizieren, die in Zukunft jede Art von Praxis bestimmen soll, nicht nur die an Hochschulen. Das Erneuern von Theorien kann durch Anschlusssuche an bewahrtes Kommunikationswissen gelingen. Das bevorratete Kommunikationswissen ist zunächst aufzubrechen (sprich: zu analysieren) und zu rekonstruieren (sprich: zu synthetisieren), bevor Texte, Bilder, Metaphern, Modelle, Rollen, Stellen, Normen, Werte und Entscheidungsprogramme in Beziehung zueinander gesetzt werden können.[855] Kommunikationswissenschaftler müssen vor allem lesen, wenn sie beobachten, wenn sie sinnmachende Informationen thematisierter Mitteilungen unterscheiden wollen. Mit mikroperspektivisch angelegten Datenaggregationen können schnelle Ergebnisse, keine kommunikationswissenschaftlichen Erkenntnisse erzielt werden. Über die Verhältnisse zwischen Erkenntnistheorien des Konstruktivismus und den Methodentheorien der empirisch-neopositivistischen Forschungstechniken, wird zu diskutieren begonnen.[856] Daten aus der Datenbank belegen selten ihre theoretische Herkunft. Sie sind außer Stande, für sich selbst zu sprechen. Werden Daten durch eine zeichentheoretische Inhaltsanalyse reproduziert, dann bleibt offen, ob sie semantisch gleichsinnig sein können.[857]

Wissenschaftsfähige Theorien [researchable theories] können als geplante Forschungsprogramme für die Bearbeitung und Lösung kommunikationswissen-

---

[853] Löffelholz/Quandt: Kommunikationswissenschaft, 2003; Scholl: Systemtheorie und Konstruktivismus, 2002.

[854] Kant: Gemeinspruch, 1968: A 204.

[855] Krippendorff: Values, modes and domains. 1969; Krippendorff: Ethics of constructing communication, 1989.

[856] Loosen/Scholl/Woelke: Systemtheoretische Methodologie, 2002.

[857] Gerbner: Content analysis and critical research, 1958.

schaftlicher Gegenwarts- und Zukunftsprobleme brauchbar sein.[858] Der Hinweis auf ihre Herkunft von Nestoren, Gründervätern oder Prominenten ist zunächst ‚name-dropping' und ‚term-dropping', kein Versprechen von Erkenntnisgewinn. Theorien können als ‚Klassiker' bezeichnet werden, wenn sie noch gelten, wenn sie noch nicht überholt sind, wenn es der Kommunikationskommunität noch nicht gelungen ist, bessere, sprich: brauchbarere Lösungen durchzusetzen. Klassische Texte zu testen setzt voraus, dass sie der laufenden Wissenschaftsdiskussion zugänglich sind, dass sie gegebenenfalls erneut ediert werden, um prüfen zu können, ob die Ideen, Einsichten, Gedanken, Orientierungen, Paradigmen, Erkenntnisse und Verfahrensweisen eventuell wieder zu verwenden sind.

---

[858] Rühl: Programmatik von Lehrprogrammen, 1995: 300.

9 Schlüsseltheorien

Seit den 1930er Jahren ist in den Sozialwissenschaften der Aufbau und Ausbau eigener Reflexionstheorien zu beobachten.[859] Damit wird die Abhängigkeit von der Philosophie zurückgedrängt, als Allzuständige in Sachen Erkenntnis- und Methodentheorien. In den Sozialwissenschaften gibt zunächst Robert K. Merton den Ton an, dessen Grundlegung für eine *Wissenschaftssoziologie* über die Soziologie hinaus viel Anklang findet.[860] Reflexionstheoretische Neuerungen werden im Zusammenhang mit der Arbeit an einzelwissenschaftlichen Normaltheorien in Büro und Bibliothek entwickelt, wobei Systemtheorie, Kybernetik- und Kommunikationstheorie die Eckpfeiler einer sozialwissenschaftlichen Interdisziplinarität werden. Die deutschsprechende Kommunikationswissenschaft arbeitet zunehmend mit der sozialempirischen Technologie, ohne so recht wahrzunehmen, dass die erkenntnis- und methodentheoretischen Grundlagen dafür aus der Zusammenarbeit zwischen Paul. F. Lazarsfeld und Robert K. Merton hervorgehen.[861] Viele ‚Empiriker' bekennen sich zum Kritischen Rationalismus, in der Annahme, ihre operativen Entscheidungen in der Alltagsforschung seien dadurch abgesegnet. Schließlich verfahren alle so.

Wissenschaften metatheoretisch zu reflektieren beginnt mit den ‚Kritiken' Immanuel Kants.[862] Von nun an werden einzelwissenschaftliche Normaltheorien bewusst erkenntnistheoretisch konzipiert und methodentheoretisch kontrolliert. Zur Steigerung der Erkenntniskraft des Wissens werden Theoriearchitekturen entworfen. Als Franz Ronneberger im deutschen Sprachraum die empirisch-theoretische Arbeit am Kommunikationswissen aufnimmt tut er dies mithilfe der strukturell-funktionalen Konzeptionen Robert K. Mertons und Karl W. Deutschs.[863] Für die verschiedenen Ebenen der Kommunikation/Gesellschafts-Verhältnisse erweisen sich die standardisierten Forschungstechniken mit ihrer behavioristischen Herkunft als nicht sonderlich geeignet. Angemessenere methodische Vorgehensweisen werden – jedenfalls in großem Stil – selten ausprobiert.

Viele Kommunikationswissenschaftler setzen die empirische Projektforschung gleich mit der kommunikationswissenschaftlichen Forschung. Jedenfalls überwiegen derart dogmatisierte Forschungsentwürfe, wird um Drittmittelfinanzierung nachgesucht. Selten werden inkongruente Forschungsperspektiven gewählt. Das Erheben ‚eigener' Daten gilt als besonders wissenschaftlich. Diese Art von

---

[859] Siehe Kapitel 1.6.
[860] Merton: Science and the social order, 1937; Merton: Wissenschaft und demokratische Sozialstruktur, 1972.
[861] Lazarsfeld: Mit Merton arbeiten, 1981.
[862] Kant: Kritik der reinen Vernunft, 1968; Kant: Kritik der praktischen Vernunft, 1968; Kant: Kritik der Urteilskraft, 1968.
[863] Siehe Kapitel 1.8.

‚Empirik' hat quantitativ die Methoden Hermeneutik und Dialektik verdrängt, ohne methodologische Begründung und ohne deren Beziehungen zu kommunikationswissenschaftlichen Problemen abzuwägen und zu reflektieren.

Wer Kommunikationswissenschaft verstehen und erklären will, darf auf keine „Theorie aus einem Guss" hoffen. Hypothetische Theorien sind keine Abschlussergebnisse. Sie eröffnen als Programme neue Forschungen. Die funktional-systemtheoretische Bearbeitung theoretisch bewahrten Kommunikationswissens hat grundlagentheoretisch viel vom Werk Niklas Luhmanns profitiert. Theorien, die eine Disziplin übergreifen,[864] nennt Luhmann leicht ironisch „Supertheorien". Wir übernehmen den Begriff, wählen als Begriffstitel jedoch *Schlüsseltheorien*. Ihnen wird zugetraut, auf allen Ebenen der Analyse und der Synthese kommunikationswissenschaftliche Probleme sinngebend [sensemaking] zu identifizieren und zu bearbeiten.[865] Mit der Öffnungskraft [opening power] funktional-vergleichender Schlüsseltheorien kann man die Kommunikationswissenschaft auf die Bearbeitung von Kommunikationsproblemen vorbereiten, die heute noch nicht ‚konkret' bewusst gemacht und deshalb noch nicht beim Namen genannt werden können.

Geht die Publizistikwissenschaft von Gesinnung, Weltanschauung oder Ideologien aus,[866] dann werden künftige Forschungen auf vorbestimmte epistemische und methodische Gleise gestellt. Gegenstände oder Gegenstandsarten werden wesensontologisch eingeschätzt, die vorschreiben, was ‚wirklich ist'. Kommunikationswissenschaftliche Schlüsseltheorien sollen ermöglichen, Kommunikationssysteme über Disziplingrenzen hinweg funktional vergleichend als gesellschaftliche Netzwerke zu beobachten. Kommunikationswissenschaftler sind nicht auf Gesinnung, Weltanschauung, Parteipolitik oder auf Ideologien festzulegen. Die Kommunikation der Menschheit ist an keinen archimedischen Ausgangspunkt zu verankern. Schlüsseltheorien reklamieren keine exklusiven, ultimativen, nicht-kontingente Wahrheiten, und es gibt keine erschöpfende Zahl davon. Wenn wir *Kommunikationskulturen der Weltgesellschaft* mithilfe einer System/Mitwelt-Theorie und der funktional-vergleichenden Methode diskutieren, dann sind Familien, Organisationen, Märkte, Publizistik, Politik, Wirtschaft, Privatheit oder Öffentlichkeit in Vergangenheit und Zukunft keine Gegebenheiten. Sie und andere können als Schlüsseltheorien die Lehr- und Forschungshorizonte der Kommunikationswissenschaft näher bestimmen und die Forschungen aufeinander zuordnen.

Schlüsseltheorien dienen der Überbrückung immer wiederkehrender Widersprüche zwischen Normal-, Erkenntnis- und Methodentheorien. Eine Theorie der Kommunikationswissenschaft kann den Komplexitäten der Welt nur gerecht

---

[864] Luhmann: Soziale Systeme, 1984: 19.
[865] Luhmann: Sinn, 1971; Weick: Sensemaking, 1995.
[866] Siehe Kapitel 3.3.

werden, wenn sie selbst ziemlich komplex angelegt ist. Die Gedankenführung verläuft über Auswahlen bewahrter Kommunikationskulturen der Menschheit, die als Systemeinheiten in Differenz zu weltgesellschaftlichen Mitwelten beobachtet werden. Eine solche Theorienarchitektur erfordert langfristig eine vielfältig institutionalisierte, personell gut gesicherte Einzelforschung. Die damit verbundene unerlässliche Kleinarbeitung durch Analyse, Synthese und Prognose kann hier und jetzt nicht vorweggenommen werden.

9.1 System/Mitwelt-Theorie und funktional-vergleichende Methode

System/Mitwelt-Theorie als Erkenntnistheorie und funktional-vergleichende Methode [Äquivalenzfunktionalismus] haben als Reflexionstheorien wissenschaftshistorische Vorfahren. *Systema* heißt der klassische Systembegriff der Vorsokratiker, eine nach innen gerichtete Ganzes/Teile-Beziehung. Immanuel Kant kennzeichnet seine synthetisierende Systemtheorie als vereinheitlichende Architektur, die unterscheidbare Erfahrungen durch eine Funktion zusammenhält.[867] Ein vielfältiges, wenn auch unklares Systemverständnis floriert in der sozialpolitischen Sprache der industriellen Revolution, wo die Bezeichnungen Herrschaftssystem, Kreditsystem, Steuersystem, Verwaltungssystem, Verkehrssystem oder Fabriksystem üblich werden.

Systemvorstellungen erlangen in der Parsons-Mertonschen Soziologie eine Schlüsselstellung, in der Kommunikationswissenschaft im Zusammenhang mit der Orientierung an der frühen Kybernetik.[868] Talcott Parsons versucht Probleme des Handelns durch die Bildung strukturell-funktionaler Systeme zu lösen.[869] Mit der Kybernetik erster Ordnung wird ein erkenntnistheoretischer Systemansatz verbunden, eine planende Theorie beobachteter Systeme [observed systems], die an Maschinen und Organismen exemplifiziert wird,[870] zur Reduktion von Umwelt-komplexität.[871] In den deutschsprechenden Sozialwissenschaften gibt es wenige Versuche, die Kybernetik erster Ordnung zur Erklärung sozialer Kommunikationssysteme zu aktivieren.[872] Mit der Kybernetik zweiter Ordnung

[867] Kant: Kritik der reinen Vernunft, 1968.
[868] Buckley: Modern systems research, 1969; Rühl: Systemdenken und Kommunikationswissenschaft, 1969; Saxer: Systemtheorie 1992.
[869] Parsons: Zur Theorie sozialer Systeme 1976; Parsons: Theorie der sozialen Interaktionsmedien, 1980.
[870] Wieser: Organismen, Strukturen Maschinen, 1959.
[871] Ashby: Design for a brain, 1966; Ashby: Kybernetik, 1974.
[872] Reimann: Kommunikations-Systeme, 1974. Dazu Rühl: Reimann, Kommunikations-Systeme, 2002.

als Theorie sich selbst beobachtender Systeme [theory of observing systems][873] wird auf die Weltgesellschaft als Letzthorizont Bezug genommen.[874]

Ganzheitsvorstellungen waren die Bezugseinheiten, als sich vor einem Jahrhundert das Funktionsdenken als Methode für die Wissenschaften durchzusetzen begann.[875] Praktiziert wird es in der Ethnologie,[876] Soziologie,[877] Politikwissenschaft[878] und mit soziologischen Anschlüssen in der Kommunikationswissenschaft.[879] Der *teleologische Funktionalismus* wird für die Kommunikationswissenschaft „the major leitmotif",[880] überwiegend als Zweck/Mittel-Schema. Es werden bestimmte Mittel ausgewählt, die als Leistungen oder Aufgaben für gesetzte Zwecke in Gesamtsystemen wie Gesellschaft oder Massenkommunikation wirken.[881] Die Methode des *teleologischen Funktionalismus* wird namentlich von Robert K. Merton ausgebaut.[882] Im deutschsprechenden Raum bevorzugt Franz Ronneberger in der Massenkommunikationsforschung den teleologischen Funktionalismus.[883] Werden Mittel für direkte *Öffnungsvorgänge* [*opening processes*] gesucht, dann liegt nahe, einen bestimmten Schlüssel zu konzipieren, der zum Zweck des Öffnens in ein bestimmtes Schloss passt.

Im Unterschied zum teleologischen Funktionalismus orientiert sich die Theorietechnik der *funktional-vergleichenden Analyse* an bereits gelösten Problemen, wenn nach funktionalen Äquivalenten gefragt wird. Die funktional-vergleichende Analyse wird komplementär zur System/Umwelt-Theorie eingesetzt. Aus *inkongruenten Perspektiven* wird Bekanntes und Vertrautes beobachtet, um sie mit Neuem vergleichen zu können.[884] Als *Funktion*, mit der die Kommunikationswissenschaft weltgesellschaftlich ausdifferenziert und von anderen Wissenschaften unterschieden (nicht getrennt!) werden kann, haben wir die *Emer-*

[873] Foerster: Cybernetics of cybernetics, 1982; Maturana: Erkennen, 1985; Pörksen: Abschied vom Absoluten, 2001; Maturana/Pörksen: Vom Sein zum Tun, 2002.

[874] Luhmann: Die Gesellschaft der Gesellschaft, 1997.

[875] Cassirer: Substanzbegriff und Funktionsbegriff, 1990; March: Das neue Denken, 1957.

[876] Radcliffe-Brown: On the concept, 1935/1952; Malinowski: Group and individual, 1939.

[877] Durkheim: Über die Teilung, 1893/1977; Parsons: Zur Theorie sozialer Systeme 1976; Merton: Social theory and social structure, 1957.

[878] Deutsch: Politische Kybernetik, 1969.

[879] Wright: Mass communication, 1959/1986; Ronneberger: Massenkommunikationsmittel, 1964/1974.

[880] Kline: Theory of mass communication, 1972.

[881] Lasswell: Structure and function, 1948; Merton: Manifest and latent functions, 1957; Wright: Functional analysis and mass communication revisited, 1974; Ronneberger: Sozialisation durch Massenkommunikation, 1971.

[882] Merton: Manifest and latent functions, 1957 :19–84.

[883] Ronneberger: Sozialisation durch Massenkommunikation, 1971; Ronneberger: Politische Funktionen, 1964/1974.

[884] Luhmann: Funktionale Methode und Systemtheorie, 1964; Burke: Perspectives by incongruity, 1964.

genz des Kommunikationswissens vorgeschlagen.[885] Die funktional-vergleich-ende Methode abstrahiert *Öffnungskräfte [opening powers]*. Im Fall des teleolo-gischen Funktionalismus geht es darum, das einzig richtige Mittel verfügbar zu haben, den ‚passenden' Schlüssel, damit dieser (und kein anderer) ein bestimmtes Schloss aufschließen kann. Im Fall des Äquivalenzfunktionalismus geht es um alternative Öffnungskräfte.[886] Die konkreten Schlüssel/Schloss-*Öff-nungsvorgänge* des teleologischen Funktionalismus erinnern an Riegel/Gatter-Beziehungen an Weidezäunen oder an elektronisch-mechanische Sicherungs-kombinationen im Banktresor. Sind *Öffnungskräfte* in der Humankommuni-kation zu benennen, dann können die Prozesse beim Stillen eines Säuglings mit denen beim Lesen einer Zeitung verglichen werden.[887]

Wird in der Kommunikationswissenschaft Anschluss gesucht an bekannte Technik-, Medien-, Organisations- oder Markttheorien,[888] dann wird eine funk-tional-vergleichende Bearbeitung auf der Basis von Kommunikationstheorien angestrebt. Unser Kommunikationswissen kann nicht neu erfunden, aber stets verbessert werden, durch Analyse emergierender Kommunikationskulturen im weltgesellschaftlichen Wandel. Für die Erklärung tatsächlich vernetzter Kom-munikationssysteme eignen sich keine kausalistischen Modelle, weder Ein-Weg-Modelle noch Zwei-Weg-Modelle.[889] Spezifische Sach-, Sozial- und Zeitverhält-nisse von Kommunikationsproblemen können system(mitwelt)theoretisch re-konstruiert und funktional-vergleichend kontrolliert werden. Eine Theorie der Kommunikationswissenschaft setzt für die funktional vergleichende Methode ein Bezugsproblem voraus, das mehrfach und unterschiedlich, nämlich funktional äquivalent gelöst werden kann. Diese funktionalen Alternativen lassen sich untereinander vergleichen und gegebenenfalls in gewissen Umfängen für einander substituieren. Derart erkenntnis- und methodentheoretisch gerüstet kann von Fall zu Fall dem sozialwissenschaftlichen Theorienpluralismus mit fallspezifischen Selektionen und Variationen begegnet werden. Die Kommuni-kationswissenschaft kann Problemverhältnisse vom Zustand der Hyperkom-plexität in eine transparentere Komplexität transformieren, unterschiedlich auf Organisations-, Markt- und Gesellschaftsebenen.

Als Sondersystem der Weltgesellschaft erfüllt die Kommunikationswissenschaft ihre eigene Funktion in Verbindung mit vielen weltgesellschaftlichen Referen-zen – in keinem Fall mit allen. Durch Reflexion und Orientierung an einer eige-nen Identität und Kontinuität bezieht sich die Kommunikationswissenschaft auf weltgesellschaftliche Referenzsysteme, auf Beziehungen, die sie benötigt, damit

---

[885] Rühl: Allgemeine Kommunikationswissenschaft, 2004.
[886] MacKay: Information, mechanism, and meaning, 1969: 105-119.
[887] Rühl: Zeitungslesen, 2002.
[888] Rühl: Medien (alias Mittel), 2000; Rühl: Technik und ihre publizistische Karriere, 2000; Rühl: Marktpublizistik, 1993; Rühl: Organisatorischer Journalismus, 2002.
[889] Grunig/ Hunt: Managing public relations, 1984: Kapitel 2.

im Rahmen ihrer Funktion erneuerbares Kommunikationswissen erbracht werden kann. Gewiss, innerhalb der Sozialwissenschaften sind Verlagerungen des Kommunikationswissens möglich. Aber Soziologie, Politik-, Wirtschafts- oder Verwaltungswissenschaften sind eigens ausdifferenzierte Funktionssysteme, die die Kommunikationswissenschaft nicht ersetzen können – und umgekehrt.

9.2 Kommunikationskulturelles Wissen

Die wissenschaftliche Beobachtung der Humankommunikation kennt keinen Nullpunkt. Ausgangsmaterial für den Bau und den Umbau der Kommunikationswissenschaft ist das bewahrte kommunikationskulturelle Wissen. Angesichts der fortgeschrittenen theoretisch-disziplinären Spezialisierung von Einzelwissenschaften (Biologie, Psychologie, Soziologie, Politik-, Technik- oder Wirtschaftswissenschaften) ist keine Möglichkeit in Sicht, zusammen mit der Kommunikationswissenschaft eine einheitliche ‚Menschenwissenschaft' [‚science de l'homme'] zu bilden.

Die Beobachtung, dass Sokrates, Platon und Aristoteles eine einheitliche Kommunikationskultur in Differenz zu späteren Kommunikationskulturen geschaffen haben, widerspricht traditionellen Vorstellungen, dass es schöpferisch einmalig Begabte sind, die in ihrer Lebensgeschichte das jeweilige Kommunikationswissen rekonstruieren, um es hermeneutisch-introspektiv durch Definition und Interpretation zu bestimmen. Diese Position übersieht die weltgesellschaftliche Emergenz der Kommunikationswissenschaft als Funktionssystem in Relation zu anderen Wissenschaften, auch zu Recht, Ethik, Nation, Region, Wirtschaft, Erziehung, Politik, Religion, Kunst und weiterer weltgesellschaftlichen Teilbereichen. Kein gesellschaftlicher Teilbereich bleibt stehen. Sie erfüllen spezifische Funktionen, die nicht ohne weiteres auf die Funktion der emergierenden Kommunikationswissenschaft übertragen werden kann – und umgekehrt.

In diesem weltgesellschaftlichen Sinne bearbeiten Hugo Grotius Krieg und Frieden[890] und Christian Thomasius die Begriffstrias Mensch, Kommunikation und Gesellschaft.[891] Francis Bacon empirisiert die Wissenschaft grundsätzlich,[892] Thomas Hobbes unterscheidet in seiner wissenschaftsfähigen Gesellschaftstheorie nach ‚natürlichen' Einheiten, den Familien, und nach ‚künstlichen' Einheiten, den Kooperationen Zünften, Handelsgesellschaften und Gemeinden, die auf vertragsrechtlichem Eigentum gründen.[893] Die im 18. Jahrhundert entstehenden Wissenschaften vom Sozialen haben oft verborgene Bezüge zur Kommuni-

---

[890] Grotius: Recht des Krieges und des Friedens, 1950.
[891] Thomasius: Einleitung zur SittenLehre, 1995.
[892] Bacon: Advancement of learning, 1973.
[893] Hobbes: Leviathan, 1966

kation.[894] Ausgehend von Kommunikation und Handeln entwirft Adam Smith eine praktisch-realistische Theorie der Politischen Ökonomie für die Wirtschafts- oder Bürgergesellschaft (commercial society oder civilized society),[895] die unabhängig vom Staat über Märkte räsoniert.[896] Immanuel Kants Entwurf einer *bürgerlichen Gesellschaft* als Systemmodell vergesellschaftet Einzelmenschen, soll als Miteinander *und* Gegeneinander, als Vereinigung *und* Vereinzelung und in Freiheit, Gleichheit *und* Selbständigkeit funktionieren.[897] Im 20. Jahrhundert vertritt Immanuel Wallerstein eine marxistisch-ökonomische Weltsystemtheorie.[898] Talcott Parsons und Niklas Luhmann rekonstruieren aus der Soziologie heraus gesamthafte Weltgesellschaftstheorien.[899] Die Parsonssche besteht aus handelnden Individuen und strukturierten Handlungsuntersystemen, deren Probleme auf Ordnungsleistungen komplexer, empirisch zugänglicher Gesellschaftstheorien zurückgeführt werden können.[900] Luhmann entwirft eine empirisch wissenschaftsfähige Weltkommunikationsgesellschaft, für die Universalität auf allen Systemebenen beansprucht wird.[901]

Talcott Parsons und Niklas Luhmann postulieren, Einzelprobleme mittels der Erkenntnistechnik *inkongruenter Perspektiven* [*perspectives by incongruity*] formulieren, bearbeiten und hypothetisch lösen zu können.[902] Mit dieser Erkenntnistechnik operiert bereits Karl Marx in der Sozialtheorie Historischer Materialismus, der Kultur auf Möglichkeiten wirtschaftlicher Bedürfnisbefriedigung zurückführt. Sigmund Freud wählt ebenfalls eine inkongruente Perspektive, als er Träume als unbewusste Wünsche der Kommunikation des Alltags beobachtet. Historiker arbeiten schon immer inkongruent, wenn sie die Sprache ‚alter' Texte über Weltereignisse, Personen und Institutionen für die Gegenwart thematisieren und in die Sprache ihrer Zeit übertragen. Inkongruent beobachtet auch Robert E. Prutz, der Journalismus *und* Demokratie unter die Lupe nimmt, die er als zwei aufeinander bezogene Seiten eines Entwicklungsprodukts deutet.[903]

Mitte des 20. Jahrhunderts schlägt Harold D. Lasswell für die *Massenkommunikation* drei Funktionen vor: (1) *Umweltüberwachung* durch Informationssuche

---

[894] Siehe Rühl: Publizieren, 1999.

[895] Smith, A.: Wohlstand der Nationen, 1974; Smith, A.: Theorie ethischer Gefühle, 2004.

[896] Rühl: Publizieren, 1999: Kap. 9.

[897] Kant: Kritik der reinen Vernunft, 1968; Kant: Gemeinspruch, 1968; Kant: Metaphysik der Sitten, 1968.

[898] Wallerstein: Capitalist world-economy, 1980; Görke: Marxistische Weltsystemtheorien, 2005.

[899] Stichweh: Gesellschaftsbegriff bei Parsons und Luhmann, 2005.

[900] Parsons: Zur Theorie sozialer Systeme 1976; Parsons: Theorie der sozialen Interaktionsmedien 1980.

[901] Luhmann: Die Gesellschaft der Gesellschaft, 1997.

[902] Burke: Perspectives by incongruity, 1964.

[903] Prutz: Geschichte des deutschen Journalismus, 1971; Rühl: Publizieren, 1999: 162-167; Löffelholz: Heterogeneous – multidimensional – competing, 2008: 16.

[surveillance of the environment], (2) *Korrelation* zwischen Gesellschaftsbereichen in Reaktion auf die Umwelt [correlation of the different parts of society in response to environment], und (3) *Transmission* sozialer Werte und Normen von Generation zu Generation [transmission of the social heritage from one generation to the next].[904] Robert K. Merton unterscheidet mit Sigmund Freud *manifeste*, das sind beabsichtigte, von *latenten*, das sind unbeabsichtigte Funktionen, wenn er nach den Konsequenzen zweckhaft persuadierender Massenkommunikation fragt.[905] Franz Ronneberger differenziert Massenkommunikation als Kommunikationsform zur Sozialisation durch *soziale* und *politische* Funktionen.[906] Unsere am sozialwissenschaftlichen Theorienpluralismus orientierte *Journalismustheorie* rekombiniert Journalismus/Gesellschafts-Beziehungen *funktional vergleichend*, in Relationen zu Gegenwartsgesellschaft, Märkten und Organisationen.[907]

Kausalistische Wirkungs- und Nutzenforschungen nehmen sich nicht die Freiheit für inkongruente Kommunikation/Gesellschafts-Perspektiven. Wird das Lesen als Kulturtechnik studiert, primär als Buchlesen,[908] dann werden keine Vergleiche angeregt mit dem „bürgerlichen Zeitungslesen" in Kaspar Stielers Klugheitslehre für den Alltag mit dem „wissenschaftlichen Zeitungslesen" in August Ludwig Schlözers aufklärenden akademischen Lehre,[909] oder mit einer Zeitungslesepolitik im elektronischen Zeitalter.[910]

Das Beobachten der Kommunikationskulturen im Wandel setzt beobachtende Beobachter einer gleichartig qualifizierten Kommunikationskommunität voraus. Ihr Mitwirken bei der Forschung wurde lange übersehen.[911] Für Wechselbeziehungen zwischen Kommunikationskulturen und Weltgesellschaft gibt es (noch) kein anwendungstheoretisch ausgerichtetes Forschungsprogramm. Die Kommunikationswissenschaft verfügt über unzählige Forschungsberichte aus Einzelprojekten, die mit ihren vergleichsweise einfachen Perspektiven, Strukturen, Operationen und Verfahren der Erkenntnis weltgesellschaftlichen Kommunikationsproblemen nicht gerecht werden können.[912]

---

[904] Lasswell: Structure and function, 1948.
[905] Merton: Social theory and social structure, 1957: 19-84.
[906] Ronneberger: Sozialisation durch Massenkommunikation, 1971.
[907] Rühl: Journalismus und Gesellschaft, 1980: 322–323.
[908] Bonfadelli/Bucher: Lesen in der Mediengesellschaft, 2002.
[909] Siehe Kapitel 1.4.2 und 1.4.3.
[910] Rühl: Zeitunglesen, 2002.
[911] Pörksen: Abschied vom Absoluten, 2001.
[912] Siehe Zweiter Teil: Erneuerbare Theoriebildung.

10 Vorläufige Schlussbemerkung

Die Bildung einer Theorie der Kommunikationswissenschaft muss grundlegend vorgehen. Das kommunikationswissenschaftliche Erkennen setzt zwei logische Axiome voraus, die Unterscheidung [distinction] und die Bezeichnung [indication]. Im Übrigen werden die Beziehungen zwischen Kommunikationswissenschaft und Weltgesellschaft als die von zwei sich gegenseitig voraussetzenden Kommunikationssystemen reflektiert, als zwei aufeinander bezogene Seiten eines Entwicklungsprodukts. Diese Theorie der Kommunikationswissenschaft operiert mit der Semantik einer europäisch-nordamerikanischen Begriffs-, Theorie-, Erkenntnis- und Methodengeschichte, die sich betont auf sozialwissenschaftliche Fragestellungen einlässt. Mögen Nominalisten viele unserer Begriffstitel bekannt vorkommen, dann ist nachdrücklich darauf hinzuweisen, dass die Kommunikationswissenschaft viele traditionelle Begriffstitel übernimmt, die jedoch für empirische rekonstruierte Begriffe, Theorien und Fragestellungen stehen.

Es ist notwendig, grundlagentheoretisch auf die Folgen und Folgeprobleme des mit der Kommunikationswissenschaft verbundenen Paradigmenwechsels hinzuweisen, weil weltgesellschaftliche Kommunikationslagen unserer Tage neuartige Denk- und Argumentationsmittel voraussetzen. Die vielen überkommenen Stückwerkforschungen melden keinen Anspruch auf eine einheitliche Gesamttheorie für die Kommunikationswissenschaft an.[913] Mit einer interdisziplinären System(umwelt)theorie als Erkenntnishilfe und mit der komplementären Methode des Äquivalenzfunktionalismus wird eine einheitliche Ausrichtung für die Kommunikationswissenschaft als weltgesellschaftliche Gesamtdisziplin vorgeschlagen. Die formulierten Schlüsseltheorien sind Vorschläge für die Einzelforschung, keine normativen Anleitungen, die sich selbst bewerten. Systemrational und funktional-vergleichend zu forschen und zu lehren ermöglicht, Sachverhalte (Sinn, Information, Thema, Äußerung), Sozialverhältnisse (Privatheit, Öffentlichkeit, Organisation, Markt, Recht, Moral, Vertrauen, Konventionen) und Zeitverhältnisse (Vergangenheit und Zukunft) als Kommunikationsgrundlagen aufeinander zu beziehen. Von durchrationalisierten Schlüsselbegriffen und Schlüsseltheorien ist zu erwarten, dass von inkongruenten Positionen aus kommunikationswissenschaftlich relevante Fragen gestellt werden. Sie überbrücken Kontinuitäten und intendieren ausdrücklich, die Kommunikationswissenschaft nicht als nominalbegrifflich, sondern als empirisch-alternative Einheit zu begreifen. Einer problemorientierten Kommunikationswissenschaft kann nicht genügen, Aussagen über Publizistik, Medien, Journalismus oder Public Relations als Gegenstandsarten von gestern zu machen. Gegenstandsarten mögen wie das Sortiment eines Supermarkts arrangiert und klassifiziert werden, um lediglich sagen zu können, sie gehören irgendwie zusammen. Problemstellungen auf-

---

[913] Löffelholz/Quandt: Kommunikationswissenschaft, 2003.

greifen, sie begrifflich-theoretisch aufbrechen, sie mit den Möglichkeiten der Kommunikationswissenschaft zu rekonstruieren, dies geschieht im Rahmen einer einheitlichen Theorienarchitektur.

Kommunikationswissenschaftliche Forschung und Lehre werden nicht einfacher, wenn erkannt wird, dass Kommunikationsprobleme in Zukunft mehr denn je im Kreuzpunkt interdisziplinärer Fragestellungen stehen werden. Wird Kommunikationsfreiheit in Verfassungen als personale und als soziale Möglichkeit vorgesehen, dann ist es Aufgabe der Kommunikationswissenschaft, die Grenzen ihrer weltgesellschaftlichen Verwirklichung aufzuzeigen. Das Studium der Kommunikationswissenschaft kann für künftige professionalisierte Erwerbsarbeit qualifizieren. Allein mit kommunikativen Alltagserfahrungen und einem journalistischen Praktikum wird man in Zukunft keine kommunikationsberufliche Erwerbsarbeit leisten können. Das zunehmende Kommunikationswissen fällt nicht vom Himmel. Es ist erneuertes Kommunikationswissen aus bewahrten Kommunikationskulturen, das für seine Reproduktion inkongruente Perspektiven der Beobachtung voraussetzt. Extern formalisierte Lehrpläne sind für die Kommunikationswissenschaft keine sinnmachenden Leitlinien.

Literatur

A

Adorno, Theodor W./ Ralf Dahrendorf /Harald Pilot / Hans Albert / Jürgen Habermas / Karl R. Popper (1972): Der Positivismusstreit in der deutschen Soziologie. 2. Auflage. Neuwied, Berlin: Luchterhand.

Albert, Hans (1962): Probleme der Wissenschaftslehre in der Sozialforschung. In: König, René (Hrsg.): Handbuch der Empirischen Sozialforschung. I. Bd. Stuttgart: Enke: 38-63.

Albert, Hans (1967): Marktsoziologie und Entscheidungslogik. Neuwied, Berlin: Luchterhand.

Alembert, Jean Le Rond d' (1975): Einleitung zur Enzyklopädie von 1751. Hrsg. und eingel. von Erich Köhler. 2., durchges. Auflage, Hamburg: Meiner.

Altmeppen, Klaus-Dieter (1999): Redaktionen als Koordinationszentren. Beobachtungen journalistischen Handelns. Opladen, Wiesbaden: Westdeutscher Verlag.

Altmeppen, Klaus-Dieter (2000): Entscheidungen und Koordinationen. Dimensionen journalistischen Handelns. In: Martin Löffelholz: Theorien des Journalismus. Ein diskursives Handbuch. Wiesbaden: Westdeutscher Verlag: 293-310.

Altmeppen, Klaus-Dieter (2006): Journalismus und Medien als Organisationen. Leistungen, Strukturen und Management. Wiesbaden: Verlag für Sozialwissenschaften.

Altmeppen, Klaus-Dieter/Matthias Karmasin (2003-2006) (Hrsg.): Medien und Ökonomie. 3 Bde. Wiesbaden: Verlag für Sozialwissenschaften.

Almond, Gabriel A. / Sidney Verba (1963): The Civic Culture. Political attitudes and democracy in five nations. Princeton, New York: Princeton University Press.

Ambros, Dankmar (1961): Über den Begriff der Person in soziologischer Sicht. In: Zeitschrift für die gesamte Staatswissenschaft 117: 535-517.

Anacker, M[ichael] (2004): Wissenschaftskritik. In: Historisches Wörterbuch der Philosophie. Bd. 12: 963-965.

Anderson, James A. (1996): Communication Theory. Epistemological foundations. New York, London: Guilford.

Annenberg School of Communications, University of Pennsylvania. Bulletin 1969-70.

Argyris, Chris (1957): Personality and Organisation. The conflict between system and the individual. New York: Harper & Brothers.

Argyris, Chris (1974): Behind the front page. Organizational self-renewal in a metropolitan newspaper. San Francisco u.a.: Jossey-Bass.

Aristoteles (1953): Zweite Analytik. Paderborn: Schönigh.

Aristoteles 1979: Nikomachische Ethik. Übersetzt und kommentiert von Franz Dirlmeier. Darmstadt: Wissenschaftliche Buchgesellschaft 1979.

Aristoteles (1982): Poetik. Übers. u. Hrsg. Manfred. Fuhrmann. Stuttgart: Reclam.

Aristoteles (1991): Politik. Buch III. Über die Verfassung. Übers. u. erl. v. Eckart Schütrumpf. Darmstadt: Wissenschaftliche Buchgesellschaft.

Aristoteles (2002): Rhetorik. Übers. u. erl. v. Christoph Rapp (= Aristoteles Werke in deutscher Übersetzung) Bd.4 / I + II. Darmstadt: Wissenschaftliche Buchgesellschaft

Arnold, Carroll C. /John Waite Bowers (1984): Handbook of rhetorical and communication theory. Boston, London, u.a.: Allyn and Bacon.

Arnold, Carroll C./ Kenneth D. Frandsen (1984): Conceptions of rhetoric and communication. In: Arnold, Carroll C. /John Waite Bowers (1984): Handbook of rhetorical and communication theory. Boston, London, u.a.: Allyn and Bacon: 3-50.

Ashby, W. Ross (1966): Design for a brain. The origin of adaptive behaviour (zuerst 1952). Chapman and Hall: Science

Ashby, W. Ross (1974): Einführung in die Kybernetik (zuerst 1956). Frankfurt am Main: Suhrkamp.

Assmann, Jan (1994): Lesende und nichtlesende Gesellschaften. In: Almanach des Deutschen Hochschulverbandes. Band VII: 7-12.

Assmann, Jan (1996): Ägypten. Eine Sinngeschichte. Darmstadt: Wissenschaftliche Buchgesellschaft.

Austin, Michel / Pierre Vidal-Naquet (1984): Gesellschaft und Wirtschaft im alten Griechenland. München: Beck.

Avenarius, Horst (1998): Die ethischen Normen der Public Relations. Kodizes, Richtlinien, freiwillige Selbstkontrolle. Neuwied, Kriftel: Luchterhand.

Ayer, A[lfred] J[ules] (1955): What is communication? In: Ayer, Alfred J[ules] et al.: Studies in communication. London: Secker & Warburg: 11-28.

B

Bachelard, Gaston (1938/1978): Die Bildung des wissenschaftlichen Geistes. Beitrag zur Psychoanalyse der objektiven Erkenntnis. Frankfurt am Main: Suhrkamp.

Bacon, Francis (1973): The advancement of learning (zuerst 1605). Edited by G. W. Kitchin. Introduction by Arthur Johnston. London: Dent & Sons.

Bacon, Francis (1990): Neues Organon (1620). 2 Teilbände, hrsg. und mit einer Einleitung von Wolfgang Krohn, lateinisch-deutsch. Hamburg: Meiner.

Baecker, Dirk et al. (Hrsg.) (1987): Theorie als Passion. Niklas Luhmann zum 60. Geburtstag. Frankfurt am Main: Suhrkamp.

Baerns, Barbara (1998): „Wahrheit Wahrheit und Lüge Lüge nennen können". Öffentliche Informationsleistungen als Thema der Zeitungs- und Publizistikwissenschaft Emil Dovifats. Rekonstruktionsversuche und Kritik. In: Bernd Sösemann (Hrsg.) in Zusammenarbeit mit Gunda Stöber: Emil Dovifat. Studien und Dokumente zu Leben und Werk. Berlin, New York: de Gruyter: 229 – 265.

Bahrdt, Hans Paul / Helmut Krauch /Horst Rittel (1960): Die wissenschaftliche Arbeit in Gruppen. In: Kölner Zeitschrift für Soziologie und Sozialpsychologie 12: 1-40.

Ballweg, Ottmar (1970): Rechtswissenschaft und Jurisprudenz. Basel: Helbig und Lichtenhahn.

Bateson, Gregory (1985): Ökologie des Geistes. Anthropologische, psychologische, biologische und epistemologische Perspektiven (zuerst 1972). Frankfurt/Main: Suhrkamp.

Bauer, Thomas A. (1982): Streitpunkt Dogma. Materialien zur Systemtheorie und Systemkritik kommunikativen Handelns in der Kirche. Wien u.a.: Böhlau.

Baumhauer, Otto A. (1986): Die sophistische Rhetorik. Eine Theorie sprachlicher Kommunikation. Stuttgart: Metzler.

Beck, Klaus (2003): Neue Medien – neue Theorien? Klassische Kommunikations- und Medienkonzepte im Umbruch. In: Martin Löffelholz / Thorsten Quandt (Hrsg.): Die neue Kommunikationswissenschaft. Theorien, Themen und Berufsfelder im Internet-Zeitalter. Eine Einführung. Wiesbaden: Verlag für Sozialwissenschaften,: 71 – 87.

Beckmanns Allgemeine Technologie (2002): Herrn Hofrath Beckmanns Vorlesungen über die Technologie. Vorgetragen zwischen den Jahren 1783 bis 1793. Eingel., komment. u. hrsg. von Alois Kernbauer. Graz: Akad. Druck- u. Verlagsanstalt.

Bentele, Günter (2008): Objektivität und Glaubwürdigkeit: Medienrealität rekonstruiert. Hrsg. v. Stefan Wehmeier/ Howard Nothhaft / René Seidenglanz. Wiesbaden: VS Verlag für Sozialwissenschaften.

Bentele, Günter / Manfred Rühl (Hrsg.) (1993): Theorien öffentlicher Kommunikation. Problemfelder, Positionen, Perspektiven (= Schriftenreihe der Deutschen Gesellschaft für Publizistik- und Kommunikationswissenschaft, Bd. 19). München: Ölschläger.

Bentham, Jeremy (1970): An introduction to the principles of morals and legislation. Oxford: London: Athlone Press.

Berelson, Bernard (1952): Content analysis in communication research. Glencoe: Free Press.

Berelson, Bernard (1959): The state of communication research. In Public Opinion Quarterly 23, 1-6; Nachdruck in: Dexter, Lewis Anthony; White / David Manning (Hrsg.): People, Society, and Mass Communications. New York, London: Free Press – Collier Macmillan: 501-509.

Berelson, Bernard/Gary A. Steiner (1964): Human behavior. An inventory of scientific findings. New York, Chicago, Burlingame: Hartcourt, Brace & World.

Berelson, Bernard (1968): Behavioral sciences. In: International Encyclopedia of Social Sciences, Bd. 2: 41-45.

Berger, Charles R./Steven H. Chaffee (Hrsg.) (1987): Handbook of Communication Science. Beverly Hills, London u.a.: Sage.

Berghaus, Margot (2003): Luhmann leicht gemacht. Eine Einführung in die Systemtheorie. Köln u.a.: Böhlau.

Berlo, David K. (1960): The process of communication. An introduction to theory and practice. New York, u.a.: Holt, Rinehart and Winston.

Bernal, John Desmond (1939): The social function of science. London: Routledge.

Bertalanffy, Ludwig von (1928): Nikolaus von Kues. München: Müller.

Bertalanffy, Ludwig von (1968): General systems theory. Foundations, development, applications. New York: »Braziller.

Blesenkemper, Klaus (1987): »Publice age« – Studien zum Öffentlichkeitsbegriff bei Kant. – Frankfurt am Main Haag u. Herchen.

Blöbaum, Bernd (1983): Nachrichtenagenturen in den Nord-Süd-Beziehungen. Eine Studie zur Entwicklung, Struktur und Reform der Weltnachrichtenordnung. Berlin: Spiess.

Blöbaum, Bernd (1994): Journalismus als soziales System. Geschichte, Ausdifferenzierung und Verselbständigung. Opladen: Westdeutscher Verlag.

Blöbaum, Bernd (2003): Literatur und Journalismus. Zur Struktur und zum Verhältnis von zwei Systemen. In: Bernd Blöbaum & Stefan Neuhaus: Literatur und Journalismus. Theorie, Kontexte, Fallstudien. Wiesbaden: Westdeutscher Verlag: 23-51.

Blöbaum, Bernd (2004): Organisationen, Programme und Rollen. Die Struktur des Journalismus. In: Martin Löffelholz (Hrsg.): Theorien des Journalismus. Ein diskursives Handbuch. Wiesbaden: Westdeutscher Verlag: 201-215.

Bloch, Ernst (1968): Christian Thomasius, ein deutscher Gelehrter ohne Misere. 2. Auflage. Frankfurt/M.

Blum, Eleanor (1964): Communications Research in U.S. Universities. A Directory: 1965. Urbana: Institute of Communications Research, University of Illinois.

Blum, Eleanor (1964): Communications Research in U.S. Universities. A Directory. Urbana: Institute of Communications Research, University of Illinois.

Blumenberg, Hans (1971): Beobachtungen an Metaphern. In: Archiv für Begriffsgeschichte, Bd. 15: 161-214.

Blumenberg, Hans (1981): Die Lesbarkeit der Welt. Frankfurt am Main: Suhrkamp.

Bonfadelli, Heinz / Priska Bucher (Hrsg.) (2002): Lesen in der Mediengesellschaft. Stand und Perspektiven der Forschung. Zürich: Pestalozzianum.

Borges, Jorge Luis (1966): Das Eine und die Vielen. Essays zur Literatur. München: dtv.

Boulding, Kenneth E. (1984): The organizational revolution. A study in the ethics of economic organizations. With a commentary by Reinhold Niebuhr. Reprint von 1952. Westport: Greenwood.

Broddason, Thorbjörn (1994): The sacred side of professional journalism. In: European Journal of Communication, 9: 227-248.

Bronstein, Carolyn / Stephen Vaughn (1998): Willard G. Bleyer and the relevance of Journalism Education. In: Journalism & Mass Communication Monographs, 166.

Brunn, Stefan (1999): Abschiedsjournalismus. Die Nachrufkultur der Massenmedien. Münster: Lit.

Buckley, Walter (Hrsg.) (1969): Modern systems research for the behavioral scientist. A sourcebook for the application of general systems theory to the study of human behavior. Chicago: Aldine.

Bücher, Karl (1920/1981): Das Intelligenzwesen. In: Zeitschrift für die gesamte Staatswissenschaft 75, 326-345. Neudruck in ders.: Auswahl der publizistikwissenschaftlichen Schriften, eingel. und hrsg. von Heinz-Dietrich Fischer und Horst Minte. Bochum: Brockmeyer, 147-166.

Budzislawski, Hermann (1966): Sozialistische Journalistik. Eine wissenschaftliche Einführung. Leipzig: VEB Bibliographisches Institut.

Bunge, Mario (1967): Scientific research. Bd.1.Berlin u.a.: Springer, 26-58.

Burke, Kenneth (1965): Permanence and change. An anatomy of purpose (1935). With an introduction by Hugh Dalziel Duncan. 2. Auflage. Indianapolis, New York: Bobbs-Merill.

Burke, Kenneth (1968): Language as symbolic action. Essays on life, literature, and method. Berkeley, Los Angeles: University of California Press

Burke, Peter (2001): Papier und Marktgeschrei. Die Geburt der Wissensgesellschaft. Berlin: Wagenbach.

C

Carnap, Rudolf (1966): Der logische Aufbau der Welt. 3. Auflage. Hamburg: Meiner (zuerst 1928).

Carr-Saunders, A. M. /, P.A. Wilson (1933): Professions. In: Encyclopedia of the Social Sciences, Bd. 12. New York: McMillan, S. 476 ff.

Cassirer, Ernst (1971): Das Erkenntnisproblem in der Philosophie und Wissenschaft der neueren Zeit. Bde. 1-2 (1922). Nachdruck der 3. Auflage: Hildesheim: Olms.

Cassirer, Ernst (1977): Philosophie der symbolischen Formen, Bd. 1: Die Sprache (1923); Bd. 2: Das mythische Denken (1925); Bd. 3: Phänomenologie der Erkenntnis (1929). Darmstadt: Wissenschaftliche Buchgesellschaft.

Cassirer, Ernst (1990): Substanzbegriff und Funktionsbegriff. Untersuchungen über die Grundfragen der Erkenntniskritik (1910). Darmstadt: Wissenschaftliche Buchgesell-schaft.

Cassirer, Ernst (1990): Versuch über den Menschen. Einführung in eine Philosophie der Kultur. Frankfurt am Main: S. Fischer.

Cassirer, Ernst (1946): The myth of the state. New Haven: Yale University Press.

Chaffee, Steven H. / Charles R. Berger (1987): What communication scientists do? In: Berger, Charles R. /Steven H. Chaffee (Hrsg.): Handbook of Communication Science. Beverly Hills, London u.a.: Sage: 99-122.

Chomsky, Noam (1959): Verbal behavior. A review. In: language 35: 26-58.

Comte, Auguste (1974): Soziologie. Die positive Philosophie im Auszug (zuerst 1897). Hrsg. v. Friedrich Blaschke. 2. Auflage. Stuttgart: Kröner

Conter, Claude D. (1999): Zu Besuch bei Kaspar Stieler. 'Zeitungs Lust und Nutz' – Ein Beitrag zur historischen Kommunikationsforschung. In: Publizistik 44: 75-93.

Conze, Werner (1972): Arbeit. In: Brunner, Otto; Conze, Werner; Koselleck, Reinhart (Hrsg.) (1972): Geschichtliche Grundbegriffe. Historisches Lexikon zur politisch-sozialen Sprache in Deutschland. Bd.1. Stuttgart: Klett-Cotta: 154-215.

Conze, Werner (1972): Beruf. In: Brunner, Otto; Conze, Werner; Koselleck, Reinhart (Hrsg.) (1972): Geschichtliche Grundbegriffe. Historisches Lexikon zur politisch-sozialen Sprache in Deutschland. Bd.1. Stuttgart: Klett-Cotta: 490-507.

Cooley, Charles Horton (1969): The theory of transportation (1894). In: Charles Horton Cooley; Sociological theory and social research. Being selected papers of Charles Horton Cooley. With an introduction, revised and extended, and notes by Robert Cooley Angell. Reprint New York: Kelley.

Cooley, Charles Horton (1909/1962): Social organization. A study of the larger mind. 3. Auflage. New York: Schocken.

Cramer, K[onrad] (1972): Erleben, Erlebnis: In: Historisches Wörterbuch der Philosophie. Bd. 2. Darmstadt: Wissenschaftliche Buchgesellschaft: 702-711.

Crystal, David (1993): Die Cambridge Enzyklopädie der Sprache. Übersetzung u. Bearbeitung d. deutschen Ausgabe von Stefan Röhrich, Ariane Böckler und Manfred Jansen. Darmstadt: Wissenschaftliche Buchgesellschaft.

D

DÆDALUS (1983): Themenheft „Scientific Literacy", 112: 2, Spring 1983.

Dance, Frank E.X. (Hrsg.) (1967): Human communication theory. Original essays. New York u.a.: Holt, Rinehart and Winston.

Dance, Frank E. X. (1970): The 'Concept' of Communication. In: Journal of Communication, 20: 201-210.

Delia, Jesse G. (1987): Communication research: A history. In: Charles A. Berger / Steven H. Chaffee (Hrsg.): Handbook of communication science. Beverly Hills, London u.a.: Sage: 20-98.

Dernbach, Beatrice (1990): DDR-Berichterstattung in bundesdeutschen Qualitätszeitungen. Eine empirische Untersuchung. Nürnberg: Kommunikationswissenschaftliche Forschungsvereinigung.

Dernbach, Beatrice (1998): Public Relations für Abfall. Ökologie als Thema öffentlicher Kommunikation. Opladen, Wiesbaden: Westdeutscher Verlag.

Dernbach, Beatrice (2000): Themen der Publizistik – Wie entsteht die Agenda öffentlicher Kommunikation? In: Publizistik 45:1: 38-50.

Dernbach, Beatrice / Michael Meyer (Hrsg.) (2005): Vertrauen und Glaubwürdigkeit. Interdisziplinäre Perspektiven. Wiesbaden: VS Verlag für Sozialwissenschaften,.

D'Ester, Karl (1928): Zeitungswesen. Breslau: Ferdinand Hirt.

Deutsch, Karl W. (1969): Politische Kybernetik. Modelle und Perspektiven. Freiburg: Rombach.

Deutsche Gesellschaft für Publizistik- und Zeitungswissenschaft (Hrsg.) (1970): Publizistik-Zeitungswissenschaft-Communications Research-Journalism. Dukumentation 1970, dt. u. engl. Konstanz: Universitätsverlag.

Deutsche Gesellschaft für Publizistik- und Kommunikationswissenschaft (Hrsg.) (2001): Die Mediengesellschaft und ihre Wissenschaft. Herausforderungen für Kommunikations- und Medienwissenschaft als akademische Disziplin. München, o.V.

Dewey, John (1915): Democracy and education. An indtroduction to the philosophy of education. New York: Macmillan.

Dewey, John (1996): Die Öffentlichkeit und ihre Probleme (1927). Aus dem Amerikanischen von W.-D. Junghanns. Hrsg. Und mit einem Nachwort versehen von Hans-Peter Krüger. Bodenheim: Philo.

Dewey, John (2002): Logik. Die Theorie der Forschung. Frankfurt am Main: Suhrkamp.

Dewey, John (2003): Philosophie und Zivilisation. Frankfurt am Main: Suhrkamp, 2003

Dewey, John (2007): Erfahrung und Natur. Frankfurt am Main: Suhrkamp

Dexter, Lewis Anthony / David Manning White (Hrsg.) (1964): People, society, and mass communications. New York: Free Press; London: Collier-Mcmillan.

Diderot, Denis & d'Alembert, Jean Le Rond (1751): Encyclopédie ou Dictionnaire raisonné des sciences, des arts et des métiers. Mis en ordre & publié par M. Diderot, de l'Académie Royale & des Belles-Lettres de Prusse; & quant à la Partie Mathématique, par M. d'Alembert, de l'Académie Royale des Sciences de Paris, de celle de Prusse, & de la Société Royale de Londres, Bd. 1. Paris.

Diemer, Alwin (1968): Die Begründung des Wissenschaftscharakters der Wissenschaft im 19. Jahrhundert – Wissenschaftstheorie zwischen klassischer und moderner Wissenschaftskonzeption. In: Alwin Diemer (Hrsg.): Beiträge zur Entwicklung der Wissenschaftstheorie im 19. Jahrhundert. Meisenheim am Glan: Hain: 3-62.

Diemer, Alwin (1970): Der Wissenschaftsbegriff in historischem und systematischem Zusammenhang. In: Alwin Diemer (Hrsg.): Der Wisschenschaftsbegriff. Historische und systematische Untersuchungen. Meisenheim: Glan: 3-20.

Diemer, Alwin (1972): Erkenntnistheorie, Erkenntnislehre, Erkenntnistechnik. In: Otto Brunner / Werner Conze / Reinhart Koselleck (Hrsg.): Geschichtliche Grundbegriffe. Bd. 2, Stuttgart: Klett: 683-690.

Dierse, Ulrich (1982): Ideologie. In: Otto Brunner / Werner Conze / Koselleck, Reinhart (Hrsg.) Geschichtliche Grundbegriffe. Bd. 3, Stuttgart: Klett: 131-169.

Dietzsche, Steffen (2003): Immanuel Kant. Eine Biographie. Leipzig: Reclam.

Di Fabio, Udo (2005): Die Kultur der Freiheit. München: Beck.

Dilthey, Wilhelm (1966): Einleitung in die Geisteswissenschaften. In: Gesammelte Schriften, Bernhard Groethuysen Hrsg., 6. unv. Auflage. Leipzig u.a.: Teubner.

Dovifat, Emil (1955): Publizistik. In: Werner Schuder (Hrsg.): Universitas Litterarum. Berlin: de Gruyter: 329-341.

Dovifat, Emil (1956): Publizistik als Wissenschaft. Herkunft – Wesen – Aufgabe. In: Publizistik 1: 3-10.

Dovifat, Emil (1963): Die Gesinnung der Publizistik. In: Erich Feldmann / Ernst Meier (Hrsg.): Film und Fernsehen im Spiegel der Wissenschaft. Gütersloh: Bertelsmann: 25-41.

Dovifat, Emil (1967): Zeitungslehre. Bd. 1: Theoretische und rechtliche Grundlagen – Nachricht und Meinung – Sprache und Form. Berlin: de Gruyter.

Dovifat, Emil (1968): Journalist (akad.). Hrsg. v. d. Bundesanstalt für Arbeitsvermittlung und Arbeitsversicherung, 4. Aufl., Bielefeld.

Dovifat, Emil (Hrsg.) (1971): Handbuch der Publizistik. Bd. 1: Allgemeine Publizistik. 2. Auflage. Berlin: de Gruyter.

Dovifat, Emil (1990): Die publizistische Persönlichkeit. Berlin, New York: de Gruyter.

Freyer, Hans (1964): Soziologie als Wirklichkeitswissenschaft. Logische Grundlegung des Systems der Soziologie. Unveränd. Nachdruck d. 1. Auflage von 1930. Darmstadt: Wissenschaftliche Buchgesellschaft.

Früh, Werner / Klaus Schönbach (2005): Der dynamisch-transaktionale Ansatz III: Eine Zwischenbilanz. In: Publizistik, 50: 4-20.

Funiok, Rüdiger (2007): Medienethik. Verantwortung in der Mediengesellschaft. Stuttgart u.a.: Kohlhammer

G

Gadamer, Hans-Georg (1975): Wahrheit und Methode. Grundzüge einer philosophischen Hermeneutik. 4. Auflage. Tübingen: Mohr (Siebeck).

Gehlen, Arnold (1958): Der Mensch, seine Natur und seine Stellung in der Welt (zuerst 1940). 6. Auflage. Bonn: Athenäum.

Gehlen, Arnold (1961) Anthropologische Forschung. Hamburg: Rowohlt.

Gehlen, Arnold (1970): Moral und Hypermoral. Eine pluralistische Ethik. Frankfurt am Main, Bonn: Athenäum.

Gehrke, Gernot / Hohlfeld, Ralf (1995): Wege zur Theorie des Rundfunkwandels. Fernsehorganisationen zwischen publizistischen Zielvorstellungen und systemischem Eigensinn. Opladen: Westdeutscher Verlag.

Gerbner, George (1958): On content analysis and critical research in mass communication. In: Audio-Visual Communication Review 6: 85-108.

Gerbner, George (1967): Mass media and human communication theory. In: Frank E.X. Dance (Hrsg.): Human communication theory. New York: Harper & Row: 40-60.

Gerbner, George / Schramm, Wilbur (1989): Communications, study of. In: International Encyclopedia of Communications. Bd. 1. New York, Oxford: Oxford University Press: 358-368.

Giesecke, Michael (1991): Der Buchdruck in der frühen Neuzeit. Eine historische Fallstudie über die Durchsetzung neuer Informations- und Kommunikationstechnologien. Frankfurt am Main: Suhrkamp.

Görke, Alexander (1999): Risikojournalismus und Risikogesellschaft. Sondierung und Theorieentwurf. Opladen, Wiesbaden: Westdeutscher Verlag.

Görke, Alexander (2005): Von marxistischen Weltsystemtheorien zur Weltgesellschaft. In: Hepp, Andreas/Friedrich Krotz,/Carsten Winter (Hrsg.): Globalisierung der Medien-Kommunikation. Eine Einführung. Wiesbaden: VS: 45-67.

Goethe, Johann Wolfgang (1989): Über die Notwendigkeit von Hypothesen. In: Schriften zur allgemeinen Naturlehre, Geologie und Mineralogie (zuerst 1789-90) (= Sämtliche Werke, Bd. 25). Frankfurt/M: Deutscher Klassiker Verlag.

Goffman, Erving (1959): The presentation of self in everyday life. Garden City: Doubleday.

Goffman, Erving (1961): Asylums. Essays on the social situation of mental patients and other inmates. Garden City: Doubleday.

Gracián, Baltasar (1993): Hand-Orakel und Kunst der Weltklugheit (1653). Aus dem span. Orig. treu und sorgfältig übers. v. Arthur Schopenhauer. Zürich : Diogenes.

Grammer, Karl (1995): Biologische Grundlagen des Sozialverhaltens. Verhaltensforschung in Kindergruppen. Darmstadt: Wissenschaftliche Buchgesellschaft.

Graumann, Carl-Friedrich: (1972): Interaktion und Kommunikation. In: Handbuch der Psychologie. Hrsg. Kurt Gottschaldt. Göttingen: Hogrefe, Bd. 7/I: 1109 – 1262.

Graumann, Carl-Friedrich / Helmut Hühn / Thorsten Jantschek (2001): Verhalten. In: Historisches Wörterbuch der Philosophie. Darmstadt: Wissenschaftliche Buchgesellschaft: 680-689.

Groth, Otto (1915): Die politische Presse Württembergs (Staatswiss. Diss. Tübingen 1913) Stuttgart: Scheufele.

Groth, Otto (1928-1930): Die Zeitung. Ein System der Zeitungskunde (Journalistik). 4. Bde. Mannheim, Berlin, Leipzig: Bensheimer.

Groth, Otto (1948): Die Geschichte der deutschen Zeitungswissenschaft. Probleme und Methoden. München: Weinmayer.

Groth, Otto (1960-1972): Die unerkannte Kulturmacht. Grundlegung der Zeitungswissenschaft (Periodik) Bde. 1-7. Berlin: de Gruyter.

Grotius, Hugo (1950): De jure belli ac pacis. Libri tres. Drei Bücher vom Recht des Krieges und des Friedens (zuerst Paris 1625), nebst einer Vorrede von Christian Thomasius zur ersten deutschen Ausgabe des Grotius vom Jahre 1707. Neuer dt. Text und Einl. v. Walter Schätzel. Tübingen: Mohr (Siebeck).

Gruber, Thomas (1975): Die Übernahme der journalistischen Berufsrolle. Eine sozialwissenschaftliche Analyse. Nürnberg: Nürnberger Forschungsvereinigung.

Grunig, James E. / Todd Hunt (1984): Managing public relations. New York, Chicago u.a.: Holt, Rinehart and Winston.

H

Haacke, Wilmont (1951-1953): Handbuch des Feuilletons. 3 Bde. 2. Auflage. Emsdetten: Lechte.

Haacke, Wilmont (1962): Publizistik-Elemente und Probleme. Essen: Stamm.

Habermas, Jürgen (1990): Strukturwandel der Öffentlichkeit. Untersuchungen zu einer Kategorie der bürgerlichen Gesellschaft (zuerst 1962). Frankfurt am Main: Suhrkamp.

Habermas, Jürgen (1963): Theorie und Praxis. Sozialphilosophische Studien. Neuwied, Berlin: Luchterhand.

Habermas, Jürgen (1968): Technik und Wissenschaft als „Ideologie". Frankfurt: Suhrkamp.

Habermas, Jürgen (1971): Vorbereitende Bemerkungen zu einer Theorie der kommunikativen Kompetenz. In: Habermas Jürgen / Niklas Luhmann: Theorie der Gesellschaft oder Sozialtechnologie? Frankfurt am Main: Suhrkamp: 101-141.

Habermas, Jürgen (1973): Erkenntnis und Interesse. Mit einem neuen Nachwort. Frankfurt am Main: Suhrkamp.

Habermas, Jürgen (1981): Theorie des kommunikativen Handelns. Bd. 1: Handlungsrationalität und gesellschaftliche Rationalisierung; Bd. 2: Zur Kritik der funktionalistischen Vernunft. Frankfurt am Main: Suhrkamp.

Habermas, Jürgen (1994): Faktizität und Geltung. Beiträge zur Diskurstheorie des Rechts und des demokratischen Rechtsstaats. Darmstadt: Wissenschaftliche Buchgesellschaft.

Habermas, Jürgen / Niklas Luhmann (1971): Theorie der Gesellschaft oder Sozialtechnologie – Was leistet die Systemforschung? Frankfurt am Main: Suhrkamp.

Hagemann, Walter (1947): Grundzüge der Publizistik. Münster: Regensberg.

Hagemann, Walter (1950): Die Zeitung als Organismus. Ein Leitfaden. Heidelberg: Vowinckel.

Hagemann, Walter (1951): Vom Mythos der Masse. Ein Beitrag zur Psychologie der Öffentlichkeit. Heidelberg: Vowinckel.

Hagemann, Walter (1951): Publizistik als Wissenschaft. In: Publizistik als Wissenschaft. Sieben Beiträge für Emil Dovifat. Hrsg. vom Institut für Publizistik an der Universität Münster. Emsdetten: Lechte: 9-21.

Hagemann, Walter (1954): Fernhören und Fernsehen. Eine Einführung in das Rundfunkwesen. Heidelberg: Vowinckel.

Hagemann, Walter (1966): Grundzüge der Publizistik. Als eine Einführung in die Lehre von der sozialen Kommunikation neu hrsg. v. Henk Prakke unter Mitarbeit von Winfried B. Lerg und Michael Schmolke. 2. Auflage, Münster: Regensberg.

Hager, F[ritz]-P[eter] (1980): System. Historisches Wörterbuch der Philosophie, Bd. 10. Darmstadt: Wissenschaftliche Buchgemeinschaft: 824-825.

Hardt, Hanno (1979): Social Theories of the Press. Early German & American Perspectives. Foreword by James W. Carey. Beverley Hills, London: Sage.

Harman, David (1970): Illiteracy. An Overview. In: Harvard Educational Review 40: 2: 226-243.

Harth, Dietrich (1991): Die Erfindung des Gedächtnisses. Frankfurt/M.: Keip

Harting, Wolf Leo (Hrsg.) (1971): Dimensions of public communication. Publizistik. The system of Emil Dovifat. Bonn – Bad Godesberg: Inter Nationes.

Hartmann, Heinz (1972): Arbeit, Beruf, Profession. In: Luckmann, Thomas; Sprondel / Walter Michael (Hrsg.): Berufssoziologie. Köln: Kiepenheuer & Witsch: 36-52.

Hartmann, Heinz / Dübbers, Eva (1984): Kritik in der Wissenschaftspraxis. Buchbesprechungen und ihr Echo. Frankfurt, New York: Campus.

Hartwich, Hans-Hermann (1985): Policy-Forschung in der Bundesrepublik Deutschland. Ihr Selbstverständnis und ihr Verhältnis zu den Grundfragen der Politikwissenschaft. Opladen: Westdeutscher Verlag.

Havelock, Eric A. (1963): Preface to Plato. Cambridge: Harvard University Press.

Hegel, Georg Wilhelm .Friedrich (1998): Phänomenologie des Geistes. (= Werke, Bd. 3). Frankfurt am Main: Suhrkamp.

Hegel, Georg Wilhelm Friedrich (1986): Vorlesungen über die Geschichte der Philosophie (= Werke, Bd. 12). Frankfurt am Main: Suhrkamp.

Heider, Fritz (1926): Ding und Medium. In: Symposion 1: 109-157.

Heinelt, Peer (2003): 'PR-Päpste'. Die kontinuierlichen Karrieren von Carl Hundhausen, Albert Oeckl und Franz Ronneberger. Berlin: Dietz.

Heisenberg, Werner (1973): Physik und Philosophie. Berlin u.a.: Ullstein.

Hempel, Carl G. / Paul Oppenheim (1965): The logic of explanation (zuerst 1948). In: Hempel, Carl G.: Aspects of Scientific Explanation. New York, London: Free Press, Collier-Macmillan: 245-290.

Héritier, Adrienne (Hrsg.) (1993): Policy-Analyse. Kritik und Neuorientierung. (= Politische Vierteljahresschrift, Sonderheft 24). Opladen: Westdeutscher Verlag.

Hesse, Mary (1966): The explanatory function of metaphor. In: Mary Hesse: Models and analogies in science. Notre Dame: University Press: 157-177.

Heuß, Theodor (1954): Schattenbeschwörung. Randfiguren der Geschichte. Frankfurt am Main: Fischer.

Heym, Stefan (1988): Nachruf. Entwicklungsroman. München: Bertelsmann.

Hienzsch, Ulrich (1990): Journalismus als Restgröße. Redaktionelle Rationalisierung und publizistischer Leistungsverlust. Wiesbaden: Deutscher Universitäts-Verlag.

Hobbes, Thomas (1966): Leviathan (zuerst 1651), hrsg. von Iring Fetscher. Neuwied, Berlin: Luchterhand.

Höffe, Otfried (1981): Aristoteles. In ders. (Hrsg.): Klassiker der Philosophie, Bd. 1. München: Fink: 63-94; 465-468.

Hörning, Karl H. (2001): Experten des Alltags. Die Wiederentdeckung des praktischen Wissens. Weilerswist: Velbrück.

Hofer, Arthur (1978): Unterhaltung im Hörfunk. Ein Beitrag zum Herstellungsprozeß publizistischer Aussagen. Nürnberg: Verlag der Nürnberger Forschungsvereinigung.

Hoffmann, E.T.A. (1983): Des Vetters Eckfenster. In: E.T.A. Hoffmann: Letzte Erzählungen, Kleine Prosa, Nachlese. Berlin, Weimar: Aufbau-Verlag: 441-471.

Hohlfeld, Ralf / Christoph Neuberger (1998): Profil, Grenzen und Standards der Kommunikationswissenschaft. In: Rundfunk und Fernsehen, 46: 313-332.

Holst, Erich von (1954): Physiologie des Verhaltens. Zur Gründung des Max-Planck-Insituts für Verhaltensphysiologie. In: Mitteilungen der Max-Planck-Gesellschaft, 5: 270-275.

Holst, Erich von / Mittelstaedt, H. (1950): Das Reafferenzprinzip. Wechselwirkungen zwischen Zentralnervensystem und Peripherie. In: Naturwissenschaft, 37: 464-476.

Holtz-Bacha, Christina / Kutsch, Arnulf (Hrsg.) (2002): Schlüsselwerke für die Kommunikationswissenschaft. Wiesbaden: Westdeutscher Verlag.

Holzhey, H[elmut] (1976): Interdisziplinarität. In: Historisches Wörterbuch der Philosophie. Bd.4. Darmstadt: Wissenschaftliche Buchgesellschaft: 476-478

Howell, Wilbur Samuel (1956): Logic and rhetoric in England , 1500-1700. New York: Russel & Russel.

Hume, David (1982): Eine Untersuchung über den menschlichen Verstand. Übers. u. hrsg. v. Herbert Herring. Stuttgart: Reclam.

Hume, David (2004): Traktat über die menschliche Natur. Ein Versuch, die Methode der Erfahrung in die Geisteswissenschaften einzuführen. 1. bis 3. Buch. Berlin: Xenomos

Husserl, Edmund: (1948): Erfahrung und Urteil. Untersuchung zur Genealogie der Logik. Hamburg: Claasen & Goverts.

Husserl, Edmund (1971): Philosophie als strenge Wissenschaft. 2. Auflage. Frankfurt am Main: Klostermann.

Husserl, Edmund: (1995): Die Krisis des europäischen Menschentums und die Philosophie. Mit einer Einführung von Bernhard Waldenfels. Weinheim: Beltz Athenäum.

Husserl, Edmund (1995): Cartesianische Meditationen. Eine Einleitung in die Phänomenologie. 3., durchges. Auflage. Hamburg: Meiner.

Husserl, Edmund (2002): Ideen zu einer reinen Phänomenologie und phänomenologischen Philosophie. Allgemeine Einführung in die reine Phänomenologie. 6. Auflage. Tübingen: Niemeyer.

J

Jablin, Fredric M. / Linda L. Putnam / Karlene H. Roberts / Lyman W. Porter (Hrsg.) (1987): Handbook of Organizational Communication. An interdisciplinary perspective. Newbury Park u.a.: Sage.

Jaeger, Friedrich (2001): Amerikanischer Liberalismus und zivile Gesellschaft. Perspektiven sozialer Reform zu Beginn des 20. Jahrhunderts. Göttingen: Vandenhoeck & Ruprecht.

Jaeger, Hans (1990): Unternehmer. In: Brunner, Otto / Conze, Werner / Koselleck, Reinhart (Hrsg.): Gesellschaftliche Grundbegriffe. Bd. 6. Stuttgart: Klett-Cotta: 707-732.

Jahoda, Marie / Lazarsfeld, Paul F. / Zeisel, Hans (1975): Die Arbeitslosen von Marienthal. Ein soziologischer Versuch über die Wirkungen dauernder Arbeitslosigkeit (zuerst 1933). Mit einem Anhang zur Geschichte der Soziographie 2. Auflage. Frankfurt am Main: Suhrkamp.

Janich, Peter / Friedrich Kambartel / Jürgen Mittelstraß (Hrsg) (1974): Wissenschaftstheorie als Wissenschaftskritik. Frankfurt am Main: Aspekte.

Janowitz, Morris (1968/1969): Harold D. Lasswell's contribution to content analysis. Public Opinion Quarterly, 32, 4: 646-653.

Janowitz, Morris (1970): Introduction to Park, Robert E.; Burgess, Ernest W.; McKenzie, Roderick D.: The City (1925). 6. Aufl. Chicago, London: Chicago UP: VII – X.

Jarren, Otfried / Ulrich Sarcinelli / Ulrich Saxer (Hrsg.) (1998): Politische Kommunikation in der demokratischen Gesellschaft. Ein Handbuch mit Lexikonteil. Opladen: Westdeutscher Verlag.

Jouvenel, Bertrand de (1967): Reine Theorie der Politik. Neuwied, Berlin: Luchterhand

K

Kahn, Charles H. (1989): Aristotle. In: International Encyclopedia of Communications, Bd. 1: 109-110.

Kahn, Charles H. (1989): Plato. In: International Encyclopedia of Communications, Bd. 3: 293-294.

Kamitz, R[einhard] (1980): Metaphysik und Wissenschaft. In: Josef Speck (Hrsg.): Handbuch wissenschaftstheoretischer Begriffe. Göttingen: Vandenhoeck und Ruprecht: 423-427.

Kanitscheider, B[ernulf] (1980): Gesetz in Natur- und Geisteswissenschaften. In: J[osef] Speck: Handbuch wissenschaftstheoretischer Begriffe. Göttingen: Vandenhoeck & Ruprecht: 258-268.

Kant, Immanuel (1968): Prolegomena zu einer jeden künftigen Metaphysik die als Wissenschaft wird auftreten können (zuerst 1783). Kant Werke. Bd. 5. Darmstadt: Wissenschaftliche Buchgesellschaft.

Kant, Immanuel (1968): Beantwortung der Frage: Was ist Aufklärung? (zuerst 1784) Kant Werke. Bd. 9. Darmstadt: Wissenschaftliche Buchgesellschaft: 51-61.

Kant, Immanuel (1968): Grundlegung zur Metaphysik der Sitten (zuerst 1786) Kant Werke. Bd. 6. Darmstadt: Wissenschaftliche Buchgesellschaft, 9-102.

Kant, Immanuel (1968): Metaphysische Anfangsgründe der Naturwissenschaft (zuerst 1786). Kant Werke. Bd. 8. Darmstadt: Wissenschaftliche Buchgesellschaft: 11-102.

Kant, Immanuel (1968): Kritik der reinen Vernunft (zuerst 1787). Kant Werke. Bde. 3 und 4. Darmstadt: Wissenschaftliche Buchgesellschaft .

Kant, Immanuel (1968): Kritik der Urteilskraft (zuerst 1790). Kant Werke. Bd. 8. Darmstadt: Wissenschaftliche Buchgesellschaft.

Kant, Immanuel (1968): Über den Gemeinspruch: Das mag in der Theorie richtig sein, taugt aber nicht für die Praxis (zuerst 1793). Kant Werke Bd. 9. Darmstadt: Wissenschaftliche Buchgesellschaft: 125-172.

Kant, Immanuel (1968): Zum ewigen Frieden. Ein philosophischer Entwurf (1796). Kant Werke. Bd. 9. Darmstadt: Wissenschaftliche Buchgesellschaft: 193-251.

Kant, Immanuel (1968): Logik. Ein Handbuch zur Vorlesung (zuerst 1800). Kant Werke. Bd. 5. Darmstadt: Wissenschaftliche Buchgesellschaft: 419-582.

Kant, Immanuel: (1968): Über Pädagogik (zuerst 1803). Kant Werke. Bd. 10. Darmstadt: Wissenschaftliche Buchgesellschaft: 691-812.

Kaplan, Abraham (1964): The conduct of inquiry. Methodology for behavioral science. Scranton: Chandler.

Katz, Elihu (1959): Mass communication research and the study of popular culture. In: Studies in Public Communication, 2: 1-6.

Kelsen, Hans (1985): Reine Rechtslehre. Einleitung in die rechtswissenschaftliche Problematik. Neudruck. Aalen: Scientia (zuerst 1934).

Kepplinger, Hans Mathias / Inge Vohl (1976): Professionalisierung des Journalismus? Theoretische Probleme und empirische Befunde. In: Rundfunk und Fernsehen 24: 310-343.

Kern, Bärbel / Horst Kern (1990): Madame Doctorin Schlözer. Ein Frauenleben in den Widersprüchen der Aufklärung. 2. Auflage. München: Beck.

Kieslich, Günter (1972): Zum Selbstverständnis der Publizistikwissenschaft. In: Publizistik 17: 68-78.

Kirsch, Werner (1971): Die entscheidungs- und systemorientierte Betriebswirtschaftslehre. Wissenschaftsprogramm, Grundkonzeption, Wertfreiheit und Parteilichkeit. In: Günter Dlugos /Gerald Eberlein / Horst Steinmann (Hrsg.): Wissenschaftstheorie und Betriebswirtschaftslehre. Eine methodologische Kontroverse. Düsseldorf: Bertelsmann Universitätsverlag: 153-184.

Kittler, Friedrich A. (1986): Grammophon Film Typewriter. Berlin: Brinkmann & Bose.

Klein, C[arsten] (2004): Wissenschaftslogik. In: Brunner, Otto / Werner Conze / Reinhart Koselleck (Hrsg.): Geschichtliche Grundbegriffe. Historisches Lexikon zur politisch-sozialen Sprache in Deutschland. Bd. 8. Stuttgart: Klett-Cotta: 968-972.

Kline, F. Gerald (1972): Theory in mass communication research. In: Kline, F. Gerald / Phillip J. Tichenor (Hrsg.): Current perspectives in mass communication research. Beverly Hills, London: Sage: 17-40.

Klingemann, Carsten (2006): Franz Ronneberger: Sozialwissenschaft – Publizistik – Nachrichtendienst. In: Christina Holtz-Bacha / Arnulf Kutsch / Wolfgang R. Langenbucher/ Klaus Schönbach (Hrsg.): Fünfzig Jahre Publizistik. Wiesbaden: VS Verlag für Sozialwissenschaften: 144-175.

Knies, Karl (1853): Die Eisenbahnen und ihre Wirkungen. Braunschweig: Schwetschke.

Knies, Karl (1857): Der Telegraph als Verkehrsmittel. Mit Erörterungen über den Nachrichtenverkehr überhaupt. Tübingen: Laupp.

Knobloch, Eberhard (2004): Copernicanische Wende. Signatur des Jahrhunderts. In: Dülmen, Richard van / Sina Rauschenbach (Hrsg.): Macht des Wissens. Die Entstehung der modernen Wissensgesellschaft. Köln u.a.: Böhlau: 89-130.

König, René (1960): Rez. Stefan Lambrecht: Die Soziologie. In: Kölner Zeitschrift für Soziologie und Sozialpsychologie 12: 139-140.

König, René (1961): Einleitung. In: Émile Durkheim: Regeln der soziologischen Methode (Zuerst 1895). Neuwied: Luchterhand: 21-82.

Kohli, Martin (1981): „Von uns selber schweigen wir". Wissenschaftsgeschichte aus Lebensgeschichten. In: Wolf Lepenies (Hrsg.): Geschichte der Soziologie, Bd. 1. Frankfurt am Main: Suhrkamp: 428-465.

Kohring, Matthias (1997): Die Funktion des Wissenschaftsjournalismus. Ein systemtheoretischer Entwurf. Opladen: Westdeutscher Verlag.

Koller, Barbara (1981): Lokalredaktion und Autonomie. Eine Untersuchung in Außenredaktionen regionaler Tageszeitungen. Nürnberg: Verlag Nürnberger Forschungsgemeinschaft.

Kopernikus, Nikolaus (2006): Das neue Weltbild: 3 Texte; Lateinisch-Deutsch. Hans Günter Zekl, Hrsg. Hamburg: Meiner.

Koselleck, Reinhart (1973): Kritik und Krise (1959). Eine Studie zur Pathogenese der bürgerlichen Welt. 2. Auflage. Frankfurt/M.: Suhrkamp.

Koselleck, Reinhart (1992): Vorwort. In: Brunner, Otto; Werner Conze; Reinhart Koselleck (Hrsg.): Geschichtliche Grundbegriffe. Historisches Lexikon zur politisch-sozialen Sprache in Deutschland. Bd. 7. Stuttgart: Klett-Cotta.

Kraft, Viktor (1968): Der Wiener Kreis. Der Ursprung des Neopositivismus. Ein Kapitel der jüngsten Philosophiegeschichte. 2. erw. und verb. Auflage. Wien: Springer.

Krippendorff, Klaus (1969): Values, modes and domains of Inquiry into communication. In: Journal of Communication, 19:105-133.

Krippendorff, Klaus (Hrsg.) (1979): Communication and control in society. New York, London, Paris: Gordon and Breach.

Krippendorff, Klaus (1989): On the ethics of constructing communication. In: Dervin, Brenda / Lawrence Grossberg / Barbara J. O'Keefe / Ellen Wartella (Hrsg.) (1989): Rethinking communication. 2 Bde. Newbury Park, London, New Delhi: Sage.

Krippendorff, Klaus (1994): Der verschwundene Bote. Metaphern und Modelle der Kommunikation. In: Klaus Merten / Siegfried J. Schmidt / Siegfried Weischenberg (Hrsg.): Die Wirklichkeit der Medien. Eine Einführung in die Kommunikationswissenschaft. Opladen: Westdeutscher Verlag: 79-113.

Krippendorff, Klaus (1994): A recursive theory of communication. In: Crowley, David / David Mitchell (Hrsg.): Communication theory today. Cambridge: Polity Press: 78 – 104.

Krohn, Wolfgang (1990): Einleitung zu Francis Bacon: Neues Organon (zuerst 1620). 2 Teilbände, lateinisch-deutsch. Hamburg: Meiner.

Krotz, Friedrich (2001): Marshall McLuhan Revisited. Der Theoretiker des Fernsehens und die Mediengesellschaft. In: Medien & Kommunikationswissenschaft 49: 62-81.

Kuhn, Thomas S. (1973): Die Struktur wissenschaftlicher Revolution. Frankfurt am Main: Suhrkamp.

Kuhn, Thomas S. (1978): Die Entstehung des Neuen: Studien zur Struktur der Wissenschaftsgeschichte. Frankfurt.

Kutsch, Arnulf (1988): Max Webers Anregung zur empirischen Journalismusforschung. In: Publizistik 33: 5-31.

Kutsch, Arnulf/Horst Pöttker (1997): Einleitung. In: Kutsch, Arnulf / Horst Pöttker (Hrsg.): Kommunikationswissenschaft – autobiografisch. Zur Entwicklung einer Wissenschaft in Deutschland. (= Publizistik Sonderheft 1). Opladen: Westdeutscher Verlag: 7-20.

L

Lakoff, George / Mark Johnson (1977): Metaphors we live by. Chicago: University Press.

Lambrecht, Stefan (d.i. Franz Ronneberger) (1958): Die Soziologie. Aufstieg einer Wissenschaft. Ein Leitfaden für Praxis und Bildung. Stuttgart: Seewald.

Lange, Elmar (1989): Marktwirtschaft. Eine soziologische Analyse ihrer Entwicklungen und Strukturen in Deutschland. Opladen: Westdeutscher Verlag.

Langenbucher, Wolfgang R. (Hrsg.) (1990): Paul F Lazarsfeld. Die Wiener Tradition der empirischen Sozial- und Kommunikationsforschung München: Ölschläger.

Lasswell, Harold D. (1925): German Pacifists in Wartime. In: The Messenger of Peace (Hamburg), 50: 177-192.

Lasswell, Harold D. (1925): Prussian Schoolbooks and International Amity. In: Journal of Social Forces 3: 718-722.

Lasswell, Harold D. (1927): Propaganda technique in the World War. London, New York: Kegan Paul, Trench, Trubner & Co. (Ph. D. Diss. University of Chicago, 1926)

Lasswell, Harold D. (1935): World Politics and Personal Insecurity. New York: McGraw-Hill.

Lasswell, Harold D. (1941): Democracy through public opinion. Menasha: Banta.

Lasswell, Harold D. (1948): The structure and function of communication in society. In: Lyman Bryson, (Hrsg.): The communication of ideas. A series of addresses. New York: Cooper Square Publ.: 37-51; Nachdruck in: Maximilian Gottschlich (Hrsg.) (1987): Massenkommunikationsforschung: Theorieentwicklung und Problemperspektiven. Wien: Braumüller: 17-26.

Lasswell, Harold D. (1958): Communications as an emerging discipline. In: AV Communications Review 6: 245-254.

Lasswell, Harold D.(1970): Das Qualitative und das Quantitative in politik- und rechtswissen-schaftlichen Untersuchungen (zuerst 1959). In: Ernst Topitsch (Hrsg.): Logik der Sozialwissenschaften. Köln, Berlin: Kiepenheuer & Witsch: 464-476.

Lasswell, Harold D. (1971): Propaganda technique in World War I (zuerst 1927), with an introduction by Harold D. Lasswell and Jackson A. Giddens. 2. Auflage. Cambridge, London: M.I.T. Press.

Lasswell, Harold D. (1971): A Pre-View of Policy Science. New York: American Elsevier.

Lasswell, Harold D. (1979): The study of communication – theory and context. In: Harold D. Lasswell / Daniel Lerner / Hans Speier (Hrsg.): Propaganda and Communication in World History. Bd 1: The symbolic instrument in early times. Honolulu: University Press of Hawaii: 1-20.

Lasswell, Harold D. / Abraham Kaplan (1968): Power and society. A framework for political inquiry (zuerst 1950). 7. Auflage. New Haven, London: Yale University Press.

Lauener, Henri (1981): Französische Aufklärer. In: Klassiker der Philosophie, hrsg. v. Otfried Höffe. München: Beck: 405-433, 525-529.

Lauer, Gerhard (1995): Die verspätete Revolution. Erich von Kahler. Wissenschafts-geschichte zwischen konservativer Revolution und Exil. Berlin, New York: de Gruyter.

Lazarsfeld, Paul F. / Robert K. Merton (1973): Massenkommunikation, Publikumsgeschmack und organisiertes Sozialverhalten (zuerst 1948). In: Jörg Aufermann / Hans Bohr-mann / Rolf Sülzer (Hrsg.) (1973): Gesellschaftliche Kommunikation und Information, Bd. 2. Frankfurt am Main: Fischer Athenäum: 447-470.

Lazarsfeld, Paul (1968): Am Puls der Gesellschaft. Zur Methodik der empirischen Soziologie. Wien u.a.: Europa Verlag.

Lazarsfeld, Paul F. (1970): Wissenschaftslogik und empirische Sozialforschung. In: Ernst Topitsch (Hrsg.): Logik der Sozialwissenschaften. Köln, Berlin: Kiepenheuer & Witsch: 37-49.

Lazarsfeld, Paul F. (1972): Qualitative analysis: Historical and critical essays. Boston: Allyn and Bacon.

Lazarsfeld, Paul F. (1972): Soziologie. Hauptströmungen der sozialwissenschaftlichen Forschung. 2. Auflage. Frankfurt am Main, Wien u.a.: Ullstein.

Lazarsfeld, Paul F. (1981): Mit Merton arbeiten (zuerst 1975). In: Wolf Lepenies (Hrsg.): Geschichte der Soziologie. Studien zur kognitiven, sozialen und historischen Identität einer Disziplin. Bd. 1. Frankfurt am Main: Suhrkamp, 337-391.

Lazarsfeld, Paul F. / Morris Rosenberg (Hrsg.) (1955): The language of social research. Glencoe: Free Press.

Lazarsfeld, Paul F. / Neil W. Henry (Hrsg.) (1968): Readings in mathematical social science. 2. Auflage. Cambridge, London: M.I.T. Press.

Lepenies, Wolf (1985): Die drei Kulturen. München: Hanser.

Lerg, Winfried B. (1970): Das Gespräch. Theorie und Praxis der unvermittelten Kom-munikation. Düsseldorf: Bertelsmann Universitätsverlag.

Lerner, Daniel (1958): The passing of traditional society. Modernizing the Middle East. With the assistance of Lucille W. Pevsner and an introduction by David Riesman. New York: The Free Press, London: Collier-Macmillan.

Levine, Donald N. / Elwood B. Carter/ Eleanor Miller Gorman (1984): Simmel's influence on American sociology. In: American Journal of Sociology, 84: 813-845 und 1112-1132.

Lewin, Kurt (1947): Frontiers in group dynamics I. Concept, method, and reality in social science, social equilibria, and social change. In: Human Relations 1:1: 5-42.

Lewin, Kurt (1963): Feldtheorie in den Sozialwissenschaften (zuerst 1951). Bern, Stuttgart: Huber.

Lindner, Rolf (1990): Die Entdeckung der Stadtkultur. Soziologie aus der Erfahrung der Reportage. Frankfurt/M.: Suhrkamp.

Littlejohn, Stephen W. (2005): Theories of Human Communication. 8. Auflage. Belmont, Albany, Bonn u.a.: Wadsworth.

Locke, John (1962): Über den menschlichen Verstand (zuerst 1690). 2.Bde. Berlin: Akademie-Verlag.

Loenhoff, Jens (1993): Albert Schäffle über Symbol, Verkehr und Wechselwirkung. Eine vergessenes Kapitel Soziologie. In: Sociologia Internationalis, 31: 197-220.

Löffelholz, Martin (2000): Ein privilegiertes Verhältnis. Inter-Relationen von Journalismus und Öffentlichkeitsarbeit. In: Martin Löffelholz.(Hrsg.): Theorien des Journalismus. Ein diskursives Handbuch. Wiesbaden: VS Verlag für Sozialwissenschaften: 185-208.

Löffelholz, Martin / Thorsten Quandt (Hrsg.) (2003): Die neue Kommunikationswissenschaft. Theorien, Themen und Berufsfelder im Internet-Zeitalter. Eine Einführung. Wiesbaden: Westdeutscher Verlag.

Löffelholz, Martin / David Weaver, (Hrsg.) (2008): Global journalism research. Theories, methods, findings, future. Malden: Blackwell.

Löffelholz, Martin (2008): Heterogeneous – multidimensional – competing. Theoretical approaches to journalism: An overview. In: Martin Löffelholz / David Weaver (Hrsg.): Global journalism research. Theories, methods, findings, future. Malden: Blackwell: 15-27.

Loosen, Wiebke (2007): Entgrenzung des Journalismus: empirische Evidenz ohne theoretische Basis? In: Publizistik, 52: 63-79.

Loosen, Wiebke / Armin Scholl / Jens Woelke (2002): Systemtheoretische und konstruktivistische Methodologie. In: Armin Scholl (Hrsg.): Systemtheorie und Konstruktivismus in der Kommunikationswissenschaft. Konstanz: UVK: 37-65.

Lorenz, Konrad (1963): Das sogenannte Böse. Zur Naturgeschichte der Aggression. Wien: Borotha-Schoeler.

Lorenz, Konrad (1974): Analogy as a source of knowledge. In: Science 185: 229-234.

Lorenz, Konrad (1978): Vergleichende Verhaltensforschung. Grundlagen der Ethologie. Wien, New York: Springer.

Lorenz, Konrad (1988): Hier bin ich – wo bist du? Ethologie der Graugans. München, Zürich: Piper.

Lorenzen, Paul (1968): Methodisches Denken. Frankfurt am Main: Suhrkamp 1968.

Lorenzen, Paul / Oswald Schwemmer (1975): Konstruktive Logik, Ethik und Wissenschaftstheorie. 2. Auflage. Mannheim: Bibliographisches Institut.

Loubser, Jan J. (1981): Handlung und Erlebnis. In: Jan Loubser et al.: Allgemeine Handlungstheorie. Frankfurt/M.: Suhrkamp: 328 – 394.

Luhmann, Niklas (1964): Funktionale Methode und Systemtheorie. In: Soziale Welt 15: 1-25. Neudruck in: Niklas Luhmann (1970): Soziologische Aufklärung. Köln, Opladen: Westdeutscher Verlag: 31-53.

Luhmann, Niklas (1964): Funktionen und Folgen formaler Organisation. Berlin: Duncker & Humblot.

Luhmann, Niklas (1965): Grundrechte als Institution. Ein Beitrag zur politischen Soziologie. Berlin: Duncker & Humblot.

Luhmann, Niklas (1970): Funktion und Kausalität. In: ders.: Soziologische Aufklärung. Köln, Opladen: Westdeutscher Verlag: 9 – 30.

Luhmann, Niklas (1970): Soziologische Aufklärung. In: Niklas Luhmann.: Soziologische Aufklärung. Aufsätze zur Theorie sozialer Systeme. Köln, Opladen: Westdeutscher Verlag, 66-91.

Luhmann, Niklas (1970): Selbststeuerung der Wissenschaft. In: Niklas Luhmann: Soziologische Aufklärung. Köln, Opladen: Westdeutscher Verlag: 232-252.

Luhmann, Niklas (1971): Sinn als Grundbegriff der Soziologie. In: Jürgen Habermas / Niklas Luhmann: Theorie der Gesellschaft oder Sozialtechnologie – Was leistet die Systemforschung? Frankfurt am Main: Suhrkamp: 25-100.

Luhmann, Niklas (1973): Zweckbegriff und Systemrationalität. Über die Funktion von Zwecken in sozialen Systemen. Frankfurt am Main: Suhrkamp.

Luhmann, Niklas (1978): Erleben und Handeln. In: Hans Lenk (Hrsg.): Handlungstheorien – interdisziplinär. Bd. 2, Erster Halbband. München: Fink: 235-253.

Luhmann, Niklas (1980): Gesellschaftliche Struktur und semantische Tradition. In: Niklas Luhmann: Gesellschaftsstruktur und Semantik. Bd. 1. Frankfurt am Main: Suhrkamp: 9-71.

Luhmann, Niklas (1981): Die Unwahrscheinlichkeit der Kommunikation. In: Niklas Luhmann: Soziologische Aufklärung 3. Opladen: Westdeutscher Verlag: 25-34.

Luhmann, Niklas (1981): Wie ist soziale Ordnung möglich? In: Niklas Luhmann: Gesellschaftsstruktur und Semantik. Studien zur Wissenssoziologie der modernen Gesellschaft. Bd. 2. Frankfurt/Main: 195-285.

Luhmann, Niklas (1990): Die Weisung Gottes als Form der Freiheit. In Niklas Luhmann: Soziologische Aufklärung 5. Opladen: Westdeutscher Verlag: 77-94.

Luhmann, Niklas (1992): Die Wissenschaft der Gesellschaft. Frankfurt am Main: Suhrkamp.

Luhmann, Niklas (1995): Was ist Kommunikation? In: Niklas Luhmann: Soziologische Aufklärung 6. Die Soziologie und der Mensch. Opladen: Westdeutscher Verlag: 113-124.

Luhmann, Niklas (1995): Kultur als historischer Begriff. In: Niklas Luhmann: Gesellschaftsstruktur und Semantik, Bd. 4. Frankfurt am Main: Suhrkamp: 31-54.

Luhmann, Niklas (1996): Die Realität der Massenmedien. 2. Auflage. Opladen: Westdeutscher Verlag.

Luhmann, Niklas (1996): Selbstbeobachtung des Systems. Ein Gespräch. In: Ingeborg Breuer / Peter Leusch /Dieter Mersch: Welten im Kopf. Pofile der Gegenwartsphilosophie. Deutschland. Darmstadt: Wissenschaftliche Buchgesellschaft: 169-179

Luhmann, Niklas (1997): Die Gesellschaft der Gesellschaft. 2 Bde. Frankfurt am Main: Suhrkamp.

Luhmann, Niklas (2000): Organisation und Entscheidung. Opladen, Wiesbaden: Westdeutscher Verlag.

Luhmann, Niklas (2004): Einführung in die Systemtheorie. Dirk Baecker, Hrsg. Darmstadt: Wissenschaftliche Buchgesellschaft.

Luhmann, Niklas (2005): Einführung in die Theorie der Gesellschaft. Dirk Baecker, Hrsg. Darmstadt: Wissenschaftliche Buchgesellschaft.

M

MacKay, D[onald] M. (1961): Operational concepts of some fundamental concepts of human communication. In: The Journal of Communication 11:183-189, 219.

MacKay, Donald M. (1968): Technik der Information und die Manipulierbarkeit des Menschen. In: Zeitschrift für evangelische Ethik 12: 147-156.

MacKay, Donald M. (1969): Information, Mechanism, and Meaning. Cambridge, London: M.I.T. Press.

McLuhan, Marshall / Quentin Fiore (1967): The Medium is the massage. New York: Bantom.

McQuail, Denis (1983): Mass communication theory. An introduction. London, Beverly Hills, New Delhi: Sage.

McQuail, Denis (1987): Functions of communication: A nonfunctionalist overview. In: Berger, Charles R. / Steven H. Chaffee (Hrsg.): Handbook of communication science. Newbury Park u.a.: Sage: 327-349.

McQuail, Denis (1989): Mass Communications Research. In: International Encyclopedia of Communications. Bd. 2. New York, Oxford: Oxford University Press: 487-492.

McQuail, Denis / Sven Windahl (1998): Communication Models for the Study of Communications. 2. Auflage. London, New York: Longman.

Maletzke, Gerhard (1963): Psychologie der Massenkommuinkation. Theorie und Systematik. 2. Auflage. Hamburg: Verlag Hans Bredow Institut.

Maletzke, Gerhard (1967): Publizistikwissenschaft zwischen Geistes- und Sozialwissenschaft. Zum Standort der Wissenschaft von der öffentlichen Kommunikation. Berlin: Spiess.

Maletzke, Gerhard (1998): Kommunikationswissenschaft im Überblick. Grundlagen, Probleme, Perspektiven. Opladen/Wiesbaden: Westdeutscher Verlag.

Malik, Maja (2004): Journalismusjournalismus. Funktion, Strukturen und Strategien der journalistischen Selbstthematisierung. Wiesbaden: VS Verlag für Sozialwissenschaften.

Malinowski, Bronislaw (1939): The group and the individual in functional analysis. In: American Journal of Sociology 44: 938-964.

Mannheim, Karl (1931): Wissenssoziologie. In: Alfred Vierkandt (Hrsg.): Handwörterbuch der Soziologie. Stuttgart: Enke: 659-680.

March, Arthur (1957): Das neue Denken der modernen Physik. Reinbek: Rowohlt.

March, James G. / Herbert A. Simon (1958): Organizations. New York: Wiley and Sons; dt. (1976): Organisation und Individuum. Menschliches Verhalten in Organisationen. Wiesbaden: Gabler.

Marcinkowski, Frank (1993): Publizistik als autopoietisches System. Politik und Massenmedien. Eine systemtheoretische Analyse. Opladen: Westdeutscher Verlag.

Marhenke, Karl-Ursus (2004): Arbeit an der Theorie. Otto Groths Werk Die unerkannte Kulturmacht. In: Michael Meyen / Maria Löblich (Hrsg.): 80 Jahre Zeitungs- und Kommunikationswissenschaft in München. Bausteine zu einer Institutsgeschichte. Köln: von Halem: 119-140.

Marshall, T[homas].H. (1964): Class, citizenship, and social development. Garden City: Anchor.

Marvick, Dwaine (Hrsg.) (1977): Harold D. Lasswell on political sociology. Chicago, London: Chicago University Press.

Matthews, Fred H. (1977): Quest for an American sociology. Robert E. Park and the Chicago School. Montreal: McGill-Queens University Press.

Maturana, Humberto R. (1985): Erkennen: Die Organisation und Verkörperung von Wirklichkeit. 2. Auflage. Braunschweig, Wiesbaden: Vieweg.

Maturana, R. Humberto / Bernhard Pörksen (2002): Vom Sein zum Tun. Die Ursprünge der Biologie des Erkennens. Heidelberg: Carl-Auer-Systeme.

Maus, Heinz (1956): Geschichte der Soziologie. In: Werner Ziegenfuss (Hrsg.): Handbuch der Soziologie. Bd. 1. Stuttgart: Enke.: 1-120.

Mayntz, Renate (1963): Soziologie der Organisation. Reinbek: Rowohlt.

Marvin, Carolyn (1989): Literacy. In. International Encyclopedia of Communications. Vol. 2. New York, Oxford: Oxford University Press: 437 – 441.

Mead, George Herbert (1967): Mind, self, and society. From the standpoint of a social behaviorist (1934). 2. Auflage. Chicago: University of Chicago Press.

Mead, George Herbert (1938): The philosophy of the act. Chicago: University of Chicago Press.

Meinel, Christoph (1986): Die Alchemie in der europäischen Kultur- und Wissenschaftsgeschichte. Wiesbaden: Harrassowitz.

Meier, Klaus (2002): Ressort, Sparte, Team. Wahrnehmungsstrukturen und Redaktionsorganisation im Zeitungsjournalismus. Konstanz: UVK

Merten, Klaus (1977): Kommunikation. Eine Begriffs- und Prozessanalyse. Opladen: Westdeutscher Verlag.

Merten, Klaus (1991): Artefakte der Medienwirkung: Kritik klassischer Annahmen. In: Publizistik, 36: 36-55.

Merten, Klaus (1995): Inhaltsanalyse: Einführung in Theorie, Methode und Praxis (1983). 2., verbesserte Auflage. Opladen: Westdeutscher Verlag.

Merten, Klaus (2008): Zur Definition von Public Relations. In: Medien & Kommunikationswissenschaft 56: 42-59.

Merton, Robert K. (1957): Manifest and latent functions. In: Robert K. Merton: Social theory and social structure. 2. revidierte Auflage. Glencoe: Free Press: 19-84.

Merton, Robert K. (1957): Science and the social order (zuerst 1938). In: Robert K. Merton: Social theory and social structure. 2. revidierte Auflage. Glencoe: Free Press: 537-549.

Merton, Robert K. (1957): Science and economy of 17th century England (zuerst 1939). In: Robert K. Merton: Social theory and social structure. 2. revidierte Auflage. Glencoe: Free Press: 607-627.

Merton, Robert K. (1957): Social Theory and Social Structure. 2. revidierte Auflage. Glencoe Ill.: Free Press.

Merton, Robert K. (1972): Wissenschaft und demokratische Sozialstruktur (zuerst 1942). In: Peter Weingart (Hrsg.) (1972): Wissenschaftssoziologie 1. Wissenschaftliche Entwicklung als sozialer Prozess. Frankfurt/M.: Athenäum Fischer: 45-59.

Merton, Robert K. / Marjorie Fiske / Alberta Curtis (1946): Mass persuasion. The social psychology of a war bond drive. New York, London: Harper.

Meyen, Michael / Maria Löblich (2007): „Ich habe dieses Fach erfunden". Wie die Kommunikationswissenschaft an die deutschsprachigen Universitäten kam. 19 biografische Interviews. Köln: von Halem.

Mill, John Stuart (1848): Principles of political economy. Bde. 1-3. London: Parker.

Mill, John Stuart (1974): Über die Freiheit (zuerst 1859) Stuttgart: Reclam.

Mill, John Stuart (1968): System der deduktiven und induktiven Logik. Eine Darlegung der Grundsätze der Beweislehre und der Methoden wissenschaftlicher Forschung. Unter Mitwirkung des Verfassers übersetzt von Theodor Gomperz. Gesammelte Werke, Bd. 3. (zuerst 1886) Neudruck: Aalen: Scientia.

Mittelstaedt, Peter (1972): Philosophische Probleme der modernen Physik. 4. Auflage. Mannheim, Wien u.a.: Bibliographisches Institut.

Mittelstraß, Jürgen (1981): Platon. In: Otfried Höffe (Hrsg.): Klassiker der Philosophie, Bd. 1. München: Fink: 38-62; 459-465.

Mittelstraß, Jürgen (1989): Kopernikanische oder Keplersche Wende? Keplers Kosmologie, Philosophie und Methodologie. In: Vierteljahresschrift der Naturforschenden Gesellschaft in Zürich, 134: 197-215.

Mommsen, Wolfgang (1974): Max Weber. Gesellschaft, Politik und Geschichte. Frankfurt/M.: Suhrkamp.

Müller, Roland (1983): Zur Geschichte des Modellsdenkens und des Modellbegriffs. In: Herbert Stachowiak (Hrsg.): Modelle – Konstruktion der Wirklichkeit. München: Fink: 17-86.

Münster, Hans A. (1935): Zeitung und Politik. Eine Einführung in die Zeitungswissenschaft. Leipzig: Noske.

Münster, Hans A. (1938): Der Wille zu überzeugen – ein germanischer Wesenszug in der Volksführung des neuen Staates. Vom Sinn der deutschen Zeitungswissenschaft. 2. Auflage. Leipzig: Noske.

Müsse, Wolfgang (1995): Die Reichspresseschule – Journalisten für die Diktatur? Ein Beitrag zur Geschichte des Journalismus im Dritten Reich. München u. a.: Saur.

N

Neuberger, Christoph (1996): Journalismus als Problembearbeitung. Objektivität und Relevanz in der öffentlichen Kommunikation. Konstanz: UVK Medien.

Neuberger, Christoph (2007): Interaktivität, Interaktion, Internet. Eine Begriffsanalyse. In: Publizistik, 52: 33-55.

Neudörfer, Johann (1875): Des Johann Neudörfer Schreib- und Rechenmeisters zu Nürnberg Nachrichten von Künstlern und Werkleuten daselbst aus dem Jahre 1547, nebst der Fortsetzung des Andreas Gulden, nach den Handschriften und mit Anmerkungen, hrsg. von G. W. K. Lochner. Wien: Braumüller.

Neumann, Sieglinde (1997): Redaktionsmanagement in den USA: Fallbeispiel „Seattle Times". München: Saur.

Nikolaus von Kues (1966): De non-aliud (zuerst 1460). In: Philosophisch-theologische Schriften. Lateinisch-deutsch. Hrsg. und eingef. von Leo Gabriel. Wien: Herder: 443-565.

Nikolaus von Kues (2002): Die Jagd nach Weisheit (zuerst 1463). In: Philosophisch-theologische Werke. Lateinisch-deutsch. Mit einer Einleitung von Karl Bormann. Bd. 4. Hamburg: Meiner: 3-192.

Noelle-Neumann, Elisabeth (1966): Öffentliche Meinung und soziale Kontrolle. Tübingen: Mohr (Siebeck).

Noelle-Neumann, Elisabeth (1970): Über den Fortschritt der Publizistikwissenschaft. In: Deutsche Gesellschaft für Publizistik- und Zeitungswissenschaft (Hrsg.): Publizistik – Zeitungswissenschaft – Communication Research – Journalism. Dokumentation, dt. und engl. Konstanz: Universitätsverlag: 73-81.

O

Opp, Karl-Dieter (1970): Methodologie der Sozialwissenschaften. Einführung in Probleme ihrer Theoriebildung. Reinbek: Rowohlt.

Oppenheimer, Franz (1923): Theorie der reinen und politischen Ökonomie (zuerst 1910). Jena: Fischer.

Ortmann, Günther/ Jörg Sydow / Klaus Türk (Hrsg.) (1997): Theorien der Organisation. Die Rückkehr der Gesellschaft. Opladen: Westdeutscher Verlag.

Ossowska, Maria / Ossowski, Stanislaw (1966): Die Wissenschaft von der Wissenschaft. In: Krauch, Helmut / Werner Kunz / Horst W. J. Rittel (Hrsg.): Forschungsplanung. Eine Studie über Ziele und Strukturen amerikanischer Forschungsinstitute. München, Wien: Oldenbourg: 11-21; zunächst The science of science. In: Organon 1936, 1: 1-12 und Minerva (1964) 3: 72-82.

P

Pankoke, Eckart: Soziologie, Gesellschaftswissenschaften. In: Brunner, Otto / Werner Conze / Reinhart Koselleck (Hrsg.): Geschichtlich Grundbegriffe. Bd. 5. Stuttgart: Klett-Cotta, 1984: 997-1032.

Pankoke, E[ckart] (1995): Sozialwissenschaft; Gesellschaftswissenschaft. In: Ritter, Joachim & Gründer, Karlfried (Hrsg.): Historisches Wörterbuch der Philosophie. Bd.9. Darmstadt: Wissenschaftliche Buchgesellschaft, Sp. 1249-1257.

Park, Robert E. (1904): Masse und Publikum. Eine methodologische und soziologische Untersuchung. Bern: Lack & Grünau (Phil. Diss. Heidelberg, 1903).

Park, Robert E. (1922): The immigrant press and its control. New York, London: Harper & Brothers.

Park, Robert E. (1929): Life History. Unveröffentlichtes Papier. Bibliothek der University of Chicago (Department of Special Collections, Ernest W. Burgess Papers, Box 1F, Folder 1), zit. von Everett M. Rogers (1994): A history of communication study. A Biographical Approach. New York: Free Press; Oxford u.a., Macmillan.

Park, Robert E. (1940): News as a form of knowledge. In: American Journal of Sociology 45: 669 – 686.

Park, Robert E. (1941): News and the power of the press. In: American Journal of Sociology 47: 1-11.

Park, Robert Ezra (1950): Race and culture. Essays in the sociology of contemporary man. New York: Free Press, London: Collier Macmillan.

Park, Robert E. (1952): Human communities. The city and human ecology. New York: Free Press, London: Collier Macmillan.

Park, Robert E. / Ernest W. Burgess (Hrsg.) (1969): Introduction to the science of sociology, including the original index to basic sociological concepts (zuerst 1921). With an introduction by Morris Janowitz. 3. Auflage. Chicago, London: Chicago University Press.

Park, Robert E. / Ernest W. Burgess / Roderick D. McKenzie (1970): The City (zuerst 1925). With an introduction by Morris Janowitz. 6. Auflage. Chicago, London: University of Chicago Press.

Parsons, Talcott (1949): The structure of social action. A study in social theory with special reference to a group of recent European writers (zuerst 1937). 2. Auflage. New York: Free Press, London: Collier-Macmillan.

Parsons, Talcott (1964): The social system (zuerst 1951). New York, London: Collier-Macmillan.

Parsons, Talcott (1964): Die jüngsten Entwicklungen in der strukturell-funktionalen Theorie. In: Kölner Zeitschrift für Soziologie und Sozialpsychologie 16: 30-49.

Parsons, Talcott (1964): Die akademischen Berufe und die Sozialstruktur (zuerst 1939). In: Talcott Parsons: Beiträge zur soziologischen Theorie. Hrsg. und eingel. v. D. Rüschemeyer. Neuwied, Berlin: Luchterhand: 160-170.

Parsons, Talcott (1976): Zur Theorie sozialer Systeme. Hrsg. und eingel. v. Stefan Jensen. Opladen: Westdeutscher Verlag.

Parsons, Talcott (1980): Zur Theorie der sozialen Inteaktionsmedien. Hrsg. und eingel. v. Stefan Jensen. Opladen: Westdeutscher Verlag.

Parsons, Talcott / Edward A. Shils (Hrsg.) (1951): Toward a general theory of action. Theoretical foundations for the social sciences. New York, Evanston: Harper & Row.

Parsons, Talcott / Robert F. Bales / Edward A. Shils (1953): Working papers in the theory of action. Glencoe, Ill.: The Free Press.

Pawlow, Iwan Petrowitsch (1953): Ausgewählte Werke. Berlin: Akademischer Verlag.

Platon (1989): Der Staat. Übers. u. erl. von Otto Apelt. Hamburg: Meiner.

Ploog, Detlev (1974): Die Sprache der Affen und ihre Bedeutung für die Verständigungsweise des Menschen. München: Kindler.

Pörksen, Bernhard (2001): Abschied vom Absoluten. Gespräche zum Konstruktivismus. Heidelberg: Carl-Auer-Systeme Verlag.

Pörksen, Bernhard (2006): Die Beobachtung des Beobachters. Eine Erkenntnistheorie des Journalistik. Konstanz: UVK.

Poerschke, H[ans] (1988): Sozialistischer Journalismus. Ein Abriss seiner theoretischen Grundlagen. Leipzig: Karl-Marx-Universität, Sektion Journalistik (Manuskript).

Poerschke, Karla (1972): Über Charakter und Aufgaben der sozialistischen Öffentlichkeitsarbeit. In: Deutsche Zeitschrift für Philosophie 20: 284-298.

Polanyi, Michael (1962): The republic of science. Is political and economic theory. In: Minerva 1: 54-73.

Pool, Ithiel de Sola (1953): The „Prestige Papers": A Survey of Their Editorials. Stanford: University Press.

Popper, Karl R. (1974): Objektive Erkenntnis. Ein evolutionärer Entwurf. 2. Auflage. Hamburg: Hoffmann und Campe.

Popper, Karl. R. (1994): Logik der Forschung. 10. verb. u. verm. Auflage. Tübingen: Mohr (Siebeck).

Popper, Karl R. (2003): Das Elend des Historizismus, 7. Auflage., Tübingen: Mohr Siebeck.

Porter, Roy (1991): Kleine Geschichte der Aufklärung. Berlin: Wagenbach

Pratt, Edwin A. (1912): A history of inland transport and communication in England. London: Paul.

Price, Derek de Sola (1974): Little science, big science. Von der Studierstube zur Großforschung. Frankfurt/Main: Suhrkamp.

Price, Derek de Sola (1961): Science since Babylon. New Haven: Yale University Press.

Prutz, Robert E. (1971): Geschichte des deutschen Journalismus. Erster Teil. Faksimiledruck nach der 1. Auflage von 1845. Mit einem Nachwort von Hans Joachim Kreutzer. Göttingen: Vandenhoeck & Ruprecht.

Pulte, Helmut (2004): Wissenschaftstheorie, Wissenschaftsphilosophie. In: Historisches Wörterbuch der Philosophie. Bd. 12. Darmstadt: Wissenschaftliche Buchgesellschaft: 973-981.

R

Radcliffe-Brown, A. R. (1952): On the concept of function in social science (zuerst 1935). In: Radcliffe-Brown, A.R.: Structure and function in primitive society. 2. Auflage. New York: The Free Press: 178-187.

Radkau, Joachim (2005): Max Weber. Die Leidenschaft des Denkens. München, Wien: Hanser.

Rayward, W. Boyd (1994): Some schemes for restructuring and mobilizing information in documents: A historical perspective. In: Information Processing & Management, 30, 163-175.

Reimann, Horst (1968): Kommunikations-Systeme. Umrisse einer Soziologie der Vermittlungs- und Mitteilungsprozesse. Tübingen: Mohr (Siebeck).

Rescher, Nicholas (1970): On the epistemology of the inexact sciences. In: Nicholas Rescher: Scientific Explanation. New York, London: Collier-Macmillan: 163 – 208.

Rescher, Nicholas (1977): Methodological pragmatism. A system-theoretic approach to the theory of knowledge. Oxford: Blackwell, New York: University Press.

Rescher, Nicholas (1985): Die Grenzen der Wissenschaft. Stuttgart: Reclam.

Reus, Gunter (2006): Verteidigung des verdächtigen Subjekts in zehn Punkten. In: Publizistik 51: 433-436.

Riedel, Manfred (1972): Bürger, Staatsbürger, Bürgertum. In: Brunner, Otto / Werner Conze / Reinhart Koselleck (Hrsg.): Geschichtliche Grundbegriffe. Historisches Lexikon zur politisch-sozialen Sprache in Deutschland. Bd. 1. Stuttgart: Klett-Cotta: 672-725.

Riedel, Manfred (1974): Gesellschaft, bürgerliche. In: Brunner, Otto / Werner Conze / Reinhart Koselleck (Hrsg.): Geschichtliche Grundbegriffe. Historisches Lexikon zur politisch-sozialen Sprache in Deutschland. Bd. 2. Stuttgart: Klett-Cotta: 719-800.

Riedel, M[anfred] (1974): Gesellschaft, bürgerliche. In: Historisches Wörterbuch der Philosophie, Bd. 3. Darmstadt: Wissenschaftliche Buchgesellschaft, Sozialpolitik. 466-473.

Riedel, Manfred (1990): System, Struktur. In: Brunner, Otto / Werner Conze / Reinhart Koselleck (Hrsg.): Geschichtliche Grundbegriffe. Bd. 4. Stuttgart: Klett-Cotta: 285-322.

Riepl, Wolfgang (1911): Beiträge zur Geschichte des Nachrichtenwesens bei den Römern Leipzig: Teubner (phil. Diss. Erlangen).

Riesman, David / Reuel Denney / Nathan Glazer (1958): Die einsame Masse. Eine Untersuchung der Wandlungen des amerikanischen Charakters. Hamburg: Rowohlt.

Ritschel, Otto (1996): System und systematische Methode in der Gechichte des wissenschaftlichen Srachgebrauchs und der philosophischen Methodologie. Bonn: Marcus und Weber.

Roessler, Wilhelm (1978): Pädagogik. In: Otto Brunner / Werner Conze / Reinhart Koselleck (Hrsg.): Geschichtliche Grundbegriffe, Bd. 4, Stuttgart: Klett-Cotta: 623-647.

Röttgers, Kurt (1982): Kritik. In: Otto Brunner / Werner Conze / Reinhart Koselleck (Hrsg.): Geschichtliche Grundbegriffe. Historisches Lexikon zur politisch-sozialen Sprache in Deutschland. Bd. 3. Stuttgart: Klett-Cotta: 651-675

Rogers, Everett M. (1994): A history of communication study. A biographical approach. New York: Free Press; Oxford, Singapore, Sidney: Maxwell Macmillan.

Rogers, Everett M. / Steven H. Chaffee (1994): Communication and journalism from „Daddy" Bleyer to Wilbur Schramm. A palimpsest. Journalism Monographs No. 148. Columbia: AEJMC.

Rogow, Arnold A. (Hrsg.) (1969): Politics, personality, and social science in the twentieth century. Essays in honor of Harold D. Lasswell. Chicago, London: University of Chicago Press.

Rombach, Heinrich (1965-1966): Substanz, System, Struktur. Die Ontologie des Funktionalismus und der philosophische Hintergrund der modernen Wissenschaften. 2 Bde. Freiburg: Alber.

Ronneberger, Franz (Ps. Stefan Lambrecht) (1963): Die Soziologie. Aufstieg einer Wissenschaft. Ein Leitfaden für Praxis und Bildung (zuerst 1958) 3. Auflage. Stuttgart-Degerloch: Seewald.

Ronneberger, Franz (1963): Verwaltungshandeln in der entwickelten Industriegesellschaft. In: Der Staat 2: 129-152.

Ronneberger, Franz (1964/1974): Die politischen Funktionen der Massenkommunikationsmittel. In: Publizistik 9: 291-304. Nachdruck in: Wolfgang R. Langenbucher (Hrsg.): Zur Theorie der politischen Kommunikation. München: Piper: 193-205.

Ronneberger, Franz (1966): Ziele und Formen der Kommunikationspolitik. In: Publizistik 11: 399-406.

Ronneberger, Franz (1969): Technischer Optimismus und sozialer Pessimismus. Zur Soziologie Hans Freyers (= Vortrag aus Anlaß einer akademischen Feier zum 80. Geburtstag. Schriften der Gesellschaft zur Förderung der Westfälischen Wilhelms-Universität zu Münster, H. 62). Münster: Aschendorff.

Ronneberger, Franz (1970): Was Kommunikationsforschung mit Politik zu tun hat. In: Deutsche Gesellschaft für Politik- und Zeitungswissenschaft (Hrsg.): Publizistik – Zeitungswissenschaft – Communication Research – Journalism. Dokumentation, dt. und engl. Konstanz: Universitätsverlag: 60-67.

Ronneberger, Franz (1971): Sozialisation durch Massenkommunikation. In: Franz Ronneberger (Hrsg.): Sozialisation durch Massenkommunikation. Stuttgart: Enke: 32-101.

Ronneberger, Franz (1978-1986): Kommunikationspolitik. 3 Bde. Mainz: v. Hase & Koehler.

Ronneberger, Franz (1997): Wegemeister einer interdisziplinären Kommunikationswissenschaft. Autobiographische Fragen an Franz Ronneberger von Manfred Rühl. In: Arnulf Kutsch / Horst Pöttker (Hrsg.): Kommunikationswissenschaft – autobiographisch. Zur Entwicklung einer Wissenschaft in Deutschland (= Publizistik Sonderheft 1/1997): 21-35.

Ronneberger, Franz / Udo Rödel (1971): Beamte im gesellschaftlichen Wandlungsprozess. Soziale Stellung und soziales Bewusstsein von Beamten in der Bundesrepublik. Bonn: Godesberger Taschebuchverlag.

Ronneberger, Franz / Manfred Rühl (1992): Theorie der Public Relations. Ein Entwurf. Opladen: Westdeutscher Verlag.

Rückel, Roland R. (1975): Lokalredakteure. Eine vergleichende Rollenanalyse. Opladen: Westdeutscher Verlag.

Ruesch, Jurgen / Gregory Bateson (1968): Communication. The social matrix of psychiatry (zuerst 1951). New York: Norton.

Rühl, Manfred (1965): Zur sozialen Struktur des Zeitungsverlags. (= Festschrift für Otto Groth) Bremen: Heye: 207-219. Gleichzeitig in Publizistik 10: 207-219.

Rühl, Manfred (1969): Die Zeitungsredaktion als organisiertes soziales System. Bielefeld: Bertelsmann Universitätsverlag; 2. überarb. u. erw. Auflage (1979). Fribourg: Universitätsverlag.

Rühl, Manfred (1970): Der Forscher als teilnehmender Beobachter der Arbeit und Organisation der Massenmedien. Probleme und Erfahrungen In: Rundfunk und Fernsehen, 18: 156-168.

Rühl, Manfred (1971): Die Ausbildung von Journalisten in den USA: Lehren für die Bundesrepublik. In: ZV + ZV Zeitungsverlag und Zeitschriftenverlag, H. 68: 1010-1013.

Rühl, Manfred (1972): Zur Professionalisierung von Berufskommunikatoren (= Forschungsbericht 28 des Sonderforschungsbereichs 22 „Sozialisations- und Kommunikationsforschung") Universität Erlangen-Nürnberg: Sozialwissenschaftliches Forschungszentrum.

Rühl, Manfred (1973): Journalism and journalism education in the two Germanies today. In: Journalism Quarterly 50: 767-771.

Rühl, Manfred (1978): From journalistic heroes to journalism as an organized societal system. A trend-report on journalism research in the Federal Republic of Germany. Paper presented to the Research Committee on Inventory and Prospects in the Sociology of Mass Communications. 9th World Congress of Sociology. Uppsala, Sweden.

Rühl, Manfred (1979): Buch – Bedürfnis – Publikum. Vorbemerkungen zu einer Theorie der Buchkommunikation. In: Bertelsmann Briefe, H. 99: 44-452.

Rühl, Manfred (1980): Journalismus und Gesellschaft. Bestandsaufnahme und Theorieentwurf. Mainz: v. Hase und Koehler.

Rühl, Manfred (1982): Journalistik – mehr als eine Kunstlehre für Journalismus? In: Kurt Koszyk / Volker Schulze (Hrsg.): Die Zeitung als Persönlichkeit (= Festschrift für Karl Bringmann). Düsseldorf: Droste: 365-373.

Rühl, Manfred (1983): Franz Ronneberger – Zur Entwicklung eines kommunikationspolitischen Theorieprogramms. In: Manfred Rühl / Heinz-Werner Stuiber (Hrsg.): Kommunikationspolitik in Forschung und Anwendung (= Festschrift für Franz Ronneberger). Düsseldorf: Droste: 15-32.

Rühl, Manfred (1983): Franz Ronneberger – Anmerkungen zum 'unordentlichen' Lebenswegs eines interdisziplinär orientierten Sozialwissenschaftlers. In: Manfred Rühl / Heinz-Werner Stuiber (Hrsg.): Kommunikationspolitik in Forschung und Anwendung (= Festschrift für Franz Ronneberger). Düsseldorf: Droste: 327-333.

Rühl, Manfred (1984): Die Rundfunkgebühr – ein wohlfahrtsstaatlicher Preis. Versuch einer begrifflichen und problemorientierten Bestandsaufnahme sowie Hinweise auf Entwicklungsmöglichkeiten einer Gebührenpolitik. In Media Perspektiven, H. 8: 589-605. Aktualisiert neugedruckt in: Michael Schenk / Joachim Donnerstag (Hrsg.) (1989): Medienökonomie. Einführung in die Ökonomie der Informations- und Mediensysteme. München: Reinhard Fischer: 171-192.

Rühl, Manfred (1985): Kommunikationswissenschaft zwischen Wunsch und Machbarkeit. Einige Betrachtungen zu ihrer Identität heute. In: Publizistik 30: 229-246.

Rühl, Manfred (1985): Integration durch Massenkommunikation? Kritische Anmerkungen zum klassischen Integrationsbegriff. In: Ulrich Saxer (Hrsg.): Gleichheit oder Ungleichheit durch Massenmedien? Homogenisierung – Differenzierung der Gesellschaft durch Massenkommunikation. München: Ölschläger: 19-32.

Rühl, Manfred (1986): Ordnungspolitische Probleme eines künftigen Rundfunks in der Bundesrepublik Deutschland. In: Florian H. Fleck (Hrsg.): Zukunftsaspekte des Rundfunks. Stuttgart: Kohlhammer: 77-101.

Rühl, Manfred (1987): Soziale Verantwortung und persönliche Verantwortlichkeit im Journalismus. In: Rainer Flöhl / Jürgen Fricke (Hrsg.): Moral und Verantwortung in der Wissenschaftsvermittlung. Die Aufgabe von Wissenschaftler und Journalist. Mainz: v. Hase & Koehler: 101-118.

Rühl, Manfred (1987): Eine funktionale Sichtweise in der Publizistikwissenschaft – vor Parsons, Merton et al. Anmerkungen zum Werk Alfred Peters. In: Manfred Bobrowsky / Wolfgang R. Langenbucher (Hrsg.): Wege zur Kommunikationsgeschichte. München: Ölschläger: 183-199.

Rühl, Manfred (1987): Humankommunikation und menschliche Erfahrung. Zum Umbau von Kernbegriffen in der gegenwärtigen Gesellschaft. In: Manfred Rühl (Hrsg.): Kommunikation und Erfahrung. Wege anwendungsbezogener Kommunikationsforschung. Nürnberg: Verlag der Kommunikationswissenschaftlichen Forschungsvereinigung: 5-66.

Rühl, Manfred (1988): Zur Technisierung freiheitlicher Publizistik – jenseits von Neuen Medien und Neuer Technik. In: Walter Bungard / Hans Lenk (Hrsg.): Technikbewertung. Philosophische und psychologische Perspektiven. Frankfurt/M.: Suhrkamp: 343-377.

Rühl, Manfred (1989): Organisatorischer Journalismus. Tendenzen der Redaktionsforschung. In: Max Kaase / Winfried Schulz (Hrsg.): Massenkommunikation. Theorien, Methoden, Befunde. Opladen: Westdeutscher Verlag, 252-269; Nachdruck in: Irene Neverla / Elke Grittmann / Monika Pater (Hrsg.) (2002): Grundlagentexte zur Journalistik. Konstanz: UVK: 303-320.

Rühl, Manfred (1994): Duales System oder dysfunktionale Doppelhelix? Ein Aufriss des rundfunkpublizistischen Prozesses in Deutschland. In: Silke Holgersson / Otfried Jarren / Heribert Schatz (Hrsg.): Dualer Rundfunk in Deutschland. Beiträge zu einer Theorie der Rundfunkentwicklung. Jahrbuch 1994 der Arbeitskreise „Politik und Kommunikation,, der DVPW und der DGPuK. Münster, Hamburg: Lit: 35-61.

Rühl, Manfred (1994): Europäische Public Relations. Rationalität, Normativität und Faktizität. In: Wolfgang Armbrecht / Ulf Zabel (Hrsg.): Normative Aspekte der Public Relations. Grundlagen und Perspektiven. Eine Einführung. Opladen: Westdeutscher Verlag:: 171-194.

Rühl, Manfred (1995): Publizistik und Publizistikpolitik. Kommunikationswissenschaft – Journalistik – Public Relations. In: Rolf Bergmann (Hrsg.): Germanistik und Kommunikationswissenschaft in Bamberg (= Forschungsforum. Bericht aus der Otto-Friedrich-Universität Bamberg, H. 7: 137-141.

Rühl, Manfred (1995): Zu einer Programmatik von Lehrprogrammen der Public Relations. In: Günter Bentele / Peter Szyszka (Hrsg.): PR-Ausbildung in Deutschland. Entwicklung, Bestandsaufnahme und Perspektiven. Opladen: Westdeutscher Verlag: 297-315.

Rühl, Manfred (1995): Rundfunk publizistisch begreifen. Reflexionstheoretische Überlegungen zum Primat programmierter Programme. In: Publizistik 40: 279-304.

Rühl, Manfred (1997): Braucht die kommunikationswissenschaftliche Publizistikforschung das un-praktische Subjekt? In: Heinz Bonfadelli / Jürg Rathgeb (Hrsg.): Publizistikwissenschaftliche Basistheorien und ihre Praxistauglichkeit (= Diskussionspunkt 33). Zürich: Seminar für Publizistikwissenschaft: 25-40.

Rühl, Manfred (1997): Franz Ronneberger. Wegemeister einer interdisziplinären Kommunikationswissenschaft. Autobiographische Fragen an Franz Ronneberger von Manfred Rühl. In: Arnulf Kutsch / Horst Pöttker (Hrsg.): Kommunikationswissenschaft – autobiographisch (= Publizistik. Sonderheft 1). Zur Entwicklung einer Wissenschaft in Deutschland. Opladen: Westdeutscher Verlag: 21 – 35.

Rühl, Manfred (1997): Harold D. Lasswell oder: Public Relations für eine demokratische Lebensführung. In: Peter Szyszka (Hrsg.): Auf der Suche nach Identität. PR-Geschichte als Theoriebaustein. Berlin: Vistas: 173 – 195.

Rühl, Manfred (1998): Publizistische Arbeit im Internet. In: Beatrice Dernbach / Manfred Rühl / Anna Maria Theis-Berglmair (Hrsg.): Publizistik im vernetzten Zeitalter. Berufe – Formen – Strukturen. Opladen, Wiesbaden: Westdeutscher Verlag: 17-42.

Rühl, Manfred (1998): Von fantastischen Medien und publizistischer Medialisierung. In: Beatrice Dernbach / Manfred Rühl / Anna Maria Theis-Berglmair (Hrsg.): Publizistik im vernetzten Zeitalter. Berufe – Formen – Strukturen. Opladen / Wiesbaden: Westdeutscher Verlag: 95 – 107.

Rühl, Manfred (1999): Persuasion und Manipulation – zwei ganz normale Schwestern der Publizistik? (Thesen). In: Public Relations Forum 5: 4: 181 – 182.

Rühl, Manfred (1999): Publizieren. Eine Sinngeschichte der öffentlichen Kommunikation. Opladen, Wiesbaden: Westdeutscher Verlag.

Rühl, Manfred (2000): Medien (alias Mittel) und die öffentliche Kommunikation. Ein alteuropäisches Begriffspaar im Wirklichkeitswandel. In: Guido Zurstiege (Hrsg.): Festschrift für die Wirklichkeit. Wiesbaden: Westdeutscher Verlag: 105-118.

Rühl, Manfred (2001): Alltagspublizistik.Eine kommunikationswissenschaftliche Wiederbeschreibung. In: Publizistik 46: 249-276.

Rühl, Manfred (2002): Zeitunglesen oder die Lesbarkeit der Welt. In: Heinz Bonfadelli / Priska Bucher, (Hrsg.): Lesen in der Mediengesellschaft. Stand und Perspektiven der Forschung. Zürich: Verlag Pestalozzianum: 82 – 96.

Rühl, Manfred (2003):Politische Ökonomie der Alltagspublizistik. Suchen und Prüfen von Grundlagen für ein Theorieprogramm. In: Klaus-Dieter Altmeppen / Matthias Karmasin (Hrsg.): Medien und Ökonomie. Band 1/1: Grundlagen der Medienökonomie: Kommunikations- und Medienwissenschaft, Wirtschaftswissenschaft. Wiesbaden: Verlag für Sozialwissenschaften: 91-114.

Rühl, Manfred (2004): Theorie des Journalismus. In: Roland Burkart / Walter Hömberg (Hrsg.): Kommunikationstheorien. Ein Textbuch zur Einführung. 3. überarb. u. erw. Auflage. Wien: Braumüller: 117-140.

Rühl, Manfred (2004): Für Public Relations? Ein kommunikationswissenschaftliches Theorienbouquet! In: Ulrike Röttger (Hrsg.): Theorien der Public Relations. Wiesbaden: Westdeutscher Verlag: 65-82.

Rühl, Manfred (2004): Ist eine Allgemeine Kommunikationswissenschaft möglich? Eine Autopolemik. In: Medien und Kommunikationswissenschaft 52: 173-192.

Rühl, Manfred (2007): Ermunterung zum Theoretisieren. In: Michael Meyen / Maria Löblich (Hrsg.): „Ich habe dieses Fach erfunden." Wie die Kommunikationswissenschaft an die deutschsprachigen Universitäten kam. 19 biografische Interviews. Köln: von Halem: 76-100

Rühl, Manfred (2008): Journalism in a globalizing world society: A societal approach to journalism research. In: Martin Löffelholz / David Weaver (Hrsg.): Global journalism research. Theories, methods, findings, future. Malden: Blackwell Publishing: 28-38.

Rühl, Manfred (2008): Public relations methodology. Should we bother (if it exists)? In: van Ruler, Betteke / Ana Tkalac Verčič / Dejan Verčič (Hrsg.): Public relations metrics: Research and evaluation. New York, London: Routledge: 21-35.

Rühl, Manfred (2008): Beobachtete Paradoxien. Über den Wandel weltgesellschaftlicher Journalistik. In: Bernhard Pörksen / Wiebke Loosen / Armin Scholl (Hrsg.): Paradoxien des Journalismus. Theorie – Empirie – Praxis (= Festschrift für Siegfried Weischenberg). Wiesbaden: VS Verlag für Sozialwissenschaften: 567-579.

Rühl, Manfred / Dernbach, Beatrice (1996): Public Relations - soziale Randständigkeit – organisatorisches Helfen. Herkunft und Wandel der Öffentlichkeitsarbeit für sozial Randständige. In: PR Magazin 27:11: 43-50.

Rühl, Manfred / Jürgen Walchshöfer (Hrsg.) (1978): Politik und Kommunikation. Festgabe für Franz Ronneberger zum 65. Geburtstag. Nürnberg: Verlag der Nürnberger Forschungsvereinigung.

Ruß-Mohl, Stephan (1997): Arrivederci Luhmann? Vorwärts zu Schumpeter! Transparenz und Selbstreflexivität: Überlegungen zum Medienjournalismus und zur PR-Arbeit von Medienunternehmen. In: Hermann Fünfgeld / Claudia Mast (Hrsg.): Massenkommunikation. Ergebnisse und Perspektiven (= Festschrift für Gerhard Maletzke). Opladen: Westdeutscher Verlag: 193-211.

S

Sachsse, Hans (1987): Kausalität – Gesetzlichkeit – Wahrscheinlichkeit. Die Geschichte von Grundkategorien zur Auseinandersetzung des Menschen mit der Welt. 2. Auflage. Darmstadt: Wissenschaftliche Buchgesellschaft.

Saner, H[ans]: (1976): Kommunikation. In: Historisches Wörterbuch der Philosophie, Bd. 4. Darmstadt: Wissenschaftliche Buchgesellschaft: 893-895.

Sax, Emil (1878): Die Verkehrsmittel in Volks- und Staatswirtschaft. Erster Band: Allgemeine Verkehrslehre. 2. Auflage. Berlin: J. Springer.

Saxer, Ulrich (1993): Basistheorie und Theoriebasis in der Kommunikationswissenschaft: Theoriechaos und Chaostheorie. In: Bentele, Günter/Manfred Rühl (Hrsg.): Theorien öffentlicher Kommunikation. Problemfelder, Positionen, Perspektiven. München: Ölschläger: 175-187.

Saxer, Ulrich (1995): Von wissenschaftlichen Gegenständen und Disziplinen und den Kardinalsünden der Zeitungs-, Publizistik-, Medien-, Kommunikationswissenschaft. In: Schneider, Beate / Reumann, Kurt / Schiwy, Peter (Hrsg.): Publizistik. Beiträge zur Medienentwicklung (= Festschrift für Walter J. Schütz) Konstanz: UVK: 39-55.

Saxer, Ulrich (1998): System, Systemwandel und politische Kommunikation. In: Jarren, Otfried / Ulrich Sarcinelli / Ulrich Saxer (Hrsg.): Politische Kommunikation in der demokratischen Gesellschaft. Ein Handbuch mit Lexikonteil. Opladen / Wiesbaden: Westdeutscher Verlag: 21-64.

Saxer, Ulrich (1999): Die Medienwissenschaft I: Grundlagen, 1. Der Forschungsgegenstand der Medienwissenschaft. In: Joachim-Felix Leonhard / Hans-Werner Ludwig / Dietrich Schwarze / Erich Straßner (Hrsg.): Medienwissenschaft. Ein Handbuch zur Entwicklung der Medien und Kommunikationsformen. 1. Teilband. Berlin, New York: de Gruyter: 1-14.

Schäfer, L[othar] (1980): Erfahrung. In: Josef Speck (Hrsg.): Handbuch wissenschaftstheoretischer Begriffe. Bd. 1. Göttingen: Vandenhoeck & Ruprecht:166-171.

Schäffle, Albert (1875-1878): Bau und Leben des socialen Körpers. 4 Bde. Tübingen: Laupp.

Schelsky, Helmut (1983): Politik und Publizität. Stuttgart-Degerloch: Seewald.

Schenda, Rudolf (1981): Alphabetisierung und Literarisierung in Westeuropa im 18. und 19. Jahrhundert. In: Ulrich Herrmann (Hrsg.): „Das pädagogische Jahrhundert". Volksaufklärung und Erziehung zur Armut im 18. Jahrhundert in Deutschland. Weinheim, Basel: Beltz: 154-168.

Schieder, Theodor (1967): Der Typus der Geschichtswissenschaft. In: Robert H. Schmidt (Hrsg.): Methoden der Politologie. Darmstadt: Wissenschaftliche Buchgesellschaft: 108-123.

Schleichermacher, Friedrich (1966): Die Vorlesungen aus dem Jahre 1826. Pädagogische Schriften, hrsg. v. Theodor Schulze u. Erich Weniger. Bd. 1., 2. Auflage. Düsseldorf, München: Küpper.

Schlözer, August Ludwig (1777): Entwurf zu einem Reise-Collegio, nebst einer Anzeige seines Zeitungs-Collegii. Göttingen: Vandenhoek.

Schlözer, August Ludwig (1806): Vorbereitung zur Weltgeschichte für Kinder (1779). 6. Auflage. Göttingen: Vandenhoek.

Schlözer, August Ludwig (1804): Theorie der Statistik, nebst Ideen über das Studium der Politik überhaupt. Göttingen: Vandenhoek.

Schlözer, August Ludwig (1997): Vorstellung seiner Universal-Historie (1772-1773). Mit Beilagen. Nachdr. neu hrsg., eingel. u. komment. v. Horst Walter Blanke. Waltrop: Spenner.

Schmidt, Robert H. (1966): Thesen zur Wissenschaftstheorie der Publizistikwissenschaft. In: Publizistik, 11: 401-434.

Schmitt, Franz Anselm (1952): Beruf und Arbeit in deutschen Erzählungen. Ein literarisches Lexikon. Stuttgart: Hiersemann.

Schmoller, Gustav von (1900-1904) Grundriß der allgemeinen Volkswirtschaftslehre. Vol. I (1900), Vol. II (1904). Leipzig: Duncker & Humblot.

Schnapper-Arndt, Gottlieb (1888): Zur Methodologie sozialer Enquetten. Mit bes. Hinblick auf d. neuerlichen Erhebungen üb. d. Wucher auf dem Lande. Erw. Bearbeitung e. i. d. Berichten d. Freien Deutschen Hochstifts abgedr. Vortrags. Frankfurt am Main.

Schneider, Erich (1963): Einführung in die Wirtschafttheorie. IV. Teil: Ausgewählte Kapitel der Geschichte der Wirtschaftstheorie. Tübingen: Mohr (Siebeck).

Schönbach, Klaus (1977): Trennung von Nachricht und Meinung. Empirische Untersuchung eines journalistischen Qualitätskriteriums. Freiburg, München: Alber.

Schönhagen, Philomen (2008): Ko-Evolution von Public Relations und Journalismus: Ein erster Beitrag zu ihrer systematischen Aufarbeitung. In: Publizistik 53: 9-24.

Scholl, Armin / Siegfried Weischenberg (1998): Journalismus in der Gesellschaft. Theorie, Methodologie und Empirie. Opladen, Wiesbaden: Westdeutscher Verlag.

Scholl, Armin (Hrsg.) (2002): Systemtheorie und Konstruktivismus in der Kommunikationswissenschaft. Konstanz: UVK.

Scholz, Gunter (Hrsg.) (2000): Die Interdisziplinarität der Begriffsgeschichte. Hamburg: Meiner

Schramm, Wilbur (Hrsg.) (1954): The process and effects of mass communication. Urbana: University of Illinois Press.

Schramm, Wilbur (Hrsg.) (1960): Mass communications. Urbana: Illinois UP.

Schramm, Wilbur (1963): The science of human communication. New York: Basic Books.

Schramm, Wilbur (Hrsg.) (1971): Grundfragen der Kommunikationsforschung. 4. Auflage. München: Juventa.

Schramm, Wilbur / Lerner, Daniel (Hrsg.) (1976): Communication and change. The last ten years – and the next. Honolulu: University Press of Hawaii.

Schröder, Peter (1999): Christian Thomasius zur Einführung. Hamburg: Junius.

Schulz, Rüdiger (1974): Entscheidungsstrukturen der Redaktionsarbeit. Eine vergleichende empirische Analyse des redaktionellen Entscheidungshandelns bei regionalen Abonnementzeitungen unter besonderer Berücksichtigung der Einflußbeziehungen zwischen Verleger und Redaktion. Rer. pol. Diss. Mainz.

Schütz, Alfred / Thomas Luckmann (1975): Strukturen der Lebenswelt. Neuwied: Luchterhand.

Schumpeter, Joseph A. (1964): Theorie der wirtschaftlichen Entwicklung. Eine Untersuchung über Unternehmergewinn, Kapital, Kredit, Zins und den Konjunkturzyklus (zuerst 1912). 6. Auflage. Berlin: Duncker & Humblot.

Schumpeter, Joseph A. (1975): Kapitalismus, Sozialismus und Demokratie (zuerst 1942). 4. Auflage. München: Francke.

Scriven, Michael (1961): The key property of physical laws-inaccuracy. In: Herbert Feigl / Grover Maxwell (Hrsg.): Current issues in the philosophy of science. New York: Holt, Rinehart & Winston: 91-101.

Seeling, Stefan (1996): Organisierte Interessen und öffentliche Kommunikation. Eine Analyse ihrer Beziehungen im Deutschen Kaiserreich (1871-1914). Opladen: Westdeutscher Verlag.

Shannon, Claude E. / Warren Weaver (1969): The mathematical theory of communication. 4. Auflage.Urbana, Chicago, London: University of Illinois Press.

Shepherd, Gregory J. / St. John, Jeffrey / Striphas, Ted (Hrsg.) (2006): Communication as … Perspectives on theory. Thousand Oaks u.a.: Sage.

Sherlock, Basil J. / Morris, Richard T. (1972): Becoming a dentist. A longitudinal study of dental students. Springfield: Thomas.

Simmel, Georg (1920): Philosophie des Geldes. München und Leipzig: Duncker & Humblot.

Simmel, Georg (1992): Das Problem der Sociologie. In: Gesamtausgabe. Aufsätze und Abhandlungen 1894 bis 1900. Hrsg. von Otthein Rammstedt. Frankfurt/M.: Suhrkamp.

Simon, Herbert A. (1964): Models of Man. Social and rational. Mathematical essays on rational human behavior in a social setting. 3. Auflage. New York, London: Wiley & Sons.

Skinner, Burrhus F. (1951): How to teach animals. In: Scientific American 423: 1-5.

Skinner, Burrhus F. (1957): Verbal behavior. Englewood Cliffs: Prentice-Hall.

Skinner, Burrhus F. (1966): Contingencies for reinforcement in the design of a culture. In: Behavioral Science 11: 159-166.

Skinner, Burrhus F. (1971): Beyond freedom and dignity. New York: Knopf

Smith, Adam (1976): The theory of moral sentiments (zuerst 1759). Edited by D. D. Raphael; Macfie, A.L. Oxford: Clarendon Press.

Smith, Adam (1977): Theorie der ethischen Gefühle. (zuerst 1759). Hrsg. v. Walther Eckstein. 2. Auflage. Hamburg: Meiner.

Smith, Adam (1974): Der Wohlstand der Nationen. Eine Untersuchung seiner Natur und seiner Ursachen (zuerst 1776). Aus dem Englischen übertragen mit einer Würdigung von Horst Claus Recktenwald. München: Beck.

Smith, Alfred G. (Hrsg.) (1966): Communication and culture. Readings in the code of human interaction. New York, Chicago u.a.: Holt, Rinehart and Winston.

Smith, Bruce Lannes (1969): The mystifying intellectual history of Harold D. Lasswell. In: Arnold A. Rogow (Hrsg.): Politics, personality, and social science in the twentieth century. Essays in honor of Harold D. Lasswell. Chicago, London: University of Chicago Press: 41-105.

Söllner, Fritz (1999): Die Geschichte des ökonomischen Denkens. Berlin, Heidelberg u.a.: Springer.

Solomon, Howard M. (1972): Public welfare, science, and propaganda in Seventeenth Century France. The innovations of Théophraste Renaudot. Princeton: University Press.

Sombart, Werner (1959): Beruf. In: Alfred Vierkandt (Hrsg.): Handwörterbuch der Soziologie. Stuttgart: Enke: 25-31.

Speck, Josef (Hrsg.) (1980): Handbuch wissenschaftstheoretischer Begriffe. 3 Bde. Göttingen: Vandenhoeck & Ruprecht.

Speck, Josef: Erklärung. In: Josef Speck (Hrsg.) (1980): Handbuch wissenschaftstheoretischer Begriffe. Bd. 1.Göttingen: Vandenhoeck & Ruprecht: 175-190.

Spencer, Herbert (1885-1893): The Principles of Sociology. Bd.1. London, Edinburgh.

Spencer-Brown, George (1997): Laws of Form – Gesetze der Form. (zuerst 1969). Deutsche. Übersetzung: Thomas Wolf. Lübeck: Bohmeier.

Spinner, Helmut F. (1974): Pluralismus als Erkenntnismodell. Frankfurt/M.: Suhrkamp.

Spitzer, Manfred (2003): Musik im Kopf. Hören, Musizieren, Verstehen und Erleben im neuronalen Netzwerk. 3. Auflage. Stuttgart, New York: Schattauer.

Spoerl, Heinrich (1989): Die Feuerzangenbowle: Eine Lausbüberei in d. Kleinstadt. 17. Auflage. München: Dt. Taschenbuch-Verlag.

Stein, Alois von der (1968): Der Systembegriff in seiner geschichtlichen Entwicklung. In: Alwin Diemer (hrsg.): System und Klassifizierung in Wissenschaft und Dokumentation. Meisenheim am Glan: 1-13.

Stent, Gunther S. (1972): Cellular communication. In: Scientific American, 227,3: 42-52.

Stichweh, Rudolf (2006) Zum Gesellschaftsbegriff der Systemtheorie: Parsons und Luhmann und die Hypothese der Weltgesellschaft. Zeitschrift für Soziologie. Sonderheft „Weltgesellschaft,„ 2005.

Stieler, Kaspar (1969): Zeitungs Lust und Nutz. Vollständiger Neudruck der Orginalausgabe von 1695, hrsg. von Gert Hagelweide. 2. Auflage. Bremen: Schünemann.

Stöber, Rudolf (2003): Mediengeschichte. Die Evolution „neuer" Medien von Gutenberg bis Gates. Eine Einführung. Bd. 1: Presse – Telekommunikation; Bd. 2: Film – Rundfunk – Multimedia. Wiesbaden: Westdeutscher Verlag.

Storer, Norman W. (1966): The social system of science. New York, Chigaco u.a.: Holt, Rinehart and Winston.

Stoud, Frederik (1996): Das Reise-Collegium des Hofrath Schlözers, gehalten im Winter 1792-1793 und nachgeschrieben von Frederik Stoud. In: Uli Kutter: Reisen – Reisehandbücher – Wissenschaft. Materialien zur Reisekultur im 18. Jahrhundert. Mit einer unveröffentlichten Vorlesungsmitschrift des Reisekollegs von A. L. Schlözer vom WS 1792/93 im Aushang. Neuried: Ars Una: 335-371.

Strauss, Anselm L. (1956): The social psychology of George Herbert Mead. Chicago: University of Chicago Press.

Studnitz, Cecilia von (2003): Ist die Wirklichkeit Fiktion oder ist die Fiktion Wirklichkeit? In: Bernd Blöbaum / Stefan Neuhaus: Literatur und Journalismus. Theorie, Kontexte, Fallstudien. Wiesbaden: Westdeutscher Verlag: 73-89.

229

T

Theis-Berglmair, Anna Maria (2000): Aufmerksamkeit und Geld, schenken und zahlen. Zum Verhältnis von Publizistik und Wirtschaft in einer Kommunikationsgesellschaft – Konsequenzen für die Medienökonomie. In: Publizistik 45: 310-329.

Theis-Berglmair, Anna Maria (2003): Organisationskommunikation. Theoretische Grundlagen und empirische Forschungen (zuerst 1994). 2. Auflage. Münster u.a.: Lit.

Thomasius, Christian (1994): Discours welcher Gestalt man denen Franzosen in gemeinem Leben und Wandel nachahmen solle? Ein Collegium über des Gratians Grund-Reguln / vernünftig / klug und artig zu leben (zuerst 1687). In: Kleine teutsche Schriften [= Ausgewählte Werke, Bd. 22]. Nachdruck Hildesheim u.a.: Olms: 1-70.

Thomasius, Christian (1995): Einleitung zur SittenLehre [Von der Kunst Vernünfftig und Tugenhafft zu lieben. Als dem eintzigen Mittel zu einem glückseligen / galanten und vergnügten Leben zu gelangen / oder Einleitung zur SittenLehre] (zuerst 1692) Vorwort von Werner Schneiders [= Ausgewählte Werke, Bd. 10]. Nachdruck: Hildesheim u.a.: Olms.

Thomasius, Christian (1994): Die neue Erfindung einer wohlgegründeten und für das gemeine Wesen höchstnöthigen Wissenschaft (zuerst 1701). In: Kleine teutsche Schriften (= Ausgewählte Werke, Bd. 22). Nachdruck Hildesheim u.a.: Olms: 449-490.

Thomasius, Christian (2002): Kurzer Entwurf der Politischen Klugheit (zuerst 1707). Vorwort von Werner Schneiders. Nachdruck: Hildesheim: Olms.

Tönnies, Ferdinand (1963): Gemeinschaft und Gesellschaft (zuerst 1887). Grundbegriffe der reinen Soziologie. Darmstadt: Wissenschaftliche Buchgesellschaft.

Timmermann, Manfred (1978) (Hrsg.): Sozialwissenschaften. Eine multidisziplinäre Einführung. Konstanz: Universitätsverlag.

Tompkins, Philip K. (1982): Communication as action. An introduction to rhetoric and communication. Belmont: Wadsworth.

Tonnemacher, Jan (2002): Franz Ronneberger: Kommunikationspolitik I-III. In: Christina Holtz-Bacha / Arnulf Kutsch (Hrsg.): Schlüsselwerke für die Kommunikationswissenschaft. Wiesbaden: Westdeutscher Verlag: 377-380.

Topitsch, Ernst (1970): Logik der Sozialwissenschaften. 6. Auflage. Köln, Berlin: Kiepenheuer & Witsch.

V

Veblen, Thorstein (2001): The engineers and the price system (zuerst 1921). Kitchener: Batoche Books.

Vickers, Geoffrey (1965): The art of judgement. A study of policy making. New York: Basic Books.

Vico, Gian Battista (1984): De nostri temporis studiorum ratione – Vom Wesen und Weg der geistigen Bildung (zuerst 1708). Lat.-dt Ausgabe. Übertr. von Walter F. Otto. Mit e. Nachw. v. C. Fr. von Weizsäcker u. e. erl. Anhang von Fritz Schalk. 3. unveränd.. Auflage. Darmstadt: Wissenschaftliche Buchgesellschaft.

Vismann, Cornelia (2000): Akten. Medientechnik und Recht. Frankfurt/M.: Fischer

Vogel, Andreas / Christina Holtz-Bacha (Hrsg.) (2002): Zeitschriften und Zeitschriftenforschung (= Publizistik Sonderheft 3/2002).Wiesbaden: Westdeutscher Verlag.

W

Wallace, Karl R. (1943): Francis Bacon on communication & rhetoric. Chapel Hill: University of North Carolina Press.

Wallerstein, Immanuel (1980): The capitalist world-economy. Cambridge: University Press.

Walter-Busch, Emil (1996): Organisationstheorien von Weber bis Weick. Amsterdam: OPA Overseas Publishers Association.

Washington, Booker T. (1983): The man farthest down (zuerst 1911). With a new introduction by St. Clair Drake. With the collaboration of Robert. E. Park. 2. Auflage. New Brunswick, London: Transaction Books.

Watson, James B. (1913): Psychology as the behaviorist views it. In: Psychological Review 20: 158-177.

Watson, John B. (1930): Der Behaviorismus. Berlin, Stuttgart: Fachbuch für Psychologie Verlag.

Watzlawick, Paul / Janet H. Beavin / Don D. Jackson (1971): Menschliche Kommunikation. Formen, Störungen, Paradoxien. 2. Auflage. Bern, Stuttgart: Huber.

Watzlawick, Paul (1978): Wie wirklich ist die Wirklichkeit? Wahn – Täuschung – Verstehen. München, Zürich: Piper.

Weakland, John H. (1967): Communication and behavior – an introduction. In: American Behavioral Scientist 10, 8: 1-4.

Weber, Max (1991): Die „Objektivität" sozialwissenschaftlicher und sozialpolitischer Erkenntnis (zuerst 1904). In: Max Weber: Schriften zur Wissenschaftslehre. Hrsg. u. eingel. von Michael Sukale. Stuttgart: Reclam: 21-101.

Weber, Max (1991): Wissenschaft als Beruf (1919). In: Max Weber: Schriften zur Wissenschaftslehre. Stuttgart: Reclam: 237-273.

Weber, Max (1985): Wirtschaft und Gesellschaft. Grundriß der verstehenden Soziologie (zuerst 1922), hrsg. v. Johannes Winckelmann. 5. Auflage. Tübingen: Mohr (Siebeck).

Weber, Max (1924): Gesammelte Aufsätze zur Sozial- und Wirtschaftsgeschichte. Tübingen: Mohr (Siebeck).

Weber, Max (1963): Gesammelte Aufsätze zur Religionssoziologie. 5. Auflage. Tübingen: Mohr (Siebeck.)

Weick, Karl E. (1995): Sensemaking in Organizations. Thousand Oaks u.a.: Sage.

Weingart, Peter (2001): Die Stunde der Wahrheit. Zum Verhältnis der Wissenschaft zu Politik, Wirtschaft und Medien in der Wissenschaftsgesellschaft. Weilerswist: Velbrück.

Weinrich, Harald (2005): Textgrammatik der deutschen Sprache, unter Mitarbeit von Maria Thurmair, Eva Breindl und Eva-Maria Willkop. Dritte revidierte Auflage. Darmstadt: Wissenschaftliche Buchgesellschaft.

Weischenberg, Siegfried (1990): Das „Paradigma Journalistik,". Zur kommunikationswissen- schaftlichen Identifizierung einer hochschulgebundenen Journalistenausbildung. In: Publizistik, 35: 45-61.

Wenturis, Nikolaus /Walter Van hove/Volker Dreier (Hrsg.) (1992): Methodologie der Sozial- wissenschaften. Eine Einführung. Tübingen: Francke

White, David Manning (1950): The „Gatekeeper". A Case Study in the Selection of News. In: Journalism Quarterly 27: 383-390. Nachdruck in: Dexter, Lewis Anthony / David Manning White (Hrsg.): People, society, and mass communications. New York, London: Free Press – Collier Macmillan: 162-172.

Wiener, Norbert (1963): Kybernetik. Regelung und Nachrichtenübertragung in Lebewesen und in der Maschine (zuerst 1946). Düsseldorf, Wien: Econ.

Wieser, Wolfgang (1959): Organismen, Strukturen, Maschinen: Zu einer Lehre vom Organismus. Frankfurt/M.: Fischer.

Wilke, Jürgen (Hrsg.) (1984): Pressefreiheit. Darmstadt: Wissenschaftliche Buchgesellschaft.

Wittgenstein, Ludwig (1963): Tractatus logico-philosophicus – logische-philosophische Abhandlung (zuerst 1921). Frankfurt/M.: Suhrkamp.

Wittgenstein, Ludwig (1971): Philosophische Untersuchungen (zuerst 1958). Frankfurt/M.: Suhrkamp

Woolbert, Charles H. (1920): The fundamentals of speech. A behavioristic study of the underlying principles of speaking and reading. New York, London: Harper.

Wright, Charles R. (1959): Mass communication. A sociological perspective. New York: Random House.

Wright, Charles R. (1974): Functional analysis and mass communication revisited. In: J. G. Blumler /E. Katz (Hrsg.): The uses of mass communications. Current perspectives on grafications research. Beverly Hills, London: Sage: 197-212.

Wuketits, Franz M. (1995): Die Entdeckung des Verhaltens. Eine Geschichte der Verhaltensforschung. Darmstadt: Wissenschaftliche Buchgesellschaft.

Z

Zedtwitz-Arnim; Graf Georg Volkmar (1981): Tu[e] Gutes und rede darüber. Public Relations für die Wirtschaft (zuerst 1961). München: Heyne.

Zurstiege, Guido (2002): Werbung als Funktionssystem. In: Armin Scholl (Hrsg.): Systemtheorie und Konstruktivismus in der Kommunikationswissenschaft. Konstanz: UVK: 147-159.

Stichwortregister

Personenregister